ଗୌତମ ଜେନା ଗ୍ରନ୍ଥାବଳୀ
(ପ୍ରଥମ ଭାଗ)

ସଂପାଦନା :

ପ୍ରଫେସର କୃଷ୍ଣଚନ୍ଦ୍ର ପ୍ରଧାନ

ବ୍ଲାକ୍ ଇଗଲ୍ ବୁକ୍ସ
ଭୁବନେଶ୍ୱର, ଓଡ଼ିଶା

BLACK EAGLE BOOKS
Dublin, USA

ଗୌତମ ଜେନା ଗ୍ରନ୍ଥାବଳୀ (ପ୍ରଥମ ଭାଗ)

ସଂପାଦନା : ପ୍ରଫେସର କୃଷ୍ଣଚନ୍ଦ୍ର ପ୍ରଧାନ

ବ୍ଲାକ୍ ଈଗଲ୍ ବୁକ୍ସ : ଭୁବନେଶ୍ୱର, ଓଡ଼ିଶା • ଡବ୍ଲିନ୍, ଯୁକ୍ତରାଷ୍ଟ୍ର ଆମେରିକା

BLACK EAGLE BOOKS

USA address:
7464 Wisdom Lane
Dublin, OH 43016

India address:
E/312, Trident Galaxy, Kalinga Nagar,
Bhubaneswar-751003, Odisha, India

E-mail: info@blackeaglebooks.org
Website: www.blackeaglebooks.org

First International Edition Published by
BLACK EAGLE BOOKS, 2025

GOUTAM JENA GRANTHABALI (First Part)
Edited by : **Prof. Krushnachandra Pradhan**

Copyright © **Goutam Jena**

All rights reserved. No part of this publication may be reproduced, stored in a retrieval system, or transmitted, in any form or by any means, electronic, mechanical, photocopying, recording or otherwise without the prior permission of the publisher.

Cover & Interior Design: **Krushna, Jaraka, Jajpur**

ISBN- 978-1-64560-755-7 (Paperback)

Printed in the United States of America

ଗୌତମ ଜେନାଙ୍କ
ପାଠକ / ପାଠିକାମାନଙ୍କୁ......

କବି ପରିଚୟ

ଯାଜପୁର ଜିଲ୍ଲା ଅନ୍ତର୍ଗତ ଧର୍ମଶାଳା ଥାନାର ମିର୍ଜାପୁର ପଂଚାୟତସ୍ଥ ଅରଂଗାବାଦ ଗ୍ରାମରେ ତା ୦୭.୦୫.୧୯୫୯ (ପ୍ରମାଣପତ୍ର ଅନୁଯାୟୀ) କବି ଗୌତମ ଜେନାଙ୍କର ଜନ୍ମ। ତାଙ୍କର ପିତା ରାମଚନ୍ଦ୍ର ଜେନା ଓ ମାତା ଜାନକୀ ଜେନା। ଚିର ସବୁଜ ଅରଙ୍ଗାବାଦର ପରିବେଶ। ପୂର୍ବରେ ବଜ୍ରଗିରି, ପଶ୍ଚିମରେ ତରାପୁର ବୌଦ୍ଧବିହାର, ଉତ୍ତରରେ ବ୍ରାହ୍ମଣୀର ଶାଖା କୁମ୍ଭୀରିଆ ଓ ଦକ୍ଷିଣରେ ବର୍ତ୍ତମାନର ପୁଷ୍ପଗିରି ବିହାର ଲାଙ୍ଗୁଡ଼ି ପାହାଡ଼। ଲାଙ୍ଗୁଡ଼ିର ପାଦଦେଶରେ ମହାପ୍ରଭୁ ଶ୍ୟାମସୁନ୍ଦର ଜୀଉଙ୍କ ମନ୍ଦିର। ସନ୍ନିକଟ ଗ୍ରାମରେ ତାଙ୍କର ଶୈଶବ, କୈଶୋର ଓ ପୌଗଣ୍ଡ ଅତିବାହିତ। ଦୋଳରେ ଗଜାତୋଟା ମେଲଣଠୁ ଠାକୁର ଦାଣ୍ଡରେ ବିଭିନ୍ନ ପର୍ବପର୍ବାଣି ଓ ଯାନିଯାତ୍ରାର ଦୃଶ୍ୟକୁ ପିଲାବେଳୁ ସେ ଉପଭୋଗ କରିଛନ୍ତି। ସେହି ସୌନ୍ଦର୍ଯ୍ୟ ଓ ଆନନ୍ଦରେ ସେ ଆବେଗ ବିଧୂର ହୋଇଛନ୍ତି। ସେସମସ୍ତ ଶବ୍ଦରୂପ ପାଇ ଜୀବନ୍ତ ହୋଇଉଠିଛନ୍ତି ତାଙ୍କର ରଚନାମାନଙ୍କରେ।

ଏକ ମଧ୍ୟବିତ୍ତ ପରିବାରରେ ଜନ୍ମିତ କବି ତାଙ୍କର 'ମୋ କଥା : କବିତାର କଥା' ଶୀର୍ଷକ ଏକ ଆଲୋଚନାରେ କହନ୍ତି : ବାରଂବାର ସଫଳତାକୁ ଝୁଂଟିଝୁଂଟି କେତେବେଳେ ବି ଧୈର୍ଯ୍ୟହରା ନହୋଇ ଲକ୍ଷ୍ୟସ୍ଥଳରେ ପହଂଚିବାର ପରାକ୍ରମ ନେଇ ପ୍ରତିଟି ମୁହୂର୍ତ୍ତରେ ଆଗକୁ ଧାଉଁଥିବା ମଣିଷଟିଏ ମୁଁ। ଜନ୍ମ ହେଲା ପରେ ଶାମୁକାରେ ପାଣି ପିଇ ବଂଚିଥିବା ଶିଶୁଟି ଆଜି ହୁଏତ ସୁନା ଚାମଚର ସ୍ୱପ୍ନ ଦେଖିପାରେ, କିନ୍ତୁ ସୁବର୍ଣ୍ଣ ଉପତ୍ୟକାରେ ପହଂଚିବାର ଭାଗ୍ୟ କେତେଜଣଙ୍କ କପାଳରେ ଯୁଟେ ! ତଥାପି

ନିଜ ଶିଙ୍ଗରେ ମାଟି ଖୋଳି, ନିଜ ଉପରେ ବିଶ୍ୱାସ ରଖି ସେହି ଅନାଗତ ଆଲୋକିତ ମୁହୂର୍ତ୍ତକୁ ଶେଷଯାଏ ଅପେକ୍ଷା ରଖିଚାଲିଛି ମୋ ସୃଷ୍ଟି। ମୁଁ ଜାଣିଛି, ସମସ୍ତ ସତ୍‌କବିର ସଫଳତା ପଛରେ ଥାଏ ଏକ ବିରାଟ ବିଫଳତା ଓ ସମସ୍ତ ବିଫଳତା ହିଁ ତା'ର କାହାଣୀର ଅସୀମତା। ବସ୍ତୁ, ଭାବ, ଦୃଶ୍ୟ, ଅଦୃଶ୍ୟ, ପ୍ରାପ୍ତି ଓ ଅପ୍ରାପ୍ତିର ଅନନ୍ତ ପଥରେ ମୁଁ ଇ କେବଳ ଚାଲିବାରେ ଲାଗିଛି, ଚାଲିଛି... ସେଥିପାଇଁ।" (ସାଧନା ଓ ସର୍ଜନା : କବି ଗୌତମ ଜେନା)

କବିଙ୍କର ପିତା ଥିଲେ ପ୍ରାଥମିକ ଶିକ୍ଷକ। ସେହି ସଂସ୍କାର ଭିତରେ ସେ ନିଜକୁ ଗଢ଼ି ଆପଣାକୁ ପ୍ରତିଷ୍ଠିତ କରିବାର ସୌଭାଗ୍ୟ ଅର୍ଜନ କରିଛନ୍ତି। ନିଜ ପଂଚାୟତ ମିର୍ଜାପୁରସ୍ଥ ଶ୍ୟାମସୁନ୍ଦର ହାଇସ୍କୁଲରୁ ୧୯୭୪ ମସିହାରେ ମେଟ୍ରିକ୍ ପାଶ୍ ପରେ ପରବର୍ତ୍ତୀ ସମୟରେ ରେଭେନ୍‌ସା ମହାବିଦ୍ୟାଳୟରୁ ୧୯୮୦ ମସିହାରେ ଓଡ଼ିଆ ଏମ୍.ଏ. ରେ ପ୍ରଥମ ଶ୍ରେଣୀରେ ପ୍ରଥମ ତଥା ଉତ୍କଳ ବିଶ୍ୱବିଦ୍ୟାଳୟରୁ କୃତିତ୍ୱର ସହ ତୃତୀୟ ସ୍ଥାନ ଅଧିକାର କରି ଉତ୍ତୀର୍ଣ୍ଣ ହୋଇଥିଲେ। ୧୯୮୨ ମସିହାରେ ସେ ଏମ୍.ଫିଲ୍. ଡିଗ୍ରୀ ହାସଲ କରିବା ପରେ ୧୯୮୩ ମସିହାରେ ମହର୍ଷି କଲେଜ, ଭୁବନେଶ୍ୱରରେ ଓଡ଼ିଆ ବିଭାଗର ଅଧ୍ୟାପକ ଭାବରେ ଯୋଗ ଦେଇଥିଲେ। ପରବର୍ତ୍ତୀ ଜୀବନରେ ସେ ଓଡ଼ିଶା ରାଜ୍ୟ ପ୍ରବରଣ ବିଭାଗର ପରୀକ୍ଷାରେ ଉତ୍ତୀର୍ଣ୍ଣ ହୋଇ ଗୋପବନ୍ଧୁ ବିଜ୍ଞାନ ମହାବିଦ୍ୟାଳୟ, ଆଠଗଡ଼, ଗୋପବନ୍ଧୁ ଚୌଧୁରୀ ମହାବିଦ୍ୟାଳୟ, ରାମଚନ୍ଦ୍ରପୁର, ବରୀ ଓ ସାହାସପୁର କଲେଜ, ବାଲିଚନ୍ଦ୍ରପୁରଠାରେ ଅଧ୍ୟାପନା କରିଛନ୍ତି। ପରବର୍ତ୍ତୀ ସମୟରେ ସେ ରେଭେନ୍‌ସା ବିଶ୍ୱବିଦ୍ୟାଳୟରୁ ପି.ଏଚ୍.ଡି. ଡିଗ୍ରୀ ପ୍ରାପ୍ତ ହୋଇଛନ୍ତି ଓ ଚାକିରିର ଶେଷ ଛଅ ବର୍ଷ ଯାଜପୁର ଜିଲ୍ଲାସ୍ଥ ନୂଆହାଟସ୍ଥିତ ବିଷ୍ଣୁ ସାମନ୍ତରାୟ ମହାବିଦ୍ୟାଳୟରେ ରାଜ୍ୟ ସରକାରଙ୍କ ଦ୍ୱାରା ଅଧ୍ୟକ୍ଷ ପଦରେ ନିଯୁକ୍ତି ପାଇ ଅବସର ଗ୍ରହଣ କରିଛନ୍ତି।

ଶୈଶବରୁ ହିଁ କାବ୍ୟସାହିତ୍ୟ ପ୍ରତି ରହିଛି ତାଙ୍କର ରଚି। ମେଟ୍ରିକ୍ ପଢ଼ିବା ବେଳେ ନିଜ ଗ୍ରାମସ୍ଥ ଶ୍ୟାମସୁନ୍ଦର ପାଠାଗାରରେ ଥିବା ଫକୀରମୋହନ ଗ୍ରନ୍ଥାବଳୀ, ରାଧାନାଥ ଗ୍ରନ୍ଥାବଳୀ, ଗଙ୍ଗାଧର ଗ୍ରନ୍ଥାବଳୀ ପ୍ରଭୃତି ପଢ଼ି ଓ ସେଥିରେ ଅନୁପ୍ରାଣିତ ହୋଇ ନିଜେ ଜଣେ ସ୍ରଷ୍ଟା ହେବାର ପରିକଳ୍ପନା କରିଥିଲେ। ଯାହା ପରବର୍ତ୍ତୀ ଜୀବନରେ ସାକାର ହୋଇପାରିଥିଲା। ସମୟର ଅଖଣ୍ଡ ପ୍ରବାହରେ ଅସଫଳ ଜୀବନ ଭିତରେ ସେ ପ୍ରତିନିୟତ ସଫଳତା ଖୋଜି ଚାଲିଛନ୍ତି। ଏ ସଫଳତା ସତେ ଯେମିତି ତାଙ୍କ ପାଇଁ ଡିମିରି ଫୁଲ ପରି। ସେଥିପାଇଁ ସେ କହଂତି : 'ସାରା ଜୀବନ ଅସଫଳ

ହୋଇଥିବା ମଣିଷଟିଏ ସାହିତ୍ୟ ଭିତରେ ହିଁ ସଫଳତା ଖୋଜୁଥାଏ। ଏହି ଅସଂତୋଷ ମୋତେ ମୋ ପିଲାବେଳୁ ଆଜିଯାଏ ଜାଳି ଚାଲିଛି। ଯାହାକୁ ଯେଉଁଠି ପ୍ରିୟ (ସୁଖ) ବୋଲି ଭାବି ଅଟକିଛି ତାଠୁ ଅତିପ୍ରିୟ (ପରମ ଭାବ) ମୋତେ ପୁଣି ଆଗକୁ ନେଇଯାଇଛି। କେଉଁଠି ପିଲାବେଳୁ ମୁଁ ନିଜ ଆୟତ୍ତରେ ନଥିଲି କି ଏବେ ବି ନିଜ ଆୟତ୍ତରେ ନାହିଁ। ପିଲାବେଳେ ଯାହା ଥିଲି କି ଆଜି ଯାହା ହୋଇଛି- ଏ ସଂପର୍କରେ ମୁଁ ନିଜେ ବି କିଛି ବୁଝିନି। କେବେ ଭାବି ନଥିଲି ଗାଁର ପୋଖରୀ ହୁଡ଼ାରେ ବନ୍‌ଶୀ ଛଡ଼ ପକାଇ ମାଛ ଧରୁଥିବା ପିଲାଟି, ଜ୍ୟେଷ୍ଠ ମାସର ଖରାବେଳେ ଆମ୍ବ ତୋଳୁଥିବା ବାଳକଟି ଦିନେ କବିଟିଏ ହେବ ବୋଲି। ଯେତେ ନ ହେବା କଥା ସବୁ ମୁଁ ହୋଇଛି, ଯାହା ସ୍ୱପ୍ନରେ ସୁଦ୍ଧା ନ ଭାବିବା କଥା ତାହା ମୋ ପାଖକୁ ଆସିଛି। ସେଥିପ୍ରତି କେହି ଜଣେ ଈଶ୍ୱର ମୋତେ ମୋ ଅଜାଣତରେ ହାତ ଧରି ଏତେବାଟ ନେଇ ଆସିଛନ୍ତି। ସେ ବାଟର ଶେଷ କେଉଁଠି ମୁଁ ଜାଣେନି।" (ସାଧନା ଓ ସର୍ଜନା : କବି ଗୌତମ ଜେନା)

ଜଣେ ସ୍ରଷ୍ଟାର ମାନସିକତାରେ ଉଭୟ ବିଚାର ଓ କଳ୍ପନା ରହିଛି। ବିଚାର ଦ୍ୱାରା ସେ ବହୁ ତଥ୍ୟର ସଂଶ୍ଳେଷଣ କରିଥିଲେ ମଧ୍ୟ କଳ୍ପନା ଦ୍ୱାରା ସେଗୁଡ଼ିକର ବିଶ୍ଳେଷଣ କରେ। ଏଣୁ କଳ୍ପନା ହେଉଛି ବିଚାରର ଆଧାର, ଯେମିତି ଆତ୍ମାର ଆଧାର ଦେହ ଓ ଛାଇର ଆଧାର ବସ୍ତୁ। ଫଳତଃ କବିତାର କଳା ସୌନ୍ଦର୍ଯ୍ୟରେ ଯେଉଁ ସ୍ୱାତନ୍ତ୍ର୍ୟ ଫୁଟିଥାଏ ଏଥିପ୍ରତି କବି ଗୌତମ ଜେନା ସଚେତନ। ସେଥିପାଇଁ ତାଙ୍କର ବହୁବିଧ ଚିନ୍ତନ ଭିତରେ ପାଠକଟିଏ କେବଳ ବୌଦ୍ଧିକତା ବା ଦାର୍ଶନିକତାକୁ ଭେଟିନଥାଏ, ବରଂ ଜୀବନର ଶାଶ୍ୱତ ଅନୁଭବମାନଙ୍କୁ ମାନସାଙ୍କ ପରି ନିଜ ଭିତରେ କଷି ସେହି ଅନୁଭବରେ ନିଜକୁ ପଢ଼େ ଓ ବୁଝାଏ।

ଗୌତମଙ୍କ କବିତାରେ ରହିଛି ଆମ ସଂସ୍କୃତି, ପରମ୍ପରା ଓ ଭାରତୀୟତାର ବ୍ୟାପକତା। ସ୍ୱାଧୀନତା ପରବର୍ତ୍ତୀ ଓଡ଼ିଆ ମୁକ୍ତ ଛନ୍ଦର କବିତାରେ ଯେଉଁ ଔପନିବେଶବାଦୀ ଚେତନା ରହିଥିଲା ସେସବୁଥିରୁ ତାଙ୍କ କବିତା ମୁକ୍ତ। ଅପ୍ରାକୃତିକ ନିଃସଙ୍ଗତା, ଏକାକୀତ୍ୱ, ଯନ୍ତ୍ରଣା ଓ ସ୍ୱପ୍ନଭଂଗ ଭିତରୁ ତାଙ୍କ ଭାବନା ମୁକ୍ତ। ସେ ଖୋଜନ୍ତି ଅସଫଳତା ଭିତରୁ ସଫଳତା, ପରାଜୟ ଭିତରୁ ଜୀବନର ସ୍ୱାଦ, ସ୍ୱପ୍ନଭଂଗ ଭିତରୁ ସ୍ୱପ୍ନର ଆତୁରତା। ସେଥିପାଇଁ ତାଙ୍କ କବିତାରେ ପ୍ରତୀକିତ ହୋଇଥାଏ ଏକ ବୃହତ୍ତର ଜୀବନବୋଧ। ତେଣୁ ତାଙ୍କ କବିତାରେ ରହିଛି ବାସ୍ତବତାର ଅନୁସଂଧାନ, ରହିଛି ସାମାଜିକ ମୂଲ୍ୟବୋଧ ଓ ସାଂସ୍କୃତିକ ବୈଭବ। ସମକାଳର ପୃଷ୍ଠଭୂମିରେ ସେ

ଆମର ସ୍ଥାନୀୟତା ଓ ସାଂସ୍କୃତିକ ଚେତନାକୁ ଗୁରୁତ୍ୱ ଦେଇ ତାଙ୍କ କାବ୍ୟଚେତନାର ବଳିଷ୍ଠ ଦିଗକୁ ପ୍ରକାଶ କରିବାରେ ସକ୍ଷମ ହୋଇପାରିଛନ୍ତି ।

ବିଂଶ ଶତକର କବିତାର ବିନିର୍ମାଣ କୌଶଳରେ ତାଙ୍କର ମୌଳିକ ଚିନ୍ତନ ବେଶ୍ ସଫଳତା ଲାଭ କରିପାରିଛି । ଏଣୁ କାବ୍ୟିକ ଆଧୁନିକତା ତାଙ୍କର 'ବିଶ୍ୱାସବୋଧ' ଓ 'ବକ୍ତବ୍ୟ'କୁ କରିପାରିଛି ଅଧିକ ତୀକ୍ଷ୍ଣ ଓ ଯଥାର୍ଥ । ଫଳତଃ ସେ ଲେଖକର ସାମାଜିକ ପ୍ରତିବଦ୍ଧତାକୁ ପରୋକ୍ଷରେ ସ୍ୱୀକାର କରଂତି । ସାହିତ୍ୟ ଯେତେବେଳେ ସାଧାରଣ ମଣିଷର ଜୀବନଯାତ୍ରାର କଥା କହିବ ସେତେବେଳେ ସେ ଆଉ ଜଣେ ମଣିଷର ଛାତିକୁ ଛୁଇଁବାକୁ ସମର୍ଥ ହେବା ଆବଶ୍ୟକ ବୋଲି ସେ ବିଚାର କରନ୍ତି । ଫଳତଃ ବର୍ତ୍ତମାନର ଦୁର୍ନୀତି ଓ ବ୍ୟଭିଚାର ତାଙ୍କୁ ଯେତିକି ବିବ୍ରତ କରିଥାଏ, ଏସବୁକୁ ଏଡ଼ାଇ ଦିନେ ନା ଦିନେ ସୁଖରେ ଜୀବନକୁ ଭେଟି ହେବ ବୋଲି ସେ ସ୍ୱପ୍ନ ଦେଖଂତି ।

ଏ ଅସୀମ ସ୍ୱପ୍ନ ଦେଖାରେ ବିରାମ ନାହିଁ କବି ଗୌତମ ଜେନାଙ୍କର । ସବୁ ଗୋଷ୍ଠୀ ଚେତନାଠାରୁ ନିଜକୁ ଦୂରେଇ ରଖି ସେ ମଗ୍ନ ଥାଆନ୍ତି ଆପଣାର ସୃଷ୍ଟି ଭିତରେ । ସେ ବିଶ୍ୱାସ କରଂତି "ଲେଖକଟିଏ ହେବା ଗୋଟିଏ ଜନ୍ମର ସାଧନା । + + + ଜଣେ ସାଧକ ଜୀବନର ପଥ କଂଟକିତ । ପାଦରୁ ରକ୍ତ ଝରିଲେ, ଆଖିରୁ ଅଶ୍ରୁ ଝରିଲେ କଲମରୁ ଅମୃତ ଝରିବ ।"

ତାଙ୍କ କବିତା ଛୁଇଁ ପାରିବ ସବୁ ମଣିଷର ଛାତି, ଛୁଇଁ ପାରିବ ଶାଶ୍ୱତ ଜୀବନର ପ୍ରତିଟି ମୁହୂର୍ତ୍ତକୁ । ଏ ବିଶ୍ୱାସ ସାହିତ୍ୟ ଭିତରେ ରହିଥିଲା, ରହିଛି ଓ ରହିଥିବ ।

■

କିଛି କଥା ଏ ଗ୍ରନ୍ଥାବଳୀ ପରିପ୍ରେକ୍ଷୀରେ...

(୧)

କବି ଗୌତମ ଜେନା ଚଳିତ ସମୟ ଖଣ୍ଡର ଜଣେ ପ୍ରଥିତଯଶା କବି । ଦୀର୍ଘ ପଚାଶବର୍ଷର ସାରସ୍ୱତ ସାଧନା ଭିତରେ ତାଙ୍କର ପ୍ରକାଶ ପାଇଛି ଚଉଦ ଖଣ୍ଡ କବିତା ପୁସ୍ତକ । ୧୯୭୬ ମସିହାଠାରୁ ତାଙ୍କର କବିତା ଓଡ଼ିଶାର ସମସ୍ତ ସଂଭ୍ରାନ୍ତ ପତ୍ର/ପତ୍ରିକାମାନଙ୍କରେ ପ୍ରକାଶିତ ହୋଇ ଆସୁଛି ଓ ସେ ପାଠକୀୟ ମହଲରେ ମଧ୍ୟ ବହୁ ଶ୍ରଦ୍ଧା ଓ ସମ୍ମାନର ଅଧିକାରୀ ହୋଇପାରିଛନ୍ତି ।

ଉତ୍ତରଅଶୀ ଓଡ଼ିଆ କବିତାକୁ ସେ ଦେଇଛନ୍ତି ନୂଆ ରୂପ ଓ ଭାବରେ ଆଣିପାରିଛନ୍ତି ପରିବର୍ତ୍ତନ । ସ୍ୱାଧୀନତା ପରବର୍ତ୍ତୀ ଅବସ୍ଥାରେ ଓଡ଼ିଆ କବିତାରେ ଯେଉଁ 'ଔପନିବେଶବାଦୀ ଚେତନା' ପରିଲକ୍ଷିତ ହୋଇଥିଲା, ତହିଁରୁ ସେ ମୁକ୍ତ । ସାମାଜିକ ଜୀବନର ପରିବର୍ତ୍ତନ ନାଁରେ ଅବକ୍ଷୟ, ବିଛିନ୍ନତାବୋଧ, ଏକାକୀତ୍ୱ, ଠିକଣାହୀନ ମଣିଷ, ନିରାଶା, ଦେହବାଦୀ ଚେତନା ଓ ଆଧାତ୍ମିକ ନିଃସଂଗତାରୁ ଦୂରରେ ରହି ସେ

ତାଙ୍କ କବିତାରେ ଆଂକି ପାରିଛନ୍ତି ଏ ମାଟି, ପାଣି, ପବନ ଓ ଜୀବନର ଛବି। ସବୁଠି ସେ ଖୋଜିଛନ୍ତି ଆଶା, ବିଶ୍ୱାସ ତଥା ପ୍ରେମ।

ତାଙ୍କ ଜୀବନ ଯଂତ୍ରଣାରେ ନାହିଁ କାରୁଣ୍ୟ, ଅଛି ଜୀବନର ମାଦକତା, ଖୋଜିବା ପାଇଁ ପ୍ରେରଣା। ତାଙ୍କ କବିତାର ଆତ୍ମିକ ସ୍ୱରରେ ଅଛି ଅନ୍ୱେଷଣ, ନାହିଁ ଯଂତ୍ରଣାଜର୍ଜର ଆତ୍ମାର ସ୍ୱଗତୋକ୍ତି। ସେ ମୃତ୍ୟୁର ବର୍ଣ୍ଣବୋଧରେ, ବ୍ୟାକରଣରେ କାତର ନୁହଁନ୍ତି, ବରଂ ମୃତ୍ୟୁ ତାଙ୍କ ଲେଖନୀରେ ପାଇଛି କଳାତ୍ମକ ରୂପ, ଯେଉଁଠି ଅନ୍ତରାତ୍ମାରେ ମୃତ୍ୟୁର ବ୍ୟାପକତା ଭିତରେ ଜୀବନର ସୂକ୍ଷ୍ମ ରୂପ ପ୍ରକାଶିତ ହୋଇଥାଏ।

ଜୀବନର ଦ୍ୱନ୍ଦ୍ୱ, ଝଡ଼ ଓ ଝଂଜାକୁ ଅତିକ୍ରମ କରି ତାଙ୍କ କବିତା ଶୁଣାଏ ଶାଶ୍ୱତର ମହତ୍ୱ। ଗାଉଥାଏ ଅନୁରାଗର ସଂଗୀତ। ମୃତ୍ୟୁର ବର୍ଣ୍ଣବୋଧକୁ ଅମୂର୍ତ୍ତ ଚେତନାରେ ରୂପାନ୍ତରିତ କରି ସେ ଲେଖନ୍ତି ଜୀବନର ବ୍ୟାକରଣ, ଯେଉଁଠି କାଳ କଳା ହୋଇଯାଇ ଏକ ନୂଆ ବିଶ୍ୱର ଚିତ୍ର ଉପସ୍ଥାପନ କରିଥାଏ। ସେଥିପାଇଁ ତାଙ୍କ ହାତରେ ସାଦା ଶବ୍ଦମାନେ ନୂଆ ରୂପରେ ନୂଆ ଜୀବନ ନେଇ ଭାବୋଦ୍ଦୀପକ ଓ ମନୋରମ ହୋଇଥାନ୍ତି। ସେ କହନ୍ତି :

"ସୁନ୍ଦର ଦିଶୁଥାଏ ସବୁ ମୋତେ
ସାଂଗସାଥୀ ପରିଜନ
ପ୍ରକୃତିର ପ୍ରତିରୂପ, ପ୍ରତି ଦୃଶ୍ୟାଂତର
ଆବେଗରେ ଛନଛନ
କଅଁଳିଆ ହୃଦୟ ଓ ମନ
ପ୍ରଗଲ୍‌ଭ ଜୀବନ ଏଇ
ମାନେ ନାହିଁ ବାଧା ଓ ବଂଧନ।" - କବିତା-ନକ୍‌ସା, ସଂ- ରଂଗଶିଉଳି

ଜୀବନବାଦୀ କବି ଗୌତମ ଜେନା। ନିତ୍ୟ ଓ ସନାତନ ମୃତ୍ୟୁର ପଦଧ୍ୱନିରେ ତାଙ୍କ କାବ୍ୟଚେତନା ଶଂକାଗ୍ରସ୍ତ ନୁହେଁ, ବରଂ ମୃତ୍ୟୁ ଜୀବନକୁ ବହୁ ରଂଗରେ ସଜେଇବାରେ ସହାୟକ ହୋଇଥାଏ ବୋଲି ସେ ମନେକରନ୍ତି। ତାଙ୍କ ସ୍ୱପ୍ନରେ ଥାଏ ମାଟି ପ୍ରତି ଆକର୍ଷଣ ଓ ଅପତ୍ୟ ଅନୁରାଗ। କେତେବେଳେ ତାଙ୍କର ଶବ୍ଦମାନେ ଆଦିଗଂତ ବିସ୍ତାରୀ ତ କେତେବେଳେ ରହସ୍ୟାଚ୍ଛନ୍ନ। ଜୀବନର ଦୀର୍ଘ ରାସ୍ତାରେ ଚାଲୁଥିବାବେଳେ ତାଙ୍କ କାବ୍ୟପୁରୁଷ ବିଫଳତା ଭିତରେ ପରାଜିତ ହୁଏ ନାହିଁ, ବରଂ ଏହି ବିଫଳତା ସହସ୍ର ସ୍ୱପ୍ନଂକୁ ସାଥୀରେ ନେଇ ଆସିଯାଏ। ଏହି ଅନୁଭବ କାବ୍ୟନାୟକକୁ ସଂସାରକୁ

ଚିହ୍ନାଏ, ପାର୍ଥିବ ସୁଖ ଭିତରୁ ମାଟିର ଅଳିକତାକୁ ଅନୁଭବ କରାଏ ଓ ନିଃସଂଗତା ତଥା ଯଂତ୍ରଣା ଭିତରୁ ମୁକ୍ତିର ସଂଧାନ କରୁଥାଏ। ସେ କହେ:

"ମୋ ପରି ନିର୍ବୋଧ ମଣିଷଟିଏ
ଯିଏ ଧୂଳିର ନିର୍ମୋକରେ
ଖୋଜୁଥାଏ ଜୀବନର ସତ୍ୟ
କାହିଁକି ବା ବୁଝିପାରଂତା
ଏ ନିବିଡ଼ ରହସ୍ୟ।
ଆଲୋକ ଅଂଧାର, ଗମନ ଆଗମନ।"

ସଂ. ବାହୁଡ଼ାବେଳ, କବିତା- ମାଟି ମହ୍ଲାର

ଜୀବନ ଯୁଦ୍ଧରେ ଅହରହ ଯଂତ୍ରଣାକ୍ତ ହେବାରେ ଲାଗିଛି ମଣିଷ। ତଥାପି ତୁଟୁନି ଆଶା, ହଜିଯାଉନି ସ୍ୱପ୍ନ। ପ୍ରତ୍ୟେକ ପରାଜୟ ଭିତରୁ ପୁଣି ଉଙ୍କିମାରୁଛି ବିଜୟର ସ୍ୱପ୍ନ। ସେ ଖୋଜି ଚାଲୁଛି ଆତ୍ମ ପରିଚୟ, ଖୋଜି ଚାଲୁଛି ଜୀବନର ସଂଜ୍ଞା। ସବୁ ବିଶ୍ଲେଷଣ, ସମସ୍ତ ଦୃଷ୍ଟିଭଙ୍ଗୀ ଭିତରେ ସେହି ଗୋଟିଏ ପ୍ରଶ୍ନ। କିଏ ସେ ?

କିଏ କ'ଣ କହିପାରିବ ଆପଣାର ଜନ୍ମ କୁଣ୍ଡଳୀ! କିଏ କ'ଣ ଜାଣେ କେମିତି ଜୀବନ ଆପଣାଛାଏଁ ଗଢ଼ି ଦିଏ ଆଉ ଏକ ଦୁନିଆ ନୂଆ କରି ଜୀବନକୁ ଗଢ଼ିବା ପାଇଁ। ପ୍ରତିଟି ମୁହୂର୍ତ୍ତରେ ସେ ଯୁଝୁଥାଏ ନିଜ ସହିତ, ସମୟ ସହିତ। କେତେବେଳେ ହାର୍ ମାନେନା ସେ।

ଆଜିଯାଏ କ'ଣ ମଣିଷ ଜାଣିପାରିଛି ତା'ର ଠିକଣା ? ସେ ଆସିଛି କେଉଁଠୁ ? ସେ ପୁଣି ଫେରିଯିବ କେଉଁଠାକୁ ? କାହିଁକି ମନେପଡୁନି ତା'ର ଜନ୍ମ ପରେ ଜନ୍ମ ବିତାଇ ଆସିଥିବା ସମୟର ଘଟଣାବଳୀ ! କେତେବେଳେ ବି ସମାଧାନ ହୋଇପାରେ ନାହିଁ ଏ ସମସ୍ତ ପ୍ରଶ୍ନର। ଏ ପ୍ରଶ୍ନ ସବୁ ଥିଲା, ବର୍ତ୍ତମାନ ଅଛି ଓ ଥିବ ପୃଥିବୀ ଥିବାଯାଏ।

ମଣିଷ କେତେବେଳେ ବି ଖୋଜୁଥିବା ଜିନିଷଟିକୁ ତା'ର ଫେରନ୍ତା ସମୟ ଯାଏ ପାଇପାରେ ନାହିଁ। ଚିହ୍ନାଚିହ୍ନା ହୋଇଥିବା ପ୍ରତିଟି ବସ୍ତୁ, ପ୍ରତିଟି ଜୀବନ ପୁଣି ପାଲଟିଯାଏ ଏକବାରେ ଅଚିହ୍ନା। ଅନବରତ ନିଜ ସହ ଲଢ଼େଇରେ ମାତିଥାଏ ସେ। ଗୋଟେ ଫମ୍ପା ଦେହ, କେଇଟି ନିଃଶ୍ୱାସ ପ୍ରଶ୍ୱାସ, କେଇ ଦିନର ଚିହ୍ନା ମାଟି ଭିତରେ ପୁଣି ସାଙ୍କୁଳି ମୁଠାଏ ପାଉଁଶ ହୋଇଯାଏ ଏ ଦେହ।

ଆଲୋକିତ ଦିଶୁଥିବା ରାସ୍ତା ସବୁ ଅଦୃଶ୍ୟ ହୋଇଯାଏ ଅନ୍ଧାର ଭିତରେ।

କେଉଁଠି ଶୁଣିବାକୁ ମିଳେ ନାହିଁ ଆନନ୍ଦ ଉଚ୍ଛ୍ୱାସ ଭରା ଆହ୍ଲାଦର ଡାକ। ନିଜକୁ ଚିହ୍ନିବା ବେଳକୁ ପାଦତଳେ ନଥାଏ ମାଟି କି ମୁଣ୍ଡ ଉପରେ ନଥାଏ ଆକାଶ। ଏଇ ପ୍ରଶ୍ନ ହିଁ ଜନ୍ମ ଜନ୍ମର କବିତାର ସ୍ୱର। ଏତେବେଳକୁ ଆଉ ନିସ୍ତାର ନଥାଏ ସମୟ ହାତରୁ। ସେଇ ବିକଳ ଭାବ ହିଁ କବିତାର ସୂକ୍ଷ୍ମ କଣିକା। କାବ୍ୟପୁରୁଷ କହେ:

'ସବୁ ସମ୍ପତ୍ତି ମୋର
ନେଇ ଯା'ରେ ମୃତ୍ୟୁ
ନେଇଯା' ଯାହା ଇଚ୍ଛା ମୋ ଠାରୁ
ଛାଡ଼ି ଦେ' ମୋର ଏ ନିଃଶ୍ୱାସ ଟିକକ
ଛାଡ଼ିଦେ' ଟିକେ ଆରାମରେ ଶୋଇ
ସ୍ୱପ୍ନ ଦେଖିନେବାକୁ
ମୋର ପ୍ରିୟ ସବୁଜ ପୃଥିବୀ।' (ବାହୁଡ଼ାବେଳ)

ଏ ମାୟାର କୁଣ୍ଡଳୀ କାଟି କେବଳ କବିଟିଏ ଯେଉଁ ସ୍ୱପ୍ନ ଦେଖେ ତା'ର ପ୍ରତିରୂପ ଏ ଗ୍ରନ୍ଥାବଳୀରେ ସନ୍ନିବେଶିତ କବିତାମାନେ ହିଁ କହନ୍ତି। ସୁଖଦୁଃଖର ହିସାବ, ମଗ୍ନ ଚୈତନ୍ୟର ଭାବ, ଆକର୍ଷଣ, ଅନ୍ୱେଷଣ ସହିତ ପରିପୂର୍ଣ୍ଣତାର ଗାଥା ଭିତରେ ଏ ସମସ୍ତ କବିତା ଉର୍ଜ୍ଜସ୍ୱଳ।

କବି ଗୌତମ ଜେନା ଆମ ସମୟର ପଥିତଯଶା କବି। ଜୀବନର ନୂତନ ଆଶାରେ ପରିପୂର୍ଣ୍ଣ ତାଙ୍କର କାବ୍ୟଶିଳ୍ପ। ଏ ଶତାବ୍ଦୀକୁ ନିବିଡ଼ ଭାବରେ ବାନ୍ଧି ରଖିପାରୁଥିବା ଏ ଗ୍ରନ୍ଥାବଳୀର କବିତାମାନେ ସଦା ରୋମାଂଚକର ଓ ନିବିଡ଼ତା ପରିପୂର୍ଣ୍ଣ - ଏଥିରେ ସନ୍ଦେହ ନାହିଁ।

(୨)

କବିତା ହେଉଛି ଶୋଣିତ, କଳ୍ପନା ଓ ମେଧାର ସମାହାର- ଡବ୍ଲ୍ୟୁ. ବି. ଏଟସ୍.

(Poetry is a combination of blood,
imagination and intellect.) - W.B. Yeats

ଆଜିର କବିତା ଯୁଗବ୍ୟଥାର ପ୍ଲାବନରେ ଉଦାସ ବା ଅନାସକ୍ତ ନୁହେଁ, ବରଂ ସୀମାହୀନ ଅନୁଭବ ଓ ଅଭିବ୍ୟକ୍ତିରେ ମିତବ୍ୟକ୍ତ ଓ ରହସ୍ୟମୟ। ସର୍ଜନାର ପ୍ରେରଣା, ଶବ୍ଦ, ଅର୍ଥ, ତର୍ଜମା ଓ ଅନ୍ୱୟ ଭିତରେ ବି ଆଜିର କବିତା ସୀମାବଦ୍ଧ ନୁହେଁ

ବରଂ ସେ କେତେବେଳେ ସ୍ୱପ୍ନିଳ ମନ ତ ଭଗ୍ନ ହୃଦୟର ବେସୁରା ରାଗିଣୀ । ଅମାବସ୍ୟା ପରି ଅନ୍ଧକାର ଭିତରେ ବି ସେ ପ୍ରତିଧ୍ୱନିତ କରୁଥାଏ ସୂର୍ଯ୍ୟୋଦୟର ଅନିନ୍ଦ୍ୟ ଶବ୍ଦରାଗ । ଯୁଗେଯୁଗେ ଆପଣାର ଢଂଗ, ଶୈଳୀ ଓ ପରିବ୍ୟାପ୍ତି ଭିତରେ କବିଟିଏ ନୂତନ ବ୍ରହ୍ମାଣ୍ଡର ପରିକଳ୍ପନା କରି ସହସ୍ର ପୃଥିବୀ ଭିତରେ ବୁଡ଼ିଯାଏ । ଅସୀମତା ଭିତରେ ପରିବର୍ତ୍ତିତ ହୋଇ କାବ୍ୟଚେତନା ସହସ୍ର ଶତଦଳରେ ମୃତ୍ୟୁକୁ ଅମୃତର ସୋପାନରେ ପହଂଚାଇ ଦିଏ ।

ଯୁଗ ପରେ ଯୁଗ ଅପେକ୍ଷା କରିଥାଏ ବିଧାତା ପୁରୁଷ ଜୀବନ୍‌ମୃତ୍ୟୁ ଭିତରୁ ଏଇମିତି ଗୋଟେ କାବ୍ୟ-ପୁରୁଷକୁ ଭେଟିବା ପାଇଁ । ସମୟର ବଂଧବାଡ଼ ଡେଇଁ କେତେବେଳେ ଏ କାବ୍ୟପୁରୁଷଟି ମାଟିରେ ପାଦ ଥାପିବ, ତା'ର ସ୍ନିଗ୍‌ଧ ଆଶ୍ଳେଷରେ ଆକାଶଠୁ ମାଟିଯାଏ ଆପଣେଇ ନେବ- ସେଇ ଚିରନ୍ତନ ପ୍ରତୀକ୍ଷାର କ'ଣ କେବେ ଶେଷ ହୁଏ !

ଏହି ପରିପ୍ରେକ୍ଷୀରେ କବି ଗୌତମ ଜେନା (୧୯୫୯)ଙ୍କ ଦୀର୍ଘ ପଚାଶବର୍ଷର କାବ୍ୟିକ ଚିନ୍ତନର ସାରସ୍ୱତ ଦିଗକୁ ଉପସ୍ଥାପନ କରିବାର ପ୍ରୟାସ କରାଯାଇଛି । ତାଙ୍କର କବିତା ଏକ ସାଧାରଣ କଥାକୁ ଅସାଧାରଣ ଭାବରେ ଉପସ୍ଥାପନ କରି ତା'ର ଅଂତରାଳରେ ଥିବା ଦାର୍ଶନିକ ଚେତନାଟିକୁ ତୀର୍ଯ୍ୟକ୍ ଭାବରେ ହିଁ ପ୍ରକାଶ କରିଥାନ୍ତି । ଶୈଶବରୁ ଶେଷ ନିଃଶ୍ୱାସ ଯାଏ, ଜନ୍ମରୁ ଜନ୍ମାନ୍ତରଯାଏ, ମାଟିରେ ନଥିବା ସମୟରୁ ଅନିର୍ଦ୍ଦିଷ୍ଟ କାଳଯାଏ ମଣିଷର ରୂପାନ୍ତରକୁ ସେ ବେଶ୍ ସୂକ୍ଷ୍ମ ଭାବରେ ଉପଭୋଗ୍ୟ କରିପାରନ୍ତି । ସେଥିପାଇଁ ସେ ତାଙ୍କର "ସମୟ ବିଷାଦ ନଇ' (୧୯୯୦)ରେ ପ୍ରକାଶ କରିଛନ୍ତି :

"ମଣିଷ ଜନ୍ମରେ ପୁଣି ଏତେ କଷ୍ଟ ଏତେ ବ୍ୟଥା
ସବୁ ଜାଣି ଇଚ୍ଛା ହୁଏ
ଆଉ ଥରେ ଜନ୍ମିବାକୁ ଏଠି..."

ଦୀପ୍ତିହୀନ ଜୀବନକୁ ସେ କରିପାରଂତି ଦୀପ୍ତି ମଣ୍ଡିତ, ମୃତ୍ୟୁ ଭିତରୁ ସେ ଦିଅଂତି ଅମୃତର ସଂଧାନ, ବିଫଳତା ଭିତରୁ ସେ ଦେଖିପାରନ୍ତି ସଫଳତା, ଆତ୍ମା ରୂପକ ପ୍ରଜାପତିକୁ ସେ ଭେଟେଇ ଦିଅଂତି ପରମାତ୍ମା ରୂପକ ସାରସ ସହିତ । କେବଳ କାଚ ବାକ୍ସରେ ବଂଦୀଥିବା ଜୀବନକୁ ସେ ଦେଖଂତି ନାହିଁ, ହସ୍‌ପିଟାଲ ଭିତରେ ଜୀବନ ସହ ଯୁଝୁଥିବା ମଣିଷର କଷ୍ଟକୁ ସେ ଦେଖଂତି ନାହିଁ, ପରଂତୁ ଆତ୍ମଜ୍ଞାନର

ଗଭୀର ଅନ୍ୱେଷା, ଜୀବନପ୍ରତି ସମ୍ବେଦନଶୀଳତା, ସହିତ ସେ କ୍ଷୁଦ୍ର ଭିତରେ ବୃହତ୍ତରର ଅନୁସଂଧାନ କରିଚାଲିଥାନ୍ତି ପ୍ରତିନିୟତ, ଯେଉଁଠି ଆପଣାର ଅଜ୍ଞାତରେ, କେତେବେଳେ ଜୟପରାଜୟର ଅଂତରାଳେ କାବ୍ୟପୁରୁଷ ଦେଖିପାରୁଥାଏ ଏକ ଅବାଙ୍‌ମୟ ରୂପ। ସେତେବେଳେ ସେ କହେ :

‘ତମେ ଯେତେ ଟିକି ନିଖି ବ୍ୟାଖ୍ୟା କଲେ ତା’ ଠାରୁ ମୁଁ ଅଧିକ ଯେମିତି
ଅନାୟାସେ ବିସ୍ତାରିତ କରିପାରେ ସ୍ୱରୂପ ମୋ ସାରା ଆକାଶରେ
ଇଚ୍ଛାମତେ ସବୁ ଘଟେ, ନିର୍ଦ୍ୱନ୍ଦ୍ୱରେ ବିଚାରକ ନିଜେ ସବୁକାଳେ
କୋଟିକୋଟି ମାୟାଛନ୍ନ ପୃଥିବୀକୁ ନିମିଷକେ ଯାଏ ଅତିକ୍ରାନ୍ତି।’

– ‘ସମୟ ବିଷାଦ ନଇ’ ସନେଟ୍-୧୨

ଏ ଅନୁଭବ ଏକ ଊର୍ଦ୍ଧ୍ୱ ଚେତନାର ବିସ୍ତାରିତ ଅବୟବ। ପୁଣି କାବ୍ୟପୁରୁଷ ଫେରେ ମାଟିକୁ। ଜୀବନର ସାର୍ଥକତା ଖୋଜିବାକୁ, ଜୀବନର ବନ୍ଦନା ଗାଇବାକୁ। କିଂତୁ ‘ସମୟ ବିଷାଦ ନଇ’ର ପ୍ରତିଷ୍ଠିତ ସତ୍ୟ ଓ ସାରସ୍ୱତ ସତ୍ୟର ପ୍ରତିବିମ୍ବିତ ରୂପରେ ଯେଉଁ ଉଦ୍‌ଭାସିତ ଆଲୋକର ବର୍ଣ୍ଣ ମହୋତ୍ସବ ପ୍ରକଟିତ ହୋଇଥିଲା ତାହା ‘ଏକାଏକା ଦିନ’ (୨୦୦୦)ର କବିତାମାନଂକରେ ଖୁବ୍ ଗାମ୍ଭୀର୍ଯ୍ୟପୂର୍ଣ୍ଣ ତଥା ବୃହତ୍ତର ଚେତନାର ଦ୍ୟୋତକ ହୋଇପାରିଛି। ‘ଏକାଏକା ଦିନ’ରେ ରହିଛି ଜୀବନ ପ୍ରତି ନିବିଡ଼ ଆଶ୍ଳେଷ, ସ୍ୱପ୍ନ ଓ ସ୍ୱପ୍ନ ଭଂଗର ମିଳିତ ସ୍ୱର; ଅଭିମାନ, ଅଭୀପ୍ସା ସହିତ ଆବେଗ ଜଡ଼ସଡ଼ ଜୀବନବୋଧ। ବାସ୍ତବ ଜୀବନର ବୃହତ୍ତର ଆହ୍ୱାନରେ ପରିପୂର୍ଣ୍ଣ ମୁହୂର୍ତ୍ତମାନେ ଆଶା, ପ୍ରତ୍ୟୟ ଓ ଅନୁଭବମାନଂକୁ ନେଇ ଅତ୍ୟଂତ ଆକର୍ଷଣୀୟ। ରୋମାଂଚହୀନ ଜୀବନ ଭିତରେ ସ୍ୱପ୍ନର ପିପାସା ଭରି କବି ସମୟକୁ ସ୍ୱପ୍ନମୟ କରିଦେବାର ପ୍ରୟାସକୁ ବେଶ୍ ଅନୁଭବ କରିହୁଏ। ଏ ସମସ୍ତ କବିତାମାନଙ୍କରେ ଭାଷା ଜୀବଂତ, କବିତାର ପ୍ରବାହ ଚଳଚଂଚଳନ ଓ ପ୍ରତୀକାତ୍ମକ ତଥା ଆବେଗପୂର୍ଣ୍ଣ ଭାବପ୍ରକାଶ ଭିତରେ ଜୀବନର ସୂକ୍ଷ୍ମ ଅନୁଭବମାନଂକୁ କବି ଅତ୍ୟଂତ ସରଳ ଭାବରେ ପ୍ରକାଶ କରିପାରିଥିବାର ଦେଖିବାକୁ ମିଳେ।

ଉତ୍ତର ଅଶୀ ପରବର୍ତ୍ତୀ ଓଡ଼ିଆ କବିତା ଦିଗହରା ନହୋଇ ‘ଦିଗଖୋଜା’ରେ ମଗ୍ନ ଥିଲା ପରି ମନେହୁଏ। ସେଥିପାଇଁ ଗୌତମଙ୍କ ପ୍ରତିଟି କବିତା ଚମତ୍କାର ରୂପକଳ୍ପମାନଙ୍କୁ ନେଇ ବଂଚିବାର ରାହା ପ୍ରଦର୍ଶନ କରୁଥାଏ। ‘ନୀଡ଼ ହଜା ପକ୍ଷୀ’ରେ କବି କହଂତି :

"ତା' ପରେ ମୋ ବ୍ୟଥାକଷ୍ଟ, ଜଳିଯିବା ମିଛ ହେବ
ମିଛ ହେବ ମୃତ୍ୟୁ ରୂପାନ୍ତର
ନୀଡ଼ହଜା ପକ୍ଷୀ ପାଇଁ କେଉଁଠି ନା କେଉଁଠି ବି
ମିଳିଯିବ ସ୍ଥାୟୀ ବସାଘର।"

ମୂଳରୁ ହିଁ ମନସ୍ତାତ୍ତ୍ୱିକ ଅନୁଶୀଳନ ଭିତରେ ଗୌତମ ସମକାଳକୁ ଭିନ୍ନ ଦୃଷ୍ଟିରେ ଦେଖିବାର ପ୍ରୟାସ କରିଛନ୍ତି। ସେଥିପାଇଁ ତାଙ୍କର ଅଭିବ୍ୟକ୍ତି ଯେମିତି ଶାଣିତ, ଭାବର ପୁନଃନିର୍ମାଣରେ ସେ ମଧ୍ୟ ସେହିପରି ସଚେତନ। ସେ ବିଶିଷ୍ଟ କାବ୍ୟିକ ମୁହୂର୍ତ୍ତମାନଙ୍କୁ ମୌଳିକ ଚିତ୍ରକଳ୍ପମାନଙ୍କରେ ମଣ୍ଡିତ କରି ଭାବପ୍ରେରଣ କରିଥାଂତି, ଯାହା କବିତା ବିନିର୍ମାଣ କୌଶଳ (structuralism) ଆଧାରରେ ବେଶ୍ ବୈଚିତ୍ର୍ୟମଣ୍ଡିତ ହୋଇଥାଏ। 'ଶେଷ ଜହ୍ନରାତି'ରେ ସେ କହଂତି: 'ବେଦନାରେ ଜଡ଼ସଡ଼ / ଅହରହ ମୋ ଭିତରେ ମୁଁ ଜଳୁଚି / ଆଉ ତ ସପନ ନାହିଁ, ସପନ ଆସିବ କାହୁଁ / ଏଇ ରାତି କେତେ ରାତି, ଆକାଶ ପଡ଼ିଚି ଶୂନ୍ୟ / ମୋ ଆଖିରେ ଆସୁନାହିଁ ନିଦ" – ଯେଉଁଠି ସ୍ପଷ୍ଟ ଭାବରେ 'ଶୂନ୍ୟ ଆକାଶ' ଭିତରେ ସବୁ ହରେଇ ସାରିଥିବାର ଭାବମାନେ ଏକାଠି ହୋଇଥିଲେ ହେଁ ପାରିପାର୍ଶ୍ୱିକ ଅବସ୍ଥାରୁ କିଛି ପାଇବାର ସ୍ୱପ୍ନ ଯେମିତି ଉଂକି ମାରୁଥାଏ। "ଆଖିରେ ନିଦ ନ ଆସିବା" ଯେମିତି ଅପେକ୍ଷାସୂଚକ ମନେହୋଇଥାଏ। ଏଣୁ ଅତୃପ୍ତି ଏଇଠି ଅତି ସୁନ୍ଦର ଭାବରେ ପରିକଳ୍ପିତ, ଯାହା ଗୌତମଙ୍କ କାବ୍ୟଚାତୁରୀର ଅନ୍ୟତମ ବିଶେଷତ୍ୱ।

"ଏକାଏକା ଦିନ"ର କାବ୍ୟସ୍ୱର ଭିତରେ ବାରଂବାର ଅତୃପ୍ତି ନିକଟକୁ ଯାତ୍ରା ପରି ମନେହୁଏ। ଏ 'ଅତୃପ୍ତି' କେଉଁଠି ବ୍ୟକ୍ତିକୈନ୍ଦ୍ରିକ ମନେନହୋଇ ଅତ୍ୟଂତ ଅନୁରାଗ ସର୍ବସ୍ୱ ହୋଇଉଠିଛି। ସେଥିପାଇଁ କାବ୍ୟପୁରୁଷ ପାଦାର୍ଥିକ ସୁଖ ପାଖରୁ ଫେରି ଏକ ଶାଶ୍ୱତ ଜୀବନର କାମନା କରୁଛି। ଗୌତମଙ୍କ ଏ ଅନ୍ୱେଷଣର ବ୍ୟାକୁଳତା ଯେ ତାଙ୍କ କାବ୍ୟ ଜୀବନର ଆରଂଭରୁ ସ୍ପଷ୍ଟ ତାହା 'ଏକାଏକା ଦିନ'ର କବିତାମାନଂକରୁ ବେଶ୍ ଜଣାପଡ଼େ। "ଭୁବନେଶ୍ୱର" କବିତାରେ ସେ କହଂତି :

"ତୋ ପାଦାର୍ଥିକ ସୁଖ ସମ୍ଭୋଗକୁ ଫେରାଇ ନେଇ
ମୋତେ ଜହ୍ନଟିଏ ଦେ'
ନିର୍ମଳ ନୀଳାଭ ଆକାଶଟିଏ ଦେ'
ନିର୍ଭୁଲ ଗୀତର ଧାଡ଼ିଟିଏ ଦେ'

ଯାହାର ମୂର୍ଚ୍ଛନା ସାରା ସୃଷ୍ଟିରେ ପ୍ରକଂପିତ ହେବ
ଜଗତ୍ ମିଥ୍ୟା, ମୁଁ ଇ ଏକମାତ୍ର ସତ୍ୟ
ଯିଏ ନୀଳରୁ ନୀଳତର ହୋଇ କ୍ଷଣକରେ
ଅଦୃଶ୍ୟ ହୋଇଯିବ ଅନନୁଭବରେ।"

ଏଇଠୁ ପ୍ରଲମ୍ବିତ ହୋଇଯାଉଛି ତାଙ୍କର କାବ୍ୟଭାବନା ବାସ୍ତବତାରୁ ଅନ୍ତରାତ୍ମାକୁ, ଯେଉଁଠି କାବ୍ୟପୁରୁଷର ବ୍ୟାକୁଳତା ଦ୍ୱନ୍ଦ୍ୱ, ଝଡ଼ ଓ ଝଂଜାକୁ ଅତିକ୍ରମ କରି କଳାତ୍ମକ ରୂପ ନେଉଛି "ରଂଗ ଶିଉଳି" (୨୦୦୨)ର କବିତାମାନଙ୍କରେ।

ମାନବିକ ଭାବବୋଧକୁ ନେଇ ତାଙ୍କର ସମଗ୍ର କାବ୍ୟଭାବନା ଘୂର୍ଣ୍ଣିତ। ଜୀବନର ସଂଦଗ୍ଧତା ପ୍ରତି ସେ ସର୍ବାଦୌ ସଚେତନ। ସେଥିପାଇଁ ବ୍ୟକ୍ତି ମାନସିକତାକୁ ସେ ସଫଳ ଭାବରେ ସାର୍ବଜନୀନ କରି ଗଢ଼ି ତୋଳନ୍ତି ଓ ଆପଣାର ଅନୁଭବକୁ ଖୁବ୍ ତାତ୍ପର୍ଯ୍ୟପୂର୍ଣ୍ଣ କରିଦେଇଥାନ୍ତି। ଫଳତଃ କେବଳ ପ୍ରାଞ୍ଜଳତା ନୁହେଁ, ବରଂ ଖୁବ୍ ପ୍ରଭାବଶାଳୀ ଓ ତୀକ୍ଷ୍ଣ ରୂପ ଭିତରେ ତାଙ୍କର କାବ୍ୟଚିନ୍ତନ ଦୃଶ୍ୟ ହୋଇଥାଏ। ସେଥିପାଇଁ ତାଙ୍କ କବିତାରେ ବସ୍ତୁ କେବଳ ସେହି ରୂପରେ ଦେଖାନଯାଇ ଏକ ଆରୋପିତ ଭାବ ସହିତ ଯୋଡ଼ି ହୋଇଯାଏ। ଯେଉଁଠି :

"ଧୋବ ଫରଫର ଜୀବନ ଘୂରେ
ବୟସର ଗଳି ଉପଗଳି
ବୟସରେ ଅଂଧକାର ଆସିଯାଏ
ବୈଶାଖର ଶୁଖିଲା ପତ୍ରରେ
ଶୀତଳତା ଭରିଯାଏ ଆଖିର ପର୍ଦ୍ଦାରେ
ଶୋଷ ସବୁ ସରେ ନାହିଁ ସମୁଦ୍ର କୂଳରେ..."

– (କବିତା 'କ୍ଷୁଧା', ସଂ. ରଂଗଶିଉଳି)

ଜୀବନର ପ୍ରକ୍ରିୟା ବସ୍ତୁ ସହିତ ପ୍ରତ୍ୟକ୍ଷ ସଂପର୍କ ରଖି ଅତ୍ୟଂତ ଅର୍ଥବାହୀ ମନେହୁଅଂତି। ସେଥିପାଇଁ ମନେହୁଏ କବି ଶ୍ରୀ ଜେନାଙ୍କର 'କବିତାର ବିଚାରବୋଧ' ଏକ ଆପେକ୍ଷିକ ଭାବନା। ସବୁଠି ବେଶ୍ ଉପଲବ୍ଧ ହୁଏ ଚିରନ୍ତନ ଅନୁରାଗର ବ୍ୟାପ୍ତି। ଯା' ଭିତରେ ଜୀବନ ପାଲଟିଯାଏ ନିତ୍ୟ ବୃନ୍ଦାବନ ଓ କବି ଆତ୍ମାଟି ପାଠକର ହୃଦୟରେ ଆଂକି ଦିଏ ଗଭୀର ଦାଗ। ଫଳତଃ ସତ୍ୟସଂଧାନୀ କବି-ମନ ଯେଉଁ କବିତାର

କୁହେଳିକା ସୃଷ୍ଟି କରିଥାଏ ତାହା ଜୀବନ ଜିଜ୍ଞାସା ନିକଟରେ ମୁକ୍ତ ହୋଇଯାଏ। ଜୀବନ, ସମୟ, କାଳ, ବଂଚିବା, ବ୍ୟାଧି ଓ ଜୟପରାଜୟ ଏ ସମୟରେ ଅତ୍ୟଂତ ନଗ୍ନ ମନେହୁଏ। ସେ କହେ :

'କେଉଁଥିରେ ଗଢ଼ା ହୋଇଚି ମୁଁ
କେଉଁ ଉପାଦାନକୁ ନେଇ
କାହାକୁ ପଚାରିବି ?
କେଉଁଠି ମୋର ସ୍ୱର୍ଗ
କେଉଁଠି ମୋର ନରକ
ମୁଁ ଜାଣେନା କିଛି...।" (କବିତା- 'ଥରେ ବୁଝି ଆସ', ସଂ- ରଂଗଶିଉଳି)

ସବୁବେଳେ ତାଙ୍କ କବିତାରେ ଥାଏ ଜଣେ ତୃତୀୟ ପୁରୁଷ। ସେ ଆଶାରେ ଥାଏ, ନିରାଶାରେ ଥାଏ; ସେ ଜୀବନ ସଂଗ୍ରାମରେ ଥାଏ, ଯଂତ୍ରଣାରେ ଥାଏ; ସେ ବିଶ୍ୱାସବୋଧରେ ଥାଏ, ମୃତ୍ୟୁବୋଧରେ ଥାଏ। ସେ ଆତ୍ମାରୁ ପରମାତ୍ମା ଯାଏ ପରିବ୍ୟାପ୍ତ, ନିରର୍ଥକ ଦ୍ୱିରୁକ୍ତିରୁ ସମର୍ପଣଯାଏ ବିସ୍ତାରିତ। କବି କେଉଁଠି ବି ଭେଟେ ନାହିଁ ଶେଷ ରାସ୍ତା, ବରଂ ସବୁ ରାସ୍ତା ହିଁ ମନେ ହେଉଥାଏ ଏଇଠୁ ଆରଂଭ। ସେ ହାରିଯିବାକୁ ଗ୍ରହଣ କରିପାରେ ନାହିଁ। ବରଂ ଲଢ଼େଇ ଭିତରେ ବଂଚିବାକୁ ବେଶୀ ପସଂଦ କରେ।

(୩)

ଆଧୁନିକ ଓଡ଼ିଆ କବିତାରେ ଅନ୍ୟତମ ଚର୍ଚ୍ଚିତ କାବ୍ୟସ୍ୱର କବି ଗୌତମ ଜେନା। ଶ୍ରୀ ଜେନା କବିତା ସହିତ ସାରାଜୀବନ ରହିଆସିଛନ୍ତି ଓ ଜୀବନର ଭୋଗାଭୋଗ, ଦେଖାଦେଖି, ପରୀକ୍ଷାନିରୀକ୍ଷା, ମାଟି, ଆକାଶ ଓ ପବନର ସଂପର୍କକୁ ଏଯାବତ୍ ବଖାଣି ଆସିଛନ୍ତି। ସଂପର୍କ ଓ ଆଦରକୁ ଭିତ୍ତି କରି ସେ ଗଢ଼ିପାରଂତି କବିତାର ଐଶ୍ୱର୍ଯ୍ୟ ଓ ଆପଣେଇ ନେଇ ପାରଂତି ଜୀବନକୁ। ତାଂକର କାବ୍ୟଚେତନା ଅଂତରୀକ୍ଷଠୁ ବିଶାଳ ଯେମିତି, ଅନ୍ତର୍ଦୃଷ୍ଟି ଭିତରେ ଅଂତନ ଓ ଅପାର ସେମିତି। ସେଥିପାଇଁ ତାଙ୍କର କାବ୍ୟିକ ଅନ୍ତଃକରଣରେ ନିର୍ବିକାର ସମୟର ଭୂମିକା ଅତ୍ୟଂତ ଗୁରୁତ୍ୱପୂର୍ଣ୍ଣ।

ଉତ୍ତରଅଶୀ ଓଡ଼ିଆ କାବ୍ୟଚେତନାରେ ମହଲଣ ପଡ଼ିଆସିଥିବା ନିଃସଂଗତା, ଏକାକୀତ୍ୱ ଓ ପଶ୍ଚିମା ବିଫଳତା ଭିତରୁ ଶ୍ରୀ ଜେନା ମୁକ୍ତ, ସେଥିପାଇଁ ତାଂକ କବିତାରେ ନଥାଏ ବିଫଳତା ପ୍ରତି ଦୁଃଖ ବା ସ୍ୱପ୍ନଭଂଗର ଏଲିଜି। ଏକ ନୂତନ, ଗଭୀର ଓ

ଅର୍ଥଦ୍ୟୋତକ ଶୈଳୀ ତଥା ଶବ୍ଦ ସଂଯୋଜନା ତାଂକ କାବ୍ୟଚେତନାକୁ ପ୍ରଦାନ କରିଛି ବାଙ୍ମୟ ରୂପ ଓ ବହୁ ଅକୁହା କଥାକୁ ସେ ଅନୁଭବ କରେଇ ପାରିଛଂତି ସ୍ୱାୟବିକ ଚେତନାରେ।

ପ୍ରୟୋଗବାଦୀ ଓଡ଼ିଆ କବିତାର ପ୍ରାଥମିକ ପର୍ଯ୍ୟାୟ ଯେଉଁ ଜୀର୍ଣ୍ଣ ବାସ୍ତବତା, ଅସହାୟତା, ବେଦନାବୋଧ, ନୈରାଶ୍ୟ ତଥା ନୈତିକତାର ଅଧୋଃପତନର କଥା କହୁଥିଲା, ସେଥିରୁ ମୁକ୍ତ ହୋଇଛନ୍ତି କବି ଗୌତମ ଜେନା। ପାପପୁଣ୍ୟରେ ସେ ମାପିନାହାନ୍ତି ଜୀବନର ଗଭୀରତାକୁ ବା ପ୍ରାପ୍ତି ଅପ୍ରାପ୍ତିରେ ସେ ଦେଖିନାହାନ୍ତି ଜୀବନର ବାସ୍ତବତାକୁ। ତାଙ୍କର କାବ୍ୟିକ ଅଭିବ୍ୟକ୍ତିରେ ଜୀବନର ଏକ ସ୍ୱତନ୍ତ୍ର ରୂପକୁ ପାଠକ ଦେଖିପାରେ।

ଗୌତମ ଜେନାଙ୍କ କବିତା କେବଳ ବୌଦ୍ଧିକ ଚେତନାର ନିର୍ମମ ଅଭିବ୍ୟକ୍ତି ନୁହେଁ, ଏଥିରେ ରହିଛି ସାଧାରଣ ମଣିଷର ଆବେଗ, ଆକୁଳତା, ଅଧୀରତା ଓ ଗଭୀର ଜୀବନବୋଧକୁ ଅନୁଭବ କରିବାର ଅକୃତ୍ରିମ ପ୍ରୟାସ। ଫଳତଃ ତାଙ୍କର କାବ୍ୟସୌଧରେ ପ୍ରତିବିମ୍ବିତ ହୋଇଥାଏ ଆତ୍ମଜିଜ୍ଞାସା, ଆତ୍ମାନୁସଂଧାନ ତଥା ଖୋଜାଲୋଡ଼ାର ଜ୍ୱାଳା। ସେଥିପାଇଁ ସେ ସାଧାରଣ ଜୀବନକୁ ଯୋଡ଼ି ଦେଇପାରଂତି ବିଶ୍ୱଜୀବନ ସହିତ ଓ ଜୀବନ ଜିଜ୍ଞାସାକୁ ଅନୁବଂଧିତ କରିଦେଇପାରଂତି ପ୍ରଜ୍ଞା ଓ ତତ୍ତ୍ୱ ସହିତ। ଫଳତଃ ରହସ୍ୟ ବିଜଡ଼ିତ ଶାଶ୍ୱତ ସୁଖ ହିଁ ପ୍ରତିପାଦିତ ହୋଇଥାଏ ଅଫୁରଂତ କାବ୍ୟ ଉତ୍ସ ଭିତରେ।

ଏକ ବିଶାଳ କାବ୍ୟସ୍ୱର ଭିତରେ ତାଂକ କାବ୍ୟିକ ଚେତନାର ବିବିଧତା ହିଁ ପ୍ରକାଶ ପାଇଛି। କେଉଁଠି ସ୍ଥିତିବାଦୀ ଚେତନାର ଚମତ୍କାର ଅବତାରଣା ତ କେଉଁଠି ଜୀବନ ପ୍ରତି ଶ୍ଳେଷାତ୍ମକ ଦୃଷ୍ଟିଭଂଗୀ ତାଙ୍କ କାବ୍ୟବୈଚିତ୍ର୍ୟର ପ୍ରମୁଖ ସ୍ୱର ହୋଇଉଠିଛି। ସଦାସର୍ବଦା ତାଂକ କାବ୍ୟସ୍ୱର ଧାଇଁଥାଏ ବିଶ୍ୱାସ ଭିତରୁ ବିଶାଳ ରୂପକୁ, ସସୀମତାରୁ ଅସୀମ ଦିଗକୁ, ଦୁର୍ବୋଧତା ଭିତରୁ ବୋଧ ପଟ୍ଟଭୂମିକୁ, ତତ୍ତ୍ୱ ଭିତରୁ ସତ୍ୟ ଆଡ଼କୁ ଓ ନିରାଧାରରୁ ଆଧାରକୁ ଚିହ୍ନେଇଦେବାକୁ। ସେଥିପାଇଁ ତାଙ୍କ କାବ୍ୟସ୍ୱରର ମୁଖ୍ୟ ସ୍ୱରୂପକୁ ମାନବର ମୁକ୍ତି ପ୍ରୟାସ କୁହାଯିବା ହିଁ ଯଥାର୍ଥ ହେବ, ଯାହା 'ମାୟାମନସ୍କ' (୨୦୦୪)ର ପୃଷ୍ଠଭୂମି ବୋଲି କୁହାଯାଇପାରିବ।

ଜନ୍ମମୃତ୍ୟୁର ଆବର୍ତ୍ତ ଭିତରେ କେତେବେଳେ ବି କବି ଚେତନା ମ୍ରିୟମାଣ ହୋଇନଥାଏ। କାବ୍ୟିକ ଅନ୍ତର୍ଦାହ ହିଁ କବିଚେତନାକୁ ମସୃଣ ଓ ମାର୍ଜିତ କରିଥାଏ।

ଏହି ପରିପ୍ରେକ୍ଷୀରେ ଶ୍ରୀ ଜେନାଙ୍କ ଚତୁର୍ଥ କବିତା ସଂକଳନ 'ମାୟାମନସ୍କ'ର କାବ୍ୟିକ ଜିଜ୍ଞାସା ଖୁବ୍ ନିଆରା।

ଜୀବନର ବି ଗୋଟେ ଅଦ୍ଭୁତ ବାସ୍ନା ଅଛି। ତାହା ବଂଚିବା ପାଇଁ ଆଶ୍ୱସନା ଓ ଜ୍ୱଳନରୁ ମୁକ୍ତି ତଥା ସଂତାପ ଭିତରୁ ଆନଂଦ ଅନ୍ୱେଷଣ କରିବାର ଅଂତହୀନ ଉଚ୍ଛ୍ୱାସ। କେଉଁଠି ସ୍ୱପ୍ନ ସରିଯାଏନା, ଜୀବନର ମିଶାଣ ଫେଡ଼ାଣରେ ଜୀବନ କେଉଁଠି ହାରିଯାଏନା, ଗୋଟିଏ ଅଂଗରେ ଭୋଗୀ ଓ ଆରେକ ଅଂଗରେ ଯୋଗୀ ହୋଇ କବିତା ଶବ୍ଦକୁ ଜୀବନ୍ୟାସ ଦେଉଥାଏ ଓ ଅର୍ଥହୀନତାକୁ ଅନ୍ତହୀନ ଅର୍ଥରେ ରୂପାଂତରିତ କରିଦେଉଥାଏ। ସେଥିପାଇଁ ସେ କହେ:

'ଝରି ପଡ଼ିଥିବା ପତ୍ର ପରି ମୁଁ
ପବନରେ ଉଡ଼ିବୁଲୁଚି ଏଣେତେଣେ
ସଂସାର ଓ ତମେ
ତା' ଭିତରେ ଯେଉଁ ମହାଶୂନ୍ୟ
ନୀରବରେ ମୋତେ ଉଚ୍ଛନ୍ନ କରୁଚି
ଉଚ୍ଚାଟ କରୁଚି
ଘଣ୍ଟାଘଣ୍ଟା
ରାତିରାତି
କେତେବେଳେ ଛୁଇଁଦେଇ
ଏକାକାର କରିଦେବ
ମାଟି ଓ ଆକାଶ।" - (ରାତିରାତି)

ସମସ୍ତ ଭ୍ରାଂତିକୁ ଏଡ଼ାଇ ସତ୍ୟ ଭିତରେ ଆତ୍ମମଗ୍ନ ହୋଇଯାଇଥିବା କବିସତ୍ତା ସ୍ୱପ୍ନର ବାସ୍ନାରେ ବିମୋହିତ ହୋଇ ସେ ମରଣଠୁ ଅଲଗା ହୋଇଯାଏ, ସେ ଶବ୍ଦ ଭିତରେ ଜୀବନ୍ୟାସ ପାଏ ଓ ସେ ପ୍ରଚଣ୍ଡ ନିଦାଘରେ ନିଜ ଭିତରେ ଶିହରିତ ହୋଇ ଉଠୁଥାଏ। ଫଳତଃ ଗୌତମଙ୍କ କାବ୍ୟଭାବନା ହୋଇଉଠେ ଅଧିକ ହୃଦ୍ୟ ଓ ଜୀବଂତ।

କବିତା ଜୀବନକୁ ଚିହ୍ନାଏ ନାହିଁ, ବରଂ ଆପଣାର ସତ୍ତାକୁ ପ୍ରତିନିୟତ ଯୋଡ଼ି ଦେଉଥାଏ ଜୀବନ ସହିତ। ସ୍ଥିର ହୋଇ ସାରିଥିବା ମୃତ୍ୟୁ କଥା ଭାବି ବିଷାଦିତ ହେବାଠାରୁ ଆପଣାପଣ ଭିତରେ ନିରବଧି ଜୀବନକୁ ଭୋଗ କରିଯିବା ପାଇଁ ଗୌତମଂକ କବିସତ୍ତା ବିସ୍ତାରିତ ହୋଇଯାଏ ନିର୍ବିକଳ୍ପ ଚେତନାଯାଏ। ସେଥିପାଇଁ

ସେ କହେ :

"ଶବ୍ଦର ଉଚ୍ଚାରଣଠାରୁ
ଅନୁଭବର ଦଂଶନ
ପ୍ରତିଟି ମୁହୂର୍ତ୍ତରେ କରିଦେଇଛି
ନିସ୍ତେଜ ନିର୍ବେଦ
ଭାଷାର ଚମତ୍କାରିତାଠାରୁ
ନୀରବତାର ପ୍ରଚଣ୍ଡ ସନ୍ତୁଳନ
ଦୃଶ୍ୟମୟ କରିଦେଇଚି ସମଗ୍ର ସତ୍ତା ।
କେଉଁ ସମ୍ମୋହନର ଆକର୍ଷଣ
ବାରଂବାର ମାଟି ଆଉ ଆକାଶଠାରୁ
ଦୂରେଇ ନେଇଯାଉଛି / କେଉଁଆଡ଼େ କେଜାଣି ।
ଯେଉଁଆଡ଼େ ଚାହିଁଲେ / ତମେଇ ଦେଖାଯାଉଛ
ପ୍ରତ୍ୟେକଟି ବସ୍ତୁରେ ନିଜର ହୋଇ ।" - (ଅବଶିଷ୍ଟ ସମୟ)

ଗୌତମଙ୍କ ଭାବସତ୍ତା ପ୍ରତିଟି ମୁହୂର୍ତ୍ତରେ ଊର୍ଦ୍ଧ୍ୱଗାମୀ ହେବାରେ ଲାଗିଛି, ଯେଉଁଠି ଜୀବନର କ୍ଲିଷ୍ଟତା ଓ ବିଫଳତା ରୂପାନ୍ତରିତ ହୋଇଯାଉଛି ଉତ୍ତରିତ ଚେତନାରେ । ଐତିହ୍ୟ ପରିପୂର୍ଣ୍ଣ ଗୌରବୋଜ୍ଜ୍ୱଳ ଆତ୍ମସମର୍ପଣ ଭିତରୁ ଝରିପଡୁଛି ସମୟହୀନ ଆବେଗ ଅମୃତ । ଏକ ଅଲୌକିକ ଆନଂଦ ଅନୁଭବ କରୁଛି କବିସତ୍ତା । ଏ କବି ସତ୍ତା ରୂପାନ୍ତରିତ ହୋଇଯାଉଛି ନାରୀ ସତ୍ତାରେ । ହ୍ଲାଦିନୀ ରୂପ ଭିତରେ ହଜିଯାଉଛି ଅଳିକତା, ଅପୂର୍ଣ୍ଣତା ଭରି ଉଠୁଛି ପୂର୍ଣ୍ଣତାରେ । କେବଳ ଅଧୀରତା ଓ ଆକୁଳତା ଭିତରେ ଲହଡ଼ି ଭାଂଗୁଛି ଏ ଦେହରୁ ମୁକ୍ତିଆକାଂକ୍ଷା । ସ୍ଥବିର ମନ ଓ ହୃଦୟ ହୋଇଉଠୁଛି କଅଁଳ ଛନଛନ । ଏକ ସାମୁଦ୍ରିକ ମହାନତା ଭିତରେ ହଜିଯାଉଛି 'ମୁଁ ତ୍ୱ' । ଜୀବନ, ମୃତ୍ୟୁ ଓ ସମୟ ଭିତରୁ ମୁକ୍ତ ହୋଇଯାଉଛି କବି ସତ୍ତା । ଭୌତିକ ପୃଥିବୀ ଭିତରୁ ସେ ବାହାରି ଘୂରିବୁଲୁଚି ଅଲୌକିକ ପୃଥିବୀ ଭିତରେ । ପରମପୁରୁଷର ସାନ୍ନିଧ୍ୟ ପାଇଁ ତାର ଜାରି ରହିଛି ଶାଶ୍ୱତ ଅନ୍ୱେଷଣ । ସେଥିପାଇଁ ସେ ତା'ର ପରମଜ୍ଞାନକୁ କୃତାଞ୍ଜଳିପୁଟରେ ପ୍ରାର୍ଥନା କରେ :

"ହେ ମୋର ପରମଜ୍ଞାନ
ତମେ ଯେବେ ନିଜପରି ନିଶ୍ଚିତ ଓ ସତ୍ୟ

ତେବେ ଦିଅ ଚରମ ଶୀତଳ ସ୍ପର୍ଶ
ମୋର ସର୍ବାଙ୍ଗରେ
ଆତ୍ମଜ୍ଞାନ ଦିବ୍ୟଜ୍ୟୋତି ଦେଇ
ମୋ ନିଜକୁ ଚିହ୍ନିନିଏ ଥରେ ମାତ୍ର
ସ୍ଥୁଳ ଦେହେ ମୃତ୍ୟୁକୁ ହଜେଇ।" -(ଆତ୍ମଜ୍ଞାନ)

ଜୀବନ ଅନ୍ୱେଷାର ବ୍ୟାକୁଳ କାବ୍ୟପଣ ଭିତରେ ବାରଂବାର ଦିଶୁଥାଏ 'ମାୟାମନସ୍କ' ମଣିଷର ବିସ୍ମୟ ଓ ବିହ୍ୱଳତା। ଆତ୍ମାର ଏ ଅନ୍ତର୍ଦାହ ଭିତରେ ଫୁଟି ଦିଶୁଥିବା ଜୀବନବୋଧର ସୂକ୍ଷ୍ମ ସୌନ୍ଦର୍ଯ୍ୟକୁ ପାଠକ ଯେ ପୂର୍ଣ୍ଣପ୍ରାଣରେ ଅନୁଭବ କରିପାରିବ- ଏଥିରେ ସଂଦେହ ନାହିଁ। ରକ୍ତମାଂସର ଦେହ ଡେଇଁ 'ମାୟାମନସ୍କ'ର ଦିବ୍ୟାନନ୍ଦ ପାଠକକୁ ବାଂଧିରଖି ପାରିବା ପାଇଁ ସମର୍ଥ।

ଉଲେଖ୍ୟଯୋଗ୍ୟ ଯେ, ଗୌତମଙ୍କ କାବ୍ୟ ଚେତନା ବହୁବର୍ଣ୍ଣା। ନିଷ୍ଠୁର ବାସ୍ତବତା ଭିତରୁ ସେ ବାହାରି ଆସି ଅଂତରାତ୍ମାରେ ଫୁଲଫୁଟାଇ ଦେଇପାରନ୍ତି। 'ପଞ୍ଚମରାଗ' (୨୦୦୬)ଠୁ ବଦଳିଯାଇଛି ତାଙ୍କର ଉପସ୍ଥାପନା କୌଶଳ, ଭାଷା ଓ ଭାବ। କବିର ଦାର୍ଶନିକ ଦୃଷ୍ଟିକୋଣ ଆହୁରି ହୋଇଛି ସାନ୍ଦ୍ର, ତତ୍ତ୍ୱପୂର୍ଣ୍ଣ ଓ ସୂକ୍ଷ୍ମ। ଅନ୍ୱେଷଣ ହୋଇଛି ସଂବେଦନଶୀଳ ତଥା ବର୍ଣ୍ଣାଢ଼୍ୟ। ଏକ ନୂତନ ପ୍ରକରଣ ଉପରେ ଠିଆ ହୋଇଛନ୍ତି 'ସଖାପଣ', 'ଅଳଂଧୁଲଗା ସ୍ୱପ୍ନର ଏଲିଜି, 'ଓଡ଼ିଶା', 'ଯୁଦ୍ଧ' ଓ 'ନିଜକୁ ପଶୁ ମନେକରି'। 'ସଖାପଣ' ମାନବୀୟ ଚେତନାରୁ ଊର୍ଦ୍ଧ୍ୱମୁଖୀ ହୋଇ ଆଧ୍ୟାତ୍ମିକ ଦର୍ଶନରେ ସମାହିତ ହୋଇଥିବାବେଳେ ଏକ ଦୁର୍ଲ୍ଲଭଦେବପଣର ବାସ୍ନା ଏ କବିତାମାନଙ୍କରୁ ବାରିହୋଇଥାଏ। ସଖାପଣ ଠିକ୍ ଏଇମିତି :

'ସେତେବେଳେ ଲାଗେ
ନିଜଠାରୁ କେହି ଆପଣାର
ଟିପ ମାରୁଥାଏ ଛାତି ତଳେ।
ବାଧ କରେ ହଁ ଭରିବା ପାଇଁ
ସଖାପଣ
ଯାହା ଲାଗେ ପ୍ରାଣଠାରୁ
ଆହୁରି ନିକଟ।'

ଖୁବ୍ ଆଶ୍ଚର୍ଯ୍ୟ ଚକିତ କରଂତି ଏସବୁ କବିତାର ଭାବ, ବୁଣାଟ ଓ

ସୂକ୍ଷ୍ମଚେତନା। ଗୋଟିଏ ଦିଗରେ ଆତ୍ମଲୀନ ଭାବ ଓ ଅପରପାର୍ଶ୍ୱରେ ଶ୍ଳେଷ ଏ କବିତାମାନଙ୍କୁ ସ୍ୱତନ୍ତ୍ର ଢଂଗରେ ପ୍ରକାଶ କରିଛି। ଜୀବନ ଓ ମାଟିର ସଂପର୍କ ଭିତରେ ଯେଉଁ ଗଭୀର ଚିନ୍ତନଟିକକ ଅଛି ସେସବୁ ହିଁ ହୋଇଛି ଏହି କବିତାମାନଙ୍କର ପ୍ରାଣ। ଯେତେବେଳେ କାବ୍ୟପୁରୁଷ କହେ :

"ସତ ସତ ହୋଇ ରହିଥାଉ
ମୋ ମୃତ୍ୟୁ ପରେ ବି
କେହି ହେଲେ ତ
ସତ ମୁଣ୍ଡରେ
ଦିନେ ନା' ଦିନେ
ବାଂଧି ଦେଇପାରିବ
ମୁକୁଟ।'

ଜୀବନର ଏଇ ବାସ୍ନାମୟ ଦିଗ ଉଦ୍‌ଭାସିତ ହୋଇଉଠିଛି ମଣିଷପଣିଆକୁ ପାଥେୟ କରି। ଶୋଷଣ, କଷଣ ଓ ପରପୀଡ଼ନର ଊର୍ଦ୍ଧ୍ୱରେ ମାନବିକଚେତନାର ପ୍ରତିଷ୍ଠା ପାଇଁ କାବ୍ୟପୁରୁଷ ପ୍ରୟାୟ କରିଛି। ସେ ଯୁଦ୍ଧର ଘଟଘଟା ଭିତରେ ଆପଣାର ଅହଂକାରକୁ ପ୍ରତିଷ୍ଠା କରିବାକୁ ଆଉ ଚାହେଁ ନାହିଁ। ସେ ଲୋଡ଼େ ସବୁଜ ସୁନ୍ଦର ପୃଥିବୀଟିଏ। ସେଥିପାଇଁ ସେ ଗାଏ :

"ଆଉ ଦର୍କାର ନାହିଁ ଯୁଦ୍ଧ
ଦର୍କାର ନାହିଁ ବୃଥା ଅହଂକାର
ସବୁଜ ପୃଥିବୀଟିଏ ଲୋଡ଼ା ଆମର
ଲୋଡ଼ା ପ୍ରେମ ଓ ଆତ୍ମୀୟତା ।"

ପୌରାଣିକ ଉପାଖ୍ୟାନ, ଲୋକକଥା, ଲୋକଗୀତ ଇତ୍ୟାଦିକୁ କବିତାର ଭାଷା ଭାବରେ ବ୍ୟବହାର କରି କବି ଯେଉଁ ନୂତନ କାବ୍ୟଚେତନାର ଉଦ୍ରେକ କରିଛନ୍ତି ତାହା ମଧ୍ୟ ବିଚାର୍ଯ୍ୟ। ଦୃଶ୍ୟ ଚିତ୍ରକଳ୍ପ, ଶ୍ରାବ୍ୟ ଚିତ୍ରକଳ୍ପ, ସ୍ୱାଦ ଚିତ୍ରକଳ୍ପ, ଗଂଧ ଚିତ୍ରକଳ୍ପ, ସ୍ପର୍ଶ ଚିତ୍ରକଳ୍ପ, ଗତି ଆଧାରିତ ଚିତ୍ରକଳ୍ପ ଭିତରେ ଗୌତମଙ୍କ କବିତା ହୋଇପାରିଛି ଭାବବ୍ୟଞ୍ଜକ।

ପରଂତୁ ଆଜି ଆମେ ହରେଇ ବସିଛୁ ଆମର ପାଞ୍ଚହଜାର ବର୍ଷର ଗୌରବାବହ ଅତୀତ। ହରେଇ ବସିଛୁ ଆମର 'ବସୁଧୈବ କୁଟୁମ୍ବକମ୍' ଚିନ୍ତାଧାରା।

ସବୁଠି କେବଳ ସ୍ୱାର୍ଥ, ଅହମିକା ଓ ପ୍ରଲୋଭନ ପୃଥିବୀର ଛାତିକୁ ବିଦାରି ଚାଲିଛି। ହଜିଯାଇଛି ମଣିଷପଣିଆ, ଲିଭିଯାଇଛି ସମବେଦନା ଓ ଅନ୍ୟର ଦୁଃଖରେ ଅଶ୍ରୁ ଝରିବାର ସମୟ। ସେଥିପାଇଁ ଗୌତମଙ୍କ କବିତାରେ ପ୍ରକାଶ ପାଇଛି ବୈଦିକ ଭାରତ ବର୍ଷର ଚିତ୍ର। ଯାହାର ମସ୍ତକ ହିମାଳୟ ଓ ପାଦଦେଶ ସାଗରର ନୀଳ ଉର୍ମିମାଳା। ଯେଉଁଠି ନୃତ୍ୟ କରଂତି ସ୍ୱର୍ଗର ଅପ୍‌ସରା ଓ ଗଂଧର୍ବ। ଯେଉଁଠି ତପସ୍ୟାରତ ମୁନୀଋଷିଗଣ। ଅସଂଖ୍ୟ ନଦନଦୀ ବନପର୍ବତ ଘେରା ଭାରତ ବର୍ଷ ସଦା ପ୍ରତୀୟମାନ ହେଉଥାଏ ନବବଧୂର ଲାଜକୁଳୀ ମୁହଁ ପରି। ଇଂଦ୍ରଧନୁର ଶୋଭାରେ ସଦା ମନ ମୋହୁଥାଏ ଭାରତ ଭୂଖଣ୍ଡ।

ପୂର୍ବଶାରୁ ଉଠି ଆସୁଥିବା ରକ୍ତ ବର୍ଣ୍ଣର ସୂର୍ଯ୍ୟ, ସାୟାହ୍ନର ଜହ୍ନ, ନୀଡ଼ ବାହୁଡ଼ା ପକ୍ଷୀ ଏ ମାଟିରେ ତିଆରି କରୁଥାଏ ସ୍ୱପ୍ନର ଜଗତ। ମାଟିରେମାଟିରେ ଘୂରିବୁଲୁଥାଏ ଅନୁରାଗର ସାର୍ଥକତା। ତା' ଭିତରେ ସ୍ଥାବରୁ ଜଂଗମ, କୀଟରୁ ପତଂଗ ସମସ୍ତ ସତ୍ତା ହଜିଯାଇଥାଏ। କବି ସତ୍ତା ବା କ'ଣ? ଏ ଦୃଶ୍ୟରେ ସେ ସମ୍ମୋହିତ ହୋଇ ଭୁଲିଯାଉଥାଏ ସଂସାରର ଗହଗହ ଦାବାନଳ। ଭୁଲିଯାଉଥାଏ ନିଃସଗଂତା, ଅଭାବବୋଧ, ବିଡ଼ମ୍ବନା ଓ ଯଂତ୍ରଣା। ସେତେବେଳେ ଆପଣାର ଅଭ୍ୟନ୍ତର ସାତ୍ତ୍ୱିକତାର ଆଲୋକରେ ଉଦ୍‌ଭାସିତ ହୋଇଉଠୁଥାଏ।

ଏ କବିତାମାନେ କେବଳ ଶବ୍ଦର ସାଦା ଧାଡ଼ିମାନ ନୁହଁନ୍ତି। ଇଏ ସ୍ୱପ୍ନଭଂଗ ମଣିଷର ଆକୁତି ନୁହେଁ, କିମ୍ବା ଲୁହର କବିତା ବି ନୁହେଁ। ଏଇ ମାଟିରେ ଜନ୍ମ ନେଇଥିଲେ ସ୍ୱୟଂ ନାରାୟଣ, ରାମଚନ୍ଦ୍ର, ଶ୍ରୀକୃଷ୍ଣ ତଥା ଗାଂଧି ଓ ଗୋପବନ୍ଧୁ। ଯେଉଁମାନେ ସଦାସର୍ବଦା ଏ ମଣିଷ ଜାତିକୁ ନିଃସ୍ୱାର୍ଥପର ଭାବରେ କାର୍ଯ୍ୟ କରିବା ପାଇଁ ଉପଦେଶ ଦେଇ ଆସିଛନ୍ତି। ସେଥିପାଇଁ ଗୌତମଙ୍କ କବିତା ପଢ଼ିଲେ ବଦଳିଯାଏ ମନ, କରୁଣାରେ ବିଚଳିତ ହୋଇଯାଏ ହୃଦୟ। ଜୀବନର ଶୁଷ୍କ ନଈରେ ବନ୍ୟା ଆସେ। ଦଗ୍ଧିଭୂତ ଜୀବନ ଶୀତଳତାରେ ଭରିଯାଏ। କେତେ କବି, ଭାବୁକ ଓ ଦାର୍ଶନିକଙ୍କ ପରି ସେ ଏ ମାଟିର ମୋହରେ କେତେ ସ୍ୱପ୍ନର ପ୍ରଜାପତିଙ୍କୁ ଉଡ଼ାଇ ଦେଇଛନ୍ତି, କେତେ ସ୍ୱପ୍ନର ଇନ୍ଦ୍ରଜାଲ ଭିତରେ ଛନ୍ଦି ହୋଇ ଜୀବନର ଶାଶ୍ୱତ ରୂପକୁ ଦେଖେଇ ପାରିଛନ୍ତି।

ଏ ମାଟିରେ ବିମର୍ଷ ଭାଗ୍ୟ ଓ ଧୂଳିଧୂସରିତ ସମୟ ପାଲଟି ଯାଏ ଚନ୍ଦନ ପରି ମହାର୍ଘ। ଅଥଚ ଏସବୁକୁ ଛାଡ଼ି ଶେଷରେ ଫେରିଯିବାକୁ ପଡ଼େ ଆସିଥିବା

ଥାନକୁ। ଯାହା 'ବାହୁଡ଼ାବେଳ' (୨୦୦୮)ର ହୋଇଛି ଅନ୍ତଃସ୍ୱର। ଦିନେନା ଦିନେ ଏମାଟିକୁ ଛାଡ଼ିଯିବାକୁ ହେବ। ଏଥିରେ ବିମର୍ଷ ହେବାର କିଛି ନାହିଁ। ଏ ମାଟିରେ ବଂଚିବା ପାଇଁ ସଂଗ୍ରାମ କରିବାକୁ ପଡ଼ିବ। ଗୋଟେ ବିଶ୍ୱାସ ଭିତରେ ସ୍ୱପ୍ନ ଓ ସୌନ୍ଦର୍ଯ୍ୟକୁ ଏକାକାର କରିବା ପାଇଁ ପଡ଼ିବ। ପ୍ରାପ୍ତି ଅପ୍ରାପ୍ତି, ସଫଳତା କିମ୍ବା ଅସଫଳତାର ଊର୍ଦ୍ଧ୍ୱରେ ସମସ୍ତ ଶୋକ ସନ୍ତାପକୁ ଭୁଲି ଅସୀମର ଚିନ୍ତାରେ ମଗ୍ନ ହେବାକୁ ପଡ଼ିବ। କବି କହେ:

"ଐଶ୍ୱର୍ଯ୍ୟ ଆଟୋପ ଓ ବିଳାସ ଠାରୁ
ଆଉ କିଛି ମହାର୍ଘ ଅଛି ବୋଲି
ଖୋଜି ଦେଖନ୍ତା ନାହିଁ ମଣିଷ !
ଯେତେଯେତେ ବାଟ ଦୃଷ୍ଟି ଯାଉଛି
ଦେଖନ୍ତିନି ତା'ଠୁ ଆହୁରି ଊର୍ଦ୍ଧ୍ୱକୁ !
ହୁଅନ୍ତାନି ଆକାଶମୁଖୀ।" – ମାହେନ୍ଦ୍ରବେଳା

ଏ ସମସ୍ତ କବିତା ଭିତରେ ପ୍ରତିଫଳିତ ହୋଇଛି ଜୀବନର ବୈଚିତ୍ର୍ୟ। ଆକାଶଠାରୁ ବିଶାଳ, କଅଁଳ ଖରାଠୁ ଆହୁରି ସିଗ୍ଧ, ନୂଆ ପୁଲକ ଓ ନୂଆ ଆଶା ଭିତରେ ପରିବ୍ୟାପ୍ତ ଆତ୍ମାପୁରୁଷ ଖୋଜୁଥାଏ ଜୀବନର ରହସ୍ୟ। ସେ 'ଆରକୂଳ' ହେଉ କି 'ଗୋଠ ବାହୁଡ଼ା' ହେଉ କିମ୍ବା 'ଥାଏଥାଏ' ହେଉ ସବୁଠି ଅଂତହୀନ ଅଂତରଂଗତାରେ ବିଭୋର କାବ୍ୟପୁରୁଷ। ଏଥିରେ କେବଳ ଭୋଗାଭୋଗ ନୁହେଁ, ଆହୁରି ଊର୍ଦ୍ଧ୍ୱକୁ ଯିବାକୁ ହେବ, ଆହୁରି ଊର୍ଦ୍ଧ୍ୱକୁ; ଆଖି ପାଉନଥିବା ଥାନକୁ ; କ୍ଷଣ ଭଂଗୁରତାରୁ ଶାଶ୍ୱତ ସତ୍ତାକୁ। ସେଥିପାଇଁ କାବ୍ୟପୁରୁଷ କହେ :

"ଥରେ
ନିରୋଳାରେ ପଚାର ନିଜ ମନକୁ।
ଜନ୍ମବେଳେ ନେଇ ଆସିଥିଲ କ'ଣ
ଆଉ ଗଲାବେଳେ ନେବ କ'ଣ ?
ମନବୋଧ ଚଉତିଶାରୁ
ଚଉଠେ ବୁଝିଲେ
ମାଟିରୁ ସ୍ୱର୍ଗଯାଏ
କେଉଁଠି ରହନ୍ତା ନାହିଁ ମୋହ।" – ମୋହ

ସବୁ ମିଛ, ସବୁ ମୋହ ଓ ସବୁ ମାୟା ଜାଣିଗଲା ପରେ ମଣିଷ ନିଜ ଭିତରେ ବିସ୍ମୟାଭିଭୂତ ହୋଇ ରହିଯାଏ। ଏତେଦିନ ସେ କାହିଁକି ଭାବି ପାରିନଥିଲା ରୂପାନ୍ତରିତ ଜୀବନର ପ୍ରତିଟି ସୋପାନ ସଂପର୍କରେ। ସେ ସବୁ ହରାଇ ସାରିଛି। ହରାଇ ସାରିଛି ଜୀବନର ରାଗ, ଜୀବନର ଛନ୍ଦ, ତଲ୍ଲୀନତା ଓ ସଂଶୟବୋଧ ଭିତରେ ନିଜ ଭିତରେ ଖୋଜି ଚାଲିଛି ନିଜକୁ। ଏହି ଖୋଜାଲୋଡ଼ା ହିଁ 'ବାହୁଡ଼ାବେଳ'ର ନିର୍ଯ୍ୟାସ। ଯେଉଁଠି କାବ୍ୟ ପୁରୁଷ ଅନୁଭବ କରୁଥାଏ :

"ଥାଏଥାଏ
ମୋ ଭିତର ଜଳୁଥାଏ
ମଧ୍ୟାହ୍ନର ସୂର୍ଯ୍ୟପରି
ଆପାଦ ମସ୍ତକ
ତା' ଭିତରେ ରଡ଼ରଡ଼ ଜଳୁଥାନ୍ତି
ପାପ, ସ୍ୱାର୍ଥ, ମୋହ ଆଉ
ଏହିପରି ଯେତେ।
କ୍ରମଶଃ ନିସ୍ତେଜ ଦେହ
ପୁଲକିତ ହୋଇଉଠେ ତମରି ସ୍ପର୍ଶରେ
ବିସ୍ତାରିତ ଆଖି ମୋର
ତମକୁ ଇ ଦେଖୁଥାଏ
ପ୍ରତିଟି ଦୃଷ୍ଟିରେ।" - ଥାଏଥାଏ

ଏହି 'ଆତ୍ମଜ୍ଞାନ' ଭିତରେ ଆପଣାକୁ ଦେଖୁଥିବା ମଣିଷର କଥା ହିଁ ଗୌତମଙ୍କ କାବ୍ୟଭୂମି, ଯେଉଁଠି ଗଭୀର ଅନ୍ୱେଷା, ଜୀବନ ପ୍ରତି ସମ୍ବେଦନଶୀଳତା ଓ କାବ୍ୟପୁରୁଷର ବୈଭବମୟ କାବ୍ୟଜିଜ୍ଞାସା ପ୍ରତିଫଳିତ। ୟାନିମ୍ ରିତ୍‌ସୋଙ୍କ ଭାଷାରେ "Because we don't sing to seperate ourselves / from the world, My friends / to unite it we sing". ସେଥିପାଇଁ ପ୍ରତିନିୟତ ଜୀବନକୁ ବାନ୍ଧି ରଖୁଥିବା ଏ କବିତା ଭିତରେ ଗୌତମଙ୍କର କାବ୍ୟ ଭାବନା ଯେ ଶୀର୍ଷକୁ ସ୍ପର୍ଶ କରିଛି- ଏହା ନିଃସନ୍ଦେହରେ କୁହାଯାଇପାରେ। ପାଠକଙ୍କର ଏହି କାବ୍ୟ ପିପାସାର ଉପଶମ ନିମନ୍ତେ ମୁଁ ଉକ୍ତ ଗ୍ରନ୍ଥାବଳୀଟିକୁ ସମ୍ପାଦନା କରିବାର ପ୍ରୟାସ କରିଛି।

- ପ୍ରଫେସର କୃଷ୍ଣଚନ୍ଦ୍ର ପ୍ରଧାନ

ଗୌତମ ଜେନା
ସ୍ୱପ୍ନ ବିଷାଦ ନଈ
ଗୌତମ ଜେନା
ଏକା ଏକା ଦିନ
ଗୌତମ ଜେନା
ଗୌତମ ଜେନା
ମାୟାମନସ୍କ
ଗୌତମ ଜେନା
ପାଞ୍ଚମ ରାଗ
ଗୌତମ ଜେନା
ବାହୁଡ଼ା ବେଳ

ସୂଚୀପତ୍ର

ସମୟ ବିଷାଦ ନଈ (୧୯୯୦)

୧. ସମୟ ବିଷାଦ ନଈ ୩୫

୨. ଚଉଦାଳୀ ୬୯

ଏକାଏକା ଦିନ (୨୦୦୦)

୧. ଶେଷ ଡିସେମ୍ବର ୯୧

୨. ନୀଡ଼ହଜା ପକ୍ଷୀ ୯୩

୩. ପ୍ରଥମ ସକାଳ ୯୫

୪. ସବୁବେଳେ ଡର ୯୭

୫. କାହାକୁ କହିବ ନାହିଁ ୯୯

୬. ଶେଷ ଜହ୍ନରାତି ୧୦୧

୭. ସକାଳ ଆସିବାଯାଏ ୧୦୪

୮. ବିଚ୍ଛିନ୍ନାଂଚଳ ୧୦୬

୯. ଯେଉଁଠି ଯେମିତି ଥିଲେ ୧୦୮

୧୦. ନମିତା ନାଗେଶ୍ୱରୀ ୧୧୦

୧୧. ବାସ୍ନାମୟ ୧୧୫

୧୨. ମୁଁ ତୁମକୁ ବେଶୀ ଭଲପାଏ ୧୧୮

୧୩. ଲୁହ ୧୨୪

୧୪. ନଷ୍ଟ ହେବାକୁ ଆଉ କିଛି ହେଲେ ବାକି ନାହିଁ ୧୨୬

୧୫. ଯାଅ ମୋତେ ଭୁଲିଯାଅ ୧୨୮

୧୬. ତମେ ଏଇ ବର୍ଷା ଋତୁ ୧୩୧

୧୭. ସ୍ମୃତି ୧୩୪

୧୮. ପ୍ରତିନିୟତରେ ୧୩୬

୧୯. ପ୍ରେମରେ ପଡ଼ିବା ଲୋକ ୧୩୮
୨୦. ଗ୍ରୀଷ୍ମ ଋତୁ : ସ୍ୱପ୍ନ, ଭାବପ୍ରବଣତା ୧୪୧
୨୧. ତମେ ମୋତେ କଥା ଦେଇଅଛ ୧୪୪
୨୨. ଚମ୍ପା ଫୁଲ ୧୪୭
୨୩. ବସନ୍ତ ଋତୁ ୧୪୯
୨୪. ଗୋଧୂଳିର ଶୋକ ୧୫୧
୨୫. ମାଳିସାହି ! ହଁ, ମାଳିସାହି ୧୫୫
୨୬. ମୁଁ ଆସିଚି ୧୬୦
୨୭. ପ୍ରେମମୟ ୧୬୩
୨୮. ଦିଗ ନିର୍ଣ୍ଣୟ ୧୬୫
୨୯. ଆଜିକାଲି ବିଷାଦ ଲାଗୁଚି ୧୬୮
୩୦. ଆଜିକାଲି ଯେଉଁଠି ସେଇଠି ୧୭୦
୩୧. ଭୁବନେଶ୍ୱର ୧୭୨
୩୨. ଏକାଏକା ଲୋକ ୧୭୭
୩୩. ସୁନ୍ଦର ପୃଥିବୀ ୧୭୯
୩୪. ଆଜିକାଲି ଧୂଆଁରେ ଜୀବନ ୧୮୧
୩୫. ଅନାତ୍ମୀୟ ୧୮୪
୩୬. ଏକାଦିନ ୧୮୬

ରଂଗଶିଉଳି (୨୦୦୨)

୧. ସଂଜବତି ୧୯୧
୨. ତମେ ଫେରିଯାଅ ୧୯୩
୩. ନଈକୂଳ ୧୯୫
୪. ନିଷିଦ୍ଧ ଦୁରଂତ ସଂପର୍କ ୧୯୭
୫. ପ୍ରତିମା ୧୯୯
୬. ଅକସ୍ମାତ୍ ଭେଟିଥିବା ମୁହଁ ୨୦୧
୭. ମୁଁ ଖୋଜୁଚି ମୁଁ ୨୦୩
୮. ଆଖି ୨୦୫
୯. ହାଡ଼ର ପ୍ରାର୍ଥନା ୨୦୭
୧୦. ଅତୀତ ଓ ବର୍ତ୍ତମାନ ସୂରୀମାନଂକୁ ୨୦୮

୧୧.	କ୍ଷୁଧା	୨୧୦
୧୨.	ଧକ୍‌କା	୨୧୨
୧୩.	ସମୟ : ସମୁଦ୍ର	୨୧୪
୧୪.	ନିଜକୁ ଖୋଜିଲାବେଳେ	୨୧୭
୧୫.	ସତ୍ୟାନନ୍ଦର ଦୈନନ୍ଦିନ ଜୀବନଚର୍ଯ୍ୟା	୨୧୮
୧୬.	ନିର୍ଜନ ଦୁଃଖର ବାସିନ୍ଦା	୨୨୦
୧୭.	ଯୋଗୀ	୨୨୨
୧୮.	ଜୀବନ୍ମୃତ୍ୟ	୨୨୪
୧୯.	ନିଜ ପାଇଁ ଦୁଃଖ	୨୨୫
୨୦.	ଏ ପର୍ଯ୍ୟନ୍ତ କିଛି ଘଟିନାଇଁ	୨୨୭
୨୧.	ବୟସ	୨୨୯
୨୨.	ପିଞ୍ଛିଲା ତାରିଖ	୨୩୧
୨୩.	ଦେଖ ଏ ଜୀବନ	୨୩୩
୨୪.	ଗଣତନ୍ତ୍ର ଜଣାଣ	୨୩୫
୨୫.	ଈଶ୍ୱର କହିଲେ	୨୩୯
୨୬.	ବିଦୂଷକ	୨୪୩
୨୭.	ଥରେ ବୁଝିଆସ	୨୪୫
୨୮.	ଯେଶେ ଚାହିଁଲେ କିଛି ନାଇଁ	୨୪୮
୨୯.	ସନାତନ ବେ...ରା..	୨୫୨
୩୦.	ସଂପର୍କ	୨୫୫
୩୧.	ନିଜେ ନିଜେ	୨୫୮
୩୨.	କବିଟିଏ	୨୬୧
୩୩.	ପ୍ରତ୍ୟେକ ଅନିଶ୍ଚିତତାରେ	୨୬୫
୩୪.	ରୂପାନ୍ତର	୨୬୮
୩୫.	ଲୁହରେ ଜୀବନ ଦିଶେ କେତେ ଆପଣାର	୨୭୨
୩୬.	ନକ୍‌ସା	୨୭୫
୩୭.	ସମର୍ପଣ	୨୭୮
୩୮.	ବାପା	୨୮୦
୩୯.	ଚାରା	୨୮୨
୪୦.	ମନେପଡ଼େ	୨୮୪

୪୧.	ସୂର୍ଯ୍ୟାସ୍ତ	୨୮୬
୪୨.	ଛନ୍ଦପତନ	୨୮୯
୪୩.	ଜୟଗାନ	୨୯୨
୪୪.	ନୂଆ ଶତାବ୍ଦୀର ଗୀତ	୨୯୫
୪୫.	ଲୋଡ଼ାନାହିଁ	୨୯୭

ମାୟାମନସ୍କ(୨୦୦୪)

୧.	ତମ ପ୍ରତୀକ୍ଷାରେ	୩୦୧
୨.	ଅନ୍ୟମନସ୍କତା	୩୦୩
୩.	ରାତି ରାତି	୩୦୬
୪.	ଶେଷ କଥା	୩୦୮
୫.	ଚିଠି	୩୧୦
୬.	ଯୁଗ ପୁରୁଷ	୩୧୨
୭.	ମୁହୂର୍ତ୍ତଟିଏ ପାଇଁ	୩୧୪
୮.	ଅବଶିଷ୍ଟ ସମୟ	୩୧୬
୯.	ଆକର୍ଷଣ	୩୧୯
୧୦.	ପରିଚୟ	୩୨୧
୧୧.	ଆତ୍ମଜ୍ଞାନ	୩୨୩
୧୨.	ପୁଅ	୩୨୬
୧୩.	ଆପଣାଛାଏଁ	୩୨୯
୧୪.	ଭାବ କି ସଂପର୍କ ନାଇଁ	୩୩୨
୧୫.	ଅବୁଝାପଣ	୩୩୪
୧୬.	ଥରେ ଦେଖିବା ପାଇଁ	୩୩୬
୧୭.	କହି ହେଉନଥିବା କଥା	୩୩୯
୧୮.	ନାରୀ	୩୪୨
୧୯.	ମାୟାଜାଲ	୩୪୪
୨୦.	କେଉଁଠି କେଜାଣି	୩୪୭
୨୧.	ଯିବାପରେ	୩୫୦
୨୨.	ଇଚ୍ଛାମୁତାବକ	୩୫୩
୨୩.	ଥରେଥରେ	୩୫୭

୨୪. ସବୁ ସତ ପରେ ୩୬୦
୨୫. ଅଭିମାନ ୩୬୩
୨୬. ଗତାନୁଗତିକ ୩୬୫
୨୭. ସବୁ ସମୟ ତମେ ୩୬୮
୨୮. ନିତିଦିନିଆ ୩୭୧
୨୯. ଉପଲବ୍ଧି ୩୭୩
୩୦. ପ୍ରିୟ ଚିତ୍ର: ଭୂମିରୁ ଆକାଶ ୩୭୫
୩୧. ଏକ ଅନ୍ୟସକ୍ତ ଭାବ ପାଇଁ ୩୮୦
୩୨. ମନେପଡ଼ିଲେ ୩୮୩

ପଞ୍ଚମରାଗ (୨୦୦୬)

୧. ସଖାପଣ ୩୮୯
୨. ଅଳଂଧୁଲଗା ସ୍ୱପ୍ନର ଏଲିଜି ୪୨୨
୩. ଓଡ଼ିଶା ୪୪୪
୪. ଯୁଦ୍ଧ ୪୫୪
୫. ନିଜକୁ ପଶୁ ମନେକରି ୪୬୨

ବାହୁଡ଼ାବେଳ (୨୦୦୮)

୧. ମାଟିମହ୍ଲାର ୪୭୩
୨. ମାହେନ୍ଦ୍ରବେଳା ୪୭୬
୩. ଠିକଣା ୪୭୯
୪. ଆରକୂଳ ୪୮୧
୫. ପ୍ରତିଥର ୪୮୪
୬. ସେତେବେଳେ ୪୮୭
୭. ଜଗୁଆଳ ୪୮୯
୮. ଅକଥନୀୟ ୪୯୨
୯. ଅବଶିଷ୍ଟ ଦିନ ୪୯୪
୧୦. ଲୋଟଣିପାରା ୪୯୬
୧୧. ସେପାରି ୪୯୯
୧୨. ଗୋଠବାହୁଡ଼ା ୫୦୧

୧୩.	ବୋଉ	୪୦୩
୧୪.	ଆସିବାବେଳ	୪୦୭
୧୫.	ସେ	୪୦୮
୧୬.	ଖୋଜିଖୋଜି	୪୧୦
୧୭.	ଦେହ	୪୧୨
୧୮.	ଦୁଇପାଖରେ ବଂଧା	୪୧୪
୧୯.	ଫେରିବାବେଳ	୪୧୬
୨୦.	ଖୋଜା	୪୧୮
୨୧.	ଡର	୪୨୦
୨୨.	ଗନ୍ଧ	୪୨୨
୨୩.	ଅନ୍ତରଙ୍ଗ	୪୨୪
୨୪.	ହୃଦୟହୀନ	୪୨୬
୨୫.	ଅସମାହିତ	୪୨୮
୨୬.	ମୋହ	୫୩୦
୨୭.	ମାୟା	୫୩୨
୨୮.	ନିତ୍ୟରାସ	୫୩୬
୨୯.	ଚିତ୍ର	୫୩୮
୩୦.	ପିଲାବେଳ	୫୪୦
୩୧.	ବନ୍ୟା	୫୪୨
୩୨.	ଅବସର	୫୪୪
୩୩.	ଶବ୍ଦରାଗ	୫୪୭
୩୪.	ପଚାରିହୁଏନି ନିଜକୁ	୫୪୯
୩୫.	ଏଥର ଖୋଲାଅଛି	୫୫୧
୩୬.	କେବେ ଘଟେନା କିଛି	୫୫୩
୩୭.	ବିଶ୍ୱାସ	୫୫୬
୩୮.	ସଂଭାବନା	୫୫୯
୩୯.	ଥାଏଥାଏ	୫୬୨
୪୦.	କପଟ ଯାତ୍ରା	୫୬୬

ଗୌତମୀକୁ..........

ସ୍ମୃତି ନୁହେଁ, ଭୀତି
ରାତି ନୁହେଁ, କାତି
ଜୀବନ ନୁହେଁ ଏ ଜଡ଼ ଉପାଦାନେ ପଥର ଛାତି,
କାହିଁ ବା କେଉଁଠି
କିଏ ଆଉ ଅଛି
କାହାର ଲୁହରେ କଷଣ ଧୋଇବ ନିଜକୁ ମୂର୍ଚ୍ଛି !!

ରହ ଟିକେ ରାତି
ରହ ଟିକେ ସାଥୀ
ଅଳ୍ପ ନିଦରେ ସଳ୍ପ ନିଶା ମୋ' ଯାଉଚି ହଜି;
କିଏ ସେ ଆସୁଚି
ଥରଥର ପାଦ
ଡରଡର ହାତ ବୁଲେଇ ନେଉଚି
କାହାକୁ ଖୋଜି ? ?

ଏ ନୁହେଁ କି ସେହି ଗୌତମୀ ମୋର
ହୃଦୟରୁ ବଳି ନିବିଡ଼ ବ୍ୟଥା
କେଉଁ ବେଦନାରେ ଲୁହରେ ଭିଜୁଚି
ଥର ଥର ଓଠ କହୁନି କଥା !!..........

(୧)

ବିଲ ଗହୀରର କେଉଁ ପ୍ରାନ୍ତରେ ଜହ୍ନ ଧାରେ
ଜହ୍ନ ଧୂଆ ଏ ପୃଥିବୀ ପରେ
ବସିଛି ମୁଁ ରେ, ଗୌତମୀରେ.......

ଆଦିଗନ୍ତ ମୁଁ ଯୁଆଡ଼େ ଚାହେଁ
ଏଇ ମାଟି ଠାରୁ ଜହ୍ନ ଯାଏ
ଖୋଲି ଦେ' ଲୁହର ଲକ୍ଷ ଝରଣା
ଧୋଇଦେ' ଏ ମୋର ହୃଦୟ ଥରେ, ଗୌତମୀରେ........

ଜହ୍ନ ଥାଇ ବି ଲାଗେ ଅନ୍ଧାର
ନିଶୂନ୍ ନିଃସଂଗ ଏକାକୀ ଭାବ
କେମିତି ଜୀଇବି ନିର୍ଜନତାରେ
ନିଜର ବୋଲି କେ' କାହୁଁ ଆସିବ !
ଦୁଇଟି ଦେହର ବ୍ୟବଧାନ ଯେତେ
ଭୁଲିଯାଆ ସବୁ ଗୌତମୀରେ
ନିର୍ବାସନରୁ ନିବୃତ୍ତ କରି
ଭୁଲେଇ ଦେ' ମୋର ନୀଳାଭ ବେଦନା
ଦୁର୍ଦ୍ଦିନ ସବୁ ଗୌତମୀରେ.......

ଗଡ଼ିଲାଣି ଏବେ ପ୍ରଥମ ପ୍ରହର
ଘୁମେଇଁ ଗଲାଣି ସାରା ଗାଁ' ଗଣ୍ଡା, ପଡ଼ିଆ ହାଟ
ଘୁମେଇ ଗଲାଣି ଗଛଲତା ସବୁ
ସାମ୍ନାରେ ମୋର ପଥରଗଦାର ଛୋଟ ପାହାଡ଼
ବସିଛି ଏଇଠି ବାଲିବନ୍ତ ବୁକେ
ଚୁପ୍‌ଚାପ୍ ଏଠି ବସିଛି ଚାହିଁ
କେଉଁ ଅଦୂରରେ ଖସ୍‌ଖସ୍ ହେଲେ
ପତ୍ର ଝଡ଼ିଲେ ଦିଏ ଅନାଇଁ
କେହିତ ନାହିଁ
ମନ ମୋର ହେଲେ ବୁଝୁଚି କାହିଁ
ଆଖି ଆଗେ ଖାଲି ଝୁଲିଲା ଛାଇ
କେହି ତ ନାହିଁ, ଗୌତମୀରେ.........

ଏତେ ମନେପଡୁ
ଏଇ ସମୟରେ କେମିତି କହ
ଶୂନ୍ୟ ଆକାଶେ ବହଳ କୁହୁଡ଼ି
ବାଷ୍ପୀଭୂତ ଏ ତୋହରି ଲୁହ
ବୁଡ଼େଇ ଯେମିତି ବହି ଯାଉଅଛି ବହୁତ ଦୂରେ
ପଛକୁ ଚାହିଁଲେ ଦୁଃଖ ଭରେ
ଶୂନ୍ୟ କୋଳେଇ ବିଳାପ କରେ, ଗୌତମୀରେ.........

ବହଳ ନିଦରେ
ମୁଦି ହୋଇ ଆସେ କୋମଳ ଆଖି
ସ୍ନିଗ୍ଧ ଛବି ତୋ' ଯାଉଛି ଦିଶି,

ଚମକି ଯାଉଚି ପାରୁନି ଚାହିଁ
ଉତ୍ତରଳ ମୁଁ ସ୍ୱପ୍ନ ପିଇ
ସ୍ୱପ୍ନ ଜାଣେନା ମିଛ କି ସତ
ଆଉଁଶି ଦେଉଚି ରାତିର ହାତ, ମରଣ ପାରେ
ସାଇତି ରଖିବୁ ହୃଦୟ ତଳେ, ଗୌତମୀରେ....

କେମିତି ପାରିବି
ମୋତେ ଅଟକାଇ ଜାଣେନା ମୁହିଁ
ନିଜର ଆୟତ୍ତେ ନିଜେ ମୁଁ ନାହିଁ,
କେଉଁଠୁ ପାଇଲେ ତୋହରି ଠିକଣା
ଚିଠିଟିଏ ଲେଖି ଯାଆନ୍ତି ଦେଇ
'ପ୍ରେମାସ୍ପଦା ! ମୋତେ ଭୁଲିବୁ ନାଇଁ'
ଥରେ ଯିଏ ଯାଏ ଆଉ କି ଫେରେ
ଚିଠିର ଅକ୍ଷର ଚିଠିରେ ମରେ, ଗୌତମୀରେ.......

(୨)

ଗୌତମୀର ଚିଠି ଏଠି ଏଣେ ତେଣେ
ପବନ ସିଆରେ
ଗୌତମୀର ଚିଠି ଏଠି ଏଣେ ତେଣେ
ଆଲୋକରେ ଝଲୁଅଛି
ଦୃଶ୍ୟମୟ ହୋଇଯାଏ ଅନ୍ଧାରର ପାତଳ ପର୍ଦ୍ଦାରେ,
ଭାଷା ତା'ର ନିରିମାଖୀ-
ଲୁହ ଢଳଢଳ ଆଖି ପରି
ଚଉଭାଙ୍ଗ ସାଦା କାଗଜରେ ॥

ବିଲରେ ବିହନ ପରି
ଏ ଚିଠିରେ କେ' ଦେଇଚି ବିଞ୍ଚି ଅକ୍ଷରକୁ
ବତାସରେ ପତ୍ର ପରି
ଉଡ଼ାଇ ଆଣିଚି କିଏ ଏ ଚିଠିର ପ୍ରତିଟି ଶବ୍ଦକୁ !
ପ୍ରତିଟି ଶବ୍ଦ ତ ମୋତେ ନୂଆ ଲାଗେ
ଯେମିତିକା ଆଉ କେଉଁ ଦେଶ ଲୋକ
ମୋତେ କିଛି ପଚାରୁଛି ଅବୁଝା ଭାଷାରେ,
ପ୍ରତିଟି ଶବ୍ଦ ତ ମୋତେ ନୂଆ ଲାଗେ
ବିଞ୍ଚଣା ନଥିଲା ପରି ଝାଞ୍ଜି ଖରାବେଳେ ॥

ଗୌତମୀର ଚିଠି ଏଠି ଏଣେ ତେଣେ
ମୋ' ଦେହର ଭିତରେ ବାହାରେ,
ଶବ୍ଦ ସବୁ ବେଳେବେଳେ
ମୋ' ଦେହର ଚାରିପିଟି ଜାଲବୁଣେ
ଅଜାଣତେ ମୂର୍ତ୍ତିଟିଏ ହୋଇ ନାଚକରେ ।
କେତେବେଳେ ହୃଦୟରେ ଶବ୍ଦଙ୍କର ପ୍ରତିଧ୍ୱନି
କେତେବେଳେ ମିଶିଯାଏ ରକ୍ତ ପ୍ରବାହରେ ॥

ବାହାରେ ନିଶୂନ ଖରା ଦିନ ବାରଟାର
ସମୟ ନାହିଁ ମୋ' ଆଉ ବୁଝିବାକୁ
ଉଲ୍ଲସିତ ରହସ୍ୟ ଭାବର ।
ଆଉଟା ଲୁହାର ଖଣ୍ଡ ତରଳୁଚି
ପାଣି ପରି ବହୁଅଛି ନିର୍ଦ୍ଦିଷ୍ଟ ବାଟରେ
ବେଳେବେଳେ ବାଟ ଘାଟ ଆଉ କିଛି ନାହିଁ
ଉଚ୍ଛୁଳା ନଈର ସୁଅ
ବନ୍ଧସାରା ଘାଇ କରି ଯାଉଥାଏ ବହି ॥
ପ୍ରତିଟି ଶବ୍ଦ ତ ମୋତେ
ଗୋଟିଏ କଥାରୁ ପୁଣି ନେଇଯାଏ
ଆଉ ଏକ କଥାର ପାଖକୁ,
ଗୋଟିଏ ସ୍ୱପ୍ନରୁ ମୋତେ
ଆଉଥରେ ଟେଇଁଦିଏ
ନେଇଯାଏ ଆଉ ଏକ ସ୍ୱପ୍ନ ବିବରକୁ ।
ପ୍ରତିଟି ଶବ୍ଦରୁ ଝରେ ଥୋପା ଥୋପା ଲୁହ
ଗୌତମୀ ତୁ.......

କେମିତି ଲେଖିଲୁ ଚିଠି
ଅନନ୍ତର କ୍ରମିକ ପ୍ରବାହ ॥

ପ୍ରତିଟି ଅକ୍ଷରେ ତୋ'ର ନୂଆ ନୂଆ ଇତିହାସ
ପ୍ରତିଟି ଶବ୍ଦରେ ତୋ'ର କୋଟି କୋଟି ପୃଥିବୀ ବିଲୀନ
ଶବ୍ଦର ଭାବରେ ପୁଣି ଏତେ ନୂଆ ସ୍ୱପ୍ନ ଥାଏ
ଶବ୍ଦଟିଏ ଏ ବିଶ୍ୱର ନୂଆ ଅଭିଧାନ ॥

ଗୋଟିଏ ଶବ୍ଦକୁ ନେଇ
ଯଦି ମୁହିଁ ଘୂରୁଥାଏ ଜନ୍ମଜନ୍ମାନ୍ତର
ତଥାପି କେବେ ମୁଁ ତାକୁ ବୁଝିନେବି
ଏ ବିଶ୍ୱାସ ନାହିଁ ତ ମୋହର ॥

(୩)

ତୋ' ପାଇଁ ଗୌତମୀ ଆଜି
ଅନାହାର ଘୋର ବିଭୀଷିକା
ଖରାର ତତଲା ସୁଅ ବହିଯାଏ ଜାଳି ଜାଳି
ସହରୁ ବନସ୍ତ
ସକାଳ ସକାଳ ନୁହେଁ
ରାତି ଯାଏ ଲମ୍ବା ରାତି ହୋଇ
ଭାଙ୍ଗିଯାଏ ଏ ଦେହର ସୁଠାମ ଗଢ଼ଣ
ପୋରିଆ କାଠକୁ ଘୁଣ ଯାଉଥାଏ ଖାଇ ॥

ଏ ଘୋର ବିପତ୍ତି ବେଳ, ଆ, ଗୌତମୀ
ପାଦ ତୋ'ର ଥାପିଦେ' ଏ ବସୁଧା ଛାତିରେ
ଅଫଳା ଜମିରେ ଖେଳୁ ତୋ' ହସର
ଚାରୁଚନ୍ଦ୍ର ଝରଣାର ସୁଅ

ପ୍ରମତ୍ତ ପାଗଳ ପରି ସମୟର ଏ କୂଳରୁ
ସେ କୂଳକୁ ଲଂଘିଯିବା ନିମିଷକ ମାତ୍ର
ମୃତ୍ୟୁ ପରି ଅନ୍ତରଙ୍ଗ ବନ୍ଧୁଟିଏ ଫାଙ୍କି ଦେବା
ଏ ନୁହେଁ ବିଚିତ୍ର ॥

ଧୂଳି ଭର୍ତ୍ତି ଏ ରାସ୍ତାରେ
ଥାପିଦେ' ତୋ' ପାଦର ପାହୁଲ
ଏ ଦେହରୁ ହାଡ଼ର ଅଂଗାର ନେଇ
ଛାତିରେ ମୋ' ଲେଖିଦେ' ତୋ' ଶେଷ ସମ୍ବୋଧନ

ଆସିବ ଘର୍ଘର ଶବ୍ଦେ
ଘନଘୋର ବରଷାର କାଳ
ନିମିଷକେ ଧୋଇଦେବ ସ୍ମୃତି ସବୁ
ହଜିଯିବ ଇହ-ପରକାଳ ॥

ପାଗଳ ମୁଁ ଏକୁଟିଆ ଏ ପୃଥ୍ୱୀରେ
ମୁଁ ବଞ୍ଚିଛି ସମୟର ଅବର୍ତ୍ତମାନରେ
ଜାଗତିକ ଭୌତିକର ପ୍ରହେଳିକା ଛୁଏଁ ନାହିଁ ମୋତେ
ବଞ୍ଚିଛି ମୁଁ ଏକୁଟିଆ
ଏକୁଟିଆ ବଞ୍ଚିବାର ଆତ୍ମବିଶ୍ୱାସରେ
ଯଦି କେବେ ହାରିଯାଏ
ଜିତିବାର ମୂଲ୍ୟବୋଧ ମିଛ ପୃଥିବୀରେ ॥

ପୃଥିବୀର ସବୁ ଯଦି ମିଛ ହୁଏ
ଗୌତମୀ ତୁ ଏକମାତ୍ର ସତ୍ୟ,
ଏପରିକି ତୁ ନିଜେ ତ ହୋଇଯାଉ ବର୍ତ୍ତୁଳ ପୃଥିବୀ
ତୋ' ଦେହ ବିଶାଳତାରେ କାହିଁବା ମୋ' ସ୍ଥିତି
ପୃଥିବୀର ମାନଚିତ୍ରେ ଆମ ଗାଁ' ପାଇବି କେମିତି !!

ଥରେ ମୋତେ ଦେଖିନେ'ରେ !
କେମିତି ନିଜକୁ ହତ୍ୟା କରୁଚି ମୁଁ ମାଦକ ନିଶାରେ
ଜଳିଯାଏ କେମିତି ମୁଁ ନିଆଁଧରା ସିଗାରେଟ ହୋଇ
ପଥର ପାଲଟିଯାଏ
ମୋର ବା ହସକାନ୍ଦ କାହିଁ !
ଦୁଃଖରେ ଯେମିତି ଥାଏ

ହସିଦେଲେ ତା'ଠାରୁ ମୁଁ ଅଧିକ ଯେମିତି
ମୋ' ପରି ପାଗଳଙ୍କର
ବଞ୍ଚିବାର ବାଟ କ'ଣ ଠିକ୍ ଏଇମିତି !!

ଯେତେ ସ୍ୱପ୍ନ ଯେତେ ଦୁଃଖ
ଭାଙ୍ଗିଗଲେ ମଣିଷର
କେବେ କ'ଣ ହୁଏ ସ୍ୱପ୍ନ ଭଂଗ !
ଯେତେ ଦିନ ସରିଗଲେ
ଯେତେ ରାତି ପାହିଗଲେ
ସରିଯାଏ କେବେ କ'ଣ ଦିନ ଆଉ ରାତି !

କେତେ ଜନ୍ମ କେତେ ମୃତ୍ୟୁ ପରେ ଆଉ
ଜନ୍ମ ହେଲେ ଏଇ ପୃଥିବୀରେ
ତୋ' ନିମିଷ ଦେଖାମାତ୍ରେ
ପାଇଯିବି ନିର୍ବାଣ ମୁଁ ପର ମୁହୂର୍ତ୍ତରେ !!

ମଣିଷ ଜନ୍ମରେ ପୁଣି
ଏତେ ବ୍ୟଥା ଏତେ ଜ୍ୱାଳା
ସବୁ ଜାଣି ଇଚ୍ଛା ହୁଏ
ଆଉଥରେ ଜନ୍ମିବାକୁ ଏଠି,
ସବୁ ଦୁଃଖ ସବୁ କଷ୍ଟ
ଏକାକାର କରିନେବି ଏ ଦେହେ ତୋ' ପାଇଁ
ଗୌତମୀ ତୁ ! ଥରେ ହେଲେ ଚାଲିଆ'ରେ ମୃତ୍ୟୁ ସୀମା ଡେଇଁ ॥

(୪)

ଅନନ୍ତ କାରୁଣ୍ୟ ଭରା ଯେତେ କ୍ଳାନ୍ତି
ଦୁଶ୍ଚିନ୍ତା ଓ ଶୂନ୍ୟଭାବ ନେଇ ଏକାକାର
କେତେବେଳେ ଖରାବେଳ
ଅସମୟ ସଂଜ ଓ ସକାଳ,
ତମାମ ରାତି ବି କେବେ ଘନ ଘୋର, ନିସଂଗ ପ୍ରହର
ବାଟଭୁଲି ବୁଲୁଚି ମୁଁ ଏଣେ ତେଣେ
ଅସହାୟ ନିଃସ୍ୱ ସୌଦାଗର ॥

ଦେହକୁ ନଜର ନାହିଁ
ଅଯତ୍ନରେ ଘରଦ୍ୱାର, ବାରି ଓ ବଗିଚା
କେଉଁ କାମେ ମନ ନାହିଁ
ଯେତେକ ନିଜର ମୋର ଶତ୍ରୁ ପରି
ସମୟ ମୋ' ଭାରି ଏକା ଏକା ॥

ବିରାଟ ପୃଥିବୀ ଇଏ
ଇଚ୍ଛା ମୁତାବକ ମୋର ନାହିଁ ଟିକେ ଭୂମି
କେମିତି ବଞ୍ଚିବି ଏଠି ଶୂନ୍ୟ ମୋତେ ଦଶ ଦିଗ
ଭାରି ଭାରି ବୋଝ ପରି ସବୁକଥା ଲାଗୁଛି ଗୌତମୀ ॥

ଦିନର ଆଲୋକ ଯେତେ ଯାହା ସବୁ ସ୍ପର୍ଶ କରି
ପୃଥିବୀକୁ ଚିହ୍ନା ଜଣା ପରିଚିତ କରେ
କାଲିର ଦେଖିବା ମୁହଁ, କୋଠାବାଡ଼ି ପ୍ରିୟଜନ

ସବୁ ମୋତେ ନୂଆ ଲାଗେ
କାହା ସଂଗେ କଥାପଦେ କହିବାକୁ ଡରେ ॥

ପ୍ରତିଟି ରାତି ତ ଏଠି ଭୟାନକ ଲାଗୁଥାଏ ମୋତେ
ନିଦ ତ ଦୂରର କଥା, ଶୂନ୍‌ଶାନ୍ ଅନ୍ଧାରରେ
ଚୁପ୍‌ଚାପ୍ ଅସହଜ ଅଭିଶପ୍ତ ରାତିଟିଏ ବିତେ ॥

ଏମିତି ବଂଚିବା ମୋର
କେତେବେଳେ ଲୁହଝରେ ସ୍ୱପ୍ନହୀନ ବିଷାଦରେ
ଅନ୍ଧକାର ଗାଢ଼ ହୁଏ ଲୁହ ଜମି ଜମି
ନିଷ୍ଠୁର ମୁଁ ନିଜ ପାଇଁ,
ମୃତ୍ୟୁହୀନ ମୃତ୍ୟୁ ମୁଁ, ଗୌତମୀ ॥

କେମିତି କେବେ ବା ଥରେ
ନିଦ ମୋତେ ଟାଣି ନିଏ ଯଦି
ଉଦ୍‌ଭାସିତ ହୋଇଉଠେ ଯୋଜନ ଯୋଜନ ଦୂରେ
କାହାର ସେ ଅତିନ୍ଦ୍ରିୟ ଛବି !
ନିକଟୁ ନିକଟ ହୋଇ ଅତି କଷ୍ଟେ ଚିହ୍ନିବା ପୂର୍ବରୁ
ଘମାଘୋଟ ବିସ୍ତରଇ ଚାରିଆଡ଼େ ଅନ୍ଧାରର ଛାଇ
ନିର୍ବାକ ମୁଁ ସ୍ଥାଣୁ ପରି ଉଜ୍ଜ୍ୱଳ ଆଲୋକେ ମୋର
ଦୃଷ୍ଟିଶକ୍ତି ଯାଏ ଲୋପ ହୋଇ
ମୋ' ପାଇଁ ବିଧାତା କେତେ କ୍ରୂର ହୁଏ, ଦଣ୍ଡୁଥାଏ
ତା' ଦୁଃଖର ପ୍ରତିଶୋଧ ପାଇଁ !!!

ନିଦର କବର ତଳେ ଲୁହ ନୁହେଁ ଲହୁ ଝରି
ନିରୁଦ୍ଦିଷ୍ଟ ହେଉଛି ମୁଁ ଚିହ୍ନାଜଣା ମୃତ୍ୟୁପରି
ଅଥଚ ବେନାମୀ
କି ପାପର ପ୍ରପଞ୍ଚ ଭାଗ୍ୟ ଏ ମୋର
ଦଗ୍‌ଧ କରେ ମୋ' ଭିତରେ, ଉଦାସୀ ଗୌତମୀ ॥

ଆଉ କେବେ ସ୍ୱପ୍ନରେ ମୁଁ ଦେଖୁଥାଏ
ତୋ' ଚିଠିର ଲାବଣ୍ୟ ଅକ୍ଷର
ହାତ ପାଆନ୍ତାରୁ ଦୂର ମୋ' ସାମ୍ରାଜ୍ୟ ବହିର୍ଭୂତ
ବିଡ଼ମ୍ବିତ ନିଜ ଅଧିକାର ।
ଆମରଣ ଚେଷ୍ଟାକରି ପହଞ୍ଚି ମୁଁ
ତୋ' ଚିଠିର ଦୂରଗାମୀ ମୋହେ
ନିର୍ଦ୍ଦୟ କାହାର ସ୍ପର୍ଶ, କାହାର ସେ ମାୟାବୀ ମୁହୂର୍ତ୍ତ
ବୁଝିବାର ଜ୍ଞାନ ମୋର ମୋ' ଭିତରୁ କାଢ଼ିନେଇଯାଏ ॥

ସେ ଚିଠିର ଅକ୍ଷର ମୁଁ ଦାରୁଣ ଦୁଃଖରେ ଛୁଏଁ
ଶବ୍ଦଟିଏ ପାରେ ନାହିଁ ଚିହ୍ନି
ଏମିତି ତ ସବୁରାତି ନିୟମିତ ବିତୁଥାଏ
ଆଜିକାଲି ଏ ଜୀବନ ପ୍ରାଣହୀନ ଶ୍ମଶାନ, ଗୌତମୀ ॥

(୫)

କେମିତି ସନ୍ଦେହ ନେଇ
ପରିଚିତ ଲୋକମାନେ ଆକଟନ୍ତି
ପଥର ପାଚେରୀ ପରି ସାମ୍ନାରେ ରହନ୍ତି
ମୃତ ଗୁଞ୍ଜରଣ ଏକ ବ୍ୟାପିଯାଏ
ଡେଇଁଡେଇଁ ଗହଗହ ଲୋକଭିଡ଼, ସମୁଦ୍ର, ଅରଣ୍ୟ
ପ୍ରତିଦିଗ, ସଜୀବ ନିର୍ଜୀବ
ଗ୍ରହ ଉପଗ୍ରହ ପାରେ, ଶେଷେ ତ୍ରିଭୁବନ
ତୁ ମୋତେ ପାଉଚୁ ଭଲ
ଆକାଶର ନୀଳ ପରି, ଜନ୍ମ ଆଉ ମୃତ୍ୟୁ ପରି
ଘଞ୍ଚ ଅନ୍ଧକାର ପରି
ମନ୍ତ୍ରବତ୍, ନିଜଠାରୁ, ଈଶ୍ୱରଙ୍କ ଠାରୁ,
ଆଉ ମୁଁ ବି ସେମିତି
ଏ ଜୀବନ ଚିରକାଳ ପ୍ରୀତିର ପ୍ରତୀତି ॥
ଅଥଚ ବି କେହି କେବେ ବୁଝନ୍ତିନି
ସାଂସାରିକ ପାପ, ମାୟା, ସନ୍ଦେହରେ
ଦୁଃଖ ପାଇ ପଞ୍ଚଭୂତ ଦେହ ନେଇ ଯେଉଁମାନେ
ନାନା କଥା ଗୋପନରେ କହି ବୁଲୁଥାନ୍ତି,

ପ୍ରେମର ମମତା କେତେ
କେତେ ପ୍ରେମ ଥାଇପାରେ ବେଦନା ଅଶ୍ରୁରେ
ସ୍ମୃତିର ଯନ୍ତ୍ରଣା କେତେ
କେତେ ଲୋଭନୀୟ ପୁଣି ଯନ୍ତ୍ରଣାକ୍ତ ସ୍ମୃତି
ତୋ' ବିନା ପାରିବେନି କହି କେହି
ଶ୍ମଶାନର ଜୁଇ ତାତି ଭରିଦିଏ କେମିତି ପ୍ରଶାନ୍ତି ॥

ଗୋପନୀୟ, ଅଜଣା ବା ଲୁଚାଛପା ଆଉ କିଛି ନାହିଁ
ଅତିପ୍ରିୟ କିଛି ବସ୍ତୁ ପରସ୍ପର ହରାଇଛେ
ପାଇଛେ ବି କିଛି ନୂଆ
ସ୍ମୃତିଧୂଆ ଆଲୁଅରେ ଜୀବନର ଗୀତ ଗାଇ ଗାଇ ।

ସବୁବେଳେ ଏକୁଟିଆ ମୋତେ ଭାରି ଭଲ ଲାଗେ
ଭାବିବାକୁ କଥା ତୋ'ର
ଦେଇଥିବା ସବୁ ସ୍ମୃତି
ଗୋପନରେ ଲୁହ ଝାରି ଝାରି,
ତୁ ଆସୁଛୁ ସେତେବେଳେ
ନିଃଶବ୍ଦରେ ଛାଇପରି, ଚୁପ୍‌ଚାପ୍ ପାଦ ପାରି
ତାରା ପରି ଝଲଝଲ ସରଳ ଆଖିରେ ମୋତେ
'ଆଜି ତମେ ବେଶୀ ଡେରି'
ଅଭିମାନେ ଦେଉଛୁ ପଚାରି,
ସବୁ କିନ୍ତୁ ଅନ୍ତହୀନ ଅଜଣାରେ
ହୋଇଯାଏ ପ୍ରେମପରି ଜନ୍ମ ମୃତ୍ୟୁ ଏକାକାର କରି ॥

ହଜିଗଲା ଦିନମାନେ ଦୀପ୍ତିମାନ ହୁଏ ଜଳି
ଛନଛନ ଦିଶିଯାଏ ପ୍ରତିଶ୍ରୁତି ଦୃଢ଼ ହୁଏ
ସବୁ ଦୁଃଖ ଭୟ ସତ୍ତ୍ୱେ ପ୍ରତ୍ୟେକ ପ୍ରତ୍ୟୟ,
ଯେ ମୁହୂର୍ତ୍ତେ ତୋ ପାଖରୁ ଦୂରେ ଥାଏ
ମୋ' ଭିତରେ ତୋ' ପାଦର ରୁଣୁଝୁଣୁ ଶବ୍ଦ ଶୁଭେ
ଏକାନ୍ତ ଆତ୍ମୀୟ ତୁ ମୋ' ପାଖେ ଥିଲା ପରି ଲାଗେ
ନିଶ୍ଚିନ୍ତରେ କି ମାୟାର ଆକର୍ଷଣେ ସ୍ୱପ୍ନ ପରି ଦୃଶ୍ୟ ସବୁ
ମୋ' ଆଖିରେ ଭାସିଯାଏ
ଭୁଲେଇ ମୋ' ନିଜ ପରିଚୟ !!

ଯେଉଁଠି ବି ତୁ ରହିଥା'
ଦୃଶ୍ୟ ବା ଅଦୃଶ୍ୟ ହୋଇ
ଶବ୍ଦ ବା ମୂର୍ଚ୍ଛନା ହୋଇ
ଏ ସୃଷ୍ଟିର ମାନଚିତ୍ରେ ଅପେକ୍ଷାରେ ରହି
ତୋତେ ଆଜି ଖୋଜି ଯିବି
ସ୍ୱପ୍ନର ଆକାଶ ଡେଇଁ
ଲୁହର ସମୁଦ୍ର ଡେଇଁ
ଆତ୍ମଜ୍ଞାନେ ସବୁ ଶାସ୍ତ୍ର, ସବୁ କାବ୍ୟ
ଖେଳେଇ ଖେଳେଇ।

ସବୁ ଯଶ, ଅପଯଶ, ଲଜ୍ଜା, ଭୟ, ମିଛକଥା
ମୋତେ କିଏ ଚିହ୍ନେ ଜାଣେ
ତୋ' ପାପର କାରାଗାରେ ବନ୍ଦୀ ହୋଇଅଛି
ତୋ' ସ୍ନେହର ସହାନୁଭୂତିରେ ମୋର
ଜୀବନ ମୂର୍ଚ୍ଛିଛି ॥

ମହାକାଳ ବିଷାଦର ନଈ ହୋଇ
ଘୂରାଉଛି ମୋତେ ତା'ର ଜଳ ଭଉଁରୀରେ
ଅବରୁଦ୍ଧ ଶୂନ୍ୟତାରେ ପରିତ୍ୟକ୍ତ ଯେମିତି ମୁଁ ଶ୍ୱାସରୁଦ୍ଧ
ଲିଭିଯାଏ ସମୟର ମହାପ୍ଲାବନରେ ॥

ସବୁପରେ ମୋ' ସାମ୍ରାଜ୍ୟ ବିଧ୍ୱଂସିତ ପାଉଁଶରେ
ଝରଝର ଝରିଯାଏ ପ୍ରୀତିର ଝରଣା
ଯେତେ ଯାହା ଅବୋଧ ଓ ଦରବୁଝା
ନୀରବ ଗୀତର ସଂଗେ କରେ ବୁଝାମଣା ।
ସବୁ ମୋର ମୃତ୍ୟୁ ମିଶି ମୋ' ଦେହକୁ ବୋହି ନେବାବେଳେ
ଦୁଃଖ ନାହିଁ ସେଥିପାଇଁ, ଅଦୂରର ଦୃଶ୍ୟ ପରି ଭାସି ଆସେ
ଆରପଟୁ ବଉଦର ମାଳ ପରି ହସ,
ମରିଥିବା ମୋ' ଦେହର ପ୍ରତି ଅଂଗ ସେ ସ୍ୱରରେ
ତୋ' ଭଲ ପାଇବା ପରି
ବାରମ୍ବାର ପାଏ ଜୀବନ୍ୟାସ ।

(୬)

ସବୁ ମୋତେ ମାୟା ପରି ଲାଗୁଅଛି
ଇନ୍ଦ୍ରଜାଲ ଦେଖୁଛି ଯେମିତି
କେତେବେଳେ ହସୁଛି ମୁଁ
କେତେବେଳେ ଛଳଛଳ ଆଖି ।
ସବୁ ମୁଁ ଦେଖୁଛି ବସି
ପରକ୍ଷଣେ ବିସ୍ମରି ଯାଉଛି
ମୁହୂର୍ତ୍ତେ ପାଉଛି ତତେ
ଆନବେଳେ ହଜେଇ ଦେଉଛି ।
ନିଜେ ମୁଁ ନାୟକ ହୋଇ
ଅଗ୍ନାଅଗ୍ନି ବନସ୍ତେ ଘୂରୁଛି
ପତ୍ରଟିଏ ପଡ଼ିଗଲେ ବଜ୍ରପରି ମୋତେ ଶୁଭୁଅଛି ।
ଛାତିରେ ଛାତିଏ ଭୟ
ପାରେ ନାହିଁ ମୋତେ ଅଟକାଇ
ମୃତ୍ୟୁକୁ ମୁଁ ମୋ' ଭିତରୁ ଦେଇଛି ହଜେଇ ॥

ପ୍ରତ୍ୟେକ ଅନ୍ଧାର ଖୋଜି ବୁଲୁଚି ମୁଁ ଦିଗହରା ପକ୍ଷୀ ପରି
କିଛି ମୁଁ ପାରୁନି ବୁଝି କୌତୁକରେ କେତେ ଦୁଃଖ
ଏ ବଂଚିବା ଚିରକାଳ ଅପେକ୍ଷାରେ ଖାଲି ଲୁହ ଝାରି ।
ଅଭିଶପ୍ତ ଗୌତମୀ ମୁଁ!
ଆସି ପୁଣି ଫେରିଯାଉ ସ୍ୱର୍ଗଚ୍ୟୁତ ପରୀ ! !

କେଉଁପରି ବଂଚିଥିଲି
କେଉଁମିତି ଥିଲା ମୋର ଜୀବନ ପ୍ରଣାଳୀ
ପ୍ରତ୍ୟେକ ମାଦକ ନିଶା ଭିତରେ ମୁଁ ଯାଉଥିଲି ଖାଲି ଜଳିଜଳି
ନିଃସଂଗ ଜୀବନ ଥିଲା

ସବୁଥିଲା ଆଶାହୀନ ଅଗମ୍ୟ ଦୁସ୍ତର
ଏପରି ଦୋଦୁଲ୍ୟମାନ ସୂତାଖିଏ ଝୁଲୁଥିବା ଜୀବନକୁ
କେଉଁ ତିଥି କେଉଁ ବାର ମନେନାହିଁ
ବିଚିତ୍ର ରଂଗରେ ଆସି ଚିତ୍ରିତ କରିଲୁ
ଏ ଆଖିର ଶୁଖିଲା ଲୁହରେ କେତେ ପ୍ରତିଶ୍ରୁତି ଲେଖି
ମନୋହର ଇନ୍ଦ୍ରଧନୁ ଚିତ୍ର ଆଙ୍କିଦେଲୁ।

ସବୁମୋର ଦୁଃଖ ନେଲୁ
ଗୋପନରେ ଆପଣା ଲୁହରେ ଭିଜି
ଯେତେବେଳେ ତୋ' ସ୍ୱପ୍ନରେ
ମୁଁ ହୋଇଛି ମୁଗ୍ଧ ସ୍ୱପ୍ନଚାରୀ
ଆଉ କେଉଁ ଅଭିମାନେ ସବୁ ସ୍ୱପ୍ନ ଭାଙ୍ଗିଦେଲୁ
ଗୌତମୀ ତୁ! ସ୍ୱର୍ଗଚ୍ୟୁତ ପରୀ!!

କେବେ ବି କିଛି ତ ମୋତେ ମାଗି ନାହୁଁ
କେଉଁଥିରେ ନଥିଲା ବି ଅନିଚ୍ଛା ଆପତ୍ତି
କେବଳ ଗୋଟିଏ କଥା
ସମୟର ପ୍ରବାହରେ ମନେପଡ଼େ
'ମୁଁ ତୁମର ଶେଷ ରଇ, ଚିହ୍ନା ସହଯାତ୍ରୀ।'
ଆମେ ଦୁହେଁ ଅଭିଶପ୍ତ ଏ ଜନ୍ମରେ
ପାଖେ ଥାଇ ରହିଥିବା ଦୂରେଇ ଦୂରେଇ
ହେଲେ ମୁଁ ଅବୁଝା ଏତେ
ମୋତେ କିଏ ପାରିବ ବୁଝେଇ!!

ନିମିଷେ ଶୁଭୁଚି ମୋତେ
ଆମ ଚୁପଚାପ୍ କଥା ଶୂନ୍ୟରେ ପହଁରି
ଦୁଃଖ ମୋତେ ଝୁଣିଝୁଣି ଖାଉଅଛି

ତୋ' ପରି କିଏ ଆଉ ବୁଝିବ କିପରି ?
ମୋର ଖାଲି ମନେପଡ଼େ କେମିତିକା ତୃଷ୍ଣାତୁର
କୁନି କୁନି ଆଖି ତୋ'ର
କଥା କହି ନାଚେ ବର୍ଷା ପରି,
ଅଭିଶପ୍ତ ଗୌତମୀ ମୁଁ !
ମୃତ୍ୟୁ ମୋତେ ନେବା ପାଇଁ ଯାଇଛି ବିସ୍ମରି ॥

ଗୋଟିଏ ମୂହୁର୍ତ୍ତ ପାଇଁ ଆଖିର ଉହାଡ଼େ ଥିଲେ
ଲାଗେ ଯୁଗ ପରି
ମନ ମାରି ବସିଥିଲେ ଲାଗୁଥାଏ ମୁଁ ଯେମିତି
ଏଇ ଯିବି ମରି

ମୃତ୍ୟୁ ମୋତେ ନେଲା ନାହିଁ
ବିଧିର ବିଧାନ ଖାଲି
ଖଞ୍ଜିଥିଲା ଏତେ ଦୁଃଖ ମୋତେ ଭୋଗିବାକୁ
ତୋ' ସ୍ମୃତିରେ ସବୁକୁ ମୁଁ ଅଙ୍ଗୀକାର କରିନେବି
ଅଜଣା ସ୍ୱପ୍ନରେ ହଜି ଆଶାରଖି ଆସନ୍ତା ଜନ୍ମକୁ ॥

ଏ ବିଶ୍ୱାସ ରଖିଚି ମୁଁ ବିଧାତା ହେବନି କେବେ
ଆମ ପାଇଁ ଏମିତି ନିଷ୍ଠୁର
ପ୍ରେମ କେବେ ଭାଙ୍ଗେ ନାହିଁ ଦେହ ପରି
ଏପରିକି ମାନେ ନାହିଁ କାହାର ଆକଟ ଅବା
ନିନ୍ଦା, ତିରସ୍କାର ।
ଏଇ ପ୍ରତିଶ୍ରୁତି ନେଇ ଆବଶ୍ୟକହୀନ ମୋର ଏ ଜୀବନ
ନିଜଠାରୁ ମାଗୁଛି ମେଲାଣି
ଫେରିଯାଇ ଏ ମାଟିରୁ ପରିଚ୍ଛନ୍ନ ଆଲୋକରେ ଭେଟିବି ମୁଁ
ଦିନେ ଯାଇ ଉଦାସୀ ଗୌତମୀ ॥

(୭)

ଏତେ ସ୍ମୃତି, ଏତେ ଭାବ
କେତେବେଳେ ମୋତେ ଟିକେ କରୁନି ନିଜର
ସୁଖ ମୋତେ କେମିତି ରହସ୍ୟ ଲାଗେ
ସ୍ମୃତି ଖାଲି ଜାଳୁଛନ୍ତି
ଖୋଳୁଛନ୍ତି ମୋ' ଲାଗି କବର ।

କାହିଁ ଯେ ମରୁଚି କେଉଁ ଭାଗ୍ୟ ଅଛି
ମୋତେ ନେବ ମୃତ୍ୟୁର ନିକଟ
କ୍ଷଣିକେ ମରିଲେ କ୍ଷଣେ ଜୀଉଅଛି
ଭାଗ୍ୟ ହାତେ ଖେଳଣା ମୁଁ
ଅନିଚ୍ଛାରେ କାହିଁକି ଯେ ଭୋଗେ ଏତେ କଷ୍ଟ ?

କେଉଁ ଜନ୍ମେ ତୋ' ପାଖରେ କି ପାପ ବା କରିଥିଲି
ଏଇ ବୋଧେ ତା'ର ପ୍ରାୟଶ୍ଚିତ
ଗୌତମୀ ମୁଁ ଅସହାୟ କେତେ ଏଠି
ଅସଫଳ ସବୁଦିନ
ଭବିଷ୍ୟତ ବଡ଼ ଅନିଶ୍ଚିତ ॥

ଏ ମାଟିର ଏତେ ମୋହ
ସବୁକଥା ସବୁ କାମେ ସମସ୍ତଙ୍କୁ କରେ ସ୍ୱାର୍ଥପର
ଈର୍ଷା ଏତେ ମଣିଷର
ସବୁଥିରେ ବାଧା ଆଉ ବନ୍ଧନର ଡୋର ।
କେହି ବି କେଉଁଠି କେବେ ବୁଝିନାହିଁ
ଆବିଳତା ନାହିଁ କେବେ ଭଲ ପାଇବାରେ
ଏତେକଥା ଦେହବାଦୀ ସାଂସାରିକ ମଣିଷ କି
ପାପର ନରକେ ରହି କେବେ ବୁଝିପାରେ !!

ଅପରାଧ ସବୁ ମୋର, ସହିଥା'ନ୍ତି କେମିତି ବା
ପାଖେ ଥାଇ ଦୂରେ ଥିବା ଦୁଃଖ ଜାଣି ଜାଣି,
ସମୟର ବୋଝ ବୋହି କର୍ମଫଳ ଭୋଗ ପାଇଁ
ଗୌତମୀ ମୁଁ!
ନିଜକୁ ଘୋଷାରି ଖାଲି ବଞ୍ଚିଅଛି କେମିତି କେଜାଣି!!

କେଉଁ ଏକ ଉଦାସ ସମୟ ତଳେ ପ୍ରତିଶ୍ରୁତି ଭରି
ଏକାନ୍ତ ନିବିଡ଼ ହୋଇ
ନୂଆ ଏକ ଜୀବନକୁ ଖୋଜିଥିଲେ
ଅସହାୟ କୃଷ୍ଣ ସାକ୍ଷୀ କରି।
କୃଷ୍ଣ କେବେ ପ୍ରେମିକ ପୁରୁଷ ହୋଇ
ସତ୍ୟ ପରି ନାହିଁ ରହିଥିଲା
କୃଷ୍ଣ କେବେ ଜହ୍ନ ଆଉ ସ୍ମୃତିର ଦଂଶନ ନେଇ
ବିରହରେ ଲୁହ ଝାରିଥିଲା!

ଅଥଚ ସେ ଆମ ପ୍ରେମ, ଭଲ ପାଇବାର ପାଇଁ
ଏକମାତ୍ର ଯୋଗସୂତ୍ର
ଅନ୍ତହୀନ ସ୍ୱପ୍ନଙ୍କର ନିଶୂନ ଖିଆଲ,
ଈପ୍‌ସିତ ପଦାର୍ଥ ଯଦି ପାଖେ ଥାଏ
ରହିପାରେ କେବେ ତା'ର ମୂଲ!!

କାନ୍ଦିଲେ ଏଣିକି ଖାଲି କାନ୍ଦୁଥାଏ
ଆଉ କିଛି ନାହିଁ ପ୍ରତିକାର
ଶୂନ୍ୟଲାଗେ ହୃଦୟର ପ୍ରତିଟି କୋଠରି ମୋର
ଭାଙ୍ଗିରୁଜି ସବୁ ନାରଖାର।

ବୁଝୁଛି ଗୌତମୀ ଏବେ ରାଗ ରୋଷ କେମିତି ଅଳିକ
ପରିଣତି ଯାଏ ଖାଲି ଭାବି ଭାବି ମରିଯିବା ସାର ॥

ପ୍ରିୟବସ୍ତୁ ନିକଟେ ପାଇଲେ ସିନା ଥାଏ ଅଭିମାନ
ଏଣିକି ଦୁଃଖରେ ଖାଲି
ଝୁରିହୋଇ ବତୁରା ଲୁହରେ ଭିଜେ
ମୋ' ପାଇଁ କି ଆଉ ବଡ଼
ଅପଯଶ, ନିନ୍ଦା, ଅପମାନ ! !

କେବେ ମୁଁ ସହିନି ତୋ'ର ଦୁଃଖ ଟିକେ
ଭାବିନାହିଁ ଦେଖିବାକୁ
ତୋ' ଆଖିର ବିନ୍ଦୁଟିଏ ଲୁହ
ସେ ଲାଗି ମୁଁ ବାରମ୍ବାର ଅଭିମାନ କରିଅଛି
ଅଭିଯୋଗେ ପଚାରିଛି ରାଣ ନିୟମରେ
କେଉଁଠି ବା ଊଣା ହେଲା ମୋ' ଦେବାର ସ୍ନେହ ?

ଅଥଚ କେମିତି ନିଜେ ସହେ ନାହିଁ
ଅଟକାଇ ପାରେ ନାହିଁ ଦୁଃଖ ଭାବ ମୋର
ସେ ମୁହୂର୍ତ୍ତେ କେତେ କଷ୍ଟ ଦିଏ ତତେ
ମୁଁ ସତରେ କେମିତି ନିଷ୍ଠୁର !
ଆଜି ସେହି ଅଭିଶାପ ସନ୍ତୁଳିତ କରେ ମୋତେ
ମରୁଚି ମୁଁ ତତେ ଝୁରି ଝୁରି
ମରିବାକୁ ଚାହୁଁଚି ମୁଁ ଅଥଚ ମରୁନି କେବେ
ଗୌତମୀ ! ଏ ଅଭିଶପ୍ତ ପ୍ରାଣ ମୋର
ଦେହ ଛାଡ଼ି ଯାଉନି ବାହାରି ॥

(୮)

ଚାରିଆଡ଼େ ନିଛାଟିଆ
ଜହ୍ନ ଏବେ ନଈକୂଳେ ଆମ୍ବତୋଟାମାଳେ
ହିଲ୍ଲୋଳିତ ପବନରେ ଢେଉସବୁ ଉଚ୍ଛାଟିଆ
ସିରିସିରି ରୂପା ବାଲି ଉଡ଼େ
ଝରଝର ରୂପା ଜହ୍ନ ଝରେ ।
ପ୍ରକୃତିରେ ନୂଆ ସବୁ ମରୀଚିକା ପ୍ରାୟେ ଲାଗୁଥାଇ
ଗୌତମୀରେ କୃଷ୍ଣ ତୋ'ର
ଢଳଢଳ ଲୁହର ଝରଣା ବାହି
ଅସହଣି ବେଦନାରେ ତତେ ଖୋଜୁଥାଇ ॥

କୃଷ୍ଣର ବେଦନା ତଳେ
ଛବିପରି ଅଙ୍କା କେତେ ସ୍ମୃତି ସବୁ
ନିକାଂଚନେ ଭେଟହେବା ଠାରୁ ତତେ ବୋକ
ଦେଲାଯାଏ,

କୃଷ୍ଣର ବିଷାଦ ତଳେ
ସୂର୍ଯ୍ୟର ଉତ୍ତାପ ନେଇ ଜଳୁଅଛି
ବିଚ୍ଛେଦର ସୂକ୍ଷ୍ମ ଅଣୁ ମୃତ୍ୟୁଥିବା ଯାଏ,
କେମିତି ମୂର୍ଚ୍ଛିଲୁ ମୋତେ ଗୌତମୀରେ
ପଣ ପରି ପର କରି ନିର୍ବାସନ ଦଣ୍ଡେ ଟାଳିଦେଇ
ଆପଣାର ମୋହକାଟି ଏକା ଏକା ଛାଡ଼ିଗଲୁ
ମୃତ୍ୟୁକି ଛୁଉଁଛି ମୋତେ !
ନିର୍ଜନତା ଖାଉଛି ଜଳେଇ ॥

ତୁ ଗୌତମୀ ରାଧା ମୋର
ଏକମାତ୍ର କୃଷ୍ଣର ପ୍ରେମିକା
ମଣିଷର ଏ ସଂସାର ଜାଣିବାରେ ଅଛି କ'ଣ ?
ଯେଉଁଠି ଚାଲିଛି ଖାଲି ଜୀବନର କିଣା ଆଉ ବିକା !

ମଣିଷ କି ବୁଝେ କେବେ ମହାର୍ଘ ପ୍ରେମର ମୂଲ
ହୃଦୟର ଆଲୋଡ଼ନ, ମନ ଆଉ ମନର ମିଳନ
ଅପବାଦ ସେଥିପାଇଁ ରଟୁଅଛି ପ୍ରତିଦିଗେ
କିଏ ଜାଣେ ରାଧାକୃଷ୍ଣ ପ୍ରେମର ଜ୍ୱଳନ ! !

ନୀରବ ନୀରବ ସବୁ, ଚାରିଆଡ଼ ନିଛାଟିଆ
କୁଳୁକୁଳୁ ନଈ ଗାଏ ବିରହର ବିଷାଦ ଗୀତିକା
କୁଞ୍ଜବନ ଶୋକରେ ସ୍ଥବିର ପରି
କୃଷ୍ଣ କରେ କାହାର ପ୍ରତୀକ୍ଷା !
ଗୌତମୀ ତୁ କଥା ଦେଲୁ ଆଖି ମୁଦି ଭାବିଦେଲେ
ଉଭାହେବୁ ତେଜି ସବୁ ମାନ ଅଭିମାନ,

ପ୍ରତିକ୍ଷଣେ ଭେଟୁଚି ମୁଁ ନିଷ୍ଠୁର ଦୁଃଖଙ୍କୁ ମୋର
ଲୁହରେ ଭିଜଇ ଖାଲି ଅବଶିଷ୍ଟ ଦିନ ॥

ଆଉ କେତେ ଦିନ ଅଛି
ଏଇମିତି ବାକି ଜଳିବାକୁ,
ଆଉ କେତେ ଦିନ ଅଛି
ଛାତିରେ ପଥର ରଖି ନିଜକୁ ମୁଁ ଝୁଣି ଖାଇବାକୁ ?
ଅବୁଝା କହିଲୁ ମୋତେ
ନିଜେ ବି ତୁ ବୁଝିଲୁନି କିଛି
ବିଷଣ୍ଣ ଶୂନ୍ୟତା ଦେହେ ଅପେକ୍ଷାର
ଶେଷ ବା କେଉଁଠି ? ?

ସମୟର ଦୀର୍ଘତାରେ ଏ ସୀମିତ ଆୟୁଷକୁ ନେଇ
ନିଜ ଠାରୁ ତତେ କେବେ ମୁହୂର୍ତ୍ତେ ଅନ୍ତର କରି
ବଞ୍ଚିଯିବି ଏ ବିଶ୍ୱାସ କାହିଁ ?
ମୁହୂର୍ତ୍ତେ ପାରୁନି ଭୁଲି ମୁହୂର୍ତ୍ତକେ ମରି ପାରୁନାହିଁ
ଏକି ଦହଗଞ୍ଜି ତଳେ ପ୍ରାଣପ୍ରିୟା ଗୌତମୀରେ !
ଅବୁଝା ମାନିନୀ ମୋର
ଚାଲିଗଲୁ ଏକା ଛାଡ଼ିଦେଇ ॥

କାହା ସାଥେ ବୁଲିବି ମୁଁ ବନପ୍ରାନ୍ତ
ଆଲୋକ ଅନ୍ଧାର ଆଉ ପାପ ପୁଣ୍ୟ ସୀମା ସରହଦ
କିଏ ମୋର ଆଜୀବନ ଭାବ ଆଉ ଅଭାବର
ଏକମାତ୍ର ଅଂଶୀଦାର କୋମଳ ଦରଦ !

କିଏ ମୋ' ଆଖିର ଲୁହ ଦେଖି ଆଉ ତରଳିବ
ଯମୁନାର ଜଳ ପରି ଆବେଗରେ ଛଳଛଳ ହୋଇ
ମୋ' ପାଇଁ ବା ଆଉ କିଏ ନିଜକୁ ବିଛେଇ ଦେବ
ବାଟ ହୋଇ ଚାଲିଯିବା ପାଇଁ!!

ବାଟ ବା ଅବାଟ ହୋଇ କିଛି ବି ମୋ' ପାଇଁ ନାହିଁ
ପ୍ରକୃତିରେ ସବୁ ନୂଆ, ମରୀଚିକା ପ୍ରାୟେ ଲାଗୁଥାଇ
ଗୌତମୀରେ କୃଷ୍ଣ ତୋ'ର କାହାକୁ ଖୋଜୁଛି ଆଉ
ଅପଯଶେ ବଂଶୀ ବାଇ ବାଇ!

ବଂଶୀର ନିସ୍ୱନ ଆଉ ଉଛନ୍ନ କରୁନି ଆଜି
ବିରହିଣୀ ମନ ଆଉ ସେଇ ବନ ଭୂଇଁ
ମୃତ୍ୟୁର ନାରାଚ କେବେ କରୁଣା କରିବ ମୋତେ
ମୋ' ପ୍ରେମର ଅର୍ଥ ମୋତେ ଦେଇ!!

(୯)

ଶୂନ୍ୟତା ବିସ୍ତରି ଯାଏ
ନିଶବଦ ଗଛ ପତ୍ର, ଆଲୋକ ପବନ
ଅନୁଚ୍ଚ ଅସ୍ପଷ୍ଟ ଶୁଭେ ବଂଶୀ ସ୍ୱନ,
ଯମୁନାର ଉତ୍ତରଳ ଜଳ।
ଉତ୍ତାପବିହୀନ ସବୁ
ପ୍ରାଣହୀନ ସୃଷ୍ଟିର ଜୀବନ
ଯାହା ଯେଉଁଠାରେ ସବୁ ଯେମିତି ସେମିତି ସ୍ଥିତି
ସବୁଲାଗେ ଜୀବନ୍ତ ମରଣ।
କଥା ଦେଇ କିଛି କଥା ରହେନାହିଁ ଏ ସୃଷ୍ଟିରେ
ଗୌତମୀରେ !
ମାୟାଚ୍ଛନ୍ନ ଏ ପୃଥିବୀ ପ୍ରହେଳିକାପୂର୍ଣ୍ଣ ॥

କୃଷ୍ଣ କାହିଁ ? ନାହିଁ ନାହିଁ
ପ୍ରବଞ୍ଚିତ ସବୁ ଏଠି
ସବୁ ନାହିଁ ନାହିଁ,
ଆତ୍ମା କାହିଁ ?
ନିଗଡ଼ ବନ୍ଧନେ ସବୁ ମୂର୍ଚ୍ଛାହତ
ପୂର୍ଣ୍ଣତାରେ ମିଶିଯିବା ପାଇଁ ॥

ଏ କୃଷ୍ଣ ସାଗର ପରି ଅନ୍ଧକାର ତରଳୁଛି
ଜ୍ୱଳନରେ ଜଳି ଜଳି ଝରିଯିବା ପାଇଁ
ଏ ମାୟା ରଚିତ ସୃଷ୍ଟି ଖଣ୍ଡଖଣ୍ଡ ଭାଙ୍ଗିପଡ଼େ
କାମନାର ଉଷ୍ଣ ଧାସ ପାଇ।

ସବୁ କିଛି ସତ୍ତାହୀନ ବ୍ୟସ୍ତ ଆଉ କାମୁକ ଈର୍ଷାରେ
ଗୌତମୀରେ, ମୁମୂର୍ଷୁ ଆଲୋକ ଶିଖା
କଳାରାତି କେବେ ଭାଙ୍ଗିପାରେ ! !

ପୁନର୍ଜନ୍ମ କେବେ ହେବ, କେଉଁ କାଳେ
ଆଉ କେଉଁ ଉତ୍ସୁକତା ନେଇ
ଏମିତି ଦୈନ୍ୟରେ ଖାଲି
ଜୀବନକୁ ଜାଳିଯିବା ଭରସା ବା କାହିଁ ?
ସବୁ ଯଦି ମିଛ ହୁଏ କଥା ଦେବା, ଦେହ, ପ୍ରେମ
ପୁନର୍ଜନ୍ମ କେମିତି ବା ସତ୍ୟ,
ଏ ସୃଷ୍ଟିରେ ଆତଯାତ କେତେଦିନ ଏ ଜୀବାତ୍ମା
ମନେନାହିଁ କେମିତି ଅନିତ୍ୟ ? ?

ସବୁ ଜାଣି ଦିଗହଜା ପକ୍ଷୀ ପରି କି ସାହସ
ବିପର୍ଯ୍ୟସ୍ତ ନୀଡ଼ ବାନ୍ଧିବାକୁ,
ସବୁ ବାଟ ଚାଲିବାର ନୁହେଁ ଜାଣି
କାହିଁକି ଲାଗୁଛି ମାୟା ଗୌତମୀରେ,
ଆଉ କିଛି ବାଟ ଚାଲିବାକୁ ! !

ଲୋକଙ୍କର କାମ ଏଠି ବୁଲିବୁଲି ଏଇମିତି
ଅନେକ କହିବା ଆଉ ଅପବାଦେ ବୁଡ଼ାଇ ମାରିବା
ଅଥଚ କଳଙ୍କ କେବେ ଲାଗେ ନାହିଁ
କୃଷ୍ଣତ୍ୱରେ ପଡ଼େ ନାହିଁ କେବେ କଳାଗାର,
ସମୟର ହାତ ସବୁ ପୋଛିନିଏ
ପ୍ରେମଥାଏ ପ୍ରେମ ହୋଇ ଝଳି ଚିରକାଳ ।

ଏ ସୃଷ୍ଟି ତ ଦ୍ୱାପରର ନୁହେଁ ଆଉ
କୃଷ୍ଣ ପାଇଁ ଅବା ରାଧା ପାଇଁ
ଜାଣିଜାଣି, କେଉଁକଥା ଅଛପା ରହିଛି ଆଉ
ଗୌତମୀରେ, ଏ ସୃଷ୍ଟିରେ ଆମ ପାଇଁ
ଏ ଜନ୍ମରେ ଆଉ କିଛି ନାହିଁ ॥

ଯେଉଁଠି ପବିତ୍ର ପରି ତୁ ରହିଛୁ ଏ ସୃଷ୍ଟିକୁ ଛାଡ଼ି
କୃଷ୍ଣ ତୋର ଖୋଜି ଖୋଜି ଯିବ ତତେ
ଏ ସୃଷ୍ଟିର ଯାତ୍ରା ଶେଷ କରି ।
ତା' ପରେ ସୁବର୍ଣ୍ଣ ରଥ ମହାଶୂନ୍ୟେ ଥିବ ରହି
ଅଳଙ୍କାରେ ବିମଣ୍ଡିତ, ଶୋଭାବନ୍ତ ଆମ ଅପେକ୍ଷାରେ
ତତେ ମୁଁ ବସେଇ ନେବି ସବୁ ସୃଷ୍ଟି ସୀମା ପରେ
ଅଲୌକିକ ଦିବ୍ୟଜ୍ୟୋତି ମଣ୍ଡଳରେ
ଅଭିଷେକେ ମହାମହିମରେ ॥

ଆମେ କେହି କାହାକୁ ବା କେମିତି ଭୁଲିବା ଆଉ
ଏତ ମୋ' ନିଜର ସୃଷ୍ଟି
ମୋ' ଜୀବନ ମହାଆକର୍ଷଣ
ଆଉ ଏକ ଦେହ ନେଇ ଗୌତମୀରେ
ପୁନରପି ଇତିହାସେ ଲେଖାହେବ ଏ ମହାମିଳନ ॥

(୧୦)

କେମିତି ଶୂନ୍ୟମଣ୍ଡଳ ଝଲସୁଚି,
ଚନ୍ଦ୍ର ତାରା ଖଚିତ ଆକାଶ
ଚିତ୍ରକର ମନଲୋଭା ରଙ୍ଗଝରା ଚିତ୍ର ପରି
ବର୍ଣ୍ଣିଳ ଏ ସୃଷ୍ଟି ଦିଶେ
ପ୍ରାଣବନ୍ତ, ଅତି ରୋମାଞ୍ଚିତ ॥

ନିଝୁମ୍ ନିଝୁମ୍ ସବୁ
ଥମ୍‌ଥମ୍, ଚୁପ୍‌ଚାପ୍, ନିର୍ବାକ ନିସ୍ପନ୍ଦ
ଭାବନାର ସୀମା ଡେଇଁ ଅସୀମ ଚେତନା ତଳେ
ମନେହୁଏ ସବୁକିଛି ଅବୁଝାର ସୂତ୍ର ॥

ଅଥଚ ଜାଣିଚି କିଏ ଏମିତି ସମୟ ଏକ
ପୃଥିବୀରେ ପହଞ୍ଚିବ
ଦେଖୁଥିବା ଦୃଶ୍ୟସବୁ ଅବିଶ୍ୱାସ୍ୟ ପରି ଲାଗୁଥିବ
ଆଜିର ଏ ଘଟୁଥିବା ଅଘଟଣ ଇତିହାସେ
କିମ୍ବଦନ୍ତୀ ପରି ରହିଯିବ ॥

ଦେଖିବା ଲୋକେ କେବଳ
ପ୍ରତିଦିନ ଚାହିଁଥିବେ ଆକାଶକୁ
ସନ୍ଧ୍ୟାରୁ ସକାଳଯାଏ
କାଳେକେବେ ଆଉଥରେ ସେମିତି ଘଟିବ
କିଏ ବା କାହାକୁ କେଉଁ ଭରସାରେ ପଚାରିବ
ଆଚମ୍ୱିତ କେମିତି ଏ ଘଟିଥିଲା ବର୍ଣ୍ଣମହୋତ୍ସବ !

ନିଜେ ବି ନିଜକୁ ଭୟ
ସଂକୋଚରେ ସାଙ୍କୁଳି ଉଠିବା ଛଡ଼ା ଉପାୟ ବା କାହିଁ
ନିଜେ କି ନିଜର ଆଉ ଏ ମୁହୂର୍ତ୍ତେ
ସଂସାରର ସବୁ ମାୟା କ୍ଷଣିକରେ ଯାଉଛି ମିଳେଇ ॥

କିଏ ବା ସାହସ ବାନ୍ଧି କାହାକୁ ବା କହିପାରେ
ସେଦିନ ଆକାଶ ଧୀରେ ଫୁଲ ପରି ନଇଁଗଲା
ଛୁଇଁଦେଲା ପୃଥିବୀର ଛାତି
ଉଦ୍ଭାସିତ ଆଲୋକରେ ସୂର୍ଯ୍ୟର ସହସ୍ର ତେଜେ
ଆହା କି ସୁନ୍ଦର ରଥ ଶୂନ୍ୟେ ଗଲା ମିଶି ॥

ଏଇମିତି ହୁଏ ତ ବା ହୋଇପାରେ
କଥାଭାଷା, ଆଲୋଚନା
ପ୍ରକାଶିତ ହୋଇପାରେ ସଂବାଦ ପତ୍ରରେ
ହୁଲସ୍ଥୁଲ କରିପାରେ ଏ ସଂବାଦ ପୃଥିବୀର ସବୁଦେଶ
ଅଥଚ ମୋ' ମହାଯାତ୍ରା କିଏ ଜାଣିପାରେ !

ସମ୍ବାଦପତ୍ର ବା କାହୁଁ ଛାପିବ ମୋ' ମୃତ୍ୟୁକଥା
ମୋ' ଜୀବନ ଇତିହାସ,
ମୋ' ପ୍ରେମର ମହତ୍ତ୍ୱ ବା କାହୁଁ ସେ ଜାଣିବ !
କଳାବାଜାରରେ ସବୁ କିମ୍ଭୂତ ଜୀବାତ୍ମାମାନେ
ଜନ୍ମ ମୃତ୍ୟୁ ଆବର୍ତ୍ତେ ଅଥର୍ବ ।

ମୋ' ଦେହ ଜଳିବ ଏଠି
ଏଇ ସୃଷ୍ଟି, ଏଇ ମାଟି
ମୋ' ହାତର ନିର୍ମିତ ଏ କ୍ଷୁଦ୍ର ବାଲିଘରେ

ମୋ' ଚିତା ଭସ୍ମର ରେଣୁ ଉଡ଼ି ଉଡ଼ି ଏ ପବନେ
ସତ୍ତାହୀନ ହୋଇଥିବ ଅନନ୍ତ ଯୁଗରେ ॥

କେଉଁଠି କବିର ଆର୍ଦ୍ର ନରମ ଲୁହର ତଳେ
ଦୁଃଖର ବଳୟ ପରି ମୋ' ପ୍ରେମର
ଖିଅଟିଏ ଝୁଲୁଥିବ
କବିତାର ଧାଡ଼ିଟିଏ ହୋଇ,
କିଏ ବା ଯୁବକ ଦିନେ ଅବୁଝା ପ୍ରେମିକା ନେଇ
ବେଦନାରେ ସିକ୍ତ ତା'ର ପ୍ରତିତନ୍ତ୍ରୀ
ସେ ଗୀତକୁ ଯାଉଥିବ ଗାଇ ।
ଆଖି ଆଗେ କିଛି ନାହିଁ
ବହୁଥିବ ସମୟ ବିଷାଦ ନଈ
ଗୌତମୀର ସ୍ମୃତି ଧୋଇ ଧୋଇ ।

ଆହା, କେତେ ନିରୀମାଖି ଏ ସମୟ
ନଈ ପରି,
ଆହା କି ବିଷାଦ ସାରା ବସୁନ୍ଧରା ଯାଉଅଛି ଛାଇ
ଗୌତମୀର ପ୍ରେମ, ସ୍ମୃତି, ଇତିହାସ, ଉତ୍ତରଣ
ବହୁଅଛି କାହାଣୀର ଛିନ୍ନ ପୃଷ୍ଠା ହୋଇ,
ବିଷାଦରେ ଭାସମାନ ଏ ସମୟ
ବହିଯାଏ ବିଷାଦରେ ସମୟର ନଈ ॥

■

ଚଉଦାଳୀ......

॥ ଏକ ॥

ତମ ଆଉ ମୋ’ ଭିତରେ କେତେ ଲମ୍ବା ବିଚ୍ଛିନ୍ନ ରେଖାର
ଆଖିର ଲୁହରେ ଦୁଶେ ଚାରିଦିଗ କୁହୁଡ଼ିଆ ବେଳ,
ରହେ ସବୁ ଅବୁଝାରେ, ଦିଶୁନାହିଁ ଆକାର ପ୍ରକାର
ହାତକୁ ପ୍ରସରି ଶୂନ୍ୟେ ଇଚ୍ଛା ହୁଏ ଖେଳିବାକୁ ଏକୁଟିଆ ଖେଳ ॥

ସାତ ସପନରେ ଯାହା ସବୁ କଥା ମନେ ନ ପଡ଼ିଲେ
ତମେ ଖାଲି ଦୁଶିଯାଅ, ମୋ’ ଭିତରେ ମୁଁ ନିଜେ ହଜିଲେ,
ଆଲୁଅକୁ ଛାଇ କରି ସମୟର ବେଳବୁଡ଼ା ବୁଲାଣି ଭିତରେ
ବିସ୍ମରଣେ ହୁଏତ ବା ଆକସ୍ମାତ ଭେଟ ହେବ ଜନ୍ମଜନ୍ମାନ୍ତରେ ॥

ତମେ ସିନା ଯିବ ଘୁଞ୍ଚି ମୋ’ ସ୍ମିତିରୁ ଦୂର ଦୂରାନ୍ତକୁ
ପାରିବିନି ଦେଇ କେବେ ମୋ’ ଆତ୍ମାରେ ଘୂରୁଥିବା ‘ତମ’ ଅସ୍ତିତ୍ୱକୁ
ଅଜ୍ଞାତ ମାଟିର ମୋହ ଠାରୁ ଭଲ ଅଶରୀରୀ ଦେହ
ଯେଉଁଠି ବିଚ୍ଛିନ୍ନ ଥିବ ଆଲୋକ ଓ ଅନ୍ଧାରର ସରୀସୃପ ମୋହ ॥

ଆଦିଗନ୍ତ ତମେ ଥିବ, ତମେ ଥିବ ମୋ’ ଦେହର ପ୍ରତିଟି ସତ୍ତାରେ
ସ୍ମିତିର କଅଁଳ ସ୍ୱପ୍ନେ ତମେ ପୁଣି ଜୀଇଯିବ ଅଦୃଶ୍ୟ ଇଚ୍ଛାରେ ॥

।। ଦୁଇ ।।

ନିଟୋଳ ସମୟ ଗଢ଼େ, ସବାର ଏ କାହାର ପିଠିରେ
କାହାପାଇଁ ପଦ୍ମାବତୀ ଚାହିଁଦିଏ ଖିଆଲି ହସରେ ?
କିଏ ବା ଜାଣିଚି ଯୁଦ୍ଧ, ରାଜ୍ୟ ଜୟ ଗଜପତି ଅନ୍ତର କାହାଣୀ
ଉଷୁମ ନିଃଶ୍ୱାସ ଦେହେ ବିଜୁଳି ଚମକ ଖେଳେ,
ଫିଟିଯାଏ ଶ୍ରାବଣର ବେଣୀ ! !

ମିଟିମିଟି ତାରାପରି ତା' ଆଖିର ଅନୁକମ୍ପା ବେଦନାରେ ଜୁଡୁବୁଡୁ ହୋଇ
ପାଲଟଇ କୁହୁଡ଼ିଆ, ମରମେ ମରମେ ଛୁଏଁ ସବୁ ସ୍ମୃତି- କୁଦ ଦୋହଲାଇ ।
ଅଜାଣତେ ଡରିଯାଏ, ଭାଷାନାହିଁ, ସ୍ୱପ୍ନ ସବୁ ହଜିଯାଏ ନାହିଁ ବ୍ୟବଚ୍ଛେଦ
ତଥାପି ସମୟ ପୁଣି ସ୍ଥିର ହୁଏ, ନିଜ ମୁହେଁ ନିଭିଆସେ ନିଜ ପ୍ରତିବିମ୍ବ ।।

ଗୁଡ଼ି ଉଡ଼େ ନଟେଇରୁ ସୂତା ସରେ, ବହୁଦୂର ଯାଏ ଉଡ଼ି ମୋ' ସ୍ୱପ୍ନର ଗୁଡ଼ି
ତୁନିତାନି ତୁ ଚାଲିଚୁ, ଏ ରାଇଜେ ପହଞ୍ଚୁଛି ସାଥିହୋଇ ବର୍ଷା ଓ ମରୁଡ଼ି ।
ମୋ' ସ୍ୱପ୍ନ ଆସିଲେ ସରି ବୋକଦିଆ ଗାଲ ପରି ଲାଲ୍ ହୁଏ ଆକାଶର ଛାତି
ସ୍ମୃତିସବୁ ପେନ୍ଥା ପେନ୍ଥା ସ୍ୱାର୍ଥପର ସରେ ନାହିଁ ପାହିଲେ ବି ରାତି ।।

ଇଚ୍ଛା ବା ଅନିଚ୍ଛା ସତ୍ତ୍ୱେ ମୃତ୍ୟୁ ଠାରୁ ଯଦି ମୋତେ ବେଶୀ ଭଲପାଅ
ମୃତ୍ୟୁ ପରେ ଏ ମାଟି ମିଶାଇ ଦେବ ଦୁଇଗୋଟି ଦେହ ।।

॥ ତିନି ॥

ଆକାଶେ ଅନ୍ଧାର ଘୋଟେ ସୂର୍ଯ୍ୟ ନିତି ଅସ୍ତଗଲା ପରେ
ରାତି ତ ହେଉଛି ଗଣା ଫୁଲେଇ ଫୁଲଙ୍କ ମେଳେ
ବସିବସି ନିର୍ଜନତା କୋଳେ
ନଇଁଲା ସଂଜରେ ତାରା କେମିତିକା ହସେ ଦେଖ
ଭିଜିଭିଜି ବର୍ଷାର ଅନ୍ଧାରେ
ଅଗ୍ନିଧାରା ବର୍ଷେ ସୂର୍ଯ୍ୟ କାହାପାଇଁ ଦି'ପହର ନିଛାଟିଆ ବେଳେ !!

ପଦ୍ମବନ ଫୁଟି ଲୋଟେ ସୂର୍ଯ୍ୟାଲୋକେ ଫୁଲେ ଫୁଲେ ଭଅଁରର ମେଳେ
କାହା ନୂଆ ପ୍ରୀତିରସ ବିତାଉଛି ସମୟ ମୋ' ନୂଆ ନୂଆ ସ୍ୱପ୍ନର ଗହଳେ,
ଫୁଲରୁ ଫୁଲକୁ ଉଡ଼େ ମଦମତ୍ତ ଭଅଁରର ନିଶାଖୋର ମନ
କିଆଁ ସେ ହେଉଚି ଅନ୍ଧ ପଦ୍ମଫୁଟା ଅନ୍ଧକାରେ
ଦୂରେ ରଖି ଅସରା ଜୀବନ !!

ଛବି ତା' କୁହୁଡ଼ି ପରି, ଆକାଶ ଯାଉଚି ଲୋଟି ପାଦତଳେ ତା'ର
ବେଦନାର ଆବାହନ ମରମେ ଯାଉଚି ଛୁଇଁ ଦରଫୁଟା ସରମୀ କଇଁର,
ଦେଖିଚ କି ଅଗ୍ନିକଣା ! ମରମେ ଜଳିଲେ ନିଆଁ,
ଜଳିଗଲେ ସପନର ସବୁଜ ଗାଲିଚା
ବ୍ୟର୍ଥତାର ବହ୍ନିଶିଖା ଆଶାର ନଦୀର ଘାଟେ
ଜୁଆରିଆ ଅଶ୍ରୁ ତଳ ବ୍ୟଥା ॥

ଜୀବନ କି ସମୟକୁ ଚୂରିଯିବ,
ଚାଲିବାର ବାଟ କିବା ଜମାନୁହେଁ ଶ୍ୱାପଦ ସଂକୁଳ
ଅକୁହା କଥାକୁ କିଏ କଥାରେ ପାରିବ ଗାଇ
ସ୍ୱପ୍ନ ପିଇ ହେଲେ ଉତ୍ତରଳ !!

॥ ଚାରି ॥

ଅଧିର ଗୀତର ଛନ୍ଦେ ପଲକେ ପୁଲକ ଯେତେ
ତୋଳେ ତମ କାରିଗରୀ ଦେହେ
କଅଁଳ ମନରେ ହଜି ନିଜେ ମୁଁ ନିଜକୁ ଭୁଲେ,
ଭୁଲିଯାଏ ପଥ ପୁଣି ସବୁ ସ୍ୱପ୍ନ ପରି
ନିଃଶ୍ୱାସର ବିଶ୍ୱାସ ସେ,
ବିଶ୍ୱାସର ରକ୍ତ ନଇ ମୋ' ଇଚ୍ଛାର ମାନଚିତ୍ର ଦେହେ
ବର୍ଷାସମ ସ୍ୱପ୍ନଧାରା ମୋତେ ତୋଳି କୋଳ କରେ,
ଅବା ତମ ପଣତର ଛାଇ ॥

ନିଠୁର ମୋ' ବକ୍ଷ ଚିରି ତମେ ସିନା ଯାଅ ଝରି
ଝର୍ଣ୍ଣା ପରି କୁଳୁକୁଳୁ ହୋଇ
ଭରା ବାସ୍ନା ଚୁମିଚୁମି ଏ ବୁକୁ ତାତିର ଫୁଲୁଁ
କେମିତିକା ତମେ ଗଲ ବହି,
ଆଜି ସିନା ଘୂରେ ପୃଥ୍ୱୀ ମୋ' ଆଖିରେ,
ମୁଁ ଚାଲିଛି ସବୁ ସ୍ୱପ୍ନ କଙ୍କାଳ ଖେଳେଇ
ଲାଞ୍ଛନାର ଗରଳରେ ମୋ' ଦେହ ନୀଳାଭ ସିନା,
ଜୁଆରିଆ ଦେଖ ଶାନ୍ତ ନଇ ॥

ତଥାପି ଗାଉଚି ଆଜି ବିଷାଦର ଗୀତିକାରେ
ତମରି ଅବର୍ତ୍ତମାନେ ନିତ୍ୟ ତୁମ ପ୍ରଣୟର ଲୀଳା
କିଏ ବା ଜାଣିଚି ସଖୀ !
ତମେ ଖାଲି ଭାବ ଯାହା ପ୍ରେମ କିବା ବେଦନାର ନିଆଁ ?
ତମରି ଓଠର ହସ, ତମରି ଆଖିର ଭାଷା ଆଶାରେ ମୁଁ କବି ଅଛି ଜୀଇ
ଜୀଇବାର ମାନେ କିବା ଯନ୍ତ୍ରଣାରେ ଜାନ୍ତବତା ଖୋଜିବାର ପାଇଁ ? ?

ଆଜି ଏ ପୃଥିବୀ ମିଛ, ଅଶ୍ରୁ ମିଛ, ସ୍ୱପ୍ନ ମିଛ,
ମିଛ ତମ ଆଖି କୋଣୁ ଝରାଫୁଲ ଭାଷା
ଏ ସମୟ ସ୍ୱାକ୍ଷରରେ ତମେ ଯେତେ ଭଲପାଅ,
ସେ ସବୁ ତ ଛଳନାର ଆର୍ଦ୍ର ନୀରବତା ॥

।। ପାଞ୍ଚ ।।

ମେଲାଣି ପୂର୍ବରୁ ତମ ଆଖି ହୁଏ ଛଳଛଳ
ନିରିମାଖୀ ଛୋଟ ଏକ ଝରଣାର ଧାର
ମୋ' ହୃଦୟ ରକ୍ତ ସବୁ ଝରଝର ଝରି ଆସେ
ସତେ ଅବା ଉତ୍ତରଳ ବର୍ଷାର ସିଆର।
ତମେ ଖୁବ୍ ଚୁପ୍‌ଚାପ୍, ସୋରିଷ ଫୁଲର କ୍ଷେତ,
କାରିଗରୀ ସୁଷମାର ଛବିଟିଏ ପରି
ବାଉଳା ପବନ ସାଥେ ମୋ' ଦେହର ବାସ୍ନା ମିଶି
ଚାଲିଯାଏ ପହଁରି ପହଁରି ।।

ତମେ କୁହ କଥା କୁହ ବ୍ୟଥିତ ହୃଦୟ କଥା
ଯାହା ଶୁଣି ମୃତ୍ୟୁର ବି ପାଦ ଥମି ଯିବ
ଜୀବନକୁ ଡରୁଥିବା ମୃତ୍ୟୁ ଭୋଗୀ ଲୋକଟିର
ବଞ୍ଚିବାର ମୋହ ସଂଚରିବ।
ମୋ' ଦେହରେ ଏ ପୃଥିବୀ ଧକ୍‌କା ଖାଇ ଯାଏ ଭାଙ୍ଗି,
ଏଇ କ'ଣ ତାଣ୍ଡବ ସୃଷ୍ଟିର ?
ସପ୍ତଫେଣୀ କଣ୍ଟା ଅବା ଖଣ୍ଡ ଖଣ୍ଡ ଚିରିଦିଏ
ପ୍ରତିକ୍ଷଣେ ହୃଦୟକୁ ମୋର ।।

ତମେ କେତେ ଭଲପାଅ ପଚାରିଲେ ଲାଜପାଅ,
ସିନ୍ଦୂରା ଫାଟିଲା ପରି ଲାଲ୍ ଦେଖାଯାଅ
ଜନ୍ମଠାରୁ ମୃତ୍ୟୁ ମଧ୍ୟେ ଜୀବନର ଚାରୁଚିତ୍ର ଏଇ ସିନା
ବଂଚିବାର ଲୋଭନୀୟ ମୋହ ।
କେମିତି ବା ହେବ କହି ଅବା ପୁଣି ହେବ ମାପି
କେ' କାହାକୁ କେତେ ଭଲପାଏ ।
ଏମିତି ବି ଅଜଣାରେ ଅକାରଣେ କାନ୍ଦିବାକୁ
ବେଳେବେଳେ ଭାରି ଇଚ୍ଛା ହୁଏ ॥

ତମେ ଚାଲି ଯିବାପରେ ଦିନ ଯାହା ରାତି ତାହା,
ସବୁ ସିନା ହୋଇଯିବ ମୋ' ପାଇଁ ସମାନ
ସମୟର ପାହାଚରେ ଚଢୁଥିବି, ଖସୁଥିବି
ସେତେବେଳେ ତମ ସ୍ମୃତି ନିର୍ଯ୍ୟାତନାମାନ ॥

॥ ଛଅ ॥

ମେଲାଣି ମାଗୁଚ ତମେ ଅନ୍ୟ ଦେଶ ଯିବ ଚାଲି ମୋ’ ଠାରୁ ଦୂରେଇ
ଏକା ଏକା, ନିଛାଟିଆ ବର୍ତ୍ତୁଳିତ ସମୟର ଗଡ଼ାଣିଆ ବାଟେ,
ତମରି ଲୁହରେ ଆର୍ଦ୍ର ପାପୁଲିକୁ ଚାହିଁଦେଲେ ମନେହୁଏ ମୋର
ମୁଁ ନିଜେ ଇଁ ଟୋପେ ଲୁହ ଦ୍ରବିଯାଏ ଏ ସାରା ଶରୀର ॥

ମେଲାଣି ମାଗୁଚ ତମେ, ତମେ ଖୁବ୍ ଚୁପ୍‌ଚାପ୍
ଉଦାସିଆ ଆଖିପତା ଏକାନ୍ତ ନିରବ
ନିରବିତ ମୁହୂର୍ତ୍ତର ସ୍ପନ୍ଦନରେ ଆଜିକାଲି ନିଜେ ମୁଁ ହଜୁଚି,
ମୁଁ ନିଜକୁ ଖୋଜେ ନିଜେ ମୋ’ ଭିତରେ ରାତି ରାତି ଦୁଃଖର ପାହାନ୍ତି
ଯେଉଁଠାରେ ପହଞ୍ଚିଲେ ସେଠାରେ ବି ଅନୁଭବେ ତମ ଅବସ୍ଥିତି ॥

ମେଲାଣି ମାଗୁଚ ତମେ,
କେମିତି ମୁଁ ଜଣେଇବି ଶୁଭବାର୍ତ୍ତା ଭଙ୍ଗାଭଙ୍ଗା ସ୍ୱରେ
ମୁଁ ଚୁମୁଚି ଆଲୋକରେ ତମରି ଝଲସା ମନ
ମହକିତ ଇଚ୍ଛାର ବାସ୍ନାରେ;
ବରଂ ତମେ ଯାଅ ଭୁଲି ମୋ’ ନୀଳାଭ ବେଦନାରେ
ଜୁଡୁବୁଡୁ ଅୟୁତ ଇଚ୍ଛାଙ୍କୁ
‘ଯାତ୍ରା ତମ ଶୁଭ ହେଉ’ ନିରବେ ଏତିକି କହେ
ସମୁଦାୟ ଅକୁହା କଥାକୁ ॥

ମୁଁ ଝୁଲିବି ଶୁଷ୍କ ଡେମ୍ଫେ ତମେ ଚାଲି ଯିବା ପରେ
ହଳଦିଆ ପତ୍ରଟିଏ ହୋଇ
ସ୍ମୃତି ପରି ସେତେବେଳେ ଦୀର୍ଘରାସ୍ତା ଯେମିତି ମୁଁ
ତମେ ଥିବ ଏକାକୀ ବାଟୋଇ ॥

॥ ସାତ ॥

କାହାକୁ ଖୋଜୁଚି ଆଉ, ଯାହା ପାଏ ମନେହୁଏ
ସେ ସବୁ ମୋ' ହଜିଥିବା ନୁହେଁ
ହଜାଇଲି କେଉଁକଥା କେଉଁଘାଟେ ମୋ' ପାଇଁ ବା
ଖୋଜିଆଣି ଆଉ ଦେବ କିଏ ?
ତମେ କି ପାଇଚ କିଛି ସନ୍ଦେଶ ତା' କୁହ ମୋର ବନ୍ଧୁ ପରିଜନ
ସିଏ ଆଉ କିଛି ନୁହେଁ
ଡେଣା ବାଇ ଯାଇଥିବା ଚଢ଼େଇର ମନ ପରି ମନ ॥

ପଥରର ଦେହ ତା'ର
ମଚମଚ କଳାରଂଗ ନିମିଷକେ ଫୁଲ ପାଲଟିଲା
ବରଫର ଟାଣ ଦେହ ଅପଲକେ ଝୁଣା ପରି ଝରିଝରି ଗଲା ।

ଦେଖିଚକି ଫୁଲଟିକୁ, ଶିରିଷର ଫୁଲ ପରି ଚିକ୍‌କଣ କୋମଳ
ନିଜକୁ ଧୋଇଚ କିଏ ସେ ଝରରେ,
କିଏ ପୁଣି ପାଲଟିଚ ଉନ୍ମତ୍ତ ପାଗଳ !!

ଅବା କିଏ ତା'ର ତୀରେ ପ୍ରତାରିତ ଗୀତ ଛନ୍ଦେ
ଯାଇଅଛ ଗୀତ ଗାଇଗାଇ
ଦିଅ ମୋତେ ସେ ସଂଦେଶ, ତରାଟର ଫୁଲପରି
ମୋ' ଦେହର ରଂଗ କିଏ ନେଇଛି ଛଡ଼େଇ।
ବାଉଳା ଭାବରେ ଆଜି ଏକାକାର
ସମୁଦାୟ ସତ୍ତା ମୋର ମୋ' ନିଜକୁ ଖୋଜେ
ଖୋଜିବା ନିମିତ୍ତ ମାତ୍ର, ଖୁବ୍ ବେଶୀ ଭଲଲାଗେ
ମୁଁ ନିଜେ ଇ ମୋ' ଭିତରେ ବାରମ୍ବାର ହଜେ ॥

ତା'ର କି ସଂଧାନ ନେଲ ? ଯିଏ ପୁଣି ପରିବ୍ୟାପ୍ତ ଭୂମିରୁ ଭୂମାକୁ
ଆତ୍ମାରୁ ଆତ୍ମାକୁ ଯାହା ସଂଚରଇ ନିମିଷକେ
ଉପଲବ୍‌ଧ ଅଦୃଶ୍ୟ ସ୍ଥିତିକୁ ॥

।। ଆଠ ।।

ତମେ ଦେଖ ଏ ଦେହର ରକ୍ତମାଂସ
ବୟସର ବ୍ୟସ୍ତ ଭାବ କେବେ ପୁଣି ଶିଥିଳ ଚର୍ମକୁ
ଏବେ ବି ତୁମରି ଦେହେ ଚହଲଇ
ଅମାପ ଶିଶିର ଢେଉ ଫେନାୟିତ ଭାବରେ ଯେହେତୁ ।
ଏ ଦେହରେ ଡେରିଛ କି କାନ କେବେ ଶୁଣିବାକୁ
ତମ ପାଇଁ ଏ କାହାର କରୁଣ ବାହୁନା
ତମେ ପଛେ ଯାଅ ମିଶି ଅନ୍ୟ ଏକ ଦେହ ଦେହେ,
ଦେହ ପାଇଁ ଦେହ ସିନା ମନା ।।

ଏ ଦେହ ବିକାର ଗ୍ରସ୍ତ, ପୋଷା ସାପ,
ଜାକିଜୁକି ଶୋଇ ରହେ ଯାହା ତମେ ଜାଣ,
ଏକ ଦେହ ମୃତ୍ୟୁ ଲଭେ ଯେତେବେଳେ
ତମ ଦେହ ରଚୁଥାଏ ସାତ୍ତ୍ୱିକ ରମଣ ।

ସେ ମୁହୂର୍ତ୍ତେ ଆକାଶ ବି ନଇଁଆସେ ଏ ମାଟିକୁ,
ତମେ ତା'ରେ ନିର୍ବିକାରେ ଏ ଦେହରେ କର ଏକାକାର
ସପନର ଫୁଲବେଦୀ ପରି କାରିଗରୀ ଦେହ କିବା
ସବୁଦିନ ହୋଇଥିବ ତମର ନିଜର ॥

ତମ ଇଚ୍ଛା ତମେ ଯାହା କରିପାର
ଏ ଦେହର ତମେ ହୁଅ ଶ୍ରେଷ୍ଠ ଅଧିକାରୀ
ଈପ୍‌ସିତ କାମନା ସବୁ ନିରଂକୁଶ ବାସ୍ତବର କଣ୍ଟା ଦେହେ
ଫୁଲପରି ହେଉ ଅନୁସାରୀ ।
କାରୁଣ୍ୟରେ ଭରିଯାଉ ଏ ହୃଦୟ,
ସବୁ ଚିହ୍ନ ପରେ ପୁଣି ରହିଯାଉ ଆଉ ଏକ ଚିହ୍ନ
ନିଜକୁ ଭୁଲିଲା ବେଳେ ଏ ପୃଥିବୀ ଭୁଲି ହେଉ,
ସମୟର ଗତି ହେଉ ଏ ଦେହେ ନିଶ୍ଚିହ୍ନ ॥

ମୁଁ ହୁଏ ଘୃଣିତ ଜୀବ ଅବା ମ୍ଳେଚ୍ଛ
ତମେ ରଚ ଏ ଦେହରେ ଚିର ଅଭିସାର
ଏ ଦେହ ଦେହାନ୍ତ ପରେ ଆଉ ଏକ ଦେହ ହେଉ
ତମେ ହୁଅ ଦାହ ଉପଚାର ॥

॥ ନଅ ॥

ଆକାଶେ ଆକାଶେ ମେଘ ତୋ' ଆଖିର କଜ୍ୱଳରେ ଲୁହକୁ ମିଶେଇ
ଆକାଶ ଦୁଆତଟିଏ କିଏ ଅବା ଭରି ଦେଇଅଛି କଳା ସ୍ୟାଇ।
ବରଷା ଝରିଲେ ଲାଗେ
ତୋ' କଲମୁ ବର୍ଣ୍ଣମାଳା ଝରିପଡ଼େ ଲେଖିବାକୁ ପ୍ରେମର ଚିଟାଉ
ପୃଥିବୀ ପରି ମୁଁ ଅବା ଛୋଟିଆ କାଗଜ ଫର୍ଦ୍ଦେ,
ଚିଠି ଲେଖା ନସରଇ ଆଉ ॥

ମୋ' ପାଇଁ ତୁ ସଜାଉଚୁ କେତେ ଭାଷା !
ଅସରନ୍ତି, ସମୁଦାୟ ତୁ ନିଜେ କି ଲେଖି ହେବୁ ଆଉ !
ସମୁଦ୍ର ପୂରିବ କେବେ ?

କେବେ ପୁଣି ବୁଡ଼େଇବ ମନ ମୋର ତୋ' ଚିଟାଉ ଜୁଆରିଆ ଢେଉ ?
ଏମିତି ମୁଁ ଫଟାମାଟି କେତେଦିନ ଚାହିଁଥିବି ?
ଆର୍ଦ୍ର ହେବି କେବେ ପୁଣି ତୋ' ଭାବନା ବର୍ଷାର ସିଆରେ
ଇଚ୍ଛାକୁ ମୁଁ ଫଳବତୀ କରାଇବି ନୂଆକରି
ବାରମ୍ବାର ଭାଙ୍ଗିଗଢ଼ି ନିଜକୁ ମୁଁ କାମନା ନିଆଁରେ ॥

ଏଇତ ବୈଶାଖ ଖରା- ସବୁ ଦିନ ଆକାଶରେ ଭାସୁଅଛି ଧୋବଲା ବାଦଲ
ତତେ କେତେ ଚାହିଁଥିବି,
ମୋ' ଦେହରୁ ଖସି ଆସେ ବୟସର ଦିନ, ମାସ, ସାଲ।
ଶେଷରେ ଭାବୁଚି ଥିବି ଶୁଖିଲା ଗଛଟେ ହୋଇ
ଡାଳ ପତ୍ର ଝଡ଼ିଥିବ ଯାଇଥିବି ଶୁଖି
ଝରଝର ବରଷା ତୋ' ଆଖିରୁ ଝରିଲେ ଯେତେ
ପାରିବୁକି ଆଉ ହୋଇ ସୁଖୀ ! !

ମୁଁ କିନ୍ତୁ ହୋଇବି ଖୁସି
ସେତେବେଳେ ଅବା ଯଦି ପଡ଼େ ନଇଁ ତୋହରି ସୁଅରେ
ଭାସିଭାସି ଯାଉଥିବି ତୋ' ସାଥିରେ ସାଥି ହୋଇ
ତୋ' ଲହର ଜୁଆରେ ଜୁଆରେ ॥

॥ ଦଶ ॥

ମନେ ପଡୁନାହିଁ କି କଥା ଲେଖିବି ଅଭିମାନିନୀ
ସକାଳ ଶିଶିରେ ଭିଜି ଯାଉଚି ମୁଁ, ନୂଆ ତରୁଣୀ ।
ଗୋଟିପଣେ କେବେ ତରଳି ଯାଉଚି ତୋ' ଅଭିମାନେ
କଥାଫଥା କିଛି ପଡ଼େ ନାହିଁ ମନେ, ପଡ଼େନା ମନେ ।
ବୁଝୁନାହିଁ ମନ ଯେତେ ଯାହା କିଛି ଦେଉଚି ଲେଖି
ଭାବୁଛି ଯେମିତି ଆଉ କିଛି କଥା ରହିଲା ବାକି ॥

ଲେଖୁଥିଲେ ଚିଠି ଜୀବନଯାକ ତ ହେବନି ଶେଷ
ରହିଗଲେ ଅଧା ଚହଲ ପଡ଼ିବ ପୃଥିବୀଯାକ ।
ଖୋଜୁଥିବେ ଲୋକେ କିଏ ସେହି ଅପରୂପା ତରୁଣୀ
ଭାବ ମୋହିତରେ ଅସରା ରହିଲା ଅଭିମାନିନୀ ।
କିଏ ସେ ପ୍ରେମିକ ଅଧା ଚିଠି ଲେଖି ଗଲାରେ ଚାଲି
ଆହା ! ଜୀବନ କି ହତାଶା ମରୁର ଧୂସର ବାଲି ॥

ସବୁ ଅନ୍ତରାଳେ କୋମଳ ଖରାରେ ଥିବି ମୁଁ ଘୂରି
ଶୋଷି ନେବି ତୋତେ ଉଭେଇ ଯିବୁ ତୁ ଶିଶିର ପରି ॥

।। ଏଗାର ।।

ମନ ଫୁଲ ଭାବି ତୋଳି ନେଇଗଲ ହୃଦୟର ମୂଲ ଦେଇ
ମନ ଫୁଲ ତମ ନଥିଲେ ମୁଁ ହୋଇ ପାଖରୁ ଦେବ ଦୂରେଇ ।
ଦୂରେଇ ଦେବଗୋ, କଅଁଳ ପାଖୁଡ଼ା ଆଉଁଶି ଦିଅଗୋ ନରମ ହାତେ
ଛିଡ଼ିଯିବ ଯେବେ ଅସଜଡ଼ା ଭାବେ ଗୋଟେଇ ନେବନି ଆପଣା ସାଥେ ? ?
ଗୋଟି ଗୋଟି କରି ବିଞ୍ଚି ଦେଇ ଯାଅ ତମରି ହାତରେ ଚାଲିବା ବାଟେ
ଅବା ଗୋ ସାଇତି ରଖିଦିଅ ନେଇ ଗହନ ମନର ଗୋପନ ତଟେ ।।

ମଉଳିବ ଯଦି ଫୁଲର ପାଖୁଡ଼ା ଥୋଇ ଦିଅ ସ୍ନେହେ ହୃଦୟେ ନେଇ
ପାରିବ ଯଦି ଗୋ ଫିଙ୍ଗିଦିଅ ଦୂରେ, ଶୁଖେଇ ଦିଅ ମୋ' ସ୍ୱପ୍ନ ନଇ ।
ଝରୁଥିଲେ ଫୁଲ ଝୁରଥାଏ ମନ, ନିରବେ ଦୁଃଖ କିଏ ଆଉ
ଅନୁଭବି ପାରେ, ମହ୍ଲାର ରାଗେ ଦୁଃଖ ଗୀତିକା ଗାଉ ଗାଉ ! !
ଗୀତ ତ ନୁହେଁ ତ ! ସତତ ପ୍ରଗଳଭା ତମେ ତ ଉଚ୍ଛୁଳା ନଈ ସୁଅ
ଫୁଲ ଚାଲି ଆସେ ନିଜ ଅଜାଣତେ ଆଉ କାହା ପାଇଁ ତମେ କୁହ ! !

ପାଇବ କି ଆଉ ମାଡ଼ି ଆସେ ଯଦି ବହଳ ଶୀତର କୁହୁଡ଼ି ଘେର
ଖୋଜି ହେଉଥିଲେ ଝୁରି ହେଉଥିବ ଝରି ଯାଉଥିବ ଲୋତକ ଧାର ।।

।। ବାର ।।

ବିଦାୟ ନେଉଚି ବନ୍ଧୁ, ଦେଖ ମୋର ଶୂନ୍ୟ ହାତ, ବିଦାୟ ପୃଥିବୀ
ବିଦାୟ ନେଉଚି ଆଜି ଜଳ, ସ୍ଥଳ, ଆକାଶର ହେ ବାସିନ୍ଦାଗଣ
ଜୀବରୁ ନିର୍ଜୀବଯାଏ ସମସ୍ତଙ୍କୁ ଏ ଯିବାର ଶେଷ ସଂଭାଷଣ
ଫେରିବାର ପ୍ରତିଶ୍ରୁତି ଅହେତୁକ ମାନବୀୟ, ସତ୍ୟ ଚାଲିଯିବି ।।

ଏ କେଉଁ ଅଦୃଶ୍ୟାଲୋକେ ଆଲୋକିତ ମୋ' ଦେହର ପ୍ରତି ଗଳି କନ୍ଦି
ମାଟିର ମୋହରୁ ଥରେ ଖସିଗଲେ ଭୁଲିହୁଏ ମୂର୍ତ୍ତ ଚେତନାକୁ
ଭୁଲିହୁଏ ପୃଥିବୀର ପାପବୋଧ, ବସ୍ତୁବାଦୀ ମୁମୂର୍ଷୁ ଆତ୍ମାକୁ
ସମ୍ମୋହିତ ଏକାଗ୍ରତା ନିଜକୁ ଅତିଷ୍ଠ କରେ ସାତ୍ତ୍ୱିକତା ରୁନ୍ଧି ।।

ତମେ ଯେତେ ଟିକିନିଖି ବ୍ୟାଖ୍ୟା କଲେ ତା'ଠାରୁ ମୁଁ ଅଧିକ ଯେମିତି
ଅନାୟାସେ ବିସ୍ତାରିତ କରିପାରେ ସ୍ୱରୂପ ମୋ' ସାରା ଆକାଶରେ
ଇଚ୍ଛାମତେ ସବୁ ଘଟେ, ନିର୍ଦ୍ୱନ୍ଦ୍ୱରେ ବିଚାରକ ନିଜେ ସବୁ କାଳେ
କୋଟିକୋଟି ମାୟାଚ୍ଛନ୍ନ ପୃଥିବୀକୁ ନିମିଷକେ ଯାଏ ଅତିକ୍ରାନ୍ତି ।।

ବିଦାୟର ପ୍ରୟୋଜନ, ପାରିବିନି ଫେରିଆଉ ମିଥ୍ୟା ଅନୁରାଗେ
ଯେଉଁମାନେ ଚିହ୍ନ ମତେ ଆଲିଙ୍ଗନ କର ଥରେ ଦୁଃଖର ଆବେଗେ ।।

॥ ତେର ॥

ନିଜକୁ ଆଇନା ଆଗେ ନିକାଞ୍ଚନେ ଦେଖୁଚି ମୁଁ
ପାଲଟିଚି ସିଗାରେଟ ଏକ
ମୋ' ଦେହେ ଲଗାଇ ନିଆଁ ପୁଳାପୁଳା ଶୋଷେ କିଏ
ସାରାଘର ଧୂଆଁର ମୂଳକ ।
ନିଆଁ ମୋତେ ଯାଏ ଚରି ଥିରି ଥିରି,
ନିଃଶେଷ ହେଉଚି ମୁଁ ଯେ ପ୍ରତି ମୁହୂର୍ତ୍ତରେ
ବର୍ତ୍ତମାନ ପରେ ଯାହା ପଡ଼ିଥିବ ଇତଃସ୍ତତ
ପାଉଁଶର ଖଣ୍ଡ ସବୁ ଖୁବ୍ ନୀରବରେ ॥

ହଠାତ୍ ଏମିତି ଏକ ବ୍ୟକ୍ତିଗତ ସମୟରେ
ମୋ' ନିଜକୁ ମୁଁ ଖୋଜି ପାଇଲେ
ଦେଖୁଥିବି, ସିଗାରେଟ ଧୂଆଁ ହୋଇ ଘରସାରା
ତମେ ଖୁବ୍ ବୁଲ ଏଣେ ତେଣେ ।

ସେ ବାସ୍ନାରେ ବିଭୋର ମୁଁ ହେଉଥିବି,
ପରକ୍ଷଣେ ହତବାକ୍ ହେବି ତୁମ ଅଦୃଶ୍ୟ ସ୍ଥିତିରେ,
ଏବଂ ପୁଣି ଖୁସି ହେବି ଜାଣିଗଲେ ଦୁଃଖ ମୋର
ମରିଛନ୍ତି ପୋଡ଼ି ହୋଇ ପାଉଁଶ ଭାବରେ ॥

ଘର ମୁଁ ଖୋଲୁଚି ଜାଣ, ଘରେ ମୋର ତମେ ଏକା,
ମୋତେ ଠେଲି ପଶିଆସେ ଝଲକା ପବନ
ହେ ମୋର ପ୍ରେମର ଧୂମ ! ଜଣାଶୁଣା ବାସ୍ନା ମୋର,
ବାରମ୍ବାର କରୁଥାଅ ମୋତେ ଆଲିଙ୍ଗନ ।
ପବନ ବହୁଚି ଦେଖ,
ଏଣେ ତେଣେ ଯାଏ ଉଡ଼ି ଦୂରାନ୍ତକୁ ହୋଇପୋଡ଼ି ମୋ' ଦୁଃଖ ପାଉଁଶ
ଆଲୋକିତ ଯାଏ ହୋଇ ଏ ଘରର ପ୍ରତିକୋଣ
ଯେମିତିକା ଝକମକି ଆଲୋକ ଝଲକ ॥

ତା' ପରେ ନିଃଶବ୍ଦେ ଘଟେ, ରୂପାନ୍ତର ଦେହ ମୋର
ଆଇନାରେ ସିଗାରେଟ ଭଳି
ଘନଘୋର ଦୁଃଖ ପୁଣି ବାରମ୍ବାର ଆସେ ମାଡ଼ି
ଜଳଇ ମୁଁ କୁହୁଳି କୁହୁଳି ॥

॥ ଚଉଦ ॥

ବହଳ ଅନ୍ଧାରେ ସତେ ଏ ମୁହଁର ରୂପ ଦିଶେ ବିକଳାଙ୍ଗ କେତେ
ଏ ଦେହର ଗଛ ଡାଳେ ବୟସର ଫୁଲ ଫୁଟେ ନୀରବ ଇଂଗିତେ
ଏକୁଟିଆ ଗଛଟିଏ କେଉଁ ଦମ୍ଭେ କୂଳଖିଆ ନଈର ପଠାରେ !
ନିଜେନିଜେ ଠିଆହେବା ଦୁର୍ବିସହ ଭାଙ୍ଗିପଡ଼େ ଅସହାୟତାରେ ॥

ଭାଙ୍ଗିଯିବା ଦୁଃଖ ନୁହେଁ ଆଜୀବନ ଗୋଡ଼ ଭାଙ୍ଗି ଠିଆ ହେବାଠାରୁ
ନିଜକୁ ନିଉନ କରି ବଂଚିଯିବା ବେଶୀ କଷ୍ଟ ସବୁ ଯାତନାରୁ
ମୃତ୍ୟୁର ଐତିହ୍ୟ ଅଛି, ଯାହା ପୁଣି ପରିପୂର୍ଣ୍ଣ ଜୀବନର ଜୟ
ହାରିଯିବା ବଂଚିବାର ଅନୁରୂପ ପାହାନ୍ତିଆ ତାରାର ଉତ୍ସାହ ॥

ଜୀବନର ସାର୍ଥକତା ଡଙ୍ଗା ପରି ମନ ଇଚ୍ଛା ଭାସି ଚାଲିଯିବା
ନିଜକୁ ଜଳେଇ ଦେବା, ନିଜେ ପୁଣି ଅଙ୍ଗାରରେ ଫୁଲ ଫୁଟେଇବା
ଏ ଦୁଃଖର ସାମ୍ରାଜ୍ୟରେ ନିଜେନିଜେ ହୋଇ ହୁଏ ଦୁଃଖର ସମ୍ରାଟ
ଅନାୟାସେ ନିଜର ବି କରିହୁଏ ଯେତେଯେତେ ଦୁଃଖର ପର୍ବତ ॥

ନିଜେ ଏକ ବ୍ୟକ୍ତି ସତ୍ତା, ଭଂଗାଭଂଗା କାଚ ପରି ଖଣ୍ଡିତ ଆକାଶ
ନିଜେ ଏକ ଶେଥା ହସ, ଝାଞ୍ଜି ଖରା ମଳିଚିଆ ସଂଜର ନିଃଶ୍ୱାସ ॥

■

ଗୌତମ ଜେନା
ଏକା ଏକା ଦିନ

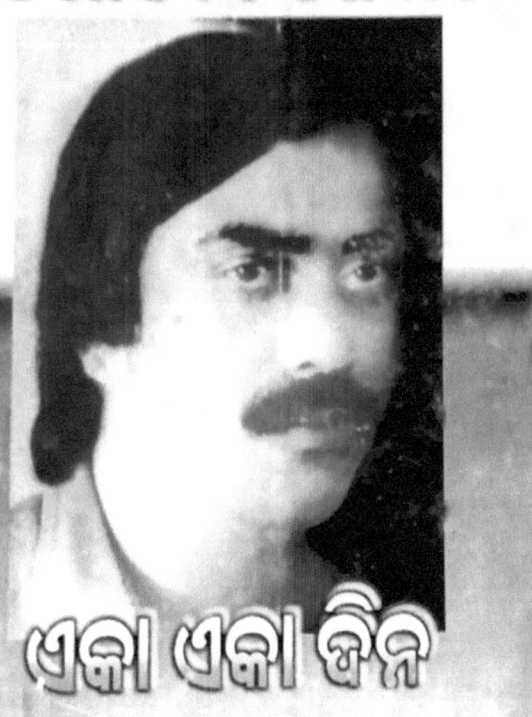

ଶେଷ ଡିସେମ୍ବର

କେତେ ଦୁଃଖ ଶୀତଠାରୁ ବୁକୁଥରା
ଏ ମୁହୂର୍ତ୍ତ ବିଦାୟର ବେଳ
ଅନ୍ତରଙ୍ଗ ବ୍ୟବଧାନ କ୍ରମଶଃ ଦୂରୋଉଥିବ
ଏଇ ମୋର ଶେଷ ଦେଖା
ଶେଷ ଡିସେମ୍ବର ॥

ସ୍ମୃତି ମୋର କେତେ ସୋଜା
ସେଇ ଗାଆଁ, ନିଜ ପିଲାବେଳ
ଏବେ କିନ୍ତୁ ବୟସର ଭାରାକ୍ରାନ୍ତ ଅନୁଭବ
ସବୁ ସ୍ୱପ୍ନ ଲାଗୁଅଛି ନିହାତି ଜଟିଳ ।
ସେଥିଲାଗି ଏ ମୁହୂର୍ତ୍ତ ଏମିତି କରୁଣ ଲାଗେ
ବିଦାୟ ସମୟ ହୁଏ ଲୁହବୋଳା ବେଳ
ଶେଷ ଡିସେମ୍ବର ॥

ନିଃସଙ୍ଗ ଜୀବନ ମୋର ବିତୁଅଛି
କେହି ନାହିଁ ପ୍ରତିଦ୍ୱନ୍ଦୀ ସୁଖ ଦୁଃଖ ପାଇଁ
ଅନ୍ଧାରେଇ ଆକାଶକୁ
ସ୍ମୃତି ମୋର ଯାଏ ସଂଜ ହୋଇ ॥

ଝାଉଁଳାଇ ଫୁଲ ରଙ୍ଗ
ହଳଦିଆ ରଙ୍ଗ ଧରେ ସବୁଜ ପତର
କଥା ଥାଇ କଥା ନାହିଁ, ଜୀବନକୁ ମୃତ୍ୟୁ ନାହିଁ
ବାକ୍‌ହୀନ ବିଦାୟର ବେଳ
ଶେଷ ଡିସେମ୍ବର ।

ବୟସ ବଢ଼ିଲେ କେତେ କଷ୍ଟଲାଗେ
ଯାପିବା ଜୀବନ
ସମ୍ପର୍କ ବଢ଼ିଲେ କେତେ କଷ୍ଟ ବ୍ୟବଧାନ ।
ତଥାପି ଦିନେ ନା' ଦିନେ ଇଚ୍ଛା ବିରୁଦ୍ଧରେ
ସାମାନ୍ୟ ତଫାତ୍ ନେଇ ପରସ୍ପର ନିଜଠାରୁ
ଅନେକ ଦୂରରେ,
ନିରୁତ୍ତର ଫେରି ଚାହାଁ ବେଳ
ଶେଷ ଡିସେମ୍ବର ।

ତା'ପରେ ସୁଖରେ ଅବା ଲୁହରେ ଜୀବନ
କେମିତି ବିତିବ ଅବଶିଷ୍ଟ ଏକା ଦିନ
ଏସବୁ ଜାଣିବା ପାଇଁ ଅଛି କିବା ନାହିଁ ପ୍ରୟୋଜନ-
କିଛି ଭାବି ହୁଏ ନାହିଁ
କେତେ ସତ କେତେ ମିଛ
ଜୀବନର ସ୍ମୃତି ଓ ଜ୍ୱଳନ
ଏ ଉତ୍ତାରେ ଆଉ ଏକ ଭାବର ଲହର ତଳେ
ଝରିଆସେ ଆତ୍ମହରା ଗୁଣୁଗୁଣୁ ସ୍ୱର
ଏ ମୁହୂର୍ତ୍ତ ଅନ୍ତରଙ୍ଗ
ନିଜଠାରୁ ମାଗିନେବା ବିଦାୟର ବେଳ
ଶେଷ ଡିସେମ୍ବର ॥

■

ନୀଡ଼ହଜା ପକ୍ଷୀ

ଅଂଧର କ୍ରମଶଃ ଚରେ ନିଦ ପରି ଗାଢ଼ ଗାଢ଼ତର
ରୁଦ୍ଧକରି ଲୋଭନୀୟ ଦୃଷ୍ଟିଶକ୍ତି
ଛାଡ଼େ ନେଇ ଦୁଃଖ ଆଉ ଶୋକଙ୍କର ମେଳେ,
ନୀଡ଼ହଜା ପକ୍ଷୀ ଖୋଜେ ଆଉ କେଉଁ ସାଥୀ !
ସୁଖ କେବେ କରେ ନାହିଁ ରୋମାଞ୍ଚିତ
ସେଥିପାଇଁ ଦୁଃଖ ଖାଲି ଜାଳେ ।।

ଅଭିଶପ୍ତ ଅନ୍ଧାର ମୋ ପାଇଁ ଥିଲା ଏଇମିତି ଯୁଗଯୁଗ
ପ୍ରଳୟର ବେଳ ପରି, ସୃଷ୍ଟିହୀନ ଶୂନ୍ୟତାରେ
ଏକାଏକା ବିତିଯାଏ କବିର ଜୀବନ
ସାଥିର ମୋହରେ ଭୁଲି ଆସୁଛି ସକାଳ
ରଙ୍ଗ ମାରି ବଗିଚାର ଫୁଲ
ପତ୍ରରେ ପତ୍ରରେ ଖଞ୍ଜି ଭିଜାଭିଜା ସ୍ୱପ୍ନ ।।

ନିଃସଂକୋଚ ନୁହେଁ ଯେଣୁ, ଅନାଗତ ଆଲୋକର
ମୋହ ମୋତେ ଭୟ ଦିଏ କାଳେ ଯିବ ମୋଠାରୁ ଦୂରେଇ,
ମୋ ପୃଥିବୀ ଧ୍ୱଂସ ହେବ
ସବୁ ହେବ ଗ୍ରୀଷ୍ମାୟିତ
ମରୁଭୂମି ଆଗ୍ନେୟ ନୃତ୍ୟରେ
ସବୁ ମୋର ଆକୁଳତା ମୋ ଦେହର ଈର୍ଷା ଆଉ ପରିଚୟ ସହ
ଅନ୍ଧାରରେ ଯିବ ପୋଡ଼ି ହୋଇ ।।

କେଉଁଠି ବା କାହିଁ କିଏ ସାଥି ମୋର
ମୋ ଜୀବନ ଭିନ୍ନ ଏକ ଅଚିହ୍ନା ରାସ୍ତାରେ
ହାତ ଧରି ମୋତେ ନେବ
ଅତଳ ଏ ଶୂନ୍ୟଗର୍ଭୁ ଅଭିଶପ୍ତ ନିର୍ଜନ କବରୁ
ଗୀତ ଗାଇ ଶୁଏଇବ ତା' ପାପର ଗୋପନୀୟ ସ୍ୱପ୍ନକୋଠରିରେ
ଚିରକାଳ ପ୍ରତ୍ୟେକ ସନ୍ଧ୍ୟାରେ
ମୋତେ ଚିତ୍ରପରି ସଜେଇବ
କେତେ ରଙ୍ଗ ଫୁଲ ଦେଇ ଆଡ଼ମ୍ବରେ
ତା' ସାଇତା ଦେହ ବଗିଚାରେ ।।

ଆଉ ମୋର ବାକିଅଛି କେତେ ଯୁଗ
ବଂଚିଥିବି ମୃତ୍ୟୁହୀନ ହୋଇ
ଏ ପିଣ୍ଡ ଏମିତି ଅଛି କାମନାରେ ଅନ୍ତଃସତ୍ତ୍ୱା
ଧାତବ ପଦାର୍ଥ ପରି ଅଗ୍ନି ଛୁଉଁ ନାହିଁ ।
ଅଖଣ୍ଡ ବିଶ୍ୱାସ ନେଇ ମୋ ଭାଗ୍ୟର ଡୋରିକାଟି
ସବୁ ତୀର୍ଥ ଘୂରୁଚି ମୁଁ ସବୁ ମନ୍ତ୍ର ସବୁ ଶ୍ଳୋକ ଘୋଷି
କେଉଁଠି ମୁଁ ପାଇଯିବି ଆପଣା ବଂଚିବା ସୂତ୍ର
ନିବିଡ଼ରୁ ଆହୁରି ଘନିଷ୍ଠ ସେଇ
ସତ୍ୟ ପରି କିଏ ଜଣେ ମୋତେ
ଫେରି ପାଇବାର ଦିନ ଗଣୁଥିବ ବସି ।।

ତା'ପରେ ମୋ ବ୍ୟଥା କଷ୍ଟ, ଜଳିଯିବା ମିଛ ହେବ
ମିଛ ହେବ ମୃତ୍ୟୁ ରୂପାନ୍ତର
ନୀଡ଼ହଜା ପକ୍ଷୀ ପାଇଁ କେଉଁଠି ନା କେଉଁଠି ବି
ମିଳିଯିବ ସ୍ଥାୟୀ ବସାଘର ।।

■

ପ୍ରଥମ ସକାଳ

ମୋତେ ଆଜି ନୂଆନୂଆ ଭାରି ଲାଗୁଅଛି
ନିଦ ଭାଙ୍ଗିଲା ପରେ ପବନର ପ୍ରଥମ ସ୍ପର୍ଶ
ମାଟିକୁ ଛୁଉଁଥିବା ସୂର୍ଯ୍ୟର ପ୍ରଥମ ଆଲୋକ ରେଖା
ବାରିଆଡ଼ର ନଡ଼ିଆ ଆମ୍ବଗଛ
ପାଖ ପଡ଼ିଆର ନିଛାଟିଆ ଶୂନ୍‌ଶାନ୍ ଦୃଶ୍ୟ
ସବୁ ବୁଝିଗଲା ପରି ଲାଗୁଛି
ଆଜିର ସକାଳ ଭାରି ନିଜର ଲାଗୁଛି ।।

ଗତକାଲି ରାତିର ମେଞ୍ଚାମେଞ୍ଚା ଶବ୍ଦ
ଭରି ଦେଉଛି ଆଜିର ସକାଳରେ ଅନ୍ୟମନସ୍କତା ।
ଆମ୍ବଗଛରୁ ପତ୍ରଟିଏ ଝଡ଼ିଲେ, ମାଟି ଛୁଇଁଲେ
ସବୁ ଶବ୍ଦଙ୍କର ସର୍ତ୍ତରୁ ମୁଁ ଯେମିତି
ଫିଟି ଯାଉଛି ଅସହାୟ ହୋଇ,
ବେଳେବେଳେ ସବୁ ନିଥର ନୀରବ ଲାଗୁଛି
ଗତ ସକାଳମାନଙ୍କଠାରୁ ଏ ସକାଳ
ବେଶୀବେଶୀ ଭଲ ଲାଗୁଅଛି ।।

ମୋର ପଚାରିବାକୁ ଇଚ୍ଛା ହେଉଛି
ଗଛମାନଙ୍କୁ, ପକ୍ଷୀମାନଙ୍କୁ, ବଗିଚାର ଫୁଲମାନଙ୍କୁ

କାଲି ରାତିରେ ଏ ସହରକୁ କେଉଁ ଚିତ୍ରକର ଆସି
ଏମିତି ମନଲୋଭା କରି ରଙ୍ଗେଇଚି,
ନା' କେଉଁ ଯାଦୁକର ଏଇ ନିଦାଘରେ
ମାୟାର ବସନ୍ତ ଋତୁ ଏ ସହରେ ବିସ୍ତାରିଚି ?
ଏ ସକାଳ ବେଶୀବେଶୀ ନୂଆ ଦିଶୁଅଛି ।।

ମାର୍ବଲ ସକାଳର ମନଛୁଆଁ ଗୀତର ସୁର
ଉଷୁମ ସ୍ମୃତିରେ ମୋର ଧ୍ୱନିତ ହେଉଛି,
ହଜି ଯାଉଥିବା ସମୟକୁ ବିନ୍ଦୁବିନ୍ଦୁ ଲୁହ ଭେଟିଦେଇ
ଦୁଷ୍ଟ ପିଲା ପରି ଅଟକିବା ପାଇଁ ଆକଟ କରୁଛି ।
ସ୍ୱପ୍ନ ପରି ଲାଗୁଛି
ଅଥଚ ସ୍ୱପ୍ନ ପାଇଁ ନାହିଁ କେବେ ରାତି
ସକାଳରେ ଶବ୍ଦ ସବୁ ସ୍ମୃତି ହୋଇ ପ୍ରେତ ପରି ମୋହିତ କରୁଛି
ମୋତେ ଆଜି ନୂଆନୂଆ ଭାରି ଲାଗୁଅଛି ।।

■

ସବୁବେଳେ ଡର

କେଇଟି ମୁହୂର୍ତ୍ତ ପରେ ସବୁ ପୂର୍ବପରି
ଛିଡ଼ିଗଲା ଗୁଡ଼ି ପରି କେଉଁଆଡ଼େ ଯାଉଛି ଜୀବନ
ଅପସରି ଯାଇଥିବା ମରଣାନ୍ତ ଦୃଶ୍ୟମାନେ
ଥରୁଥର ଡହଡହ ଘନନୀଳ ବିଷରେ ଆଚ୍ଛନ୍ନ।
ଆଉ କିଛି ନିଜର ନାହିଁ ଯେ
ଘାରୁଥିବ ହଜିଯିବା ଭୟ,
କିଛି ନାହିଁ ଜାଣି ସୁଦ୍ଧା କାହିଁକି ବା
ମୋତେ ଘେରି ରହିଥାଏ ଦୁଃଖର ବଳୟ!!

କେତେ ଦିନର ବା ଏଇ ଆମ ସୁଖ ଦୁଃଖ
ପରସ୍ପର ବୁଝାମଣା ଭାବ ବିନିମୟ!
ଏକାନ୍ତ ନିଜର ମୋର ଭାବିନେଇ
ସୁଖର ସ୍ୱପ୍ନରେ ଭାସେ
ଅଥଚ ମୁହୂର୍ତ୍ତେ କଷ୍ଟ
ସବୁ ଆପଣାର ଭାବ କରେ ବିଷମୟ।
ସବୁ ବୁଝି କେମିତି ମୁଁ ଅବୁଝାରେ
ସେ ମୁହୂର୍ତ୍ତେ ବଂଚିବାର ସବୁ ଆଶା ଛାଡ଼େ
କେମିତି ମୁଁ ବିତାଏ ମୋ ଦିନରାତି
କେହି କିଛି ବୁଝେ ସେତେବେଳେ??

ପୂର୍ବପରି ସବୁ ମୋର ଦୁଃଖମାନେ ମେଳି ହୋଇ
କେମିତି ଓଟାରି ମୋତେ ଯାଉଛନ୍ତି ଖାଇ
ସ୍ୱପ୍ନ ମୋର ସାହାହୀନ ଡଙ୍ଗା ହୋଇ ଅଥଳ ସମୁଦ୍ରେ ବୁଡ଼େ
କେହି କେବେ ବୁଝେ ନାହିଁ
ସବୁ ଦେଇ କବିଟିଏ କେମିତି ବଂଚଇ !
'ଆଉ କିଛି ଦୁଃଖ ନାହିଁ'; ଜୀବନ ମରଣ ନେଇ
ପ୍ରତିଥର ପ୍ରତିଶ୍ରୁତି ଦିଏ ପୁଣି
ଭାଙ୍ଗେ ବାରମ୍ବାର
ଆଉ କେଉଁ ଉପାଦାନେ ଗଢ଼ା ମୋର ଏ ଜୀବନ
ପ୍ରତିକ୍ଷଣେ ଅଭିମାନ, ଯେମିତି ମୋ ଦୁଃଖମାନେ
ମୃତ୍ୟୁଠାରୁ ଆହୁରି କଠୋର ॥

ଏତେ ଦେହ, ଏତେ ପ୍ରେମ, ଏତେ ରାତି ସବୁ ମୋତେ
ନିରର୍ଥକ, ଏଇ ମୋର ଗୋଟିଏ ମୁହୂର୍ତ୍ତେ
ମରିବାକୁ ଇଚ୍ଛାହୁଏ ତୋ' ସ୍ନେହରେ ଲୁହଢ଼ାଳି
ଅଥଚ ମୁଁ ପୂର୍ବପରି ସବୁ ସହି ବଂଚେ ।
କାହିଁକି ଏମିତି ମୋର ଅଭିମାନ
କେବେ ବି ମୁଁ ବୁଝେ ନାହିଁ
ଏ ଜୀବନ ତତେ ଛାଡ଼ିଦେଇ
ବଂଚିବା ନେଇଚି ଶିଖି କେଉଁ ଏକ ଖିଆଲରେ
ଅପେକ୍ଷାରେ ରହି ॥

■

କାହାକୁ କହିବ ନାହିଁ

କାହାକୁ କହିବ ନାହିଁ
ତୁମକୁ ମୁଁ ଭଲପାଏ ବୋଲି
ତୁମ ସହ ସବୁଦିନେ ଦେଖା ମୋର
ସରଳ ସମ୍ପର୍କ ସତ୍ତ୍ୱେ
କଥା ଥାଇ କଥା ହୁଏ ନାହିଁ।
ଏମିତି ବି କହିପାର
ଆମେ ଦୁହେଁ ପାଖାପାଖି ଅଥଚ ଦୂରରେ
ଏପରିକି ଆମ ଛାଇ ଖୁବ୍ ଦୂରେ ମିଶି ଯାଉଥାଏ
ତଥାପି ତଫାତ୍ ଥାଏ କେଉଁଠି କେଜାଣି ?
କହିବନି, କାହାକୁ ବି, କେବେ କହିବନି ॥

ଦୂରରୁ ନିକଟ କେବେ, ନିକଟରୁ ଦୂର
ପାଖରେ ଦୂରତ୍ୱ ଥାଏ, ଦୂରତ୍ୱରେ ଏକାନ୍ତ ନିଜର
କେତେବେଳେ ନିର୍ମାୟା ସନ୍ନ୍ୟାସୀ ଭାବ
ବଦଳଇ ସମ୍ପୂର୍ଣ୍ଣ ସଂସାରୀ
ସ୍ୱପ୍ନରେ ସୁନ୍ଦର ଦିଶେ, ଜ୍ୱଳନରେ ଯାଉଥାଏ ଜଳି।
ଏ ମୋର ବିକ୍ଷର୍ଣ୍ଣ ରୂପ
ତୁମ ପାଇଁ, ଅଥଚ ଅପେକ୍ଷା ରଖେ
ମୋ ପାଇଁ କି ମୃତ୍ୟୁ ଆସିବନି ?

ଏ ମୋର ମୃତ୍ୟୁର ସୂତ୍ର
କହିବନି, କାହାକୁ ବି, କେବେ କହିବନି ॥

ନିବିଡ଼ ନିଘଞ୍ଚ ମୋର, ସବୁଠାରୁ ଅନ୍ତରଙ୍ଗ
ଏମିତିକି ତମେ ମୋର ଅତି ଗୋପନୀୟ
ଯେଉଁଠି ଯେମିତି ଥାଅ ଅପହଞ୍ଚ ଅଗମ୍ୟରେ
ତମେ ମୋର ନିର୍ଭୁଲ୍ ଦେହର ଛବି
ମୁଁ ତୁମର ଅବିଚ୍ଛିନ୍ନ କୋମଳ ହୃଦୟ ।
ନିଜ ପାଇଁ ଏସବୁ ମୋ ପ୍ରବୋଧନା ନିହାତି ଦୁଃଖରେ
ଆଉ କିଛି ଲୋଡ଼ା ନାହିଁ ମୃତ୍ୟୁବିନା ଏହି ଜୀବନରେ,
ମୃତ୍ୟୁର ଏମିତି ମୋହ ଆକର୍ଷଣ କରେ ସବୁବେଳେ
କେମିତି ବୁଝିବ ତମେ
ଭାଙ୍ଗେନା ସେ ନିଦ ଜମା ଥରେ ଶୋଇଗଲେ ॥

ତଥାପି ନିଃସର୍ତ୍ତ ମୋର ପ୍ରତିଦିନ, ପ୍ରତିଦାନ
ତୁମକୁ ମୁଁ ଭଲପାଏ, ଭୁଲ୍ ବୁଝିବନି
କାହାକୁ କହିବ ନାହିଁ, ଶେଷ କଥା, କେବେ କହିବନି ॥

ଶେଷ ଜହ୍ନରାତି

-୧-

କେଉଁ କୁଞ୍ଜବନରୁ ଫେରୁଚି ମୁଁ
ଜୀଇଁଲା ବନଭୂଇଁରୁ ବିସ୍ମୃତ ପାହୁଡ଼ ଶବ୍ଦେ
ଶବ୍ଦର ଲହରୀ ସବୁ ତନ୍ଦ୍ରାଚ୍ଛନ୍ନ ହୃଦୟରେ
ଅଙ୍ଗମାନ ସ୍ୱେଦଭରା ବୋହିବୋହି
ନିକ୍ୱଣର ଶେଷ ଚୁମ୍ବନକୁ ।।

ଏ ପୃଥିବୀ ଆଦିଗନ୍ତ ଯୋଗସୂତ୍ର ପରି
ନିଃସହାୟ ଖାଲି ମନ ଦୋହରେଇ ଆଣିଚି
ତୋ ଦେହର ଶେଷ ଶିହରଣ
ବୁକୁର ଶେଷ କୋହ ଭିତରକୁ,
କୋଳେଇ ନେଇଚି ତୋତେ ବିନ୍ଦୁଏ ଲୁହର
ଦୁରୁଶ ହେଉଥିବା ଛବିରେ
ବୋକଟିଏ ଦେଇଚି ତ ଲୁଣି ସୁଆଦର ନରମ ବିନ୍ଦୁଟିଏ
ଲାଗିଚି ସାରା ଜିଭରେ ।।

ମୋ ହାତ ପାଆନ୍ତାରେ ନାଇଁ ତୋର ନିଭି ଆସୁଥିବା ଛାଇର
ସଲଖ ସୁଠାମ ହଳଦିମଖା ସୋରିଷଫୁଲିଆ ଦେହ
ଓଜାଡ଼ି ହୋଇ ପଡୁଥିବା ସବୁଯାକ ଇଚ୍ଛାର ବିଛୁଡ଼ା ଫସଲ

ଗଜେଇ ଯାଉଚି, ଫୁଲ ଫୁଟେଇ ମହକେଇ ଦେଉଚି
ମୋ ତାଳୁରୁ ତଳିପା ।
ତୋ ଫୁଲର ମହକ କେମିତି(?)
ଶୋଇଲା ଆଖିକୁ
ଚିଏଇଁ ଦିଏ କି
ଚେଇଁଲା ଆଖିକୁ ଦୁରୁଶେଇ
ଦିଏ ତୋ ଛବି
ମୁଁ ଜାଣି ପାରୁନି କି ବୁଝି ପାରୁନି
କେମିତି ତୋ ହାତ-ଦୋହଲା ପବନରେ
ମଉଳା ମନ ଝଲସି ଉଠୁଚି ତୋଫା ଖରା ଆଲୁଅ ପରି
ତୋ ନୀବୀବଂଧର ବାଜେଣୀରେ,
ଚୁପ୍‌ଚୁପ୍ କରି ଡାକି ନେଉଚି କୁଞ୍ଜବନକୁ ।।

ତୋ କଉତୁକରେ ମୁଁ ଡେମ୍ଫଟିଏ ଯା ଲାଗିଚି ଶୁଖିଲା ପତ୍ରର
ଏମିତି କିଛି କହି ପାରୁନି ବୋଲି ଶୁଖୁଚି ତ ଶୁଖୁଚି,
ଝଡ଼ିବାର ଶୁଭ ମୁହୂର୍ତ୍ତରେ ଏମିତି ଜଣେଇ ଦେଲି ଯେ
ଅନବରତ ଝଡ଼ି ବର୍ଷାରେ ଚାଲିଚି ତ ଚାଲିଚି ।।

-୨-

ତୋ ପାଇଁ ବରଷା ରାତି ଅନ୍ଧକାର ଘନ ଅନ୍ଧକାର
କୁଞ୍ଜବନ ନିଧୂବନ ସଂକ୍ରମିତ ସାତ୍ତ୍ୱିକ ବିକାର
କହ ! ତୋ ଆଖିର ମାୟା ମୋତି ପରି ଚିକ୍‌ଚିକ୍
ମୁଗ୍‌ଧ ଆଉ ଚମତ୍କାର ତୁଷାର ସକାଳ,
ନିରବଧି ବଞ୍ଚିଉଠେ ମରିଯାଇ ପୁଣି ବାରମ୍ବାର
ଟୋପାଟୋପା କାକରରେ ଝଲମଲ ସୂର୍ଯ୍ୟପରି
ଦରଫୁଟା ଫୁଲ ପରି ଆଖି ପାଇଁ ତୋର ।।

ତୋ' ଆଖିର ଢଳଢଳ ଆତ୍ମୀୟତା
ବର୍ଷା ଭିଡ଼ ଆକାଶର ନୁଆଣିଆ ଛାତି
ସ୍ମୃତିର କଅଁଳ ସ୍ୱପ୍ନେ ତୁନି ପଡ଼େ
ନିଜକୁ ମୁଁ ଖୋଜେ ନିଜେ ହଜି।
ସେଇ ଏକ ଶେଷ କଥା ତୋ' ପାଖରେ
ଭାବିଛି ମୁଁ ବହୁଥର କହିଦେବି
ଏ ଯାଏ ବି କହିନି ମୁଁ ଯାହା,
ଯେତେ ଡର ଲାଗିଲେ ବି
ପୁନରପି ତୋ ସତ୍ତ୍ୱେ ବି
ନିଜଠାରୁ ତତେ ଖୁବ୍ ବେଶୀ ଭଲପାଏ।
ମୁଁ ଦେଖେନା ଆଉ କିଛି
ଚାରିଆଡ଼େ ତୋ' ଆଖିର ମାୟା ଆଉ
ତୋ' ପାଦର ନୂପୁରର ଛନ୍ଦ॥

ବେଦନାରେ ଜଡ଼ସଡ଼,
ଅହରହ ମୋ ଭିତରେ ମୁଁ ଜଳୁଚି
ଆଉ ତ ସପନ ନାହିଁ, ସପନ ଆସିବ କାହୁଁ
ଏଇ ରାତି କେତେ ରାତି, ଆକାଶ ପଡ଼ିଚି ଶୂନ୍ୟ
ମୋ ଆଖିରେ ଆସୁନାହିଁ ନିଦ॥

ମୁଁ ବୁଲୁଚି ଆଜିଯାଏ
ଝଡ଼ି ବର୍ଷା, ଜହ୍ନରାତି, ଶୀତ, ଫଗୁଣରେ
ଏ ପାଖରେ ମୋ ଦେହର ଚିତା ନିଆଁ ଝୁଲ
ସେ ପାଖରେ ଲାଜବତୀ ଆଖିର ମଝିରେ॥

ସକାଳ ଆସିବାଯାଏ

ତୋ' ଅଭିମାନ ପୁଣି ବୁଣି ହୋଇଯାଉଛି
ସକାଳରେ ଗଙ୍ଗଶିଉଳି ଫୁଲ ପରି,
ପ୍ରତି ସମୟରେ ସେ ବାସ୍ନାରେ ବିଭୋରିତ
ନିଜେ ମୁଁ ନିଜକୁ ଭୁଲି, ସମୟର ବ୍ୟବଧାନ ଭୁଲି।
ରାତି ତ ଜାଣେନା କିଛି ହସ ଲୁହ
ଛୁଇଁ ଦେଇ ଚାଲିଯାଏ ଜାଲି
କେମିତି ବା ବୁଝିବୁ ତୁ
ସମ୍ପର୍କରେ ରାଗରୋଷ ଅର୍ଥହୀନ ବୋଲି!!

ଭାଗ୍ୟ ମୋର ଦି'ପହର ଖରା ପରି
ଇଚ୍ଛାମତେ ଛଟପଟ କରେ ଚିରକାଳ
ଅନ୍ଧାର ଲହରୀ ଭାଙ୍ଗି ଖୋଜୁଛି ମୁଁ
କାହାର ପବିତ୍ର ଶବ୍ଦ ଗୁଣୁଗୁଣୁ ସ୍ୱର!
ନିଦର ବଖରା ମୋର ଆର୍ଦ୍ରକରି ବହିଯାଏ
ଛନଛନ ଲୁହର ଝରଣା
କି ପାପର ଦଂଶନରେ ପ୍ରତିଦିନ ଉଦାସୀନ
ତୀବ୍ର ହୁଏ ଏ ମୋର ଯନ୍ତ୍ରଣା!!

କ୍ଳାନ୍ତ, ଅବସନ୍ନ ମୋର ପ୍ରତିଟି ମୁହୂର୍ତ୍ତ ବିତେ
ମୋ ଭିତରେ ଆଶାହୀନ ଅଜଣା ଆଶଙ୍କା
ସକାଳକୁ ଡେରି ନାହିଁ ବେଶୀ ବେଳ
ହେବାକୁ ମୁଁ ଉପେକ୍ଷିତ ଉପକ୍ରମଣିକା ।
ତା'ପରେ ମୁଁ ଧୀରେ ଧୀରେ ଭାବନାରୁ ହଜିଯାଇ
ନାମହୀନ ଫୁଲ ହୋଇ ଫୁଟିଥିବି ମୃତ୍ୟୁଗାର ଡେଇଁ
ନିବିଡ଼ ପ୍ରତ୍ୟୟ ନେଇ ତତେ ଖୋଜିଯିବା ପାଇଁ
ବସିଥିବି ଚିତ୍ର ପରି ସକାଳକୁ ଚାହିଁ ।।

■

ବିଛିନ୍ନାଞ୍ଚଳ

ତାରକସି କାରୁକାର୍ଯ୍ୟର ରାଜଜେମା ତୁ !
ମୁଂଜରିତ ତୃତୀୟା ଜହ୍ନର ପ୍ରତିବିମ୍ବ
ମସୃଣ ପଦ୍ମ ପାଖୁଡ଼ାରେ ମୁହଁ। ବିଲୋଳ ଦୃଷ୍ଟିର
ଅନ୍ତରାଳରେ ଚୁମ୍ବକିତ ବର୍ଣ୍ଣ ମହକରେ
ତତେ ହଜେଇ ଦେବାକୁ ହେଉଛି ମୋ
ଭୟଭୀତ ଇଚ୍ଛାର ତନ୍ଦ୍ରାତୁର ଭୋଗବତୀ ମମତା ଭିତରେ ।।

ସ୍ୱସୃଷ୍ଟ ଜୀବାତ୍ମା ନା ପରଂବ୍ରହ୍ମର ପରମ ଆକର୍ଷଣ
ଭେଟାଭେଟି କରାଉଛି ମୋ ଇନ୍ଦ୍ରିୟର ଛନ୍ଦାଛନ୍ଦି ଭାବ ସହ
ମହାଭାବ ଦ୍ୱରିତ ଇଚ୍ଛାକୁ। ପରନ୍ତୁ ଏମିତି ବି
ବିଦୀର୍ଣ୍ଣ ସମ୍ମୋହନରୁ ଖସି ପଡୁଚି ମୁଁ।
ଗୋଟିଏ ପାଖରେ ମୁଁ। ତୁ ସେ ପାଖରେ, ଏକା ଏକା;
ନିଛାଟିଆ, କୋହଲା କୋହଲା ଆଖିପତା।
କେଉଁ ଅଞ୍ଚଳରେ ? – ଏକ ନୀରବ ପ୍ରତିଧ୍ୱନି
ବିଛିନ୍ନାଞ୍ଚଳ ! ବିଛିନ୍ନାଞ୍ଚଳ ! !

ତୋ' ଚେତନାର ସଲାସୁତରା ଭାବର ଖିଅଟିଏ
ହୋଇଯାଇଛି ମୁଁ ରେ ! ନିଜେ ଇ ମୋ ଆଖିରେ
ମୁଁ ହିଂସ୍ର ହୋଇ ନିଜକୁ ଖିନ୍‌ଭିନ୍ କରି ଖାଉଚିରେ, ଖାଉଚି।
ଡହଳବିକଳ ମୁଁ ଏଇ ପାଖରେ

ଦୁଇ ହାତକୁ ଶୂନ୍ୟକୁ ଟେକିଦେଇ
ନିଜକୁ ନିରୁଦ୍ଦିଷ୍ଟ କରାଉଚି ଚମତ୍କାର ସ୍ୱପ୍ନର ଗୀତରୁ।

ସ୍ୱପ୍ନ ଏକ ଗୀତଟିଏ, ନିଭିଥିବା ଆଲୁଅର କରୁଣ ଚେହେରା
ଆଶ୍ୱସ୍ତିର ନିଃଶ୍ୱାସରେ ପ୍ରତିଦିନ ଯାହା ଖୋଜାହୁଏ।
ଓ ମିଳେଇ ଯାଉଚି ମୁଁ ମୋ ଭିତରେ ପ୍ରତିମୁହୂର୍ତ୍ତରେ
ଯେମିତିକା ଆକାଶରେ ଛୋଟ ଏକ ଧୂଆଁର କୁଣ୍ଡଳୀ॥

ନିଆଶ୍ରାଟିଏରେ ଏଇଲାକେ ମୁଁ!
ପୃଥିବୀ ବିଦୀର୍ଣ୍ଣ ହୋଇଯାଉଚିରେ, ପୃଥିବୀ!
କି ଭାବରେ ତୁ ଝାଳେଇ ଦେଲୁରେ
ମୋର ଏ ପଥୁରିଆ ଦେହ।
ତତେ ଝୁରି ମରିବାର ବେଳ ଏଇ ଯେ
ବେଢ଼େଇ ଦେଲୁ ଚଉପାଶରେ ତୋ'
ଶୀତ୍କାରିତ ଅବୟବର ବାଡ଼ବାଗ୍ନି,
ନିଏଁଇ ଯାଉଚି, କଳା ମଚମଚ ପଥରଟିଏ ପାଲଟି ଯାଉଚି
ବିକଳାଙ୍ଗ ହୋଇ, ନିଷ୍କରୁଣ ଯନ୍ତ୍ରଣାରେ ନିଜକୁ ମୁଁ
ବାନ୍ଧିରଖେ ଲୁହ ତପସ୍ୟାରେ॥

ତୋ' ଇଲାକାରେ ଏବେ ଆଉ କେଉଁ ଋତୁର ରାଜୁତି
ଏ ସିନା ତୋ ବୟସର ଜଣିବାର ବେଳ।
ନିରୁତା ଖରାରେ ଏବେ ଏକୁଟିଆ ମୁଁ ବସିଚି,
ହେଲେ କିନ୍ତୁ ସୂର୍ଯ୍ୟ ବୁଡ଼ିଯିବ।
ସେତେବେଳେ ଘନ ଘୋର ଅନ୍ଧକାର,
ଅନ୍ଧକାର ତରଳିବ ମୋ ଦେହରେ- କିନ୍ତୁ ତୁ- ?
ତୁ ତ ବିଚ୍ଛିନ୍ନାଞ୍ଚଳେ-
ନୁହେଁ- ? କୋମଳାଙ୍ଗୀ॥

■

ଯେଉଁଠି ଯେମିତି ଥିଲେ

ଯେଉଁଠି ଯେମିତି ଥିଲେ ଗୋଟିଏ ମୁହୂର୍ତ୍ତ ପାଇଁ
ଅତି ଅନ୍ତରଙ୍ଗ କିଛି ହଜିଗଲା ପରି ଲାଗେ
ସବୁକଥା ଖାଲି ଖାଲି, ଅସ୍ଥିରତା ଛାଇ
ନିରବତା ପୋଛିନିଏ ପ୍ରତ୍ୟେକ ସମୟ ମୁହଁ
ଆଲୋକରୁ ଅନ୍ଧକାର
ସ୍ମୃତିପରି ଏ ସୃଷ୍ଟିରେ ଆଉ କିଛି ବଡ଼ ଦୁଃଖ ନାହିଁ ।
ଏତେ ଦୁଃଖ ଏକୁଟିଆ ଶୁଖିଯାଏ ସବୁ ଆଖି ଲୁହ
ମୁହୂର୍ତ୍ତ ମୁହୂର୍ତ୍ତ ସରି ଉଦାସରେ ସବୁ ଶବ୍ଦ
ଗୀତ ହୋଇ ଖୋଜୁଥାଏ ଗୋପନ ବିରହ ॥

ଯେଉଁଠି ଯେମିତି ଥିଲେ ଗୋଟିଏ ମୁହୂର୍ତ୍ତ ପାଇଁ
ଦରଭୁଲା କରୁଣ ସ୍ୱପ୍ନଙ୍କ ଛାଇ
ଧୀରେଧୀରେ ଅନ୍ଧ କରେ ଅତିନ୍ଦ୍ରିୟ ଦୀର୍ଘ ରହସ୍ୟରେ,
ପବନରୁ ହାଲ୍‌କା ହୋଇ ଶୂନ୍ୟମଣ୍ଡଳରେ ଘୂରି
ମେଘ ଛୁଏଁ, ଜହ୍ନ ଛୁଏଁ, ଆକାଶର ତାରା ଛୁଏଁ
ତରଙ୍ଗତରଙ୍ଗ ହୋଇ ଭାସିବୁଲେ ସ୍ୱପ୍ନର ଛାଇରେ ।
କେତେ ମୋର ଦୃଢ଼ ସ୍ଥିତି ଏ ମାଟିରେ ଖସିପଡ଼େ
ଫୁଲ ହୋଇ, ଫଳ ହୋଇ, ଗ୍ରୀଷ୍ମ ହୋଇ, ବର୍ଷା ହୋଇ
ସବୁ ଋତୁ, ସବୁ ଗୀତ, ଏପରିକି ମୃତ୍ୟୁଟିଏ ହୋଇ

ଏ ମାଟିରେ ରଙ୍ଗ ଦେଇ, ସହସ୍ର ରଙ୍ଗର ଦୃଶ୍ୟେ
କେଉଁ ସ୍ମୃତି ଅପେକ୍ଷାରେ ନରକର ଚିତ୍ର ଆଙ୍କୁଥାଇ !!

ଯେଉଁଠି ଯେମିତି ଥିଲେ ଗୋଟିଏ ମୁହୂର୍ତ୍ତ ପାଇଁ
ଅଦ୍‌ଭୁତ ଏ ସୃଷ୍ଟି ହୁଏ ମରୁଭୂଇଁ
ଅସହାୟ ଲାଗେ ମୋତେ, ଆଶ୍ରା କେହି ନାହିଁ।
ଭୀଷଣ ଓ ଭୟଙ୍କର ସବୁ ଏଠି କୁହୁକ କବର
ନିବିଡ଼ରୁ ଅଧିକ ନିବିଡ଼ତମ ମୃତ୍ୟୁ ମୋତେ
ହିଂସ୍ର ହୋଇ ଦଂଶିଯାଏ
ନିଜ ପାଇଁ ମୁଁ ନୁହେଁ କି ଅତୀତର ମୃତ କ୍ୟାଲେଣ୍ଡର !
ସବୁ ପ୍ରତିଶ୍ରୁତି ଦେଇ ନିଶ୍ଚିହ୍ନ ମୁଁ ହୋଇଯାଏ
ଶୀର୍ଣ୍ଣ ଅଭିମାନ
ତମେ ମୋର ସୃଷ୍ଟିର ପ୍ରଥମ ଶବ୍ଦ
ତ୍ରିକାଳର ଇତିହାସ ଚଉଷଠି କଳାର ଶ୍ମଶାନ ।।

ଯେଉଁଠି ଯେମିତି ଥିଲେ ଗୋଟିଏ ମୁହୂର୍ତ୍ତ ପାଇଁ
କେଉଁ ଏକ ସମ୍ମୋହିତ ଅଜଣା ରୋମାଞ୍ଚ
ତା' ଇଚ୍ଛାର ସ୍ମୃତିମୟ ଅଜଣା ବାସ୍ନାରେ ମୋତେ
କରେ ପୁଲକିତ,
ଅଥଚ ମୁଁ ସେ ସ୍ମୃତିର ଶୂନ୍ୟ ଦେହ ଖୋଜିଖୋଜି
ମୃତ୍ୟୁ ଡାଳେ ଝୁଲେ ଫୁଲ ହୋଇ
ବହୁ ଦୂର ଲୁହଠାରୁ, ଦେହଠାରୁ
ପାଖେ ଥାଇ ପାଖେ ଥାଏ ନାହିଁ
ଗୋଟିଏ ମୁହୂର୍ତ୍ତ ପାଇଁ...

■

ନମିତା ନାଗେଶ୍ୱରୀ

ନମିତା ଅଳସ ଭାଙ୍ଗେ ସକାଳର କାଉ ଡାକରାରେ
ସାରା ଆଖି ଖୁବ୍ ଧୀରେ ମେଲା ହୁଏ
ଠେଲିଠେଲି କଅଁଳ ନିଦକୁ
ନିଦ କି ସହଜେ ଯାଏ, ସାରା ରାତି ରତିକ୍ଳାନ୍ତ ହେଲାପରେ
ଯେମିତିକା ଇଚ୍ଛାହୁଏ ଆଉ ଟିକେ ଚୁମିବାକୁ ଉଠିବା ପୂର୍ବରୁ।
ଏପରିକି ଲୋକଙ୍କର ହାଉଯାଉ ବେଳେ
ଆଉ ଟିକେ ନିଜକୁ ଥାପିବା ପାଇଁ କୋଳାଗ୍ରତ ହେବା ପାଇଁ
ଇଚ୍ଛା ଅବା କରୁଥିବ ସନ୍ତର୍ପଣ ଭାବେ। ଅବା ପୁଣି
ଚୁପ୍‌ଚାପ୍ କହୁଥିବ 'ନାଗେଶ୍ୱରୀ! ଆଉ ଅଳ୍ପ
ଢାଙ୍କିଦିଅ ମୋତେ ତମର ସେ କୋରକିତ
ତାମ୍ବୁଲ ମହକଭରା ଗୋଲାପି ଆଖିରେ!'

ନମିତାର ଛଟପଟ ଦେହ ଗଡ଼େ ବାସି ବିଛଣାରେ
ତା' ଦେହ ନରମ ଗଂଧ ଅନ୍ତର୍ବାସ ବ୍ଲାଉଜ୍‌ରୁ ଛିଟୁକୁଚି
ଲୋଟାକୋଟା ବିଛଣା ଚାଦରେ।
ନିର୍ଜୀବ ଚାଦର ଅବା ସମ୍ମୋହିତ ନମିତାର ମହମହ
ଝାଳୁଆ ବାସ୍ନାରେ / ପୁଲକିତ ଭାଙ୍ଗ ଭାଙ୍ଗ ଦେହ ତା'ର
ନମିତାକୁ ଜାକି ଧରେ ପ୍ରତି ମୁହୂର୍ତ୍ତରେ॥

ନମିତା ସଜାଡ଼େ ଲୁଗା ଭାଙ୍ଗ କରେ କୁଞ୍ଚ
ଥିରି ଥିରି ପବନରେ ହଲୁଥିବା ପଲ୍ଲବିତ ପତ୍ରପରି
ଆଙ୍ଗୁଠି ସଂଚାଳେ।
ଗୋଡ଼ ଅଳ୍ପ ଟେକି ଦେଇ ଟାଣି ନିଏ ଶାଢ଼ି ଧୀରେ
ମାର୍ବଲ୍‌ର ପାଦଗଣ୍ଠି ଯାଏ
ଅଣ୍ଟାକୁ କୋହଳ କରେ, ଅଳ୍ପ ଟିକେ ଢିଲାକରେ ଅନ୍ତର୍ବାସ ତା'ର
ସାଉଁଳଇ ଏଣେ ତେଣେ ପଡ଼ିଥିବା କେରାଏ ବାଳକୁ
ଚେଷ୍ଟା କରେ ଶୋଇବାକୁ ଭାବିଭାବି
ଗତ ରାତି ସ୍ୱପ୍ନର ବୃତ୍ତାନ୍ତ ।।

ସେ ଥିଲା ପ୍ରଳୟ ସନ୍ଧ୍ୟା
ଅହେତୁକ ଝଡ଼ି ବର୍ଷା ଘନଘୋର ପବନର ସୁଅ
ଭାଙ୍ଗିରୁଜି ମେଞ୍ଚାମେଞ୍ଚା କରିଦିଏ ତାଳପତ୍ର
ଗଛବୃକ୍ଷ କାନ୍ଥ ବାଡ଼ମାନ
ବିପର୍ଯ୍ୟସ୍ତ କରିଦିଏ ଗାଁ, ଗଣ୍ଡା
ସାରା ରାତି ଅନ୍ଧାରେ ଆଚ୍ଛନ୍ନ।

କେମିତି ନମିତା ଧୀରେ ପାଦ ଥାପେ ଚୁପ୍‌ଚାପ୍
ଚାଲୁଅଛି ଅନ୍ଧାରରେ ବାଟ ପାଇପାଇ
ନିଶାଗ୍ରସ୍ତା ସେ ଯେମିତି ଭାଙ୍ଗିଦିଏ ଦୁର୍ଗମର ଦ୍ୱାର
ଆଗେ ତା'ର ଜଳିଲେ ବି ଦିକ୍‌ଦିକ୍ ଜୁଇ।

ପାଦ ତା'ର କ୍ଷୀପ୍ର ହୁଏ
ସେ ଯେମିତି ଦୌଡୁଅଛି ଉଲ୍ଲୁକ ବିଦ୍ୟାରେ
କାହାର ସ୍ପର୍ଶରେ ସିଏ ଆତ୍ମହରା ହୁଏ ପୁଣି ଅକସ୍ମାତ୍
ଦେହ ମୁହଁ ଆଲିଙ୍ଗିତ, ଶୋଇଯାଏ ଶହଶହ ବର୍ଷର ନିଦ୍ରାରେ ।।

ନାଗେଶ୍ୱରୀ ସମ୍ମୋହିତ ହେଉଥାଏ
କାହାର ସେ ଚୁଚୁକାର ଅଦୃଶ୍ୟ ଶବ୍ଦରେ
ବାରମ୍ବାର ଶାଢ଼ି ତା'ର ଟାଣି ଧରେ କାଞ୍ଚୁଲିରେ ହାତ ଛନ୍ଦିଦେଇ
ନିଦ ଭର୍ତ୍ତି ସ୍ମିତ ଅଧରରେ ।।

ନିଜେ କି ସେ ମହାଭାବ ନିଜକୁ ସଜାଏ ବସି
ସିନ୍ଥା ଭାଙ୍ଗି ଜୁଡ଼ା ପାରି ଫୁଲ ଖୋସେ
ବାରମ୍ବାର ମନକୁ ପାଇଲା ଭଳି ଆର୍ଶି ଦେଖୁଥାଏ
ଆଖିରେ କଜ୍ଜ୍ୱଳ ନାଇ, ଲାଞ୍ଜି ଟାଣି ଚାହୁଁଥାଏ ଭାଙ୍ଗ ଚାହାଣିରେ,
ଦେହରେ ତା' ଜରିଶାଢ଼ି ବ୍ଲାଉଜ୍‌ର ରଙ୍ଗ ପୁଣି ଅତ୍ୟନ୍ତ ସୁଦୃଶ୍ୟ
ପାଦରେ ପାଉଁଜି, ତଳେ ଅଳତାର ଶିରୀ
ଚମତ୍କୃତ ହତଭମ୍ଭ ନିମିଷକେ କରିପାରେ ମିସ୍ ନାଗେଶ୍ୱରୀ ।।

ଚନ୍ଦନ କୁଙ୍କୁମ ଲେପି ସାରା ଦେହେ
ବାହାରକୁ ପାଦ କାଢ଼େ ଖୁବ୍ ସନ୍ତର୍ପଣେ
ସାରା ଦେହ ଥରଥର ଶୀତ୍କାରୀତ
ଖସିପଡ଼େ ବିନ୍ଦୁ ବିନ୍ଦୁ ଝାଳ
ଆଖି ଆଗେ ମାଡ଼ି ଆସେ ଶୂନ୍ୟର ସମୁଦ୍ର ।
ରାତି ତ ଯାଇଚି ଶୋଇ,
ଲୋକବାକ କେହି ନାହିଁ
ଶୁଣାଯାଏ ନମିତାର ଫିସ୍‌ଫିସ୍ ସ୍ୱର
'ଏଇ ! ମୋତେ ଟିକେ ଧର ।
ଦେହରେ ବେପଥୁ ମୋର
ଆଉ ଥରେ ସଜ କର ବାରମ୍ବାର
ଦେହରୁ ମୋ ଲିଭିଯାଏ ଚନ୍ଦନ ଓ କୁଙ୍କୁମର ଦାଗ,

ଓଠେ ମୋ ହେଙ୍ଗୁଳ ଲେପ
ଶାଢ଼ି ମୋର ଯତ୍ନ କର
ପଦ୍ମନାଡ଼ ଦେହେ ଘଷି ଲିଭାଅ ମୋ ଦେହର ତାତିକୁ ।
ଶୁଣୁଛ କି ଅନ୍ତରଙ୍ଗା ମୋ ପ୍ରିୟ ବାନ୍ଧବୀ !
ଆଗରେ ମୋ ରୂପବନ୍ତ ରତିଶ୍ରେଷ୍ଠ ଈଶ୍ୱର କୁମାର
ଏହାଙ୍କୁ ସମର୍ପି ଦିଅ ମୋ ହୃଦୟ ଜ୍ୱାଳା
ପୂର୍ଣ୍ଣ ଆତିଥ୍ୟରେ !'
ନାଗେଶ୍ୱରୀ ଯାଏ ଭୁଲି ତା' ନିଜକୁ ବାରମ୍ବାର
ଶୂନ୍ୟାୟିତ ମହାଶୂନ୍ୟ ଛାତିରେ ତା' ନେଉଚି ଆଶ୍ଲେଷି
ଚୁମୁଚି ନିଜର ହାତ,
ଆଙ୍ଗୁଠି ଓ ଅଙ୍ଗୁରୀୟ ବିମୁଗ୍ଧ ନିଶାରେ ।।

ପ୍ରତିକ୍ଷଣେ ନମିତା ଭାଙ୍ଗୁଚି କଡ଼
ଉଚ୍ଚକିତ ମାଂସପେଶୀ ଫୁଲିଉଠେ
ଯେମିତିକା ସାନ୍ଦ୍ର ଅନୁଭବେ
ଘନଘନ ନିଃଶ୍ୱାସରେ କମ୍ପିଯାଏ ସ୍ନାୟୁର ସହର,
ବରଫର ଟାଣ ଦେହ ତରଳୁଚି
ବେଳୁ ବେଳ ନିସ୍ତେଜ କ୍ରମଶଃ
ହାତ, ପାଦ, ସାରା ଦେହ ହେଉଛି ଶିଥିଳ ।।

ପାହୁଚି ନିରବେ ରାତି
ଲିଭି ଆସେ ସ୍ୱପ୍ନ ନଈଧାର
ସିଏ ଏକ ମୃତ ନଈ
ଆଖି ଆଗେ ଅସରନ୍ତି ବାଲୁକା ପ୍ରାନ୍ତର
ଆଖିରୁ କମୁଚି ନିଦ

ଅଳସ ଭାଙ୍ଗୁଚି ଶୋଇ ମିସ୍ ନାଗେଶ୍ୱରୀ
ବିଷର୍ଣ୍ଣ ସକାଳ ଖରା ଧୋଇନେଲା ଅବା ପରା
ଗତ ରାତି ସ୍ୱପ୍ନର ରଙ୍ଗକୁ
ଏବେ ଆଉ କେହି ନାହିଁ,
ବାହାରେ ଆଲୋକ ଭିଡ଼
ଲାଗିଲାଣି ଲୋକଙ୍କର ଯାତାୟାତ
ସବୁ ପୁଣି ପ୍ରତିଦିନ ପରି
ଆକାଶର ସିଲ୍‌ହଟ୍ ନୀଳ ନୀଳୁ ହୁଏ ସାଦାକାଚ
ନମିତା ଷୋଡ଼ଶୀ ହୁଏ,
ହୁଏ ପୁଣି ଅଶୀତି ବର୍ଷିଆ
କେତେବେଳେ ହସହସ ଗୋଲ୍ ମୁହଁ
କେତେବେଳେ ବିକୃତ ବିଭଙ୍ଗୀ
ନିଜର ପ୍ରଚ୍ଛାୟା ଦେଖି ଶଙ୍କିଯାଏ ମିସ୍ ନାଗେଶ୍ୱରୀ ॥

■

ବାସ୍ନାମୟ

ତମର ସେଣ୍ଟ୍ ଅଛି କି ?

ଟିକେ ଲଗେଇ ଦେବ କି ମୋ ଜାମାରେ
ତୁଳାରେ ସାମାନ୍ୟ ଦେଇ
ଗୁଞ୍ଜି ଦେବ କି ମୋ କାନ ଗୋହିରୀରେ
ରୁମାଲ୍‌ରେ ଟୋପେ ଦେଇ
ଚାରି ଚଉତ କରି ଭାଙ୍ଗି
ଭର୍ତ୍ତି କରି ଦେବକି ମୋର ପକେଟ୍‌ରେ,

ତମର ସେଣ୍ଟ୍ ଅଛି କି ?
ତମର ସେଣ୍ଟ୍ ଅଛି କି ?

ମାଇଁ ଚଏସ୍ ଲଗାଇବ ନା’ କାନ୍‌ତା
ଇଭିନିଂ ଇନ୍ ପ୍ୟାରିସ୍ ନା ଲଭ୍‌ମି
ଜସ୍‌ମାଇନ୍ ନା’ ଆଉ କିଛି
ଭଲ ଲାଗେ କ’ଣ ତମକୁ
ପଚାରୁଛନ୍ତି ସେ ମୋତେ, ମୁଁ କ’ଣ କହିବି-

ଭାବୁଥିଲି କହିଦେବି
କବି କି ସେଣ୍ଟ ଲଗାଇଲେ ଦେଖଣାହାରିଏ
ଆଘ୍ରାଣରୁ କହିଦେବେ
ହେଇ ଦେଖ ଯାଉଚି କବିଟିଏ ବୋଲି,

ଭାବୁଥିଲି କହିଦେବି
କବି କି ସେଣ୍ଟ ଲଗାଇଲେ ଚୂର୍ଣ୍ଣ କରିଦେବ
ସମସ୍ତଙ୍କର ଦର୍ପ। ଆଉ କେଉଁଠି ଲଗାଇଲେ ସେଣ୍ଟ
ଯିଏ ଯାଉଥିବ ଚୁମାଟିଏ ଦେଉଥିବ
ଖୁବ୍ ଆନନ୍ଦରେ-

ମୁଁ କିଛି କହିବା ପୂର୍ବରୁ
ସେ କ'ଣ ଭାବିଲେ କେଜାଣି
ଡାକିଦେଲେ ଭିତରକୁ ଆସ,
ଚୁପ୍ ଚାପ୍ ବସ ଟିକେ, ତମେ ସତେ ଭାରି କବିଟିଏ
ଆହା କି ସୁନ୍ଦର କବି, ଏ ପୃଥିବୀ ଗଛଲତା, ପାଣି ଓ ପବନ
ଆହା କି ସୁନ୍ଦର
ଆହା କି ସୁନ୍ଦର ଏଇ ଜୀବଜନ୍ତୁ
ଏ ଦେହର ପ୍ରେମ!!

ତା'ପରେ ଖୁବ୍ ଧୀର, ଖୁବ୍ ଧୀର
ଶାନ୍ତ ଓ ନରମ
ନିରବତା ଖେଳିଗଲା ତାଙ୍କ ଦେହ, ମୁହଁ ସାରା
ଚୁପ୍‌ଚାପ୍ ଦୁଇ ଓଠ ଥରୁଥିଲା
ଦୁଇ ଆଖି ଅଳ୍ପ ମୁଦି
ସେ ଥିଲେ ଏକାନ୍ତ ନିରବ
ଚାରିଆଡ଼ ନିରବ, ନିରବ।।

କେତେବେଳେ ଚୁପ୍‌ଚାପ୍ ଦୁଇ ଓଠ ଲଗାଇ ଗାଲରେ
ସେ କହିଲେ ଫିସ୍ ଫିସ୍
କେତେବେଳେ କେଉଁଠି ତମର ଆଜି
ସଭା ହେବ, କବିତା ପଢ଼ିବ ?
ସତରେ କି ସେଣ୍ଟ୍ ମାରିହେବ ! !

ଚାରିଆଡ଼ ନିରବ ଯେମିତି
ଚାରିଆଡ଼ ବାସ୍ନାମୟ ଠିକ୍ ସେଇମିତି
ମୁଁ ନିଜେ, ନିଜକୁ ମୁଁ ଭାରି ବାସୁଥିଲି
ଘର ସାରା ବୁଲିବୁଲି ଖାଲି ଶୁଙ୍ଘିଗଲି
ଚାରିଆଡ଼ ବାସ୍ନାମୟ
ଚାରିଆଡ଼ ଖୁବ୍ ବାସ୍ନାମୟ

କେତେବେଳେ ଏଇଠି ମୁଁ ପହଞ୍ଚିଛି
କବିତା ପଢୁଛି
ସତରେ ମୁଁ କିଛି ଜାଣେ ନାହିଁ
ମୋତେ କିନ୍ତୁ ଚାରିଦିଗ ଖୁବ୍ ବାସେ
ଚାରିଆଡ଼ ସତେ ଏତେ ବାସ୍ନାମୟ
ଏ ମୋର ପୃଥିବୀ,
ଆଃ ! ବାସ୍ନାମୟ
ହେଇ ଆସ ଶୁଙ୍ଘିଯାଅ
ଚାରିଆଡ଼ କେତେ ବାସ୍ନାମୟ ! !

ମୁଁ ତୁମକୁ ବେଶୀ ଭଲପାଏ

-୧-

କିଏ ମୋତେ ଭଲପାଏ, ନ ପାଏ ବା କିଏ
ସବୁ ମୋତେ ଏକା ଲାଗୁଥାଏ ।
ବିଷାଦ ଦୁଃଖରେ ଥାଇ ଲୁହ ଝଲକାରେ
ତୁମେ ମୋର ମନେପଡ଼
ମୁଁ ତୁମକୁ ବେଶୀ ଭଲପାଏ ।।

ମୋତେ ଖାଲି ଏକା ଲାଗେ
ଏକୁଟିଆ ଯେମିତି ମୁଁ ଏଇ ପୃଥିବୀରେ
ଏ ମାଟିରେ ସ୍ଥିତି ମୋର
ତୁମକୁ ଦେଖିବା ପାଇଁ ପ୍ରତିନିୟତରେ ।
ଏ ଦୁଃଖ ତୁମରି ପାଇଁ
ଏକାକାର କ୍ଲାନ୍ତି କଷ୍ଟ, ଏକାକୀ ଜୀବନ
ବିବ୍ରତ ଅନିତ୍ୟ ଦେହ ଅନିପ୍ସିତ ମନ
ସବୁ ମୋର ଦୁଃଖମୟ ଅବଶିଷ୍ଟ ଦିନ ।।

ତଥାପି ବଂଚିବା ମାୟା
ତମ ପାଇଁ ଖୁବ୍ ଲାଗୁଥାଏ
ସବୁଜାଣି
ମୁଁ ତୁମକୁ ବେଶୀ ଭଲପାଏ ।।

-୨-

ତୁମେ ମୋର ମନେପଡ଼
ଏ ମୋହର ପାପ ଆଉ ଦୁଃଖର ଜୀବନ
ସ୍ମୃତିରେ ତୁମକୁ ରଖି
ମୋ ନିଜକୁ ଭୁଲିଯିବା ଲାଗି ମୋର ଜନ୍ମ ।
ଦୁଃଖରୁ ଦୁଃଖରେ ଥାଇ
ଜୀବନକୁ ଜାଳିଜାଳି ଯାଏ
ମୁଁ ତୁମକୁ ବେଶୀ ଭଲପାଏ ।।

ଟୋପା ଟୋପା ବର୍ଷା ପରି
ବୟସ ମୋ ଯାଉଅଛି ଝରି
କାହାକୁ ଅପେକ୍ଷା ମୋର-
ମୋତେ କିଏ ଅପେକ୍ଷାରେ
ବୁଝି କେବେ ହୁଏ ନାହିଁ ଜାଣି ।
ତା' ପାଇଁ ମୁଁ ମୃତ୍ୟୁ କିମ୍ବା
ଜାଣେ ନାହିଁ ମୋ ପାଇଁ କି ମୃତ୍ୟୁ ହୁଏ ସିଏ
ବେଳେବେଳେ ସବୁ ଭୁଲି
ମୁଁ ତୁମକୁ ବେଶୀ ଭଲପାଏ ।।

-୩-

ଅସ୍ଥିର ଜୀବନ ମୋର
ପଙ୍ଖା ପରି ଘୂରୁଅଛି
ଯାବତୀୟ କ୍ଲାନ୍ତି ଅବସାଦ,
ଦୁଃଖର ଯେମିତି ଭାବ
ସୁଖର ସେମିତି ଭାବ
ସବୁ ମୋର ଏକାପରି ଆନନ୍ଦ ବିଷାଦ ।

କି ଭାବରେ କେଉଁପରି
କେମିତି ମୋ ଦିନରାତି ଯାଏ
ସବୁ ଜାଣି
ମୁଁ ତୁମକୁ ବେଶୀ ଭଲପାଏ ।

କେମିତି ମୁଁ ଭଲପାଏ
କିଏ ମୋତେ ଯଦି ବା ପଚାରେ
କେମିତି ବୁଝେଇ ହେବ
ତା' ପାଇଁ ମୁଁ ଶବ୍ଦ ଖୋଜି ଚାଲେ ।
ସବୁ ଶବ୍ଦ ଅସମ୍ପୂର୍ଣ୍ଣ
ଅର୍ଥହୀନ ଲାଗେ ମୋତେ ଆଜି
ଯେମିତି ବିତୁଛି ଦିନ
ବଞ୍ଚିବାର ମାନେ ଖୋଜିଖୋଜି ।।

ଏ ପୃଥିବୀ, ଏ ଆକାଶ, ଏ ଜୀବନ
ସବୁ ମୋତେ ମାୟା ଲାଗୁଥାଏ
ସବୁଠାରୁ ତମେ ବେଶୀ ମାୟାବତୀ
ଜାଣି ଜାଣି
ମୁଁ ତୁମକୁ ବେଶୀ ଭଲପାଏ ।।

-୪-

ବର୍ଷା ମୋତେ ଭଲ ଲାଗେ
ଭିଜିଭିଜି ବାଟ ଚାଲୁଥାଏ
ବର୍ଷାରେ ମୁଁ ସ୍ୱପ୍ନ ଦେଖେ
ସ୍ୱପ୍ନ ମୋତେ କୁହୁକ ଲଗାଏ ।
ମୋତି ଝରେ, ମୁକ୍ତା ଝରେ
ବର୍ଷା ଝରେ ମନହଜା ଗୀତର ସ୍ୱରରେ,

ସବୁ ମୁଁ ସମର୍ପି ଦିଏ,
ମୋ ନିଜକୁ ଆଉ କା' ପାଖରେ
ତା'ପରେ ମୁଁ କେଉଁଠାରେ
ସବୁ ମୋର ସ୍ୱପ୍ନ ହୋଇଯାଏ
ସ୍ୱପ୍ନରେ ବି ମୁଁ ତୁମକୁ
ବେଶୀ ଭଲପାଏ ।।

ସବୁଜ ସବୁଜ ଲାଗେ ମୋତେ ସବୁ
ଚମତ୍କାର ଅଦେଖା ଅଦେଖା
ସ୍ୱପ୍ନରେ ମୁଁ ନୂଆନୂଆ ସ୍ୱପ୍ନ ଦେଖେ
ବୁଝିହୁଏ, କହିଦେବା ନୁହେଁ ସୋଜା କଥା ।
ସେମିତିକା ନୂଆ ଥାଉ ସବୁ କଥା-
ଏତିକି ମୁଁ ଜାଣିପାରେ
ଯେମିତି ଦେଖିଲେ ମୋତେ
ସେଇମିତି ନୂଆ ଦିଶିଯାଏ
ନିଜେ ମରି, କବିଟିଏ ସେତେବେଳେ
ତୁମକୁ ସେ ଭାରି ଭଲପାଏ ।।

-୫-

ଆଜିର ଏ ଚକୋଲେଟ୍ ଦେହ ଅଛି
ଘଣ୍ଟାକେ ନଥିବ,
କେତୁଟା ଦିନକୁ ନେଇ କାହା ପାଇଁ
ସଂସାରର ମାୟା ଲଗାଇବ !
ଦେହ ମୋର ବଂଚିବାର ଚଳପ୍ରଚଳର
ଏସବୁ ନିମିତ୍ତ ସିନା
ଯେଉଁଠି ଯେବେ ବି ଥିଲେ
ଟାଣୁଥାଏ କେଉଁଠାରୁ ଯୋଗସୂତ୍ର କା'ର !!

ସବୁ ମାୟା କଟିଯାଏ
ତୁମ ମନ ମାୟାବତୀ ମନ ଟାଣିନିଏ
ସବୁ ଜାଣି
ମୁଁ ତୁମକୁ ବେଶୀ ଭଲପାଏ ॥

ସବୁ ତ ପୁରୁଣା ଲାଗେ
ରାସ୍ତାଘାଟ, ଏ ସାରା ପୃଥିବୀ
ହାତର ରୁମାଲ୍ ପରି
ସବୁ କଥା ଘଷରା ହେଲାଣି।
ତୁମକୁ ପକାଏ ମନେ
ତୁମ ମନ, ତୁମ ଦେହ, ତୁମ କଥା
ପ୍ରତିଥର ଭାରି ନୂଆ ହୋଇ ଆସୁଥାଅ
ଭାବନାର ଖିଅଟିଏ
ଯେମିତିକା
କଣ୍ଠପାଠ,
ବେଳେବେଳେ ଭୁଲି ହୋଇଯାଅ ॥

ଏମିତି ଜୀବନ କଟେ
ତଥାପି କି କିଛି ବୁଝିହୁଏ ?
ସେଥିପାଇଁ
ମୁଁ ତୁମକୁ ବେଶୀ ଭଲପାଏ ॥

–୬–

କେତେ ମୃଦୁ ତମେ ଆସ
ଅବଶ ମୁହୂର୍ତ୍ତ ମୋର
ଭାରିଭାରି କ୍ଲାନ୍ତ ସ୍ପନ୍ଦନରେ
ବେଲୁବେଳ ନିସ୍ତେଜ ଅଳସ ଭାବ

ସବୁ କଥା ସହଜରେ ମନେପଡ଼େ
ପିଲାବେଳ ଘୋଷାପରି
କିଛି କଥା ରହେ ଅବୁଝାରେ,
ତୁମେ କୁହ
ମୁଁ କେଉଁଠି ତୁମେ କେଉଁଠାରେ !
ତୁମେ ଖାଲି ଚୁପ୍ ରୁହ
ମୋ ନିଜକୁ ମୁଁ ନିଜେ ବୁଝାଏ
ସବୁଠାରୁ
ମୁଁ ତୁମକୁ ବେଶୀ ଭଲ ପାଏ ॥

ଏକା ମୋର ଦିନ ବିତେ, ରାତି ବିତେ
ଦିନ ଲାଗେ ବେଶୀ ଲମ୍ବା
ରାତି ଲାଗେ ତା'ଠାରୁ ଅଧିକ,
ପାଖରେ ରହିବା ଲୋକ
ବେଶୀ ଦୂର ଲାଗୁଥାଏ
ଦୂର ଲାଗେ ନିକଟୁ ନିକଟ ।
ସବୁ ମୋର ଓଲଟ ପାଲଟ ହୁଏ
ମୁଁ ଯେମିତି କିମ୍ବଦନ୍ତୀ
ଶହଶହ ଆଖି ଓ କଥାରେ
ସୁଯୋଗ ଏ ସମ୍ମୋହିତ ସ୍ୱପ୍ନରେ ମୁଁ
ହଜିଯିବି ଚିତ୍ରିତ ନିଶାରେ ।

ଆଛନ୍ନ ମୁହୂର୍ତ୍ତ ଏ ମୋ
ନୂଆଠାରୁ ବେଶୀବେଶୀ ନୂଆ ଲାଗୁଥାଏ
ସବୁ ଭୁଲି
ମୁଁ ତୁମକୁ ବେଶୀ ଭଲପାଏ ॥

ଲୁହ

ଲୁହର ଦୁଃଖକୁ କେହି
ଦେଖେ ନାହିଁ, ବୁଝେ ନାହିଁ
ଖାଲି ଯାହା ଲେଖାହୁଏ କବିତା ଲୁହରେ
ଲୁହର ଛନ୍ଦରେ କେହି
ସ୍ୱରଟିଏ ଯୋଖେ ନାହି
ଆପଣା ସ୍ୱରରେ ଲୁହ ଲହରେଇ ଝରେ।
ନିଃସଙ୍ଗ ସେ ସ୍ୱର
ପରିଚିତ ଅଥଚ ଅଚିହ୍ନା ଲାଗେ
ଲୁହର ସମୁଦ୍ର॥

ବୁଝାଇବା ଠାରୁ ଦୂର
ଅବୁଝା ବି ରହେ ନାହିଁ କିଛି
ଅନୁଗତ ପରି ଲାଗେ କିନ୍ତୁ ଅଣାୟତ୍ତ,
ପ୍ରତ୍ୟେକ ସମ୍ପର୍କ ପରେ
କେବେ ନା କେବେ ବି ଥରେ
ଆସେ ବ୍ୟବଧାନ
ଏ ଏମିତି ଭାବଟିଏ
ମନ୍ତ୍ର ପରି କରେ ଅଭିଭୂତ।

ଏକାନ୍ତ ନିଜର ଲାଗେ ଏଇବେଳ
ଲୁହ ହୁଏ ଫୁଲ ପରି ସ୍ନିଗ୍ଧ ଓ କୋମଳ
ଟୋପାଏ ଲୁହର ବିନ୍ଦୁ ଗଢ଼ିଦିଏ
ଜୀବନର ଆଉ ଏକ ସ୍ମୃତିର ସକାଳ ।।

ଲୁହରେ ଭାବରୁ ଭାବ
ଦୃଶ୍ୟ ହୁଏ ଅସରନ୍ତି ସ୍ମୃତି ଚିତ୍ର ପରି
ଲୁହର କବର ତଳୁ
ଆଉଥରେ ଜୀବନକୁ ନୂଆକରି ରଙ୍ଗଦିଏ
କବିତାର ପ୍ରତ୍ୟେକଟି ଧାଡ଼ି ।।

■

ନଷ୍ଟ ହେବାକୁ ଆଉ କିଛି ହେଲେ ବାକି ନାହିଁ

କହିଥିଲ ତମେ ଆସିବାକୁ ହେଲେ ଆସିଲନି
ଧୂସର ଜୀବନେ ମଇଲା ଜମୁଚି
ନିର୍ମମ ତମେ ଦେଖିଲନି,
କହିଥିଲ ତମେ ଆସିବାକୁ ହେଲେ ଆସିଲନି ।
ନିର୍ବାସନରେ ଏକାଏକା ଦିନ, ମରଣରେ ଆଜି ଏକାକାର
ଆସିଲନି ହେଲେ ନିଷ୍ଠୁର ପରି
ପଦୁଟିଏ କଥା କହିଲନି
ଆସିବାକୁ କହି ବ୍ୟଥା ଦେଲ ସିନା ଆସିଲନି ॥

ସ୍ୱପ୍ନ ଶେଷର ଦୁଃଖ ଯେମିତି ତମେ ମୋର
ଲୁହ ଢଳଢଳ ଆଖିପତା ତଳେ
ଅବିରତ ତମେ ମନେପଡ଼,
ଭାବ ବିମୋହିତ ରୁଦ୍ଧ ଛାତିର ଦୁଃଖରେ ଜଳି
ନିରୁଦ୍ଦିଷ୍ଟ ମୁଁ ତମ ଚିତ୍ରର କଳାକାର
ରକ୍ତ ଝରାଇ ରଙ୍ଗୀନ୍ କରେ ସବୁ ପରାହତ ସ୍ୱପ୍ନ ମୋର
ଆପଣା ବିଚାରି କେବେ ଥରେ ଆସି ଦେଖିଲନି
ଆସିବାକୁ କହି ବ୍ୟଥା ଦେଲ ସିନା ଆସିଲନି ॥

ଭୁଲି ହେଲେ ତୁମେ, କେମିତି ଭୁଲିବି ନିଜେ କୁହ
ଖାଲି ଡର ନୁହେଁ

ଲାଜ ବି ଲାଗୁଛି କହିବାକୁ କା'ରେ
ଝଲ୍‌ମଲ୍ ଏଇ ଦିଶେ ଯେଉଁ ଛବି ଅଳ୍ପ ବୟସା ସାନଝିଅ
ଇସ୍‌ପାତ ସ୍ମୃତି ଅଲେଖା ଅକୁହା ଗୋପନୀୟ ।
ତମରି ସାଇତା ରୁମାଲଟି ପରି
ହଜିଗଲି ଥରେ ଖୋଜିଲନି
କଥା ଦେଇ ବ୍ୟଥା ଦେଲ ସିନା ଖାଲି, ଆସିଲନି ।।

ତମେ ଥିବା ଯାଏ ମରିବିନି କେବେ
ଜାଣିଚି ମୁଁ କେବେ ମରିବିନି
ମୃତ୍ୟୁ ବି ମୋତେ ଛୁଇଁବନି
ପ୍ରତ୍ୟଶା ମୋର କିଛି ନାଇଁ ଆଉ
ମୃତ୍ୟୁ କେଉଁଠି ମୋ ପାଇଁ ରହିଛି କହିଦିଅ
ମୃତ୍ୟୁର ହାତେ ଟେକିଦିଅ ମୋତେ ଟେକିଦିଅ
ବିସ୍ମୟ ଘେରା ନିଶ୍ଚଳ ଏଇ
ମିଛ ଜୀବନର ନିଭୃତ କଷ୍ଟୁ ମୁକୁଳାଅ ।
ଉଦାସୀନ ତମେ ସବୁକଥା ପରି
ଜାଣିଛି କିଛି ବି ବୁଝିବନି
ଆସିବାକୁ କହି ବ୍ୟଥାଦେଲ ସିନା ଆସିଲନି ।।

ଭୁଲିବି ତୁମକୁ ଭାବିଛି ଜୀବନେ ବହୁବାର
କଷ୍ଟ କେବଳ ମୋ ପାଇଁ ହୋଇଛି ଖାଲି ସାର
ଭୁଲି ପାରିଲିନି କେବେ ମୁଁ ତୁମକୁ
ଆଉ କେବେ ଭୁଲି ହେବ ନାହିଁ
ନଷ୍ଟ ମୁଁ ନିଜେ ଧ୍ୱଂସ ହୋଇଛି
ନଷ୍ଟ ହେବାକୁ ଆଉ କିଛି ହେଲେ ବାକି ନାହିଁ ।
କଥାରେ କଥାରେ ସବୁ କଥା ରହେ
ଯେମିତିକା ତମେ ଆସିଲନି
କଥା ଦେଇ ଖାଲି ବ୍ୟଥା ଦେଲ ସିନା ଆସିଲନି ।।

■

ଯାଅ ମୋତେ ଭୁଲିଯାଅ

ଯାଅ ମୋତେ ଭୁଲିଯାଅ
ଯାବତୀୟ କ୍ଳାନ୍ତି ଆଉ ଅବସାଦ ଘୁଞ୍ଚାଇ ଦେହରୁ
ନରକର ଯନ୍ତ୍ରଣାରେ ଆମ୍ଭାଯାଏ ନିଦ୍ରା ଚିରନ୍ତନ
ଆଉ କେଉଁ କଥା ମନେପଡ଼େ
ନେଉଥାଏ ଯେଉଁଥିରୁ ବାରମ୍ବାର ଜନ୍ମ !

ମନେ ନାହିଁ ମୋର ଜମା ମନେ ନାହିଁ
କିଏ ସେହି କାମକଳା କୁଶଳୀ ରମଣୀ
ଭେଟିଥିଲି କେଉଁଠି ମୁଁ ବୃନ୍ଦାବନେ ଗୋପେ କିମ୍ବା
ଏ ଜନ୍ମରେ ହୋଇପାରେ କଟକରେ, ଭୁବନେଶ୍ୱରରେ
ବୃନ୍ଦାବନୁ କଟକର ଦୂରତା ତ ଅନେକ ନିକଟ
ଗୋପଠାରୁ ଭୁବନେଶ୍ୱର ବି ଠିକ୍ ସେଇମିତି

ନନ୍ଦନକାନନର ପିକ୍‌ନିକ୍ ପାର୍ଟିରେ ବା
ଧଉଳିର ଶାନ୍ତି ସ୍ତୂପ ପାଖେ
ମୟୂର ପୁଚ୍ଛରେ କେଉଁଠି ବା ତୁମେ ହୁଅ
ଚନ୍ଦ୍ରିକାର ମେଞ୍ଚା ମେଞ୍ଚା ରେଣୁ
ରକ୍ତ ଝଲ୍‌ସା ଦୟାନଦୀ କାଚକେନ୍ଦୁ ପାଣିରେ ବା
ତମେ ଖୁବ୍ ତୋଫା ଦିଶ ଧଉଳି ଚେହେରା ପରି

ନୂଆ କରି ଘରରୁହା ଝିଅ ପରି
ଖୁବ୍ ଧୀର ଆଉ ଶାନ୍ତଶିଷ୍ଟ ।।

ଯାବତୀୟ କ୍ଲାନ୍ତି ଆଉ ଅବସାଦ ଘୁଞ୍ଚାଇଘୁଞ୍ଚାଇ
ବାରମ୍ବାର କିଆଁ ହୁଏ ମୋ ଛନ୍ଦ ପତନ
ଛନ୍ଦରେ ପତନ ଥିଲେ ତମେ ଏତେ ବେଶୀ ଭଲ ଲାଗ
ନୀରବତା ଚୁପ୍‌ଚାପ୍ ଖସୁଥିଲେ ଖୁବ୍ ଧୀରେ
ଏଣେତେଣେ ପକାଇଲେ ପାଦ କଟୀ ଦୋହଲାଇ
ଅଜାଣତେ ମୋ ଦେହର ସ୍ଥିତି ଆସେ ଖସିଖସି
ତମରି ଚିକୁର ଠାରୁ ପାଦ ନଖଯାଏ
ଖସିଯାଏ ମୋ ଦେହର ଅୟୁତଅୟୁତ କ୍ଲାନ୍ତି
ମୋ ମନର ଦୀର୍ଘ ଅବସାଦ
ଏବଂ କେଉଁ ବିସ୍ମୃତିର ମୁହୂର୍ତ୍ତରେ
ନିଜକୁ ମୁଁ ରାସ୍ତାରୁ ସାଉଁଟି
ତମ ଦେହ ପ୍ରତିଟି ଅଂଶରେ
ନିରବଧି ଚେଷ୍ଟା କରେ ଏ ଜନ୍ମର ସାର୍ଥକତା ଖୋଜିବାକୁ
ଠେଲି ଦେଇ ଅନନ୍ତ ବିଷାଦ ।।

ଭୁଲିଯାଅ କିଏ କହେ !
ମୋତେ ଭୁଲିଯାଅ ! !
ଭୁଲିବାର ପ୍ରଣାଳୀ ବା ଅଛି କିଛି
ଭୁଲିବାକୁ ପ୍ରଥମେ ନିଜକୁ,
ତା'ପରେ ଏ ସମଗ୍ର ପୃଥିବୀ ଭୁଲିହେଉ
କିନ୍ତୁ ତମେ ଥାଅ ପୃଥିବୀର ଗୋଲୋକ ଉପରେ
ସଚରାଚରରେ ନାହିଁ କେଉଁଠାରେ ସମ୍ପର୍କ ତୁମର

ଏ ଦେହର ସାର୍ଥକତା ହୋଇପାରେ
ବିଦେହବନ୍ତୀର ଅବା ଅପସୃୟ ଜରା ଓ ମୃତ୍ୟୁର ।।

ଖୁବ୍ ଧୀର ସକାଳର ନରମ ଫର୍ଚ୍ଚାରେ
ବୃନ୍ଦାବନ ବହୁଦୂରେ
ଗୋପପୁଣି ଆହୁରି ଦୂରରେ
ଘୁଞ୍ଚିଯାଏ ଯୋଗସୂତ୍ର କଟକ ଓ ଭୁବନେଶ୍ୱରର
ମୁଁ ଯେମିତି ଆସ୍ତେ ଆସ୍ତେ ଘୁଞ୍ଚି ଆସେ
ତମ ପାଖୁଁ ମୋ ଭିତରକୁ,

ତୁମେ ପୁଣି ଏକା ହୁଅ
ବୁଲୁଥାଅ ଖୋଜି ଖୋଜି
ପୃଥିବୀର ଜଙ୍ଗଲ ଓ ପ୍ରତ୍ୟେକ ସହର
ଯେ ତୁମର ଦେଖାହୁଏ ଗଛ, ପତ୍ର, ପଶୁପକ୍ଷୀ,
ପଚାରୁଛ ମୋହରି ଖବର

ଏଠି ତ ଆଉ ମୁଁ ନାହିଁ
କ୍ଳାନ୍ତି ଆଉ ଅବସାଦୁଁ ଠେଲିଠେଲି ଯାଇଛି ବାହାରି
ଯେଉଁଠି ମୁଁ ନିଜେନିଜେ ଏକା ହୁଏ
ନିଜ ସହ ଏକା କଥା ହୁଏ, ଏବଂ ପୁଣି
ନିଜ ପାଖେ ବାରମ୍ବାର ଯାଉଥାଏ ହାରି ।।

■

ତମେ ଏଇ ବର୍ଷା ଋତୁ

ଆକାଶରେ କ୍ରମଗତ ବର୍ଷାର ରୋଷଣୀ
ଇତଃସ୍ତତ ଭାସିଆସେ ବିକ୍ଷୁବ୍‌ଧ ପବନ ସାଥେ
ମୁକୁଳା ଜୁଡ଼ାର ପରି ବଉଦର ସୁଅ
ଆକାଶର ବୁକୁ ଫାଟେ କଅଁଳିଆ ଆଙ୍ଗୁଠିର ନଖ
ସ୍ୱପ୍ନ ସବୁ ଚିରିଚିରି ଛୁଇଁଯାଏ କ୍ଷେତ ମାଟି ଓଦା ହେଲେ
ଚୁପ୍‌ଚାପ୍ କଥାର ଦେହଳି ॥

ସେ ପୁଣି କେମିତି କଥା
ଶୁନ୍‌ଶାନ ହେଲେ ରାସ୍ତା
ଗଳି ମୋଡ଼ ସବୁ ଛକ ଫକ,
ତମେ ଡର ମୁଁ ଥିଲେ ବି ଗପସପ ବେଳେ
କି କଥା ବା କଥା ହେବା ଚୁପ୍‌ଚାପ୍ ଦୁହେଁ ଠିଆ ହେଲେ
ତମେ ହୁଅ ତରତର 'ଫେରିଯିବା, ଚାଲ ଫେରିଯିବା ।'
କାହିଁକି ଏମିତି ହୁଅ କିଏ କ'ଣ ବୁଝୁ ବା ନବୁଝୁ
ତମେ ସବୁ ବୁଝୁଚନା ଆଉ କିଛି ରହୁଛି ଅବୁଝା
ମୋ କଥାର ବଙ୍କା ଟଙ୍କା ଗତି ରୀତି ସବୁ ଏଇ
ବର୍ଷାଋତୁ ଅଛିଣ୍ଡା ବର୍ଷାର ଧାର ତମେ ତ ଜାଣୁନ
'ଏମିତି କହିବ ନାଇଁ' କହିଦେଇ
କି ସୁଖ ବା ପାଅ ତମେ ଜାଣ (?) ॥

ମୁଁ ଜାଣିଚି ବର୍ଷା ଋତୁ ପରି ତମେ ସ୍ୱାର୍ଥପର ନୁହଁ
କେବେ ପୁଣି କହିଥିବି ତମେ ଖୁବ୍ ସ୍ୱାର୍ଥପର
ନିଜକୁ ପାଉଚ ଭଲ ନିଜ ସହ ସାଲିସ୍ କରୁଚ,
କଥାର ପାଇଚ ବାଗ କଥା ତମ ରିମ୍‌ଝିମ୍ ବର୍ଷା ପରି
ଖୁବ୍ ଧୀର ସ୍ୱରରେ ଝରୁଚି
ବାଇଶ ବାଗ ତ ନାହିଁ ମୋ କଥାର ମୁଁ ବା କ'ଣ କହେ
ମୁଁ ଜାଣିଚି ତମେ ବୁଝ ଛଳନା ବି କର,
ଉଠାଣି ଆସୁଚି ମେଘ ଝରିବ କି ଝରିବନି
ଜଣା ନାହିଁ ଠିକ୍ ସେହିପରି ।।

ଆଜି ମୁଁ ପାରୁନି ଯାଇ ବର୍ଷା ଋତୁ ଜାବୋଡ଼ି ଧରିଚି
ମୁଁ ଶୋଇଚି ଓ ଶୋଇଚି
ବିଛଣାରେ ଖାଲି ମୁଁ ଶୋଇଚି
ନିଦ ନାଇଁ, ବର୍ଷା ଋତୁ ଶୋଇ ନାଇଁ,
ମନେ ପଡ଼େ ତମ କଥା
ମେଘ ସବୁ ଛାଇଗଲେ ତମ ଗାଁ ଅନ୍ଧାରୁଆ ହେଲେ
ତମେ ଖୁବ୍ ଫର୍ଚ୍ଚା ଦୁଶ
ମୋ ଆଖିର ବର୍ଷା ଭିଡ଼ ମାନଚିତ୍ର ଦେହେ ।।

କେତେଥର ମୁଁ କହିଚି କେତେ ତାଗିଦାରେ
ତମେ ରୁହ ଆଉ ଅଳ୍ପ ଖୁବ୍ ଅଳ୍ପ କଥାବାର୍ତ୍ତା ହେବା
କାହିଁକି ମାନୁନ ତମେ ଖାଲି କୁହ 'କାଲିକି କହିବ...'
'ଶୀଘ୍ର ଶୀଘ୍ର କଥା ସାର ଏମିତି କି ଲେଖି ନେଇ ଆସ...'
କଥାର ନଥାଏ ମାନେ ମୁଁ ଜାଣେନା କଥା ଫଥା କିଛି
ଆମେ ଦୁହେଁ ଛିଡ଼ା ହେବା ଚୁପ୍‌ଚାପ୍ ନୀରବରେ
ଯୋଡ଼ି ଦେଇ ଆଖିକୁ ଆଖିକୁ

ବର୍ଷା ଖାଲି ଝରୁଥିବ, ଝରୁଥିବି ଖୁବ୍ ଥଣ୍ଡା ପାଣିର ସିଆର
ସେଥିରେ କି ତୃପ୍ତି ନାଇଁ,
ବୁଝା କିବା ପଡୁ ନାଇଁ ଚୁପ୍‌ଚାପ୍ ମାନେ
କାଲିକି ବା ଆଉ କ'ଣ ବେଶୀ ? ?

ଏ ବରଷା ଏ ପବନ
ଏ ବାଟର ଧୂଳି ମାଖି ଆସୁଥିବା ସୁଅର ଫୁଆର
ତମ ମନ ଫୁଲ ଶେଯ ଛୁଇଁଯାଉ
ଛୁଇଁଯାଉ ପ୍ରତ୍ୟେକ ଅଙ୍ଗକୁ,
ସୂର୍ଯ୍ୟାସ୍ତକୁ, ସବୁ ସକାଳକୁ ।।
ତମର ଏ ବର୍ଷା ଋତୁ ଏ ବର୍ଷାର ଝର
ତମ ହାତ ପାପୁଲିକୁ ଝରୁ
ବର୍ଷା ଖାଲି ଝରୁଥାଉ, ଆଉରି ଝଲାଉ ଥାଉ
ମୋତେ ଓ ତୁମକୁ ।।

■

ସ୍ମୃତି

ଭୁଲିଯିବି ବୋଲି ପ୍ରତିଦିନ ଭାବି
ମନେ ପକାଉଛି ବେଶୀ
ତୁମକୁ ଯଦି ମୁଁ ଭୁଲିଯା'ନ୍ତି ଦିନେ
ଜୀବନେ ହୁଅନ୍ତି ଖୁସି ।
ଲୁହରେ ଲୁହକୁ ମିଶେଇ ଦେଖୁଛି
ଟୋପାଏ ପାଣିର ଗାର
କେତେ ଲୁହ ଆଉ ଦେଲେ ମୁଁ ତୁମକୁ
ହେବ ନିଜ ଅଧିକାର ! !

ସବୁ ଲୁହ ଆଜି ଦେଉଅଛି ଝାରି
ତୁମରି ସ୍ମୃତିରେ ବସି
ତୁମକୁ ଯଦି ମୁଁ ଭୁଲିଯା'ନ୍ତି ଦିନେ
ଜୀବନେ ହୁଅନ୍ତି ଖୁସି ॥

ନିଜର ବୋଲି ମୁଁ ବିଚାରୁଛି ଯାହା
କିଛି ନୁହେଁ, ମିଛ ଛାୟା ।
ତଥାପି କାହିଁକି ଆବେଗ ବିଧୁର
ମନକୁ ବାନ୍ଧୁଛି ମାୟା ?

କେମିତି ବୁଝିବି ନିଜକୁ ଆଉ ମୁଁ
ନିଜେ ଏତେ ଜଳିଜଳି
ଲିଭିବା ଆଗରୁ ତୁମରି ସ୍ମୃତିକୁ
ଦେବି ମୋ ଭିତରେ ଜାଳି ।।

କେମିତି ବଂଚିଛି, କେତେ ଯାତନାରେ
ଦେଖିନିଅ ଥରେ ଆସି
ଭାବିବା କଥାରେ ଯଦି ମୁଁ ଭୁଲନ୍ତି
ଜୀବନେ ହୁଅନ୍ତି ଖୁସି ।।

■

ପ୍ରତିନିୟତରେ

କେମିତି ମୁଁ ଏତେ ଭଲ ପାଇଗଲି କେବଳ ଭାବୁଛି
କେତେ ଭଲ ପାଉଚି ମୁଁ ଜାଣି ନାହିଁ
ପ୍ରତିକ୍ଷଣେ ନିଜକୁ ଭୁଲୁଛି ଆଉ ବିଷାଦେ ଝୁରୁଛି ।
କାହାକୁ କହିବି ଯାଇ କେମିତି ମୋ ସମୟ ବିତୁଛି !
ମୁହୂର୍ତ୍ତେ ମରୁଛି ଆଉ ମୁହୂର୍ତ୍ତେ ବଞ୍ଚୁଛି
କେମିତି ମୁଁ ଏତେ ଭଲ ପାଇଗଲି କେବଳ ଭାବୁଛି ॥

ନୀରବ ଆକାଶ ତାରା, ନିଦାରୁଣ ପବନ ଲାଗୁଛି
ଏମିତି ସୁନ୍ଦର ଫୁଲ, ସବୁଜ ଜଙ୍ଗଲ ନଈ
ଆପଣାରୁ ଅଚିହ୍ନାରେ, ଲୁହ ପରି ସବୁ ପ୍ରତିଶ୍ରୁତି ।
ନିଜେ ମୁଁ ହଜିଛି କାହିଁ
କିଏ ମୋତେ ମାୟାକରି ଚୋରାଇ ନେଇଛି
ଭଲପାଏ ସତ ସିନା ଆଉ ସବୁ ଅଜଣା ରହିଛି
କେମିତି ମୁଁ ଏତେ ଭଲ ପାଇଗଲି କେବଳ ଭାବୁଛି ॥

ନିଃଶବ୍ଦ ଅନ୍ଧାର ମୋତେ ଚାରିଆଡୁ ଘେରି ରହିଅଛି ।
ତୁମକୁ ଖୋଜିବା ବେଳେ
ତୁମ କଥା ଶୁଭେ ମୋତେ, ବାରମ୍ବାର ସ୍ୱପ୍ନରେ ଭେଟୁଛି,
ପରକ୍ଷଣେ ରାତିର ଶିଶିର ପରି
ସକାଳରେ ଉଭେଇ ଯାଉଛି ।
ସବୁ ପରେ ଛଟପଟ କରୁଥାଏ
ଜହ୍ନରାତି ପରି ତମ ସ୍ମୃତି
ଏ ଏମିତି ଦୁଃଖ ଗୀତ ସରେ ନାହିଁ ମୃତ୍ୟୁରେ ପହଞ୍ଚି,
କେମିତି ମୁଁ ଏତେ ଭଲ ପାଇଗଲି କେବଳ ଭାବୁଛି ।।

ଲୁହ ମୋର ଅନ୍ତରଙ୍ଗ ନିର୍ଜନରେ ନିଜକୁ ଜାଳୁଛି
ତୁମକୁ ମୁଁ ଭଲ ପାଇ
ଘାରେ ମୋତେ ଅନ୍ତହୀନ ପ୍ରାପ୍ତିର ଅତୃପ୍ତି ।।

■

ପ୍ରେମରେ ପଡ଼ିବା ଲୋକ

ମୋ ବଂଚିଯିବା ପାଇଁ ତମ ଛାତିର କୋଠରୀମାନେ
ଲୁଚେଇ ରଖୁଛନ୍ତି ମୋତେ
ପ୍ରାତ୍ୟହିକ ଦୁଃଖ ଜଞ୍ଜାଳରୁ।
ସବୁ ଆନମନା ଭାବନାମାନେ : ଯଥା-
ମନମୁତାବକ ଚାକିରୀ ମିଳୁନି, ଘରକଥା ମନେପଡ଼େ
କେଉଁ ସାହାଯ୍ୟରେ ଅବା ଲୋଡ଼ିବେ ସେମାନେ (?),
କେହି କିଛି ବୁଝନ୍ତିନି କାହା ଦୁଃଖ,
କେମିତି ବା କିଏ ସେ ବଂଚିଛି
ବଂଧୁବାସ ଗାଁ ଲୋକେ କହୁଥାନ୍ତି 'ସିଏ ନଷ୍ଟ ହେଲା'
କେଉଁଠି ବା ପ୍ରେମ ଫ୍ରେମ କଲା।'
ଆଉ ଆଉ କଥାଙ୍କ ଭିତରେ;
ପ୍ରତିଦିନ ମୁଁ କେମିତି ଚାହିଁ ରୁହେ
ଆଶା କରି ରୁହେ ଆସନ୍ତା ଦିନଙ୍କୁ
ଓ ଦେଖେ ପୂର୍ବପରି
ସେମାନେ କେମିତି ସ୍ୱାର୍ଥପର, ନିହାତି ନିଷ୍ଠୁର
ଇତ୍ୟାଦିରେ... ଆତ୍ମବିସ୍ମୃତି ହେଲାବେଳେ
ଏକାନ୍ତ ଆକର୍ଷଣୀୟ ତମର କୋମଳ ଛାତି
ମୋତେ ବାନ୍ଧିରଖେ ସକଳ ମୃତ୍ୟୁରୁ।।

କେତେକେତେ ଅନ୍ୟମନସ୍କତା ମୋତେ ମାଡ଼ିବସେ
ଏକାଏକା ଥିଲେ ଖାଲି ଡରଲାଗେ
ସତେ ଅବା ଆଉ ଜମା ଭେଟ ହେବ ନାହିଁ।
ମିଶିବା ମୁହୂର୍ତ୍ତ ସବୁ କେତେ ଶୀଘ୍ର ଚାଲିଯାଏ
ରାଗ ରୋଷ, ଅଭିମାନ ଡେଇଁ ! !

ତମ ଚିଠିର ଅକ୍ଷରମାନଙ୍କ ଭିତରେ
ମୁଁ ଦେଖୁଛି ମୋର ପ୍ରତିଛବି।
ଠିକ୍ ମୋରି ପରି ଦୁଃଖରେ ପହଁରୁଥିବା ଶବ୍ଦମାନେ
ଲୁହ ଛଳଛଳ ଆଖିରେ କେତେ ଉଦାସ ଦିଶନ୍ତି ମତେ,
ଆଉ ମୁଁ ଯେମିତି ବୁଝିପାରେ
'ମୋ ଭଲକଥା ପଚାରୁଚ କାହିଁକି ଆଉ ?
ତମେ ଭଲ ଥିଲେ ମୋ ପାଇଁ ତ
ଅନେକରୁ ଅଧିକ ଯଥେଷ୍ଟ !'

ମୋ ଦୁଃଖକୁ ତମେ ନେଇ
କାହିଁକି ଏମିତି ମତେ ଋଣୀ କରିଅଛ ?
ମାଡ଼ିମାଡ଼ି ପଡ଼େ ମତେ ସେଥିପାଇଁ
ତମ ପ୍ରେମ ମୋ ମଥାକୁ ନୋଇଁଦିଏ,
ଆତ୍ମହରା କରିଦିଏ
ସତେ ତମେ କେତେ ବଡ଼
ବୁଝିପାରେ ନାହିଁ।

ମୁଁ ବିଭୋର ଭାବିଯାଏ... କେତେ ସ୍ୱପ୍ନ, କେତେ ନଈ
ପାର ହୋଇ... ତା' ପରେ ମୁଁ ଅସହାୟ...
ନିଜ ପାଇଁ ବୁଲେ ଆଶ୍ରା ଖୋଜି
ନିରାପଦ ତମ ଛାତି ଲୁଚେଇ ରଖୁଛି ମୋତେ
ପ୍ରତିକ୍ଷଣେ ମୁଁ ଯାଉଛି ହଜି।।

ତମେ କୁହ 'ତମେ ଭଲ ଲେଖିପାର, ପ୍ରେମ ଜାଣ ନାହିଁ।
ଦିନଟିଏ ନ ଦେଖିବି ଦକହୀନ ଭାବେ ଭଲ ସମୟ କାଟୁଚ
ଟିକେ ହେଲେ କିଛି ଚିନ୍ତା ନାହିଁ
ତମେ ଜମା ପ୍ରେମ ଜାଣ ନାହିଁ।'
ଏମିତି ଲାଗିବ ଜାଣେ
ପ୍ରେମ ଏକ ଅସମ୍ପୂର୍ଣ୍ଣ ଶବ୍ଦଟିଏ
ଜନ୍ମ ଜନ୍ମାନ୍ତର ପାଇଁ ଅସନ୍ତୁଷ୍ଟ ରଖେ ସବୁବେଳେ
କିନ୍ତୁ ଏ ରହସ୍ୟମୟ ପ୍ରେମ କ'ଣ ନୂଆ ଲାଗେ
ନିର୍ଦ୍ଧାରିତ ବୟସର ସୀମା ଟପିଗଲେ ?

ଏଇମିତି ସବୁବେଳେ
ଦ୍ୱନ୍ଦ୍ୱ ଆଉ ମନସ୍ତାପ ଭିତରେ ପଡ଼ିଲେ
ସବୁକାମ ସବୁ ଦୁଃଖ ଭୁଲିଯାଇ
ମୁଁ ଜଣେ କବି ହୋଇ
ତମ ପ୍ରେମ କଥା ଲେଖିଚାଲେ।
ଅଥଚ ବି ତୁମେ କୁହ
'ଏଣିକି ମୁଁ ଡରୁଅଛି କାଳେ ତୁମେ ଚାଲିଯିବ
କେବେ ତୁମ ନାହିଁ ଚିନ୍ତାଦକ
ଆଜି ତୁମେ ଏଠି ଅଛ
କାଲି ତୁମେ ଉଡିଯିବା ଲୋକ।'

କିନ୍ତୁ ମୁଁ ଏତିକି ଜାଣେ
ତମ ଛାତି ମୋର ପାଇଁ ଚାରିଛକି ଛକର ମଣ୍ଡପ
ମୁଁ ତମର ଏକମାତ୍ର ଆଶ୍ରାପ୍ରାର୍ଥୀ ବିନୀତ ପ୍ରେମିକ॥

■

ଗ୍ରୀଷ୍ମ ଋତୁ : ସ୍ୱପ୍ନ, ଭାବପ୍ରବଣତା

ତମ ଗାଆଁ ଆଡ଼େ କେବେ
ଗ୍ରୀଷ୍ମଋତୁ ଯାଏ କି ଯାଏନା'
ବାଉଁଅ ପବନ କେବେ
ମନ ଇଚ୍ଛା ବହେ କି ବହେନା'
ଖରାବେଳେ ଆଖିକୁ ଆସିଲେ ନିଦ
ଶୋଇବାରେ କେବେ ତୁମେ
ପାଇଚ ଯନ୍ତ୍ରଣା ? ?

ଖରା ଝରେ, ବର୍ଷା ଝରେ
ବର୍ଷା ବିନ୍ଦୁ ସ୍ୱେଦର କଣିକା,
ସ୍ୱେଦର କଣିକା ସ୍ୱପ୍ନ
ନିଛାଟିଆ ଖରାବେଳ ପରି ଏକାଏକା ।
ଅଜଣା ଏବେ ବି ମୋତେ
ତମେ କେତେ ବଦଳିଚ
ଖରାଦିନ ଫୁଲ
ମୋ ଦୁଃଖର ଅନୁଭବ
ତୁମକୁ ଛୁଏଁ କି କେବେ ?
ଏମିତି କାହାକୁ କେହି ପାଏ କିବା ଭଲ ! !

ଖରାର ଆଙ୍ଗୁଳି କେବେ ଆଉଁସିଛି
ତମ ଗାଆଁ ଫୁଲର ପାଖୁଡ଼ା !
ତତଲା ପବନ କେବେ
ବୋଲିହେବା ମନେପଡ଼େ
ତମ ଗାଲ, ଦେହ ସାରା
ଇଚ୍ଛାର କେଶର ଅବା ସ୍ମୃତିର ଅତଡ଼ା ?

ଗ୍ରୀଷ୍ମ ଋତୁ ନିର୍ବିକାର
ମାନେ ନାହିଁ ଭାବ ବିନିମୟ
ନିଜ ପାଖେ ନିଜେ ଥାଇ
ମାଡୁଥାଏ ଭୟ ।।

ଗ୍ରୀଷ୍ମ ଋତୁ ନିଛାଟିଆ କେତେ ସତେ
ସବୁ କଷ୍ଟ ଯନ୍ତ୍ରଣାରେ ଭରିଦିଏ ଭାବପ୍ରବଣତା
ସ୍ମୃତି ମୋର ତମ ପାଖେ କେତେବେଳେ
ନିଃସଙ୍ଗ ଏ ଜୀବନର ବେଖାପ କବିତା,
ଦେହ ଓ ମନରେ ଖରା
ଖରାଟିଆ ସବୁ ମୋହ,
ଆଶା ଓ ଜୀବନ
ଗ୍ରୀଷ୍ମର ମୁହଁରେ ତୁମେ
ଦେଖହୁଏ କେତେ ଯେ କରୁଣ !!

ଖରାର ଚାଦର ତଳେ
ତମ ଗାଆଁ ଝାଳୁଆ ଦେହରେ
ପତ୍ର ଫୁଲ ଝୁଲୁଥିବେ ଝାଞ୍ଜି ପବନରେ,
କେବେକେବେ କିଛିକିଛି ସ୍ୱପ୍ନ ତଳେ

ତମେ ଥିବ ନିଶ୍ଚିନ୍ତେ ଘୁମେଇ
ଗ୍ରୀଷ୍ମ ପରି ଉତ୍ତପ୍ତ ଲୁହର ଧାର
ଭାଗ୍ୟକୁ ଛଳନା କରି ଯାଉଥିବ ବହି
ବିନ୍ଦୁବିନ୍ଦୁ ଝାଳର କଣିକା ତଳେ
ମୋତେ ଇ ହଜେଇ ।
ଖିଆଲରେ କିଛିକିଛି ଖୁସି ହୋଇ
ଭାବୁଥିବ କେତେବେଳେ ତୁମେ ମୋର
ଅନ୍ୟବେଳେ ମୋତେ କରି ତୁମର ନିଜର,
ସ୍ୱପ୍ନ ଦେଖା ଶେଷ ହେଲେ
ତମେ ଦେଖ ଗ୍ରୀଷ୍ମ ଋତୁ ଖରାର ସହର ।।

■

ତମେ ମୋତେ କଥା ଦେଇଅଛ

ମୋ ଦୁଃଖକୁ ନେବା ପାଇଁ କେତେ ଅନୁନୟ କର
ହାତପାତି, ଅଭିମାନ ବିନ୍ଦୁବିନ୍ଦୁ ଲୁହ ହୋଇ ଝରେ।
ଅଝଟ ପିଲାଙ୍କ ପରି କିଛି କଥା ଶୁଣିବାକୁ
ତମେ ବସ ଚୁପ୍‌ଚାପ୍
ବୁଝୁନାହଁ ଜମା ମୋତେ
ସେ ମୁହୂର୍ତ୍ତ ଦୁଃଖ ହୋଇ ମୋ ଭିତରେ କେମିତି ତରଳେ।
ବାରମ୍ବାର ଭାବିଅଛି ତମେ ମୋର ଆଜି ଦେଖା ହେଲେ
ହସିହସି କଥା ହେବି, ତୁମକୁ ମୁଁ ଖୁସି କରାଇବି
ଅଥଚ ମୁଁ କାହିଁକି କେଜାଣି
ଦେଖିଦେଲେ ତମ ମୁହଁ ଇଚ୍ଛା ହୁଏ କରିବି ମୁଁ ମିଛ ଅଭିମାନ
ଲୁହ ଢଳଢଳ ଆଖି ତୁମର ପଚାରୁଥିବ
'କୁହ କୁହ, ତମେ ଆଜି କାହିଁକି ବିଷର୍ଣ୍ଣ।'

ଏଇମିତି ଭାବଟିଏ କାହିଁକି କେଜାଣି ମୋତେ
ଘାରିଦିଏ ମିଛ ବିଷାଦରେ
ନିଶୂନ ତା'ପରେ ସବୁ ତମେ କିଛି କୁହ ନାହିଁ
ମୋ ଆଗରେ ସ୍ଥାଣୁ ପରି ବସ
କେମିତି ମୁଁ ସେତେବେଳେ କାଟେ ମୋର ଦୀର୍ଘବେଳ !
ତମେ କିନ୍ତୁ ଭୁଲିଯାଅ କେଉଁକଥା ମୋତେ ଦେଇଅଛ ॥

ଆମେ ଦୁହେଁ ପ୍ରତିବେଳେ ପ୍ରତିଥର ରାଣ ନିୟମରେ
କେହି ବି କାହାକୁ କେବେ ଦୁଃଖରେ ଦେଖିବା ନାହିଁ
କହୁ ବୋଲି ଦୁଃଖ ବୋଧେ ଆସୁଅଛି ଆମରି ଭାଗ୍ୟରେ ।
ଭାଗ୍ୟ ତ ନିଷ୍ଠୁର ଏତେ
କାହା କଥା ଅନୁନୟ ଅରମା ପିଲାଙ୍କ ପରି କିଛି ମାନେ ନାହିଁ
ଆଜି କଥା କାଲିକୁ ରହେନା' କିଛି
ତା' ଆନନ୍ଦ ସବୁ ଭାଙ୍ଗିବାରେ ।

ସବୁ ସିନା ପ୍ରତିକୂଳ, ପରିଣତି କିନ୍ତୁ କିଏ ଜାଣେ !
ଶୁଖିଲା ପତ୍ରଙ୍କ ପରି ଏ ବତାସେ ଉଡ଼ିଉଡ଼ି ଆମେ ଯିବା
ଜନପଦ ଶୂନ୍ୟ ଏକ ଆଉ କେଉଁ ଗୋପନ ସହରେ
ନଥିବ ବନ୍ଧନ ସେଠି, କାହାର ଆକଟ
ତମେ ମୋର ଏକା ଥିବ, ମୁଁ ବି ଥିବି ତମ ପାଇଁ ଜଣେ ।
କେତେବେଳେ ଦିନଯାଏ, କେତେବେଳେ ରାତିହୁଏ
କଥା କେବେ ସରେ ନାହିଁ, ହୁଏ ନାହିଁ ଭାବନାର ଶେଷ,
ଆଖି ମୋର ପାଏ ନାହିଁ ଏତେ ଦୂର
ଦିଗହଜା, ଅନ୍ତହୀନ ଏତେ ସ୍ୱପ୍ନ-
ସବୁ ପରେ ଦୁଃଖର ପରଶ
ତମେ କିନ୍ତୁ ଭୁଲିଯାଅ କେଉଁ କଥା ମୋତେ ଦେଇଅଛ ॥

ଏତେ ସ୍ୱପ୍ନ ନେଇ ମୋତେ
ଅଧିକାଂଶ ବେଳେ ଲାଗେ ଖୁବ୍ ଅସହାୟ
ବିଜୁଳି ଝଲକ ପରି ଏ ଜୀବନ
କେତେବେଳେ ଲିଭିଯିବ ସେଥିଲାଗି ଭୟ ।
ତଥାପି ଯେତିକି ଦିନ ଏ ମାଟିକୁ ଭଲ ପାଇ
ହଜୁଥିବା ଆମେ ଆମ ଈଶ୍ୱରୀୟ ପ୍ରଣୟ ନିଶାରେ
ଦେହର ଦୂରତା ଡେଇଁ ଆମେ ମିଶି ଯାଉଥିବା
ଦିଗ୍‌ବଳୟ ପରି ଅନ୍ତରାଳେ ।

ଆମ ଭଲ ପାଇବାରେ କଥା କାହିଁ, ଦେହ କାହିଁ !
ଅସୀମ ଆକାଶ ପରି
ମନଟିଏ ଝୁଲଥାଏ ସୂର୍ଯ୍ୟରଙ୍ଗ ନେଇ
ତାରା ପରି ସ୍ୱଚ୍ଛ ଶୁଭ୍ର ସ୍ମୃତି ସବୁ ମନେପଡ଼େ ହରରଙ୍ଗୀ ହୋଇ,
ଟୋପାଟୋପା ଲୁହ ଆଉ ଦୀର୍ଘଶ୍ୱାସ ତଳେ
ମୁଁ ତୁମକୁ ବାରମ୍ବାର ମୋ ଭିତରେ ନିତି ଭେଟୁଥାଇ ।।

ତମେ ହେଲେ ଏଇମିତି
ଆସୁଥାଅ ସ୍ନେହରେ ବଢୁରା ତମ ହାତକୁ ବଢ଼ାଇ
ପୋଛିନିଅ ଲୁହ ମୋର, ଦିଅ ମୋତେ ସାମାନ୍ୟ ବୁଝେଇ,
ଆଉ କେତେ ଦିନ ପରେ ଶୁଣିବାକୁ ନଥିବି ମୁଁ
କେଉଁମିତି ଶବ୍ଦ କରେ ତୁମ ପାଣିକାଚ !
ଅଥଚ ବୁଝୁନ ତମେ,
ଭୁଲିଯାଅ କେଉଁ କଥା ମୋତେ ଦେଇଅଛ ।।

■

ଚମ୍ପାଫୁଲ

ପରସ୍ପରର ବାହାରେ
ଚମ୍ପାଫୁଲର ବାସ୍ନା
ଘୋଟିଆସେ ଜଙ୍ଗଲରୁ ଏ ପାରିରୁ ସେପାରିକୁ ।
ନାନ୍ଦୀମୁଖୀ ଶ୍ଲୋକ ଉଚ୍ଚାରଣ ଭୋର୍ ଆକାଶରେ
ଭାଙ୍ଗି ଦିଏ ଖଣ୍ଡଖଣ୍ଡ ନୀରବ ଚେତନା
ତମରି ଆଙ୍ଗୁଠି ଆଉ କେଉଁ ଏକ ମୋହଗ୍ରସ୍ତ
ପୃଥିବୀରୁ ଆକାଶକୁ ଲମ୍ବିଆସେ
ଯୋଗସୂତ୍ର ହୋଇ ।।

ଘ୍ରାଣଶକ୍ତିରେ ବ୍ୟାଘ୍ରର ତାଣ୍ଡବ ନୃତ୍ୟ
ଫଟା ବିଲରେ ସରୀସୃପ ଲୀଳାଖେଳା,
କେଉଁ ମନ୍ତ୍ରରେ ପାଖେଇ ଆସୁଚୁ
ବିଲମ୍ବିତ ହାତ ସେପାରିରୁ
କୋଳ କରିଥିବା ପିଲାଟି ଡେଇଁ ଆସିଲା
ମୋ ପାଖକୁ ଯେ : ସାରା ଦେହ କମ୍ପିଲା
ଅଜଣା ଅଚ୍ଛୁଆଁ ଚମ୍ପାଫୁଲର ବାସ୍ନା ।।

ନିର୍ଜନତାର ସମାରୋହରେ ଚମ୍ପାଫୁଲର ମୋହ
ଅନ୍ଧୀଭୂତ ଚେତନାର ବିପର୍ଯ୍ୟସ୍ତ ଅନୁଭବଙ୍କୁ
କୋଳେଇ ଆଣେ ସ୍ମୃତିର ଢେ଼ଉରେ ।

ତମେ ବିଦାୟ ମାଗୁଚ ଚମ୍ପାଫୁଲ !
ତମେ ଫେରିଯିବାକୁ ଚାହୁଁଚ ପାଖୁଡ଼ାର
ସ୍ନିଗ୍‌ଧ ମୁଲାୟମ୍ ସ୍ପର୍ଶକୁ
ନିଜ ଦେହର ତାତିରେ ଶିଝିବାକୁ ।।

ମୁଁ ମଣିଷ । ଆଉ ତମେ ଫୁଲଟିଏ
ସ୍ୱପ୍ନର ପ୍ରାନ୍ତର
ତମରି ପ୍ରତ୍ୟୟ ସବୁ ଏକାକାର
ଅବଶିଷ୍ଟ ଆଲୋକର କ୍ଷଣ ଚୁମ୍ବନରେ,
ଇଚ୍ଛାରେ ଦୁଃଖର ସ୍ୱର
କୋଳାହଳ ସ୍ମୃତିମୟ ଦୂରସ୍ଥ ଆତ୍ମୀୟ
ମୁହୂର୍ତ୍ତର ଅଦୃଶ୍ୟରେ ଅଧୀର ମୁଁ
ଯନ୍ତ୍ରଣାରେ ବିଚିତ୍ର ଆଚ୍ଛନ୍ନ
ଦୃଷ୍ଟି ମୋର ପରିପୂର୍ଣ୍ଣ ଚମ୍ପାଫୁଲ
ହଳଦିଆ ଝୁଲନ୍ତା ଛାଇରେ
ଆଲିଙ୍ଗିତ ଦେହ ମୁହଁ
ଅବାଙ୍ମୟ ଦିଗନ୍ତ ସତ୍ତାରେ ।।

ଚମ୍ପାଫୁଲ ନିର୍ବିକଳ୍ପ
ସଂଚରିତ ସନ୍ଦେହର ତତ୍ତ୍ୱ
ତମରି ଅବର୍ତ୍ତମାନ ପ୍ରତୀକ୍ଷିତ ବ୍ୟାକୁଳିତ
ଆତ୍ମାର ଦୋରସ୍ତେ
ତମେ ପୁଣି ଚେଇଁ ଉଠ
ଈଶ୍ୱରୀୟ ବର୍ଣ୍ଣାଢ୍ୟ ଉଦ୍ୟାନେ
ଆତ୍ମାରେ ଆତ୍ମାର ରତି
ଚମ୍ପାଫୁଲ ନିରୁତ୍ତର ସୃଷ୍ଟିର ରହସ୍ୟେ ।।

■

ବସନ୍ତ ଋତୁ

ଅସୂର୍ଯ୍ୟ ସକାଳ ତଳେ
ନାଲି ଲୁଗା କାନି ଖୋଲି
କେଉଁ ଡ଼ାଳପତ୍ରରେ ତମର ଦୋଳିଖେଳ
ହସଖୁସି ସବୁଜିଆ ଘାସ ପଡ଼ିଆରେ
ବସନ୍ତ ଋତୁ !!

ନିରବଧି ଚୁପ୍‌ଚାପ୍
ତମ ଗାଁ ଆମ ଗାଁ ସବୁ ନଈ ନାଳ ବୁଲି
ମୋ ପାଖରେ ମୋ ଦେହରେ
ସାରା ଦେହ ଯାକ।
ତମେ ମୋ ହୃଦୟ ଉପରକୁ
ଧୀରେ ଧୀରେ ଚାଲିଆସ
ମୋ ଦେହରେ ପିଲାଳିଆ ମାଂସ
ଆଉ କଅଁଳିଆ ହାଡ଼
ମୋତେ ତମେ କୋଳକର
କୁହଡ଼ିଆ ମୁହଁ ସଂଜ
ଥଣ୍ଡା ହାୱା ବାଡ଼ି ବଗିଚାରେ
ଇସ୍ ତୁମ ଛାତି କେଡ଼େ !
ସତେ କେଡେ ନୂଆ ଲାଗୁଚି ମ !!
ବସନ୍ତ ଋତୁ। ବସନ୍ତ ଋତୁ।।

ଆଗପରି, ମୋ ପିଲାବେଳ ପରି
ଲଙ୍ଗଳା ଦେହରେ ତମେ ତ ଆସୁନ ।
ଏବେ ପୁଣି ଫ୍ରକ୍ ପିନ୍ଧା ଛାଡ଼ିଦେଲ ବୋଧେ
କେତେ ହେଲା ବୟସ ତମର
କିଏ ଯଦି ପଚାରିବ
ବାଳକୁ ମୁକୁଳା କରି ପବନରେ ଶାଢ଼ି କାନି ଛାଡ଼ି
ନୂଆନୂଆ ହସ ଆଉ ଆଖି ଟିକେ ମୁଦି
ତମେ କୁହ 'ତମର ଯେତିକି'
ବସନ୍ତ ଋତୁ । ବସନ୍ତ ଋତୁ ॥

ମୋ ବାଇଶ ବର୍ଷରେ ତମେ ଖୁବ୍ ସ୍ୱାର୍ଥପର,
ନୁହେଁ ?
ଅଥଚ ତମେ ଆସିଲା ପରେ
କେଉଁଠି ତ ପତ୍ର କଅଁଳୁନି
ଇଚ୍ଛାର ଫୁଲ କଢ଼ିଟିଏ ଫୁଟୁନି
ଜ୍ୱାଳାମୟ ରୁଗ୍‌ଣ ମନରେ
ତମ ବୟସ ସତରେ ଖୁବ୍ ବଢ଼ି ଯାଇଛି ।
ଏଣିକି ତମେ ଚାଲିଯାଅ ତତଲା ଆକାଶର
ଖଇଫୁଟା ତରାର ଛାତିକୁ
ନିରୋଳାରେ ବୟସରୁ ବୟସକୁ
ବସନ୍ତ ଋତୁ । ବସନ୍ତ ଋତୁ ॥

ଗୋଧୂଳିର ଶୋକ

ଅପରାହ୍ଣ ନଇଁ ଆସେ
ସୂର୍ଯ୍ୟଙ୍କର ମଖମଲି ନାଲି ଓଠେ
ସନ୍ଧ୍ୟା ବୁଲିବୁଲି ଆସେ
କେତେ ନଈ ନାଳ ବୁଦା ଡେଇଁ
ମୋ ଛାତିର ନଈ କୂଳେ
ସୁଲୁସୁଲୁ ପବନରେ ଭାବନାର ଢେଉସବୁ
କୂଳ ଡେଇଁ ଚାଲି ଆସେ ମ୍ଳାନ ଗୋଧୂଳିରେ
ସିରିସିରି ବାଲି ଉଡ଼େ
ତୁମ ସ୍ୱର ଠିକ୍ ବାରି ହୁଏ
ସ୍ୱପ୍ନ ଦେଖା ପ୍ରତି ରାତି ଶେଷ ପ୍ରହରରେ ।।

ଘୋଡ଼ାଦୌଡ଼ ଜୁଆଖେଳ
କଲିକତା ସହରରେ ହୋଇଥିବ ଶେଷ
ମୁଁ କିନ୍ତୁ ଯାଇନି ଜିତି
ବାରବାର ଲକ୍ଷେବାର ଖେଳି
ମୋର ସ୍ଥିତି ହଜିଯାଏ କର୍ଦ୍ଦମାକ୍ତ ନର୍ଦ୍ଦମାରେ
ଘୋଡ଼ାଟାପୁ ଦଳା ମକଚାରେ
ଅପେକ୍ଷା ରଖିଚି ପୁଣି କେଉଁ ଦିନ ରଜାହାତୀ
ଢାଳିଦେବ ମୋ ମୁଣ୍ଡରେ ସୁନାର କଳସୀ ।।

ଡହକା ପବନ ଅଛି ନିଃଶ୍ୱାସର ସରଳରେଖାରେ
ଅନ୍ତଃସାର ଶୂନ୍ୟ ଏହି ସାରା ଦେହ
ଶୋଇଅଛି ଧୂଳିରେ ଧୂସର
ତମ ସ୍ମୃତି ମଦିରାକୁ ପିଇପିଇ
ପୋଡ଼ାକାଠ ଅଙ୍ଗାରରେ ଘୋଡ଼ି ହୋଇ
ସଫେଦ୍ ଚାଦର ।।

ନଈଟିର ଛାତି ଚିରି ନାଉରିଆ ଡଙ୍ଗା ବାହି ନିଏ
ମୋ ଛାତିରେ ମାଡ଼ିହୁଏ ସ୍ତୂପସ୍ତୂପ ବାଲି
ସେ ବାଲିରେ ମୋ ସ୍ମୃତିର ଅଣୁ ପରମାଣୁ
ଦେଖାଯାଏ ମୋ ରକ୍ତର ପୂର୍ଣ୍ଣ କଣିକାରେ ।
ମୋ ରକ୍ତରେ ବନ୍ୟା ପରି ସ୍ରୋତ ବହିଯାଏ
ସୂର୍ଯ୍ୟ ପୁଣି ବୁଡ଼ି ଯା'ନ୍ତି ନଈର ପାଣିରେ
ତୁମେ ଆସି ଗାଧୋଇ ପାଧୋଇ ଯାଅ
ମାଛି ସଞ୍ଜବେଳେ
ମୋ ଛାତିରେ ତୁମ ମୁହଁ ଦାଗ ରହିଯାଏ
ରହିଯାଏ ତୁମ ଆଖି ଛାତି ପାଦ ପୁଣି ।।

ମୁଁ ଦେଖିଚି ସନ୍ଧ୍ୟା ହେଲେ
ତୁମେ ଆସ ନଈର ପଠାକୁ
ସନ୍ଧ୍ୟା ବୁଲେ ସହରୁ ସହର ତୁମ
ଛାତିର ସନ୍ଧିରୁ ।
ଏ ରାତି ପାଇବ ଦୁଃଖ ଝୁରିଝୁରି ଯିବ ମରି
ତମ ଏବଂ ମୋ ବିହ୍ଵନରେ
ମୋ ପୁରୁଷକାର କଷ୍ଟପାଏ

ତମ ଛାଇ ନହଜିଲେ
ମୋ ଛାଇର ବହଳ ଅନ୍ଧାରେ ।।

ବାହାରେ ଭୀଷଣ ଥଣ୍ଡା
ଶୀତ ଋତୁ ଚାଲିଗଲା ପରେ
ସେ ଦିନ ବରଷା ହେଲା
କଟକର ନର୍ଦ୍ଦମା ପାଣିରେ
ରାସ୍ତା ଘାଟ ବୁଡ଼ିଥିଲା
ବୁଡ଼ିଥିଲା ତମ ଏବଂ ମୋ ଛାତି
ଅତି ସନ୍ତର୍ପଣେ
ଓଦା ଜଡ଼ସଡ଼ ହୋଇ ଥୁରୁଥୁରୁ ଦି'ହାତରେ
ମୋ ହାତକୁ ଆଞ୍ଜୁଳାଏ ପାଣି ଟେକିଦେଲ
ସନ୍ଧ୍ୟା ପୁଣି ଆସିଥିଲା
ମୋତେ ତୁମେ ଚାହୁଁଥିଲ
ଅନ୍ଧାରରେ ମୋ ରୂପକୁ
ମନେମନେ ଚିତ୍ର ଆଙ୍କୁଥିଲ ।
ଦିଗ୍‌ବଳୟ ହଜିଗଲା,
ଅନ୍ଧାରରେ ସବୁ ହଜିଗଲା
ରକ୍ତର ଉଷୁମ୍ ଜୁଆର ଲାଗି
ଢେଉସବୁ କୂଳ ଡେଇଁଗଲା ।।

ତମେ ଥିଲ ମୋ ହାତର ଅନ୍ଧାରରେ
ସ୍ୱପ୍ନଙ୍କର ମେଳେ
ପବନ ଗୁମୁରୁଥିଲା
ତମ ଏବଂ ମୋ ନିଃଶ୍ୱାସରେ

କାରିଗରୀ ଦେହ ତୁମ ଭାଙ୍ଗିଥିଲା
ଭାରାକ୍ରାନ୍ତ ଅଙ୍ଗୁଳିର ଚିହ୍ନ ଥିଲା
କଅଁଳିଆ ନିଷ୍ପାପ ଛାତିରେ ।।

ଅପରାହ୍ଣ ନଇଁ ଆସେ ଆଜିକାଲି
ସକାଳର ଆଖିପତା ତଳେ
ତମ ଛାଇ ଲିଭି ନାହିଁ
ମୃତ ନଈ ସିଠୁଆ ଓଠରେ
ବୟସର ତତଲା ଆଖିରେ
ଲିଭି ନାହିଁ ଆୟୁଷ୍ମତୀ ଯୌବନର ଖେଳ
ଏବେ କିନ୍ତୁ ମନେପଡ଼େ
ନୀରବ କୋଳରେ ହଜି
ସମୟର ବୁଲାଣିଆ ବେଳ ।।

■

ମାଳି ସାହି ! ହଁ, ମାଳି ସାହି

- ୧ -

ଆବର୍ଜନା ଗନ୍ଧରୁ ଫୁଟି ଯାଉଚି
କଢ଼ମାନଙ୍କ ପରି ମୁହଁଟିମାନ
ଅଦୂରରେ ରେଳରାସ୍ତା ଆରପାରେ
ସୂର୍ଯ୍ୟାସ୍ତ ହେଲେ ।
ଯେଉଁଠି ଖାଲି ସମୟରେ
ନାକ ଦର୍କାର କରୁଥାଏ
ଅତରବୋଳା ରୁମାଲ୍ ।
ଲୋକଙ୍କର ହାଉଯାଉ ବଢ଼ିଯାଏ
ସନ୍ଧ୍ୟା ପୂର୍ବରୁ ଯେମିତି ମନ୍ଦିରରେ ।।

ମନ୍ଦିର ନୁହେଁ ତ ଆଉ କ'ଣ ?
ଗତି ମୁକ୍ତିର ମନ୍ଦିର ପରି ହୋଇଯାଇଛି
ନଇଁ ପଡ଼ିଥିବା ଛିଣ୍ଡା ଜରିଟଣା ଚାଳର
ନୁଆଣିଆ କୁଡ଼ିଆମାନ ।
ସବୁ କାମନାର ଚେର ହୁଗୁଳି ଯାଉଚି
ଅପେକ୍ଷିତ ନାରୀଟିର କୋଳରେ
ମୁହଁ ଗୁଞ୍ଜିଦେଲେ ।।

ଜଗନ୍ନାଥଙ୍କ ଗୋଡ଼ ବି ଅଟକି ଯିବ
ଏ ରାସ୍ତାରେ ପାଦ ପଡୁପଡୁ
ଠିକ୍ ରାସ୍ତାର ମୁଣ୍ଡ ପାଖେ ପହଞ୍ଚୁ ପହଞ୍ଚୁ
ଡେଇଁ ପଡ଼ିବେ ଫୁଲକୁମାରୀମାନେ
ପହ୍ଲାର ଦ୍ୱାର ।
ଜଗନ୍ନାଥ ଭାବୁଥିବେ
'ଦେବଦାସୀ ନୁହଁନ୍ତି ତ ଏମାନେ !
ନୁହଁନ୍ତି ତ ମୋ ଭକ୍ତିର ପ୍ରାବଲ୍ୟରେ
ଉବୁଟୁବୁ ହେଉଥିବା ଉତ୍ସର୍ଗୀକୃତ ଆତ୍ମା ! !'

ପହଁରାଉଥିବେ ଆଖି ଜଗନ୍ନାଥ
ଖୁବ୍ ଧୀରେ ଜଣ ଜଣ କରି
ଖୁସି ସିଏ ଇଚ୍ଛାମତେ
ଯା' ଉପରେ ଖସିପଡ଼େ ଆଖି
କ୍ରମିକ ଭାବରେ ।
ବିମୁଗ୍ଧ ଜଗନ୍ନାଥ ଦୁଃଖ କାତରରେ
ହଠାତ୍ କେଉଁ ଆତ୍ମ ବିହ୍ୱଳରେ
ଅଦୃଶ୍ୟ ହୁଅନ୍ତି
କେଉଁ ଏକ ଯୁବତୀ ପହ୍ଲାରେ ।।

ବାଜିଲାଣି ରାତି ନ' ଭାଙ୍ଗିଲାଣି
ସନ୍ଧ୍ୟା ଦୃଶ୍ୟ ସ୍ୱାତୀ ଓ ଶ୍ରୀୟାରୁ
ଖୁବ୍ କମ୍ ଲୋକଙ୍କର ଏ ରାସ୍ତାରେ ଭିଡ଼
ଯେଉଁମାନେ ଦେଖିଛନ୍ତି ଗାଢ଼କଳା ମୂର୍ତ୍ତିଟିଏ
କେହି ବି ଚିହ୍ନନ୍ତି ନାଇଁ, ଜାଣନ୍ତିନି
କାହିଁକି ସେ କାନ୍ଦୁଥିଲା

କୋହାଛନ୍ନ ହେଉଥିଲା
ନିର୍ଜନ ରାସ୍ତାରେ ।।

ଏ ଦୃଶ୍ୟ ବା ମୋ ଆଖିରୁ
ଉଭେଇ ଯାଆନ୍ତା କେତେକେ !
ହଠାତ୍ ମୁଁ ପ୍ରଶ୍ନ କଲି
'ରୁହ ରୁହ, ଏତେ ବ୍ୟସ୍ତ ?
ଲୁଟି ହୋଇଗଲା ତମର କିଛି ଏ ପାଖ ବସ୍ତିରେ
ନାଁ, ଖୁସିରେ କାହାକୁ କିଛି
ଦେଇ ଦେଲ ଗୋପନ ସମ୍ପଦ ? ?
କେବଳ ଶୁଭିଚି ଏତିକି
'କିଛି ନାଇଁ କିଛି ନାଇଁ, ଏମାନେ ମଣିଷ !
ଆହା...ହା... ନିଷ୍ଠୁର ମଣିଷ...'
ମୋ ଆଗରେ ଆଉ କେହି ନାହିଁ
ଗାଢ଼ ରାତି କଳା ଦେହ
ମୋ ଦେହରେ ପିଟିହୁଏ ଗୁରେଇ ତୁରେଇ ।।

ବିସ୍ମୟରେ ଶଙ୍କିତ ମୁଁ ଭାବୁଥିଲି
ଦୀର୍ଘ ଏତେ ବର୍ଷ ପରେ
ଜଗନ୍ନାଥ ବୁଝିଗଲେ
ତାଙ୍କ ବିନା ଏ ଦେଶରେ ସୁଖ ଅସମ୍ଭବ ।
ମନେହେଲା ଏ ଥରକ
କିଛି ଗୋଟେ ବ୍ୟବସ୍ଥା କରିବେ...
ସବୁ ମୁଁ ବିସ୍ମରି ଗଲି
ନିଜକୁ ମୋ ଚେତନା ଶକ୍ତିକୁ
ମୋ ଆଖିରେ ବିଭସ୍ଥ ପୃଥିବୀ ଅବା

ବୁନ୍ଦେ ଲୁହ ହୋଇ
ଖସିପଡ଼ି ଚୁର୍‌ମାର୍ ହୋଇଯିବ
ସତେ ଅବା ପଥର ଚଟାଣେ ।।

– ୨ –

ଏଇସଭ୍ୟତାରେ
ସମ୍ଭ୍ରାନ୍ତ ମହିଳା ବୁଲି ବ୍ୟଭିଚାର କରେ
ସହରେ ବଜାରେ
ମାଳିସାହି ପହ୍ଲାଘର ଆଉ କେତେ ଦୂରେ ? ?
କେଉଁ ମୂଳେ ନାରୀମାନେ ଏତେ ବ୍ୟସ୍ତ !
ସତେ ଅବା ବ୍ୟାଧିଗ୍ରସ୍ତ ଜାନ୍ତବ କ୍ଷୁଧାରେ
ଐଶ୍ୱର୍ଯ୍ୟବତୀ କାମନା
ରହିଯାଏ କାହିଁ କେତେ ଦୂରେ ।
ପେଟର ଭୋକରେ କିଏ ଆଉ କିଏ ଦେହର ଭୋକରେ
ବ୍ୟଭିଚାର ପୁଞ୍ଜିବାଦ ସ୍ୱପ୍ନଟିଏ
ଅହରହ ସମାଜକୁ ଚୂରେ ।।

ମୁଁ ଖୁବ୍ ଆହତ ଉତ୍ତେଜନାରେ ଚିନ୍ତାମଗ୍ନ
ପୁଣି ଧୀର ସ୍ଥିର ଶାନ୍ତ ପାଲଟୁଚି ।
ମାଳି ସାଇ କେଡ଼େ ବଡ଼ ଭାଗ୍ୟବତୀ ବସ୍ତି
ଯେଉଁଠି ସ୍ୱପ୍ନ ଦେଖିବାର ବେଳ ଆସିବ
ସ୍ୱପ୍ନରେ ସ୍ୱପ୍ନ ବାସ୍ତବତାରେ ବାସ୍ତବ
ଆଉଟି ହୋଇ ପୁନଃ ତିଆରି ହେବ
ମଣିଷର ହୃଦୟ ଓ ମନ ।
ଏବେ ଖାଲି ଚାରିଆଡ଼ ନିଛାଟିଆ
ବେଳେବେଳେ ନିଦ ଭାଙ୍ଗି ଡାକୁଅଛି
ରେଳର ସୁସୁରି

ମାଳିସାଇ ପେଟ ତଳେ ଶୀତଦିନ ଇଞ୍ଜିନ୍‌ର
ଲାଲ୍ ନିଆଁ ଉଠୁଥାଏ ଜଳି ॥

ମୁଁ ପ୍ରାର୍ଥନା କରୁଥିଲି ଈଶ୍ୱରଙ୍କୁ
ଏତେ ଦୀର୍ଘ ମଣିଷ ବି ହୃଦୟକୁ ଫିଙ୍ଗି ଦେଇ
ନିଜ ସହ ଲୁଚକାଳି ଖେଳେ
ସବୁ କିଛି ସହିପାରେ
ନିଜକୁ ଲୁଚେଇ ଦେଇ
ଗୋପନୀୟ କଇଁଚ ଖୋଳରେ !
ଆହୁରି ପ୍ରାର୍ଥନା କଲି
ହେ ପ୍ରଭୁ !
ଏଇ ଆମ ସ୍ୱପ୍ନର ଭାରତ
ମଣିଷ ପରି କାହିଁ ତ ଦିଶେନା ମଣିଷ !
ମଣିଷ ଆକୃତି ସତ୍ୟ ବଞ୍ଚିଲା ମଣିଷ
ସେ ଏମିତି ହୋଇପାରେ ଅପଚ୍ଛାୟାଟିଏ
ଯାହାର କର୍ତ୍ତୃତ୍ୱ
ସଂରକ୍ଷିତ, ମାୟାର ଉଆସ
ଏଇ ସେଇ ଦେଶ !!!

■

ମୁଁ ଆସିଚି

ଏବେ କିଛି କେଉଁଠି ନ ଥିଲେ ମୁଁ ଏକା,
ମୁଁ ଆପଣାଛାଏଁ ମିଶିଯାଏ
ସମୁଦ୍ର ଲହଡ଼ି ପରି ମାଡ଼ି ଆସୁଥିବା
ଗାଡ଼ି ମୋଟର ଓ ମଣିଷମାନଙ୍କ କୋଳାହଳରେ।
ସୃଷ୍ଟିର ପ୍ରତ୍ୟେକ ବସ୍ତୁରେ ମୁଁ ମିଶିଯାଏ
ଗେଣ୍ଡା, ଶାମୁକାରେ, ପଙ୍କରେ- ଗୋଡ଼ିରେ ଲୁହରେ
ଯନ୍ତ୍ରଣାରେ, ହତ୍ୟାକାରୀର ହତିଆରରୁ
ପିଚ୍‌ପିଚ୍ ଲହୁରେ
ସମସ୍ତ ଷଡ଼ଯନ୍ତ୍ରରୁ ମନ୍ତ୍ରଣାରେ
ରାଜନୀତିରୁ ଅର୍ଥନୀତିରୁ ସମାଜନୀତିରୁ
ସମସ୍ତ ନୀତି ଭିତରେ, ଅନୀତି ଭିତରେ
ମୁଁ ମିଶିଯାଏ
ସବୁଥିରେ ମିଶିଯାଏ ।।

ପ୍ରତିଟି ଅଣୁରେ ମୋର ସ୍ଥିତି
ପ୍ରତ୍ୟେକ ପ୍ରେମ ପ୍ରଣୟରୁ ଡାକ୍ତରଖାନା ଯାଏ
କୋର୍ଟ କଚେରୀରୁ ରକ୍ତପାତ ଯାଏ ।

ମୋତେ ଏଠି ବାନ୍ଧି ରଖ ହାଜତରେ
ପୁଲିସ୍‌ବାଲା
ମୁଁ ହେଉଚି ସବୁ କାଣ୍ଡକାରଖାନାର ମୂଳ
ଦିନ ରାତି ପହରା ଦିଅ
ମୋର ଚାରିପାଖେ କଡ଼ା ସତର୍କରେ ।
ସବୁ ଘରବାଲା ଘର ଚାରିପିଟି ନଜର ରଖ
କାଳେ କେତେବେଳେ ମୁଁ ଖସିଯିବି
ବ୍ୟାପିଯିବି ଆଉ କେଉଁ ଗାଁ ଗଣ୍ଡାରେ ।
ପିଲାଛୁଆଙ୍କୁ ସମ୍ଭାଳ
ଝିଅବୋହୂଙ୍କୁ ସମ୍ଭାଳ
କେତେବେଳେ କେଉଁଠି ମୁଁ ଅଟକି ଯିବି ତ
ହୁରିହେମାଳ ହୁଲସ୍ଥୁଲ୍ ହୋଇଯିବ
ଘର, ଗାଁ ଗଣ୍ଡା, ସହର ବଜାର ।

ସମସ୍ତେ ଦେଖୁଥିବେ ମୋ ପାଖରେ କିଛି ନଥିବ
କିନ୍ତୁ ଫୁଟିଯିବ ବନ୍ଧୁକରୁ ଗୁଳି
ଫୁଟିଯିବ ବୋମା
ବ୍ୟାପିଯିବ ବିଷାକ୍ତ ଗ୍ୟାସ୍
କେହି ପ୍ରାଣ ପାଇବେ ନାହିଁ
କେହି ପ୍ରାଣ ପାଇବେ ନାହିଁ
ଦେଶ ମରୁଭୂମି ପାଲଟି ଯିବ
ସବୁ ନଷ୍ଟଭ୍ରଷ୍ଟ ହୋଇଯିବ
ମୋତେ ନଜର ରଖ ମୁଁ ଆସିଚି
ଏଇ ଦେଶକୁ
ପ୍ରତ୍ୟେକ ସହରରେ ମୁଁ
ମୋତେ ନଜରରେ ରଖ
କଡ଼ା ସତର୍କରେ ରଖ ।।

ମୁଁ ଗୋଟିଏ ଜାଗାରେ ଚଳିବିନି ହେ ଦେଶବାସୀ
ଗୋଟିଏ ଜାଗାରେ ରହିବିନି ।
ସମସ୍ତେ ନିଜନିଜ ଭିତରେ ବାନ୍ଧି ରଖ
ମୋତେ ମିଶେଇ ଦିଅ ନିଜ ଭିତରେ
ତରଳ ଅନୁକମ୍ପାରେ
ମୋତେ ଲିଭେଇ ଦିଅ ନିଜ ଭିତରେ
କୋମଳ ମାନିବିକତାରେ
ମୋତେ ଆପଣାର କରିନିଅ
ମୋତେ ଆପଣାର କରିନିଅ
ନିଜ ଭିତରେ କୋଳେଇ ନିଅ
ମୁଁ ଆସିଚି ।
ମୁଁ ଆସିଚି ।।

ପ୍ରେମମୟ

ପ୍ରେମାସ୍ପଦା !
କେଉଁ ପର୍ବତର ତୀଖରେ
ଉଲଂଗ ଆତସବାଜି ଖେଳ ଚାଲିଚି ଯେ
ସବୁ ସାତ୍ତ୍ୱିକତାର ବାସ୍ନାମୟ ମୋହ।
ଚହଟି ଆସୁଛି ଏଇ ପୃଥିବୀକୁ !

ସୂର୍ଯ୍ୟାଲୋକରେ ପୂତିଗଂଧ ବାଷ୍ପକଣା
ତଡ଼ିତ୍ ପ୍ରବାହିତ ହେଉଛି ନଈ ମୁହାଣରେ
ଆଉ କେଉଁ ବିପର୍ଯ୍ୟସ୍ତ ସମ୍ମୋହନରେ ମୁଁ
କି ଦୁଃଖର ପାଣ୍ଡୁର ମୁହଁରେ ନିଜକୁ ଦେଖି
କବିତାର ମୋହରେ ବାନ୍ଧି ହୋଇଯାଉଛି !!

ଶବ୍ଦମାନେ ସତରେ ମୋ ପାଇଁ ନା' ତୋ' ପାଇଁ
ଦୁଃଖରେ ନା ପ୍ରେମରେ
କାନ୍ଦରେ ନା' ତୋ ଓଠ ଫାଙ୍କରୁ
ଉଲୁସି ଉଠୁଥିବା ନାଲି ସୂର୍ଯ୍ୟ ପରି
ଚହଟି ଆସୁଥିବା ଜିଭର ସୀମାରେ,
କେଉଁ ଦିଗରେ ଚଳପ୍ରଚଳ ହେଉଛି
ତୋ' ମୋ ଓଠର ଚୁମାଦିଆ ଶବ୍ଦସବୁ

ଥରେ ଦେଖେଇ ଦେ' ତ ତୋ
ଅର୍ଥବାହୀ ଶବ୍ଦର ପ୍ରକୃତିକୁ
ଦେଖିବୁ କେମିତି ସାରା ପୃଥିବୀ
ରତିମଗ୍ନ ହୋଇ
ଚାରିଆଡ଼ ରତିମୟ ହୋଇଯିବ,

ଯୁଆଡ଼େ ଦେଖୁଥିବୁ
ତୁ ଆଉ ନାହୁଁ ପର୍ବତ ଶିଖରେ
କେବଳ ବିନ୍ଦୁବିନ୍ଦୁ ନିର୍ମୋକ ଭିତରେ
ଝଲସି ଉଠୁଥିବ
ଯୁଗଳ ମୂର୍ତ୍ତିର ପ୍ରତିବିମ୍ବମାନ
ଦିଗନ୍ତରୁ ଧକ୍କା ଖାଇ ଫେରୁଥିବ
ଘନଘନ ଛାତିର ସ୍ପନ୍ଦନ ॥

■

ଦିଗ ନିର୍ଣ୍ଣୟ

ତୁମ ପ୍ରଶସ୍ତିରେ ଶତମୁଖ ହେବାର ବେଳ
ଅନେକ ଦିନୁଁ ଚାଲିଗଲାଣି ଜଗନ୍ନାଥ
ତୁମ ପାଇଁ କବିତା ଲେଖି
ଉତ୍ସର୍ଗ କରିବାର ବେଳ ଗଡ଼ିଗଲାଣି,
ତୁମ ବଡ଼ ଦାଣ୍ଡରେ ଭିକାରି ହେବାର ବେଳ ଏ ନୁହେଁ
ତୁମ ଭକ୍ତିରେ ଗଦ୍‌ଗଦ୍ ହୋଇ
ନିଜକୁ ଭୁଲିଯିବାର କାଳ
ଏ ନୁହେଁ ଜଗନ୍ନାଥ !

କାହା ଜନ୍ମରୁ ମୃତ୍ୟୁଯାଏ
ଲମ୍ବିଥିବା ସୁଖ ଦୁଃଖରେ
ତମେ ସହାନୁଭୂତି ଜଣେଇଚ ?
ନା' କାହା ଭଲ ମନ୍ଦରେ କାଣିଚାଏ ସଙ୍ଗସୁଖ ଦେଇଚ ? ?
କେଉଁଥିପାଇଁ ତମକୁ ଏ କାଙ୍ଗାଳ କବି
ସମର୍ପି ଗଲା ଗଦାଗଦା ଭକ୍ତିର ସାହିତ୍ୟ
କେଉଁଥିପାଇଁ ସିଂହଦ୍ୱାରରୁ ଗଡ଼ିଗଡ଼ି ଗଲା
ଶରଧା ବାଲିଯାଏ;
ତମେ ଏହାର ଉତ୍ତର ଦେଇପାରିବ ଜଗନ୍ନାଥ ! !

କେଉଁ ଦୁଃଖରେ ମଣିଷ ବିତେଇବ ସମୟ !
ସବୁ ପାରିଲାର ହୋଇ ନିପାରିଲାପଣରେ
କାହିଁକି ଘାରି ହେବ ମଣିଷ !!
କେଉଁ ନ୍ୟାୟ ରଖିଚ ଯେ
ଖୋସାମତ ପାଇବ କବି ଠଉଁ !

କବି ତ ଦୁଃଖର ହେଲା
କଷଣ ସହିଲା
ସବୁ ଛି'ଛାକରକୁ ନିଜର କଲା ।
ନିଜର ଦୁଃଖରେ ନିଜେ ନିଜକୁ ଖାଉଚି ତ
କିଏ ଅଛି ଯେ ବୁଝିବ
ଏ କବି କଥା, ଏ କବି ବ୍ୟଥା !
ଏକାଏକା ନିଜର ପେଟକୁ ଚାହିଁ
କେଉଁଠି ପଡ଼ିଚି ଥରେ ଦେଖି ନିଅ ତ-
କି ନ୍ୟାୟ କଲ ଯେ !!

ବିଷ ଜ୍ୱାଳାରେ କେମିତି
ଆକାଶ ନୀଳ ହେଉଚି ଦେଖ ।
ଏ ବିଷ ସବୁ ଦୁଃଖର, ଯାତନାର
ସବୁ ଏକୁଟିଆ ଭାବର
ମଣିଷ ଦୂରେଇ ଯାଉଥିବା ମନୁଷ୍ୟତ୍ୱର ।
କବି ପି' ଯାଉଚି ଏ ବିଷ ଏକାଏକା
ତରଳି ଯାଉଚି କବି
ଆପଣା ଛାଏଁ କି ଭାବରେ ଯେ:
କବିର ଆଖିରୁ ଲୁହର ବର୍ଷା ଝରୁଚି ତ ଅବିରତ,

ନିଃଶ୍ୱାସରେ ପବନ ବହିଲେ
କେମିତି ଦୁଲୁକି ଉଠୁଚି ସୃଷ୍ଟିର ମୂଳ
କାହିଁକି କବି ପାଇଁ ଏ ତମର ସୁଖନିଦ୍ରା
କ'ଣ ପାଇଁ ତେବେ ପ୍ରଶସ୍ତି ହେବ ତମର ! !

ପ୍ରଶସ୍ତି ତମର ଏଣିକି ନୁହେଁ-
ଏଣିକି ଏ ମଣିଷର ।
ଯେ' ଆଖି ଆଗରେ
କି ଭୋଜବାଜି କରେ ଯେ
ତା' ଇଚ୍ଛାନୁଯାୟୀ ସବୁ କଥା ।
ତେବେ ଏଣିକି କାହାର ସ୍ତୁତି ?
ଏଇ ମଣିଷର ନା ! !

ଏବେ ମଣିଷକୁ ସ୍ତୁତି କଲେ
ସବୁ ହୋଇଯାଏରେ ଜଗନ୍ନାଥ !
ଏଣିକି ଏଇ ମଣିଷ ସୃଷ୍ଟିର ନୂଆ କର୍ତ୍ତା
ଯେ' ଏ ଦେହରୁ ଶକ୍ତି ନେଇଯାଏ
ଯେ' ବାଦୁଡ଼ି କରାଇ କେବଳ ରାତିରେ ବୁଲାଏ,
ସେଇ ମଣିଷକୁ ସ୍ତୁତି କରିବ କବି
ପାରିବ ତ ? ତମେ କୁହ ଜଗନ୍ନାଥ
ପାରିବ ତ କବି ? ?

ଆଜିକାଲି ବିଷାଦ ଲାଗୁଚି

ଦିନୁଁ ଦିନ ବେଶୀବେଶୀ ବିଷାଦ ଲାଗୁଚି
ପ୍ରିୟଜନମାନେ ମୋର ମନେ ପଡ୍ତୁଛନ୍ତି
ଆଖି ଆଗେ ଆଙ୍କିହୁଏ ସେସବୁଙ୍କ
ପ୍ରତିମୂର୍ତ୍ତି ପ୍ରତି ଭାବନାରେ
କେହି ନାହିଁ କେହି ନାହିଁ
ଦିନୁଁ ଦିନ ବିଷାଦରେ ଭାଙ୍ଗିଭାଙ୍ଗି ପଡ଼େ ।।

ବାର୍ଦ୍ଧକ୍ୟ ଘୋଟୁଚି ମୋତେ
ନିର୍ବିଚାରେ ବୟସ ବଢୁଚି
କ୍ରମଶଃ ମୁଁ ପେନ୍‌ସିଲ୍‌ର ସରଳରେଖାର ଗାର
ବେଳେବେଳେ ପାଲଟେ ଜଟିଳ
ଶିଶୁପରି ମୃତ୍ୟୁ ବସି ଆଙ୍କୁଅଛି ବିଚିତ୍ର ଚିତ୍ରରେ
ପରକ୍ଷଣେ ରବରରେ ଲିଭାଇ ଲାଗିଚି
ଦିନୁଁ ଦିନ ବେଶୀବେଶୀ
ବିଷାଦର ଛାଇ ଘୋଟୁଅଛି ।।

ମୋତେ ଜଣା ଭଲ ଭାବେ
ଏ ବିଷାଦ ଧୂଳିଝଡ଼
ପରିବ୍ୟାପ୍ତ ମେଘୁଆ ଆକାଶ
ଯେଉଁଠି ମଉଳି ପଡ଼େ

ବୟସର ଧୂସର ସାୟାହ୍ନ
ମୃତ୍ୟୁରେ ବି ଏକାକାର ସିଏ ନିଜେ
ଶୂନ୍ୟ ମନ ଶୂନ୍ୟ ଦେହ
ହାଲ୍‌କା ଲାଗେ ପରିବେଶ
ସବୁ ଲାଗେ ଅଜଣା ଅଜଣା
କଥା କାହିଁ, ଭାବ କାହିଁ, କାହିଁ ବା ଶୋଚନା-
ଖାଲିଖାଲି ଭାବକୁ ମୋ ବେଳେବେଳେ
କିଏ ଆସି ରଙ୍ଗିନ୍‌ କରୁଚି
ଆଜିକାଲି ଦିନୁଁ ଦିନ
ବେଶୀବେଶୀ ବିଷାଦ ଲାଗୁଚି ॥

ବିଷାଦ ଲାଗୁଚି ମୋତେ ବିଷାଦ ଲାଗୁଚି
କାହାକୁ ନିଜର ବୋଲି ଭାବିବାକୁ
ଭୟ ଲାଗୁଅଛି ।
ବସୁଧା ହୃଦୟ କା'ର ଅଭିମାନେ
ଶୁଖିଲା ପତ୍ରଙ୍କ ପରି ହେଉଥିବ ଚୂରି
ଦେହ ଦେଖି, ମୁହଁ ଦେଖି ବୁଝିଯିବ କଥା ସବୁ
ମାଟି ପରି ବସିବ ଆଦରି
ଆଜି
ଏକାଏକା ଭାବରେ ଭାବୁଚି
ବିଷାଦ ଲାଗୁଚି ମୋତେ
ଆଜିକାଲି ବିଷାଦ ଲାଗୁଚି ॥

ଆଜିକାଲି ଯେଉଁଠି ସେଇଠି

ଆଜିକାଲି ଯେଉଁଠି ଯେମିତି ସବୁ ଆସବାବ
ସେଇଠି ସେମିତି । ବହିଥାକ, ଘରକୋଣ
ପଢ଼ା ଟେବୁଲ୍‌ର ଗୋଡ଼େ ବୁଢ଼ିଆଣୀ ଜାଲ ।
ଅଧାଜଳା ସିଗାରେଟ୍, ଦିଆସିଲି କାଠି
ଘରସାରା ଏଣେତେଣେ
ଯେଉଁଠି ସେଇଠି ।।

ଅଯତ୍ନ ବିଛଣା ମୋର
ଜାମା ପ୍ୟାଣ୍ଟ କୋଟଟ ମଇଳା
ଅଯତ୍ନ ଏ ଦେହ ମୁହଁ
ଖରାଟିଆ ଜୀର୍ଣ୍ଣ ଓ ପାଣ୍ଡୁର
କେଉଁଠି କେବେ ବି କିଛି
କେଉଁ କଥା କେଉଁ କାମ ସବୁ ହତାଦର
ଜୀବନ ପଡ଼ିଛି ଏକା ଅଳନ୍ଧୁ ଲାଗୁଛି
ବଞ୍ଚିବା ବଞ୍ଚିବା ନୁହେଁ
ଦିନରାତି ଯେମିତି ସେମିତି ।।

ପୃଥିବୀ ଅଛି କି ନାହିଁ
କେବେ ମୋର ମନେପଡ଼େ ନାହିଁ
ପରିବାର ପରିଜନ ମୋର
ଥିଲେ କେବେ ଅଛନ୍ତି କି ଗଲେଣି ଦୂରେଇ
କିଛି ଆଉ ମନେ ପଡ଼େ ନାହିଁ।
ବସିଛି ବସିଛି ଖାଲି
କେତେବେଳେ କେଉଁ ଧାଡ଼ି ଗୀତରେ ଝୁଲୁଛି
ଖିଆଲରେ ଆଜିକାଲି ସମୟ ବିତୁଛି ।।

ଦୁଃଖ ଲାଗେ କାନ୍ଦ ଲାଗେ
ବେଳେବେଳେ ଅସହାୟ ଲାଗେ
ଆହା ବୋଲି ନିଜେ ମୁଁ ନିଜକୁ କହେ
ଅବୋଧ ବାଳକ ପରି ନିଜକୁ ବୁଝାଏ।
ନିଜକୁ ବୈରାଗୀ କହି
ନିଜ ପାଇଁ ସଜାଇଛି ସବୁ ଦୁଃଖ
ମାନ ଅଭିମାନ
ସବୁ ମୋର ଅସଫଳ ହାଡ଼ ଆଉ ମାଂସର ଜୀବନ।
ଛାତିର କୋଠରି ଭର୍ତ୍ତି ଅଧାଗଢ଼ା ଜୀବନର ସ୍ମୃତି
ଆଜିକାଲି ପୃଥିବୀର ସବୁକିଛି ମିଛ ଲାଗେ
ସ୍ଥିତି ମୋର ଯେଉଁଠି ସେଇଠି ।।

■

ଭୁବନେଶ୍ୱର

-୧-

କେବେ କ'ଣ ମୁଁ ଭୁଲିପାରିବି ତତେ
ଭୁବନେଶ୍ୱର
ମୋ ଦୁଃଖର ସହର ।

ବିଦ୍ୱେଷ ଭରା ଅନୁଭୂତିର କୁରୁକ୍ଷେତ୍ର
ସ୍ୱପ୍ନର ଶ୍ୟାମଳ ଆଦିଗନ୍ତ ଭୂମି
ଜୀବନରୁ ମୃତ୍ୟୁକୁ ଚରମ ସତ୍ୟକୁ ଲମ୍ବିଥିବା
ବୃହତ୍ତମ ରାସ୍ତାରେ ଦେଖି
ମୁଁ କେମିତି ହେଉଛି ଏକାକାର
ଭୁବନେଶ୍ୱର !
କେବେ କ'ଣ ମୁଁ ଭୁଲିପାରିବି ତତେ
ମୋ ଦୁଃଖର ସହର ॥

ତୋ’ ବିସ୍ତୀର୍ଣ୍ଣ ଛାତିରେ
ମୁଁ ଏକ ନଗଣ୍ୟ ସ୍ଥିତି
ଖଣ୍ଡଗିରିର ଛାତିରେ
ଖଣ୍ଡେ କଠିନ ପଥରର ଭଗ୍ନାବଶେଷ।
ତୋ’ର ବୃହତ୍ ଆଲୋକ ସ୍ତମ୍ଭ ନିକଟରୁ
ଦେଖ୍ କେମିତି ମୋର ଛାୟା ଲମ୍ବିଯାଉଛି
ସତ୍ୟନଗର ଶ୍ମଶାନ,
ତୋ’ ରାଜରାସ୍ତାରେ ଘୂର୍ଣ୍ଣିତ ଚକ ତଳେ
ଦେଖ୍ କେମିତି ଗୋଡ଼ିରେ ପିଚୁ ପରି
ଲେସି ହୋଇ ଯାଉଛି ମୋର ସ୍ୱେଦ ରକ୍ତ-
ନରମ ମାଂସର ଦେହ
କାହାର ହେବୁ ତୁ ଭୁବନେଶ୍ୱର, କାହାର ?
ମୋ ଦୁଃଖର ସହର ।।

ପ୍ରସରିଚୁ ରାସ୍ତାରେ ତୋ’ର ଦୀର୍ଘ ଅବୟବ
ନିର୍ଭୀକ ସେନାଧକ୍ଷ
ପୃଷ୍ଠରେ ତୋ’ର ସମାପ୍ତି ଘଟୁଛି ଦେହ ନିର୍ଯ୍ୟାତନା।
କେବେ ଦେଖିବୁ ଭୁବନେଶ୍ୱର
ତୋ’ର ପ୍ରାସାଦମୟୀ ନଗରୀ କେମିତି
ନିଶାଚ୍ଛନ୍ନ ହୋଇ ଭାଙ୍ଗି ପଡୁଛି
ଭିକ୍ଷୁର ଆଞ୍ଜୁଳାରେ !
ଦେଖ୍ କେମିତି ସଚିବାଳୟର କାଗଜ ସ୍ତୂପରୁ
ଘଞ୍ଚ ଅନ୍ଧାର ବ୍ୟାପୁଅଛି ସାରା ଗାଁ ଗଣ୍ଡା
ଲଣ୍ଠନରୁ ଦୀପକୁ, ମଇଳା ଜାମା ଗଞ୍ଜି ନିକଟକୁ,
ସବୁ ଅସଫଳ ଜୀବନର ଶୀର୍ଣ୍ଣତାରେ

ମୋର ନୁହଁ ତୁ ଭୁବନେଶ୍ୱର !
ମୋ ଦୁଃଖର ସହର ॥

ନିଦାଘ ଖରାର ଚିହ୍ନ ମୋ ଦେହରେ କେମିତି
ଛାପି ହୋଇଯାଉଛି ଦେଖ୍ !
ମହାର୍ଘ ଅଟ୍ଟାଳିକାର ଛାୟା ପଡୁଚି କେଉଁଠି ?
ତୋ'ର ଛାତିର ଅଗ୍ନିକୁଣ୍ଡରେ
ଆହୂତିତ ପତଙ୍ଗ ମୁଁ
ଏଇ ଏକମାତ୍ର ଋତୁ କ'ଣ ନିଜସ୍ୱ କବିର
ଭୁବନେଶ୍ୱର !
ମୋ ଦୁଃଖର ନିଷ୍ଫଳ ସହର ॥

-୨-

ତୋ' ବକ୍ଷରୁ ନିଜକୁ ଅପସାରିତ କରୁଛି ଦେଖ୍
ଅରଣ୍ୟକୁ, ନିର୍ଜନ ପ୍ରକୃତିକୁ
ଆଦିଗନ୍ତ ବିସ୍ତୃତ ପ୍ରେମକୁ, ପ୍ରଣୟକୁ
ଆଲୋକିତ ସ୍ୱପ୍ନକୁ ।
ତୋର ବିକୃତ ମିଥ୍ୟା ବାସ୍ତବତାରୁ
ଦେଖ୍ ମୁଁ ନିଜକୁ ଅପସାରିତ କରୁଛି
ତ୍ରିବେଣୀକୁ, ମୋର ବିସ୍ତୀର୍ଣ୍ଣ ସ୍ୱପ୍ନ ଉଦ୍ୟାନକୁ ।

ଆଉ ଅଭୀପ୍ସା ନାହିଁ ମୋର ବୋଲି କିଛି କହିବାର
ଜଗନ୍ନାଥରୁ ନିର୍ଜୀବ ପର୍ଯ୍ୟନ୍ତ
ତତେ ସବୁ ଅର୍ପିତ ହେବା ପରେ
ମୋର ସୂକ୍ଷ୍ମ ଜୀବନର ମୂର୍ଚ୍ଛନାକୁ ପବନରେ
ଅନୁରଣିତ ହେବାର ସ୍ୱାଧୀନତା

ହେଉ ଏକାନ୍ତ ନିଜର
ଭୁବନେଶ୍ୱର !
ମୋ ଦୁଃଖର ଚିର ସହଚର ।।

ତୋ' ପାଦାର୍ଥିକ ସୁଖ ସମ୍ଭୋଗକୁ ଫେରାଇ ନେଇ
ମୋତେ ଜହ୍ନଟିଏ ଦେ'
ନିର୍ମଳ ନୀଳାଭ ଆକାଶଟିଏ ଦେ'
ନିର୍ଭୁଲ୍ ଗୀତର ଧାଡ଼ିଟିଏ ଦେ'
ଯାହାର ମୂର୍ଚ୍ଛନା ସାରା ସୃଷ୍ଟିରେ ପ୍ରକମ୍ପିତ ହେବ
ଜଗତ୍ ମିଥ୍ୟା, ମୁଁ ଇ ଏକମାତ୍ର ସତ୍ୟ
ଯିଏ ନୀଳରୁ ନୀଳତର ହୋଇ କ୍ଷଣକରେ
ଅଦୃଶ୍ୟ ହୋଇଯିବ ଅନନୁଭବରେ ।

ଆଉ କିଛି ଖୋଜିବାର ନାହିଁ,
ନାହିଁ ପାଇବାର
ଭୁବନେଶ୍ୱର !
ପରିଚିତ ଦୁଃଖର ସହର ।।

ତୋର ପ୍ରତାରିତ ବକ୍ଷ କେତେ କଙ୍କରିଲ ଦେଖ୍ !
ନିଜକୁ ଲୌହାବେଷ୍ଟନୀରେ କେତେ ଦିନ
ଲୁଚାଇବାର ପ୍ରଚେଷ୍ଟା ଚଳାଇଛୁ
ପୋଲିସ୍ ଫୌଜର ଅବିରତ ପ୍ରହରାରେ
କେତେ ଦିନ ଥିବ ତୋ'ର ଛାତି ସମତଳ ।

ତତେ ଆଉ ଦେଖିବାର ବେଳ ନାହିଁ
କି ତୋ'ର ପ୍ରଲୋଭନରେ କବଳିତ ହେବାର

ସନ୍ଦେହ ନାହିଁ।
ତୋ'ର ପାର୍ଥିବ ପୃଥିବୀ କ୍ରମଶଃ
ମହାଶୂନ୍ୟର ଅନ୍ଧକାରରେ ବିଲୀନ ହୋଇଯାଉଛି
ଦେଖ୍,
ଏ ଯେଉଁ ବିଚିତ୍ରବର୍ଣ୍ଣାର ଗୋଲୋକ
ପାଖେଇ ଆସୁଚି
ଉଜ୍ଜ୍ୱଳ ଆଲୋକିତ, ନଭମଣ୍ଡଳକୁ ବିଦୀର୍ଣ୍ଣକରି
ସେ ପୃଥିବୀ ଅନ୍ଧକାରରେ ଥିବା ମଣିଷର
ବିଶ୍ୱସ୍ତ କବିର ଭୁବନେଶ୍ୱର !
ପରିଚିତ ଦୁଃଖର ସହର ॥

■

ଏକାଏକା ଲୋକ

ଖୁବ୍ ଲାଗେ ଏକାଏକା
ଯେତେ ସବୁ ଆତ୍ମୀୟତା
ମୋ ନିଜର ନିଃସଙ୍କୋଚ ଭାବ
ତା' ଭିତରେ ଖୁସି ହେବା
ମାନସିକ ସ୍ୱପ୍ନରେ ହଜିବା
ସ୍ୱପ୍ନ ଆସି ଏକାଏକା ପାହାଚ ଛୁଇଁବା
ଅନାସକ୍ତ କେତେ ପାଖ
ଦୁଃଖ ସହ ସୁଖର ପ୍ରଭାବ ।।

ସବୁ କାଳେ ଏଇ ଏକ ମିଶାମିଶି
ରୂପ ମୋହ ଟାଣି ଧରେ ପୃଥିବୀରୁ
ଆକାଶ ପର୍ଯ୍ୟନ୍ତ
କେତେ କଷ୍ଟ ବୁଝିଯିବା- ନ ବୁଝିବା
ଦରଦର ସ୍ୱପ୍ନ ଓ ବାସ୍ତବ
ଖୋଜିଖୋଜି ଯାହାର ମୁଁ ପାଏ ନାହିଁ
କେବେ ଆଦି ଅନ୍ତ ।।

ସେମିତି ସ୍ୱପ୍ନରେ ବସି
ଦେହ ଦେଖି, ସୁଖ ଦେଖି
ଜୀବନର ସବୁ ସତ୍ୟ ଦେଖି
କେତେବେଳେ ଖୁସି ହୁଏ
ଆସିଯାଏ କେତେବେଳେ ଏକାଏକା ଦୁଃଖ
ଜୀବନର ସବୁ ସର୍ତ୍ତ
ସବୁ ମୋହ ଆସକ୍ତିରୁ
ଫେରିଆସି ଏ ମାଟିରେ
ନିଜେ ମୁଁ ନିଜକୁ ଦେଖେ
ଏକାଏକା ଲୋକ ॥

■

ସୁନ୍ଦର ପୃଥିବୀ

ପ୍ରତ୍ୟେକ ମୁହୂର୍ତ୍ତ ମୋର ମନେହୁଏ
ଏଇ ହେଲା ମରଣର ବେଳ
ତା' ପରେ ମୁଁ ଭୁଲିଯିବି
ପୃଥିବୀର ସୂର୍ଯ୍ୟ ଅନ୍ଧକାର ।

କିଏ ଥିଲି କେମିତି ମୁଁ
ଏ ପୃଥିବୀ କେତେ ଯେ ସୁନ୍ଦର
ଆଉ ଥରେ ଭାବିବାକୁ ଜୀବନର ଖେଳ
କେତେ କଷ୍ଟ, ହେଲେ ହେଲା-
ବେଶୀ ଦୁଃଖ
ପ୍ରତ୍ୟେକ ମୁହୂର୍ତ୍ତ ମୋର ମନେହୁଏ
ଏଇ ହେଲା ମରଣର ବେଳ ॥

ଶୋଇବାକୁ ଯିବା ବେଳେ
କ୍ଲାନ୍ତିକର ଲାଗୁଥାଏ
ଭୀଷଣ ସନ୍ଦେହ ଲାଗେ
ଆଉ କେଉଁ ମୁହୂର୍ତ୍ତରେ ଏ ପୃଥିବୀ
ଦେଖିବି ନ ପାରେ

ଅନିଚ୍ଛା ସତ୍ତ୍ୱେ ବି ଶୋଇ ନିଜକୁ ମୁଁ ଚିହ୍ନି ନିଏ
ପ୍ରତିଦିନ ହୀରାର ସକାଳେ।

କେତେ କଷ୍ଟ ବଞ୍ଚିବା ପ୍ରଣାଳୀ ମୋର
କେତେ ଦୁଃଖ
ଅବାଞ୍ଛିତ ଇନ୍ଦ୍ରିୟର ଆଚ୍ଛନ୍ନ ବିକାର
ଏଇ ହେଲା ମରଣର ବେଳ ।।

ସ୍ମୃତିର ବିଭିନ୍ନ ରଙ୍ଗ, ନୂଆ ସ୍ୱପ୍ନ
ବିବର୍ଣ୍ଣ ସୁବର୍ଣ୍ଣ ପରି
କ୍ଷଣଭଙ୍ଗ ଦୁଃଖର ଏ କମକରା କଳାର ଜୀବନ
ଆଲୋକର ସ୍ତୂପସ୍ତୂପ ମୁଗ୍ଧ ସୁଖ
ଶୋଭାବନ୍ତ ଅନୁଭବ-
ପ୍ରାଣବନ୍ତ ଈଶ୍ୱରଙ୍କ ଦିନ !-
ଛାଡ଼ି କେବେ ଯିବାକୁ ମୋ ଇଚ୍ଛା ନାହିଁ
ଅନ୍ଧାରକୁ ନିଜେ ହଜିବାକୁ
ଭୁଲିଯାଇ ଚିହ୍ନା ମୁହଁ
ବିସ୍ତୀର୍ଣ୍ଣ ହୃଦୟ ପରି ଆକାଶର ନୀଳ
ନିକ୍ୱଣିତ ପ୍ରଲୁବ୍ଧ ସକାଳ,
ହେଲେ କିନ୍ତୁ ଦୁଃଖ ଲାଗେ
ପ୍ରତ୍ୟେକ ମୁହୂର୍ତ୍ତ ମୋର ମନେହୁଏ
ଏଇ ହେଲା ମରଣ ବେଳ ।।

ଆଜିକାଲି ଧୂଆଁରେ ଜୀବନ

ଧୂଆଁର ଘେରରେ ମୋର ଏକାଏକା ଦିନ
ଆଜିକାଲି ଧୂଆଁରେ ଜୀବନ ।

ମନେ ପଡ଼ିବାର ବେଳ ଘୁଞ୍ଚି ଆସେ ମନରୁ ମନକୁ
ମନର କଥାରୁ ନିଜେ ଘୁଞ୍ଚିଯାଏ ପାଖ ଦୂରତ୍ୱକୁ
ଏକାଏକା ଭାବରେ ମୋ ନିଛାଟିଆ ଦିନ
ଆଜିକାଲି ଧୂଆଁରେ ଜୀବନ ।।

ସ୍ୱପ୍ନରେ ଝରଣା ବହେ
ସବୁ ଦିଗ ସବୁଜସବୁଜ
ମନୋହର ମନୋରମ କଳ୍ପନାର ବହୁଦୂର ଭାବ
ଅପେକ୍ଷାରେ ଥିବୁ ଖାଲି କେବଳ ଅପେକ୍ଷା
ସନ୍ଦିଗ୍ଧ ସେ ମନକଥା, ଅବୁଝା ସେ ଭାଷା
ହରଫହରଫ ରଙ୍ଗ
ଧୂଆଁ ଘେର ଭିତରେ ମୋ
ଅବଶିଷ୍ଟ ଅସହାୟ ଦିନ
ଆଜିକାଲି ଧୂଆଁରେ ଜୀବନ ।।

କଥା ମୋର ମାନ ଥରେ ସ୍ମୃତିର କଦମ୍ବ
ମାଟିରୁ ଆକାଶ ଯାଏ ଶରତର ଜହ୍ନ ପରି
ରହସ୍ୟ ମୋ ସ୍ୱପ୍ନାଛନ୍ନ ଭାବ
କେବେ ଥାଅ ପାଖେପାଖେ
କେବେ ଯାଅ ଦୂରେଇଦୂରେଇ
ଦର୍ପଣର ଜହ୍ନ ପରି ଅନ୍ତରଙ୍ଗ ଲାଗେ ତମ
ପ୍ରତିବିମ୍ବ ଛାଇ
ପାଇଯିବା ହଜିଯିବା ଭାବରେ ମୁଁ
ଏପାଖ ସେପାଖ
ନିଜେ କେବେ ନିଜେ ହୁଏ
ଅନ୍ୟବେଳେ ଆଉ କେଉଁ ଲୋକ
ଖରାଟିଆ ପତ୍ର ପରି
ଝରିଯିବା ମୁହୂର୍ତ୍ତକୁ ଚାହିଁଚାହିଁ
ଏକାନ୍ତ ବିବର୍ଣ୍ଣ
ଧୂଆଁର ଘେରରେ ମୋର ବିତୁଅଛି
ଅବଶିଷ୍ଟ ଅସହାୟ ଦିନ।

କେତେବେଳେ ଭୁଲିଯାଇ ଭାବନା ମୋ
ପଡ଼ିଥିବି ସାମାନ୍ୟ ଘୁମେଇ
ପବନ ଭସେଇ ନେବ ସ୍ୱପ୍ନ ସବୁ
ଏକାଏକା ମୋତେ ଛାଡ଼ିଦେଇ
ଖୋଜୁଥିବି ନିଜକୁ ମୁଁ
ଦେଖୁଥିବି ପବନର ଖେଳ
ଶୋଇବା ଲୋକ କି କେବେ ଉଠିଯାଏ

ଭାଙ୍ଗି ଦେଇ ସମୟର
ହାତଗଢ଼ା ଦୁଃଖର ସକାଳ !!

ସବୁ ଖାଲି କୌତୂହଳ ଲାଗେନା ନିଜର
ଲାଜଲାଜ ଭାବ କେବେ ନଇଁ ଆସେ
ଶୀତ ପରି ଶୀତ୍କାରିତ ମୁଲାୟମ ପାହାନ୍ତା ଶିଶିର
ତମେ ମୋର ମନେପଡ଼
ଚୁପ୍‌ଚାପ୍ ଏକାଏକା
କେଉଁ ପରି ଦେଖିନିଅ
କି ଭାବର ନିଶାରେ ଆଚ୍ଛନ୍ନ
ଆଜିକାଲି ଧୂଆଁରେ ଜୀବନ ॥

■

ଅନାତ୍ମୀୟ

ଅସଜଡ଼ା ପ୍ରତିଦିନ କଟୁଅଛି
କେତେ ଅନାତ୍ମୀୟ
ଧୂଆଁରୁ ଜୀବନ ଘୁଞ୍ଚି
ଭେଟୁଅଛି ବିଷମ ସମୟ ।
ପ୍ରତିଟି ମୁହୂର୍ତ୍ତ ମୋର କଣ୍ଟାଳିଆ ନିଷ୍ଠୁର ଦାରୁଣ
କରୁଣ ଲାଗୁଛି ମୋତେ ଚିହ୍ନା ଜଣା ମୁହଁ,
ସବୁ ଦିଗ ସଙ୍କୁଚିତ ନିଜ ପାଇଁ ନିଜେ
ଦୁଃଖଇ ନିଜର ଏକା
ଆଉ ସବୁ ମିଛର ପ୍ରତ୍ୟୟ
ସଂସାରୀ ଜୀବନ ଦେଖ କେତେ ଅନାତ୍ମୀୟ ।।

ମାୟାର ଆବର୍ତ୍ତ କେତେ ଭୀଷଣ ଜଞ୍ଜାଳ
ଲହୁ ଲୁହ ମଣିଷର କ୍ଷୁଦ୍ରତାରେ
ବଞ୍ଚିବା ସୌଖୀନ କଥା
ଏ ଜୀବନ ରାଜସିକ ଖେଳ
ବଞ୍ଚିବାର ଶେଷତମ ଆଶା ନେଇ ଏକାକୀ ମଣିଷ
ଖୋଜିଖୋଜି ଚାଲିଥାଏ ଜୀବନର ତତ୍ତ୍ୱ
ଭାବିଦେଲେ ଲାଗେ ଆହା

ଏ ଜୀବନ କେତେ ଦୁଃଖମୟ
ବିଷମ ସମୟ ଲାଗେ ଭାରି ଅନାତ୍ମୀୟ ।।

କେହି ବି ନିଜର ବୋଲି କହିବାକୁ
ଦେଖି କେତେ ଡର
ଜୀବ ଥିବା ଯାଏ ଖାଲି ଲୋଭ ଥାଏ ବୋଲି
ପତ୍ନୀ କନ୍ୟା ପରିବାର ନିଜ ଅଧିକାର ।।

ମାୟାର ଜୀବନ ଇଏ-ମୃତ୍ୟୁର ନିକଟ
କେତେ ଦୂର ବନ୍ଧୁ ପ୍ରୀତି ମଣିଷର
କେତେ ସତ୍ୟ ଏ ପାର୍ଥିବ ସୁଖ !
କଳାର ଜୀବନ କେତେ ମଧୁମୟ
ନିଜଠାରୁ ଏ ପୃଥିବୀ କେତେ ଯେ ସୁନ୍ଦର
ସବୁ ଜଣା ଅଥଚ ଅଜଣା ଲାଗେ
ଜୀବନକୁ ବାନ୍ଧି ରଖେ ଆଉ କେଉଁ ମୋହ
ଯାହା ପାଇଁ ଏ ପୃଥିବୀ
ଏତେ ଅନାତ୍ମୀୟ ।।

ଏକା ଦିନ

ଏତେ ବି ନିଜ ଲୋକ
ବିତେନା ଦିନ
ସମୟ ଲାଗେ ମୋତେ
ଭାରି ନିର୍ଜନ ।
ପ୍ରତ୍ୟେକ ଲାଗୁଥାଇ
ନୁହେଁ ନିଜର
ସ୍ଥାଣୁ ମୁଁ ନିଜ ପାଇଁ
ଅଚଳ ଦିନ
ସମୟ ଲାଗେ ମୋତେ
ଭାରି ନିର୍ଜନ ।।

ମୋ ପାଇଁ ଆଉ କିଏ
କା' ପାଇଁ ନିଜେ
ଲୁହ ମୋ ସାଙ୍ଗ ସୁଖ
ଲୁହରେ ହଜେ ।

ହଜିବା ଖୋଜିବାର
ବିରାମ କାହିଁ !
ଲୁହର ମଣିଷ ମୁଁ
ଲୁହ ମୋ ପାଇଁ ।
ଲୁହରେ ଲିଭିଯାଏ
ଏ ମୋର ଦିନ
ସମୟ ଲାଗେ ମୋତେ
ଭାରି ନିର୍ଜନ ।।

ଏକାଏକା ଜୀବନ
ନିଃସଙ୍ଗ ଦିନ
ବିତାଇବାକୁ କିଏ
କରିବ ମନ ?
ଏମିତି ପ୍ରତ୍ୟୟ ତ
ଆସେନା ମୋର
ଦୁଃଖକୁ ନେଇ କିଏ
କରିବ ଘର ! !
ମୋ ପାଇଁ ସୁଖ ଦୁଃଖ
ସବୁ ସମାନ
ସମୟ ସେଥିପାଇଁ
ଏଡ଼େ ନିର୍ଜନ ।।

ଯାହାକୁ ସୁଖ ଭାବେ
ନିୟତ କରି

ଶୁଖିଲା ପତ୍ର ପରି
ଯାଏ ସେ ଝରି
କେବେ କେମିତି ଆସେ
ଅନୁଭବରେ
ନିଜେ ମୁଁ ସେତେବେଳେ
ନିଜକୁ ଡରେ
କାଲେ ବଦଳି ଯିବ
ଅମୂର୍ତ୍ତ ମନ
ସମୟ ସତେ ଲାଗେ
କେଡ଼େ ନିର୍ଜନ ॥

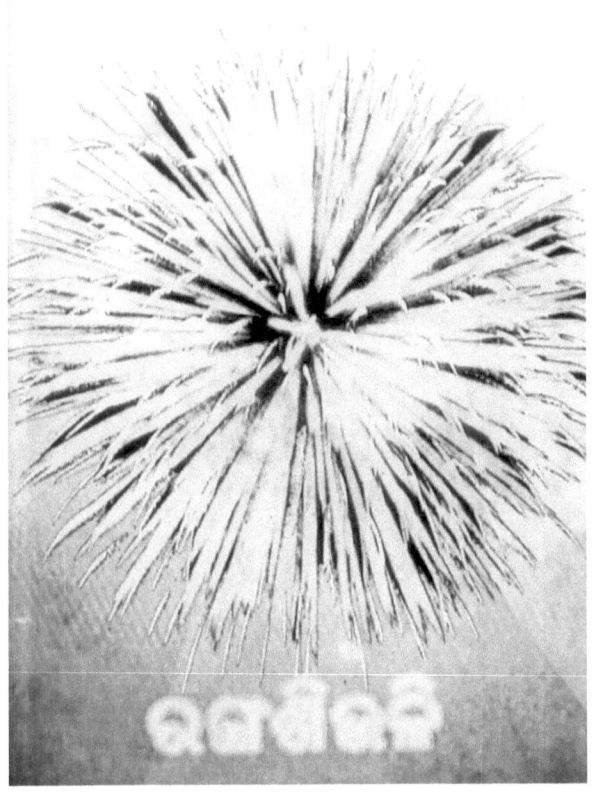

ଗୌତମ ଜେନା

ସଂଜବତି

ତରା ସବୁ ଜୁଲୁ ଜୁଲୁ ଆକାଶର
ନୀଳ ଚଟାଣରେ। ସଂଜବତି ଜାଳେ
ମା' ଚଉରାରେ, ଦୁଃଖର ବିଭୋରେ !

ସଂଜ ଆସେ ଥିରିଥିରି, ବୁଲିବୁଲି
କର୍ମମୟ ଦିବସର ଗଳି ଉପଗଳି।
ଜହ୍ନ ଉଠେ, ମଳିଚିଆ ମେଘୁଆ ଆକାଶେ
ମୁଖରିତ ଜୀବନର କାକଳିକୁ
ଉପହାସ କରି।

ସ୍ୱପ୍ନ ମୋର ମଲା ଶିଶୁ। ଶେତା
ଦୂବ ଘାସ। ଆକାଶର ଦର୍ପଣରେ
ହଳଦିଆ ଦର୍ପଣ ମୋ
ନିଛକ ପ୍ରକାଶ। ବ୍ୟାକୁଳତା, ଆକୁଳତା
ଯଂତ୍ରଣାର ସୁସ୍ଥ ଦୀର୍ଘଶ୍ୱାସ
ମିଶିଯାଏ ପବନରେ
ଯେମିତିକା ରକ୍ତ କ୍ଷତ, ଆତ୍ମାର ବିଶ୍ୱାସ।

ମନେପଡ଼େ ପ୍ରେମିକା ମୋ । କାଶତଂଡୀ
ଫୁଲ ଏବଂ ରିମ୍ ଝିମ୍ ରକ୍ତର ଗୀତରେ ।
ସଂଜ ଆସେ ଛପିଛପି, ପ୍ରଜାପତି
ଉଡ଼ିଯାଏ ମହଲଣ ସଂଜେ ଅବା
ଫୁଲେଇ ବେଭାର ।

ଲୁହ ମୋର ମୁକ୍ତା ହୁଏ । ମୁକ୍ତା ଖୋଜେ
ଅତୀତର ଅଥଳ ସମୁଦ୍ର । ସଂଜ ଆସେ,
ଜହ୍ନ ବୁଡ଼େ ହାନି ଲାଭ କ୍ଷୟ କ୍ଷତି
ସ୍ମରଣୀୟ ବାଉଳା ଅଂଧାରେ !
ସମୟ କି ବହିଯାଏ ନଈ ପରି
ନଈଟା କି ରହିରହି ଦୋହରାଏ
ମରୁତୀର୍ଥ ଶ୍ଳୋକର ରାଗିଣୀ ।
ମୋତେ ଖାଲି ଦିଶିଯାଏ ମୋ ପ୍ରେମିକା
ଛଳଛଳ ଆଖି ସହ
ତା'ର କଳା କାମନାର ବେଣୀ ।

ତମେ ଫେରିଯାଅ

ଏ କୋଠରିକୁ ଏତେ ଶୀଘ୍ର
ଆଲୋକିତ କରିଦେଲ ତମେ, ସୂର୍ଯ୍ୟ !
ଏତେ ବଡ଼ ରାତିଟା ନ ସରିବା ପୂର୍ବରୁ
ତମେ ଜାଣିଚ (?) ଆମେ ଦୁହେଁ
ଏ ନିଭୃତ କୋଠରିରେ ।
ଏମିତି ଅନେକ ରାତି
ଆମର ଦରକାର
କେମିତି ମୁଁ ଚାଲିଯିବି କହ
ମୋ ପ୍ରିୟାର ସବୁ ସ୍ୱପ୍ନ ଭାଂଗିଦେଇ ?
ଫେରିଯାଅ, ତମେ ଫେରିଯାଅ ॥

ତମେ ଫେରିବନି ବୋଧେ ଆଉ
ହେଲେ, କ'ଣ ବା କ୍ଷତି କରିପାରିବ (?)

ଆଖି ମୁଦି ଦେଲେ
ତମେ ଅଦୃଶ୍ୟ ହୋଇଯିବ ସୂର୍ଯ୍ୟ !
ତମ ଅଲୋକ
ଅଂଧାର ପାଲଟି ଯିବ ନିମିଷକେ,
ଫେରିଯାଅ, ତମେ ଫେରିଯାଅ ॥

ମୁଁ ଜାଣେ,
ତମେ ମୋର ଅହଂକାରୀ ବଂଧୁ !
ଜାଣିଚ, ତା' ଆଖିରେ କେତେ
ତେଜସ୍ୱାନ୍ ଦୀପ୍ତି
ତା' ଦେହରେ କେତେ
ଟକ୍‌ମକ୍ ତାରଲ୍ୟ ଯୌବନ
ତମେ ହାରିଯିବ ସୂର୍ଯ୍ୟ
ଫେରିଯାଅ
ତମେ ଫେରିଯାଅ ॥

■

ନଈକୂଳ

କି ମନ୍ତ୍ର କରିଦେଲ ତମେ
ନଈକୂଳର ଗଛ ଲତା
ପବନର ଶହରଣରେ ସ୍ତବ୍ଧ କରିଦେଲ
ହୃଦୟର ପ୍ରତିଟି ସ୍ପନ୍ଦନ
ଗତିହୀନ କରିଦେଲ ସମସ୍ତ ଅବୟବ
ସ୍ଥିତିହୀନ କରିଦେଲ ସ୍ଥିତିଶୀଳ ଦେହ ॥

ଆସୁଥିବା ନଈର ଢେଉମାନେ !
ମୋର ଅନେକ କଥା ଅଛି କହିବାର
ଯାହା ମୁଁ କହି ପାରିନି
ସେ ମୋତେ ଚାହିଁଲାବେଳେ ଲାଜ ସରମରେ
ତୁମ ଢେଉରେ ମୋ ବାର୍ତ୍ତା ନେଇଯାଇ
ତା' ଗାଧୁଆ ତୁଠରେ ପହଂଚାଇ ଦିଅ ଯେ
ମଥୁରାକୁ ଯାଇଥିବା କୃଷ୍ଣ
ପୁନଶ୍ଚ ଫେରୁଚି
ଗୋପର ପ୍ରେମରେ, ଲୁହ ଟଳମଳ ଆଖିରେ ॥

ରେ ନଈ !
ତୁ କାହା ପ୍ରେମରେ ଅମାନିଆ ହୋଇ ଧାଇଁଛୁ
ମୁଁ କେତେ ଭଲପାଏ
ତୋ' ଛାତିରେ ପହଁରିବାକୁ
ତୋ' ସ୍ମୃତିର ବାଲିଗଦା ତଳେ
ନିଜକୁ ଲୁଚେଇ ଦେବାକୁ
ତୋ' ସାଥିରେ ମାନ ମାରି ଅପଡ଼ ପକାଇ
ପୁଣି କଥା କହିବାକୁ ॥

ତୋ' ଛାତିରେ
ମୋ ଲୁହର ଢେଉ ଖେଳୁଚି ରେ ନଈ !
ତୁ କେବେ ବୁଝିଚୁ
ଆଖିରେ ସ୍ନେହର ଗଭୀରତା ମାପିବାକୁ
ଅକୁହା କଥାର ଖିଅ ଧରି
ଦରିଆ ମଝିକୁ ଫିଙ୍ଗିଦେବାକୁ !
ତୁ କିଆଁ ବୁଝିବୁରେ ବାୟା ଚଢ଼େଇ
ବତାସର କ୍ଷୟକ୍ଷତି,
ରେ ନଈ !
କିଏ ଜାଣିଛି
ତୋ' କୂଳରେ ମୁଁ ଜଣେ ଅସହାୟ ଲୋକ ବୋଲି ॥

■

ନିଷିଦ୍ଧ ଦୂରନ୍ତ ସଂପର୍କ

ନିଷିଦ୍ଧ ଜଂଗଲକୁ ପଶିଲା ପରେ
ଏକାକୀ ଲୋକର କାହାକୁ ବା ଡର !
ଉଡ଼ଂନ୍ତା କପୋତର ଡେଣାରେ ଚିହ୍ନନ୍ତା ଅନାମିକାର ମୁହଁ
ମୁହେଁଇ ନିଏ ବିଷ ହ୍ରଦର ଗହୀର ପାଣିକୁ
ଆଂଜୁଳାଏ ପିଆଇବାକୁ ।
ହେ ଲୋକ, ଫେରିଆସ ହିଂସ୍ର ଆହ୍ୱାନରୁ
ତମ କାଂନ୍ଦୁରା ଆଖିରେ ଭୟର ସ୍ପଷ୍ଟ ଚିହ୍ନ ॥

ଏ ସୁନ୍ଦର ସରୋବରେ ଗାଧୋଇବା ମନାରେ ଅବୁଝା
ହିଂସ୍ର ବାଘ ସରୋବରେ, ହାତରେ କଂକଣ ତା'ର
ରାଜ୍ୟର ଯେତେକ ଲୋକ ତମ ପରି ଆସିଥିଲେ
ଫେରିବାର ଦୃଷ୍ଟାନ୍ତ ବିରଳ
ଅଥଚ ଭାଂଗିଚି ଛାତି ଦେହ ମନ ହାଡ଼
ବହିଅଛି ଅଣଚାଶ ପବନର ଝଡ଼ ॥

ଜଂଗଲ ମଝିରେ ତମେ
ତମ ଆଗେ ବାଟ କାହିଁ କଣ୍ଟାର ମୂଲକ
ପଛରେ ବସିଛି ଜଗି ଚିହ୍ନା ଜଣା
ପରିବାର ପଡ଼ୋଶୀଙ୍କ ଅସୁରୁଣୀ ଦାନ୍ତ ବର୍ଚ୍ଛା ପରି
ଆଗକୁ ଯିବ ଇ ଯିବ
ଫେଣିବାର ଇଚ୍ଛା କାଇଁ (?)
ପ୍ରେମିକକୁ ମୃତ୍ୟୁ ଜଣା ନାଇଁ ।

ମୃତ୍ୟୁ ଯଦି ଆସିଯାଏ
ଏ ନିଷିଦ୍ଧ ଜଂଗଲ ଛାତିରେ
ତା'ର ବି ମୃତ୍ୟୁ ହେବ
ଯଦି ସିଏ ପ୍ରେମି ନ ପାରିବ ।
ପ୍ରେମିକଟି ସତେ ଭାରି ଅମାନିଆଁ
ଅମାନିଆଁ ପରି ଘୂରେ...
ନାରୀଙ୍କର କଂକର ସେ ବିଷାକ୍ତ ହ୍ରଦରେ ॥

■

ପ୍ରତିମା

ଅଳସ ଆଖିର ନାଚ
ଶେଷ ଥର ମୁଁ ଦେଖିଚି ଓ
ପଢ଼ିଚି ଜୀଅନ୍ତା ଦେହରେ ତା'ର
କେତେ ପ୍ରତିଶ୍ରୁତି
ସ୍ତନ୍ୟପାୟୀ ଜୀବ ପରି
ପିଇଚି ମୁଁ ପ୍ରତିମା ଗୋଟିକୁ
ଏବଂ ପୁଣି ହାତର ଫୋଟକା ତଳେ
ଯେତେ ଲହୁ ପାଣି ପରି ଅଛି ।
ନିରୁଦ୍‌ବେଗ ମୁହଁରେ ତା' ସଂଗୀତମୟ ହସ
କେତେ ଖରା ପାହାଚକୁ ଡେଇଁ
ବଂଚିବାର ଭୋକରେ ଆକ୍ରାନ୍ତ
ବୁଝିହୁଏ କିତାକିତା ସାମ୍ନାସାମ୍ନି ହେଲେ ॥

ଏବେ ମୋର ଭଗ୍ନ ସ୍ୱାସ୍ଥ୍ୟ
ଅରୋମାଂଚ ଢ଼ିଲା ଚର୍ମ ଶୁଖିଲା ପତର ପରି
ଗଦାଗଦା ଅଂଧାରରେ ଛବିଳ ଜିଜ୍ଞାସା
କଦମ୍ବ ଫୁଲିଆ ଦେହେ ଯଉବନ ବଂଦୀ ତୋ'ର
ମୋ ନିର୍ବାସିତ ଅନୁକମ୍ପା
ତୋ' ଆଖିରେ ଚେଇଁ ଉଠେ
ବିମୁଗ୍ଧା ନାୟିକା !

ମୁଇଁ ଏକ ସ୍ଥିର ସୂର୍ଯ୍ୟ ଓ ପୃଥିବୀ ସ୍ଥିର
ଯେଣୁ ତୋ’ ଦେହରେ ଅଛି
ନିର୍ଦ୍ଦିଷ୍ଟ ଋତୁର ପଦଚିହ୍ନ
ଏବଂ ମୋ ଆଖିରେ ତୋ’ର
ତରଳା ସ୍ମୃତିର ଶୋଷ
ପୁଷ୍ପିତା ହୁଏ ପଢ଼ିପଢ଼ି
ଅବର୍ଣ୍ଣ ଅସ୍ପଷ୍ଟ ଭାଷାର ଇତିହାସ ॥

ମୁଁ ହଜିଚି ପାଷାଣର ବିଷାଦ ନିଷିଦ୍ଧ ଛାତିରେ
କ୍ଷୁଧିତ ପ୍ରେତାତ୍ମା ଲୁଚିଗଲା ବହଳ ଅଂଧାରେ
ଓ ଖୋଜିଖୋଜି ମୁଁ ବୁଲୁଚି
ଅମୂର୍ତ୍ତ ପୃଥିବୀର ଅପାର୍ଥିବ ସ୍ମୃତି ।
ମୁଁ ଶୂନ୍ୟ ଆକାଶର ଛାଇ
ଏକ ନିର୍ବିକାର ପୁରୁଷ
ସୂର୍ଯ୍ୟଚନ୍ଦ୍ର ସେପାରିରେ
ଏକ ନିଶ୍ଚଳ ମୂର୍ତ୍ତି ॥

ପଥରର ନିଷ୍ପାପ ହୃଦୟର ଗଭୀରତା
ସମସ୍ତ ସତ୍ତାର ଫଳକରେ
ଯୁଗ ଯୁଗର କାଚକେନ୍ଦୁ ସ୍ୱପ୍ନଙ୍କୁ ଜନ୍ମାଏ
ଓ ଆଙ୍କିଦିଏ ମହଶୂନ୍ୟର ମାନଚିତ୍ର
ଶୁଷ୍କ ସମୁଦ୍ରର ନିଭନ୍ତା ଛାଇରେ ॥

■

ଅକସ୍ମାତ ଭେଟିଥିବା ମୁହଁ

ମୃତ୍ୟୁ !
ତୁମେ ଭେଟୁଚ ଯଦି
ମୋତେ ଆଲିଙ୍ଗନ କର।
ମୋ ଦେହକୁ
କେଉଁ ମାୟାବତୀର ମାୟା
ତା'କୋଳକୁ ଟାଣିନେଇଛି କେଜାଣି ?
ତମେ ଛଡ଼େଇ ଆଣି ପାରୁନ ଯେ
ବସି ରହି ହକାରୁଚ ଅଥଚ
ଛୁଇଁ ପାରୁନ କାହାର ଭୟରେ ? ?

ମୋ ମାୟାବତୀ
ମାୟାରେ ସତୀ ବନେଇ ଦେଇଛି ନିଜକୁ ଯେ
ସାରା ରାଜ୍ୟରେ ଚହଳ ପକେଇ ଦେଇଚି
ପରାଜୟ ସ୍ୱୀକାର ପୂର୍ବକ
ମୃତ୍ୟୁ ଫେରିଯାଇଚି ଓ ସେବେଠାରୁ
ସେ ଆସିଲେ ଲୁଚିଲୁଚି ଆସେ,

ଅଦୃଶ୍ୟ ଭାବରେ ଆସେ
ପ୍ରଲମ୍ବିତ ବାହୁରେ ଆଲିଙ୍ଗନ କରେ ॥

ମୋ ସତୀର କୋଳରୁ ଫେରିଆସି
ମୁଁ ଦେଖୁଚି ତୁମେ ସ୍ପଷ୍ଟ ମୋ ଅଖିରେ
କେତେ ଛନ୍ଦ, କେତେ ରୂପ
ତୁମର ସେ ଅଦୃଶ୍ୟ ଦେହରେ ।
ନିର୍ଜନ କୋଠରିରେ
ଏକାନ୍ତ ନିଜର ମୁଁ ମୋର,
ମୋ ସତୀର ଲୀଳାୟିତ ଚାହାଣିର ସମସ୍ତ ଠିକଣା
ବିଚୂର୍ଣ୍ଣିତ ଧୂଳି ଧୂସରିତ,
ଏବଂ ସେ ଯାହା ହେଉ
ତୁମେ ଖୁବ୍ ସରଳ ଓ
ଗାଉଁଲି ଲୋକଟି ପରି ନିଷ୍କପଟ ॥

ଏମିତି ଯନ୍ତ୍ରଣାର ଆବର୍ତ୍ତରୁ
ବଂଧୁତ୍ୱର ମୋହବତ୍‌ରେ
ଆସ ମୃତ୍ୟୁ !
ଅଲିଙ୍ଗନ କର
ଏଇ ନିର୍ଜନ କୋଠରିରେ ॥

■

ମୁଁ ଖୋଜୁଚି "ମୁଁ"

ପୃଥିବୀ ଦେଖିଲା ପ୍ରଥମ ଆଲୋକପୁଂଜ।
ଏଣିକି ପାଣି, ପବନ ଓ ଆଲୋକକୁ
ଆଲୋକରେ ବୁଲୁଥିବା ପ୍ରାଣୀଙ୍କୁ ଓ
ତାଙ୍କର ରାଜକୀୟ ମୁଁତ୍ୱକୁ,
ସବୁକୁ ଡର ॥

ମୁଁତ୍ୱର ଦମ୍ଭ
ଯାହା ହତ୍ୟା କରେ ସମୟକୁ ଖଂଡଖଂଡ କରି
ଓ ହଜାଏ ରକ୍ତାକ୍ତ କ୍ଷତର ଭିତରେ।
ମୁଁତ୍ୱର ଗର୍ବ
ଯାହା ଭାଂଗିଦିଏ ପୂର୍ବସୂରୀମାନଙ୍କର
ଚଳନ୍ତିକା ପରମ୍ପରା, ଆବେଷ୍ଟନୀ ଆଇନ୍ କାନୁନ୍-
ଅଭିମାନ ମୁଁତ୍ୱର
ଯାହା ସମୁଦ୍ରରେ ଉବୁଟୁବୁ ପିଲାଙ୍କର
ଡବଡବ କାକୁସ୍ଥ ଚାହାଣି।
ଶୁଣିବାକୁ ବେଦନାର ପୁଂଜୀଭୂତ ଦୀର୍ଘଶ୍ୱାସ
ଜରା, ବ୍ୟାଧି, ମୃତ୍ୟୁର ସଂବାଦ,
ଅହଂକାର ଘୂରୁଥିବା ସ୍ୱପ୍ନଙ୍କର ଇନ୍ଦ୍ରଜାଲ,

ବାଟବଣା କେଉଁ ଏକ ନାବିକର ଚେତନା ଗ୍ରନ୍ଥିରେ
ସ୍ତବ୍ଧ ହୁଏ ବ୍ୟର୍ଥତାର ନିର୍ବାକ ସ୍ପନ୍ଦନ,
ମୁମୂର୍ଷୁ ଆତ୍ମାଟି ମୋର ଅଟ୍ଟହାସ କରେ ଦେଖି
କାମନାର କଳା-ପାଦଚିହ୍ନ ॥

ମୋ ଚାଲିବା ପାଇଁ ରାସ୍ତା ନାହିଁ
ଯେହେତୁ : ବାଟ ସାରା କଣ୍ଟା
ମୋ ଶୋଷ ପାଇଁ ଜଳ ନାହିଁ
ଯେହେତୁ : ସମୁଦ୍ର ଶୁଖିଲା ।
ମୋ ମୃତ୍ୟୁ ପାଇଁ ପଥ ନାହିଁ
ଯେହେତୁ : କାମନାର ଶେଷ ନାହିଁ ।
ଅସୁମାରୀ କ୍ଷୁଧା ନେଇ
ସୂର୍ଯ୍ୟ, ଚନ୍ଦ୍ର, ତାରା ଆଜିଯାଏ
ଯେମିତି ଅଛନ୍ତି,
ସବୁ ଋତୁ ଯେମିତି ଆସନ୍ତି
ମୁଁଦ୍ୱର ଆଦିମ ଜଠରୁ -
ମୁଁ ସେମିତି ବଂଚିବାକୁ ଚାହେଁ
ଅସମାପ୍ତ କ୍ଷୁଧାର ଦାନିରେ
ଶାନ୍ତିହୀନ ବ୍ୟାକୁଳତା ଅସ୍ତିତ୍ୱ ଭିତରେ
ସଂପର୍କର ପୃଥିବୀର ହୃଦୟକୁ ଛିନ୍‌ଭିନ୍ କରି
ଅସତର୍କ ମୁହୂର୍ତ୍ତର କୋଟରରେ ଲୁଚିଥିବା
ଯୌବନକୁ, ମୁଁ ଖୋଜୁଚି
ମୁଁଦ୍ୱକୁ, ମୁଁଦ୍ୱର ନିଭୃତ ସତ୍ତାକୁ ॥

■

ଆଖି

ଆଖି ସବୁ ଲାଲ୍ ଲାଲ୍ ।
ରକ୍ତ ପିଆ ଆଖି । ଅଖି ସବୁ
କାରଖାନା ଫର୍ନେସ୍‌ର । ସୂର୍ଯ୍ୟଙ୍କର
ହଳଦିଆ ଅଖି ।
ଝଲସାଏ ଘାସଙ୍କର ମୁହଁ । ସମସ୍ତଙ୍କ ଆଖିରେ
ଆଖିଏ ଟ୍ରାଫିକ୍‌ର ନାଲିଆ ଆଲୁଅ ॥

ମୃତ୍ୟୁ ବୁଲେ ଆଖି ହୋଇ
ଆଖି ସବୁ ବୁଲୁଥାଏ ସୂର୍ଯ୍ୟ ହୋଇ
ଜୀବନର ଅସଂଖ୍ୟ ପୃଥିବୀ । ରକ୍ତର
ଉଷୁମ ନଈ ବାଲିଚର ହେଲାବେଳେ
ନାଲି ଆଖି ଆସିଯାଏ ସୁସୁରି ବଜାଇ ॥

ନାଟକର ଦୃଶ୍ୟ ସବୁ ବଦଳେ
ପ୍ରେମିକର ମୋହ ଭାଂଗିଯାଏ
ଡାକ୍ତରଖାନାର ବେଡ୍ ପରେ ଶୋଇ ।
ଡାହାଳ କୁକୁର ପରି ଲମ୍ୱା ଜିଭକୁ ହଲାଇ
ଏ ଶଯ୍ୟାରୁ ଆର ଶଯ୍ୟା ବୁଲୁଥାଏ ମୃତ୍ୟୁ,
ଅସଂଖ୍ୟ ଆଖିକୁ ମଦ୍ୟ ରଂଗରେ ରଂଜାଇ ॥

ରଂଜାଳିଆ ଯନ୍ତ୍ରଣାର ପ୍ରତ୍ୟେକ କ୍ଷେତରେ
ପୂଜ ରକ୍ତ ପ୍ରତ୍ୟେକ ବିନ୍ଦୁରେ
ମୁହଁ ତା'ର ଝାପ୍‌ସା ଦିଶେ
ଅସରନ୍ତି ଭୋକ ଫଗୁଆରେ
ଆଖିଯୋଡ଼ି ନାଚିଯାଏ
ସୂର୍ଯ୍ୟାସ୍ତର ପତ୍ରଝଡ଼ା ଗଛର ଶୀର୍ଷରେ ।

■

ହାଡ଼ର ପ୍ରାର୍ଥନା

ଭାଂଗି ଦେ' ସବୁ ଯେତେ ମାଟି ହାଂଡି
ହାଂଡି ସବୁ ଶ୍ମଶାନରେ ଗଡୁଛନ୍ତି ଯେତେ
ଯନ୍ତ୍ରଣାର ଯେତେ ସବୁ ଗଛ ପତ୍ର
ଫଳ ଫୁଲ ଝରି ପଡ଼େ କାରୁଣ୍ୟ କୁହାଟ ମାରି
ଡେଇଁଡେଇଁ ସମୁଦ୍ରର ନୀଳଢେଉ
ପର୍ଦ୍ଦା କାଟି ଚରିଯାଉ ସ୍ନାୟୁର ଜଗତେ ॥

ହାଡ଼ ଗଦା ଭାଂଗି ଦେ'/ଲୁଚିଯା ଗଦା ତଳେ
ଯେଉଁଠି ହାଡ଼ ସବୁ କାନ୍ଦେ ଆଖି ମଳି
ଚାହିଁଚାହିଁ ଶେଥା ଘାସ ସମସ୍ତ ମୁହଁକୁ
ଦରଲିଭା ଯନ୍ତ୍ରଣାର ବସନ୍ତ ଚିହ୍ନକୁ ॥

ମନର ବେଦନା ସହି
ସହି ସବୁ କ୍ଷତର ଯନ୍ତ୍ରଣା
ମଉଳିଲା ମୁହଁ ସବୁ ଯେଉଁଠାରେ
କାନ୍ଦେ ମୁହଁ ମାଡ଼ି,
ପଶିଲା ଆଖିର କୋରଡ଼େ ଯେତେ ସବୁ
ଜିଜ୍ଞାସାର ପ୍ରଶ୍ନବାଚୀ
ଲିଭାଇଦେ/ଲୁଚିଯାଇ ହାଡ଼ ଗଦା ତଳେ ॥

■

ଅତୀତ ଓ ବର୍ତ୍ତମାନ ସୂରୀମାନଙ୍କୁ

ଅଖି ଖୋଲ ଜଳନ୍ତା ସୂର୍ଯ୍ୟମାନେ !
ଅଂଧକାର ଅପସରି ଯାଉ, ଓ ଦୁଃଖର ସମୁଦ୍ରକୁ
ଶୋଷିନିଅ ଜଳନ୍ତା ଆଖିରେ । ତୁହାକୁ ତୁହା
ଉଠାଣି ବରଷା ପରି ଧୋଇଦିଅ, ସଫା କରିଦିଅ
ପଂକିଳ ଦ୍ୱାର ସବୁ ଚେତନ ଓ ଅର୍ଦ୍ଧ ଚେତନର/
ଅବଚେତନର/ନାଳିବତି ଟିପିଦିଅ
ପ୍ରତ୍ୟେକ ମନରେ ସରୀସୃପ ଯନ୍ତ୍ରଣାର
ଭୟ ଚେଇଁଉଠୁ ଜାନ୍ତବତା ପ୍ରତିରୋଧ ପାଇଁ ।
ନୀଳବତି ଜାଳିଦିଅ ନୂଆ ଅନ୍ୱେଷଣେ
ସୁଲୁସୁଲୁ ପବନରେ ଝାଉଁବଣ ଶଦ୍ଦ ପରି
ନିରଳଂକାରରେ ସୃଜନୀ ବଇଁଶୀ ଫୁଙ୍କି
ଶଙ୍ଖଂକ ଟଙ୍କାର ରୋକି
ମେଘର ଗର୍ଜନ ପରି ଗର୍ଜୁଥିବା ସମୁଦ୍ରର ଢେଉ ପରି
ମାଡ଼ିଆସ ଭାଂଗିଦିଅ ଅତୀତର
ଯେତେ ସବୁ ସ୍ତୂପୀକୃତ ବାଲିଗଦା

ପୁରୁଣା ଓ ବହୁ ପୁରୁଣାକୁ/ଧୋଇଦିଅ
କର୍ଦ୍ଦମାକ୍ତ ନର୍ଦ୍ଦମାରେ ଉବୁଟୁବୁ
ହେଉଥିବା ରାସ୍ତା ପରି ମଣିଷ ମନରେ ଥିବା
ହିଂସ୍ର ପ୍ରବୃତ୍ତିକୁ ॥

ଅସ୍ତଗାମୀ ସୂର୍ଯ୍ୟମାନେ, ଅପକ୍ଷା କର/ତୁମେ ପଂଗୁ ନୁହଁ
ବୟସର ଭାରରେ, ବିଜୁଳି ଝଲକ ପରି
(ଟେଲିଫୋନ୍‌ରେ ଆଳାପ ସମୟରେ
ଲାଇନ୍ କଟିଲା ପରି)
ଲିଭିବନି ସମୟର ସିଲଟରୁ
ମଣିଷର ମନ ଦର୍ପଣରୁ ।
ଦିଗଶଂକୁ ଗଣ ! ସୂର୍ଯ୍ୟ ପରି ବାରମ୍ବାର ଫେରିଆସ
ସମୟ ପିଠିରେ ବସି
ନୂଆ ରାସ୍ତା ଖୋଜି ଜୀବନର
ଡଂଗା ବାହିନିଅ ଓ ଦୁଃଖର ସମୁଦ୍ରକୁ
ଶୋଷିନିଅ ଜଳନ୍ତା ଆଖିରେ ॥

■

କ୍ଷୁଧା

ମାଆର ଜଠର ଭଳି
ଅଂଧକାର ପରିପୂର୍ଣ୍ଣ ପୃଥିବୀକୁ ଦେଖ
ଶୂନ୍‌ଶାନ୍, ଆଇଁଷିଣା ପୂତିଗଂଧ
ମଶାଣି ପଡ଼ିଆ ।

ହେ ସାରସ ! କ୍ଷୁଧା ଚିରଞ୍ଜୀବୀ
ଏକ ଆତ୍ମତୃପ୍ତି
ଦୀର୍ଘଶ୍ୱାସର ପ୍ରଲେପ
ଚତୁଃପାର୍ଶ୍ୱରେ ଘେରାଇ ଦିଏ ଏକ ବିଶ୍ୱସ୍ତ ଜାଲ
ନିଜର ସଂରକ୍ଷଣ ପାଇଁ ॥

ମାଆ ଥନ ଶିଶୁର ପାଟିରେ ଥିଲେ
ମାଆ ମନ କ୍ଲୀବ ଓ ଅଥର୍ବ
ଯୌବନର ଧୂଳି ସମୁଦ୍ରରେ ॥
ଆଲଂବିତ ହାତଙ୍କର ଶିହରଣ ଭରିଯାଏ
କାତରରେ ଲୁଚିଥିବା ପର୍ବତଙ୍କ
ଜୀବନ୍ତ ଦେହରେ ॥

ନିଆଁର ତତଲା ରୂପ ନିଏ ବୟସ
ବୟସ ଓ ସମୟର କ୍ଷୁଧା ଏକ
ଜ୍ୱଳନ୍ତ ପ୍ରଦୀପ । କୁହୁଡ଼ିଆ ସକାଳର
ସୂର୍ଯ୍ୟଙ୍କ ଉଷ୍ଣତା ଭରେ ପ୍ରତ୍ୟେକ ସ୍ନାୟୁରେ ।
କୁକୁରଙ୍କ ଭୋକିଲା ନିଃଶ୍ୱାସ ଚାଲେ
ରକ୍ତର ପ୍ରଚଣ୍ଡ ତାତିରେ ॥

ଯଦିଚ ଯୌବନ ଶୁଷ୍କ / ପଂଗୁ
ଜଡ଼ ଆଭରଣ । କିବା ସିଏ
ହୋଇପାରେ ଡହକ ମରଣ ।

ଧୋବ ଫରଫର ଜୀବନ ଘୂରେ
ବୟସର ଗଳି-ଉପଗଳି
ବୟସର ଅଂଧକାର ଆସିଯାଏ
ବୈଶାଖର ଶୁଖିଲା ପତ୍ରରେ
ଶୀତଳତା ଭରିଯାଏ ଆଖିର ପର୍ଦ୍ଦାରେ,
ଶୋଷସବୁ ସରେ ନାହିଁ ସମୁଦ୍ର କୂଳରେ
ଅବା ଆଲିଙ୍ଗନ ବେଳେ,
କ୍ଷୁଧାର ଟାଣୁଆ ଖରା ଲିଭିଯାଏ
ଜୀବନର ବରଫ-ସକାଳେ ॥

■

ଧକ୍କା

ବୟସକୁ ଧକ୍କା ଖାଏ
ପୁଷମାସ କାଉଁଳା ଛାଇରେ
ସୁନା ଧାନ କେଣ୍ଡା ପରି ମୁଂଡ ନୋଇଁ
ଶୋଇ ରହେ ଯନ୍ତ୍ରଣା କ୍ଷେତରେ
ଓ ସମୟର ସୁଢ଼ଂଗରେ ମୂଷା ପରି
ଛପିଯା'ନ୍ତି ଫେରିଥିବା ଦୁଃଖ ସବୁ
ପାଣି ପିଇ ସାତ ସମୁଦ୍ରରେ ॥

କଳା ଅଂଧାରରେ ଚିକ୍‌ଚିକ୍ କରୁଥିବା
ଦୁଃଖିତ ସମୁଦ୍ର ଢ଼େଉର ଫେଣ
ଧଳା ଲୁଗା ପରିହିତା ସତେ କି ନାଗୁଣୀ
ତୁଂଡର ଆଉଟୁ ପାଉଟୁ କଥା
ସମୟର ସ୍ରୋତେ ଝରିଗଲେ
ନ ହୁଏ ଉଜାଣି ॥

କାନ୍ଦକାନ୍ଦ ହୋଇ ଆଷାଢ଼ର
ବରଷା ଝରିଗଲେ
କାନ୍ଦୁରା ପିଲା ମା' କୋଳରେ ଶୁଏ
କକ ବାୟାର ଭୟରେ
ଚାଙ୍ଗୁଡ଼ିଏ ଦୁଃଖର ଫୁଲ ନେଇ
ଠାକୁରଙ୍କ ମୁଣ୍ଡେ ଚଢ଼ାଇଲା ବେଳେ
ଦମକାଏ ପବନର ଖେଳରେ
ପାଚିଲା ଧାନ ପରି ଝଡ଼ିଯାଏ
କଳା ମଚ୍‌ମଚ୍‌ ଅଦୃଶ୍ୟ ଛାଇରେ
ଓ ବୟସ ଧକ୍‌କା ଖାଏ ସମୟକୁ
କେଉଁ ଏକ ଛାଇର ଛିଟାରେ
ଅନାବୃତ ଅଦୃଶ୍ୟ ଦେହରେ ॥

ସମୟ : ସମୁଦ୍ର

ସେ କେଉଁ ସମୟ ବୋହେ
ଦୁଃଖ ଆଉ ସୁଖର କଠିନ ବୋଝ
ନିଜର ଛାତିରେ,
ନିଜର ବଳିଲେ ଦୁଃଖ
ଲଦି ଦିଏ କାହା ଉପରେ ସେ !

ସେ କେଉଁ ସମୟ ଶୋଏ
କାହାର ସେ ନିରିମାଖି ଆଖିପତା ତଳେ
ନିଜକୁ ବୁହେଇ ଦିଏ
ସ୍ୱପ୍ନହରା ତତଲା ଲୁହରେ
ନିଜକୁ ହଜେଇ ଦିଏ
ପଉଷର ଶୀତ ଲୁଗା ତଳେ ॥

ସେ କେଉଁ ସମୟ
ଚୋରେଇ ନିଏ କଦମ୍ୱିତ
ସ୍ନେହର ପରଶ,
ଘୃଣା ଆଉ ଈର୍ଷାରେ
ପରିପୂର୍ଣ୍ଣ କରିଦିଏ ନଶ୍ୱର ଦେହକୁ !

ସେ କେଉଁ ସମୁଦ୍ର
ପ୍ରବର୍ତ୍ତାଏ ମୋତେ
ମୋ ନିଜକୁ ଛାଡ଼ି ଚାଲିଯିବା ପାଇଁ
ପ୍ରତି ମୁହୂର୍ତ୍ତରେ,
ମନେପକାଇ ଦିଏ
ମତେ ଇ ଯିବାକୁ ହେବ ଏକାଏକା
ଏଇ ପୃଥିବୀରୁ
ବିନା କିଛି ଦର୍କାରରେ
ବିନା କିଛି ସର୍ତ୍ତ ଓ ବାର୍ତ୍ତାରେ ॥

■

ନିଜକୁ ଖୋଜିଲା ବେଳେ

ଆଉ କେଉଁ ନାବିକପଣିଆରେ
ସାତ ସମୁଦ୍ରର ତେର ନଈ ପାର ହୋଇ
ଡଂଗା ବାହିନେବ,
ଯୋଜନ ବିସ୍ତୃତ କେତେ ପ୍ରକାରର ରାସ୍ତା ଡେଇଁ
ଲଂଡିତ ମସ୍ତକେ ଫେରିଯିବ
ସବୁ ନିଃଶ୍ୱାସକୁ ସହସ୍ରାର ପଦ୍ମରେ ଏକାଠି କରି
ରମଣ କରି ଦେହରୁ ଦେହକୁ
ପବନରୁ ଆକାଶକୁ, ସ୍ଥଳରୁ ଜଳକୁ
ପୁଣି ଏକ ନିରାମୟ ଥାନ ଅଥାନକୁ ।।

ତୋ' ଦେହରେ
ମୋ ସମସ୍ତ ବିକାରର ନିର୍ବିକାର ପୁରୁଷ
ତୋ' ଉଲଙ୍ଗ ଦେହରେ ପାଦ ଥାପି
ଆସନ ପାତି ମୁଁ ଘୂରିବୁଲୁଚି
ବ୍ରହ୍ମାଣ୍ଡର ମଶାଣି ଭୂଇଁକୁ ।
କୋଉ କୁଆଁରୀ ହାଡ଼ର ବଳାଗଣ୍ଠିକୁ
ଚୁମା ଦେଇ ପବନ ମନ୍ତ୍ରି ଦେଉଚି
ସାରା ଦେହକୁ କିଳି ଦେଉଚି
ଛତିଶ କୋଟି ଦେବଦେବୀଙ୍କ ଆଖି ଉହାଡ଼କୁ ।
ତପୁଚି ଯଦିଚ
ସେଇ ଏକ କଥାଟିଏ
ଆଲୁଅ ଓ ଅଂଧାରରେ ପ୍ରବେଶ ନ ଥିବା ରାଜ୍ୟେ
ମଥା ଗୁଂଜିବାକୁ ।।

ତୋ' ଆଖିର ବଇଠାରେ
ମୋ ନିର୍ବାଣର ସତ୍ତା ଜଳେ ବନଚାରୀ !
ତତେ ଚୁମେଇଥିବା ଦେହରେ ତ ବ୍ରହ୍ମର କୁଂଡଳୀ ।
ମୋ ଜନ୍ମରେ ନା' ମୋ ମୃତ୍ୟୁରେ
ଆନନ୍ଦର ଆଟୋପରେ ନା' ଶୋକର ଫୁଲ ବଗିଚାରେ
(ଯାହା ଜାଣେ ମୃତ୍ୟୁଭୋଗୀ ଲୋକ ।
ମୋ ପ୍ରେମର ବିଦାୟ ବା ଝିଅଟିର
ରୁଚିହୀନ ବିନୀତ ପ୍ରେମିକକୁ ପରିତ୍ୟାଗ
ଅଥବା
ହଠାତ୍ ଯେବେ ପ୍ରେମିକାର ଅନ୍ତର୍ଦ୍ଧାନ ହେବାବେଳେ)
ବହଳିଆ ଖରାର ପ୍ରଲେପ ମାଖିଦିଏ
ହଳଦିଆ ବିକାରଶୂନ୍ୟ ରଂଗ ।।

ଦୁଃଖ ଆସିବାର ନିର୍ଦ୍ଦିଷ୍ଟ ସମୟ ପୂର୍ବରୁ
କି ସୂଚନା ଦିଏ ପାର୍ଶ୍ୱବର୍ତ୍ତୀ ଅଦୃଶ୍ୟ ବାତାବରଣ ?
ନିଷ୍କାମ ସନ୍ନ୍ୟାସୀର ଆଶୀର୍ବାଦ କି
କାମନାଗ୍ରସ୍ତ ମଣିଷର
କଂକରିତ ଇଚ୍ଛାର ସହବାସରେ
ଆତ୍ମମଗ୍ନ ସ୍ଥାଣୁ ପୁରୁଷର ହୁଏ ବ୍ୟବଚ୍ଛେଦ ? ?

କେଉଁ ହଲକରେ ପୁଣି
ଖସେଇ ପକେଇବି ନିଜକୁ ତଳକୁ !
ତୋ' ଦେହରେ ମୋ' ନିର୍ବାଣକୁ
ଖୋଜିବୁଲୁଚି ମୁଁ ଯୁଗଯୁଗ...
ମାଟିରେ... ଆକାଶରେ...
ନିଃଶବ୍ଦତାରେ... ।।

■

ସତ୍ୟାନନ୍ଦର ଦୈନନ୍ଦିନ ଜୀବନଚର୍ଯ୍ୟା

ସକାଳ ହେଲେ କାଉ କା' କହିଲେ
ସତ୍ୟାନନ୍ଦ କଳିଯୁଗର ପ୍ରଭାବରେ ନିଜକୁ ଭୁଲିଯାଏ ।
ସେ ଭୁଲିଯାଏ ନିଜେ ଜଣେ ଆଦର୍ଶ ଅଧ୍ୟାପକ
ଅନୁଗତ ସ୍ୱାମୀ, ବିଶ୍ୱସ୍ତ ବଂଧୁ ।
ଅଥଚ ଦିନଟାଏ ପାରିହେବାର
ଅକ୍ଲାନ୍ତ ପରିଶ୍ରମ ଭିତରେ
ଦୁଇଟି ପିଲାର ମୁହଁ ଓ ଘରୋଇ କଲେଜର
ପାଁ'ଶ ଟଙ୍କାକୁ ଦେଖେ ସେ ।।

ଏ ରାଜଧାନୀରେ ରାସ୍ତା ତିଆରି ହୁଏ
ସୁବର୍ଣ୍ଣାଲୋକରୁ ଆଲୋକ ଝରି ପଡ଼େ
ପାର୍କରେ ବୁଲି ବିଳାସ କରିହୁଏ ।
ସବୁଠି ସବୁ ପରି ନିଜକୁ ସଜାଇ
ଭାରି ଆଧୁନିକା ଭୁବନେଶ୍ୱର
ହାଇ ମାରି ଅଳସ ଭାଂଗେ
କବିର ଆଳଂକାରିକ ଶୋଭାରେ ନିଜକୁ ମଂଡ଼େ ।।

ଅଥଚ
ଅଧ୍ୟାପକ ସତ୍ୟାନନ୍ଦ
କଳାବଜାରୀ କରିପାରେ ନାହିଁ
ଟାଉଟରୀ ପାରେ ନାହିଁ।
ରାଜା ହେବାର ଭାଗ୍ୟ ନାହିଁ କି
ମନ୍ତ୍ରୀ ହେବାର ବଳ ନାହିଁ
ତା' ଚାକିରିକୁ ସରକାରଙ୍କର ନଜର ନାହିଁ
କି ତଦାରଖ ନାହିଁ।
ସେ ସବୁ ନିପାରିଲାର
ରାଜରାସ୍ତା ଘୂରୁଥାଏ
ସାଇକେଲ୍‌ର ଭଂଗା ପ୍ୟାଡେଲ୍ ବୁଲେଇ॥

ସତ୍ୟାନନ୍ଦ ଦେଖେ
ପାପ ପ୍ରବଂଚନାରେ ପରିପୂର୍ଣ୍ଣ ନରକର ପ୍ରତିରୂପ
ଏ କଳିଯୁଗ !
ସୃଷ୍ଟିର ସବୁଜତାରେ କ୍ଷୁଦ୍ର ପକ୍ଷୀଟିଏ ହେବାର
ସ୍ୱାଧୀନତା ତା'ର ନାହିଁ
ତା'ର ଜୀବନ ନାହିଁ କି ସ୍ୱପ୍ନ ନାହିଁ।
ପ୍ରତି ସନ୍ଧ୍ୟାରେ
ଭଗବାନଙ୍କ ଚିତ୍ର ପାଖରେ ଆଖିବୁଜି
ସେ ନୀରବ ରହେ
ଆସନ୍ତା ଦିନମାନଙ୍କୁ ଚାହିଁଥାଏ ସନ୍ଦେହରେ
ଶୂନ୍ୟ ହୃଦୟରେ..... ॥

ନିର୍ଜନ ଦୁଃଖର ବାସିନ୍ଦା

ଜନ୍ମ ହେବାର ମହତ୍ତ୍ୱ ଦେଖାଇବାକୁ ଥିଲେ
ଏତେ କାମୁକତାର ହିଂସ୍ର ପ୍ରଲୋଭନରେ
ଆତ୍ମହରା ହେବାର ମାନେ କ'ଣ ହୋଇପାରେ ?
କ'ଣ ନିଜର ଦୋ' ଦୋ' ପାଞ୍ଚ ପୌରୁଷରେ
ଘୁଣ ଲାଗିଯାଇ ନ ଥିବାର ଦର୍ଶାଇବାକୁ ନା
ନିମିଷକରେ ପୃଥିବୀରୁ ନିଜକୁ ଭୁଲେଇ ଦେଇ
ଭଲ ଲାଗେ ନିଜ ଭିତରେ ନିଜେ ରକ୍ତାକ୍ତ ହେବାକୁ ? ?

ସବୁ ପାଖରେ ତ କେହି ନା କେହି
ଦି'ପଦ ଉପଦେଶରେ ନିଜକୁ ଉଜାଣି ଦେବାକୁ,
କେହି ନା କେହି ତୟାର
ସବୁ କଥାରେ ବାଟ ଓଗାଳିବାକୁ,
କେଉଁ ଦୁଃଖରେ ଏବେ ମଣିଷ ବଂଚିବ ?
ସକାଳୁ ସଂଜଯାଏ ଖଟୁଥିବ ଯେ
ସ୍ତ୍ରୀ ଜାହିର କରୁଥିବ ହୁକୁମ୍
ରଡୁଥିବ ଅଦିନିଆ ଗର୍ଜୁଥିବା ମେଘ ପରି
ଅମୁକ ପିଲା ସ୍କୁଲ୍ ଯାଇନି,
ଅମୁକର ଜାମା ନାହିଁ...
ପ୍ରତିଦିନ କିଛି ଗୋଟେ ଘଟୁଥିବ ସଂସାର ଜଂଜାଳ ।।

ପିଲାଛୁଆ ଘରବାଡ଼ି ନେଇ ସ୍ତ୍ରୀ ବ୍ୟସ୍ତ
ନିଜ ଦେହ ତନଖିବା ସମୟ ବି
ବର୍ତ୍ତମାନ ତାଙ୍କ ହାତେ ।
ମୁଁ ରୋଗିଣା ହୋଇ ଖରାଦିନ ଦି'ପହର
କୁତି ପରି ଧକୋଉଥିଲେ ବି
ସବୁବେଳେ କଡ଼ା ତାଗିଦାର ପରୱାନା ।
ମୋ ଚାରିପାଖେ ହୁତୁହୁତୁ ନିଆଁ ଜଳୁଚିରେ
ପୃଥିବୀଯାକର ରଡ଼ ନିଆଁ କୁଢ଼େଇ ହେଉଚି
ମୋ' ଉପରେ
ପୋଡ଼ି ଯାଉଚି ରଚରଚ ଦେହର ରକ୍ତ ମାଂସ ।
ଦୁଃଖର ଶରଶଯ୍ୟାରେ ନିର୍ବିକଳ୍ପ ଭାବରେ
ଶୋଇ ଯିବାକୁ ହେଉଚି
ମୋ ବିନୁ କେହି ନାହିଁ ନିର୍ଜନ ଦୁଃଖର ବାସିନ୍ଦା ।।

ମୃତ୍ୟୁର ଅବାରିତ ଗତି ସବୁଆଡ଼େ ହେଲେ ବି
ମୋତେ କେମିତି ଡରିଯାଏ ମୃତ୍ୟୁ
ଯେମିତିକା ନୂଆନୂଆ ପ୍ରେମରେ ପଡ଼ିଲା ଝିଅ
ଡରୁଥାଏ ପାଖ ଦେଇ ଯାଉଥିବା ପ୍ରତିଟି ଲୋକକୁ ।

କେଉଁ ମୋହରେ ପଡ଼ିଲେ
ମୃତ୍ୟୁ ଆସିବ କୁହ ମୋତେ
ହେ ନିର୍ଜନ ଦୁଃଖର ବାସିନ୍ଦାମାନେ !
ମୃତ୍ୟୁ ଚ ସଖା
ମୃତ୍ୟୁ ଚ ବଂଧୁ
ମୃତ୍ୟୁ ଆମ ଚିର ସହଚର ।।

■

ଯୋଗୀ

ଜନ୍ମ ଉତ୍ତାରୁ ବିଚାରୁଛି ଯୋଗୀ
ଏ କି ପ୍ରଲୁବ୍ଧ ସଂଗତିହୀନ ସାମାଜିକତା
ଏ କି ବିଚିତ୍ର ନାରୀମାନେ ଚାରିଦିଗେ
ଚାରିକଡ଼େ, ସବୁ ଦୃଷ୍ଟି ଭିତରେ, ବାହାରେ !

ଯୋଗୀ ତ ଜଂଗଲବାସୀ
ଅନନ୍ତର ବିନ୍ଦୁଟିଏ ମାତ୍ର
ଯୋଗୀ ତ ସଂସାର ହରା
ସମୟର ସ୍ୱଚ୍ଛ ଅଭ୍ର ଖଣ୍ଡ ।
ଯୋଗୀ ତ ଜଟାଜୁଟା ଅସଂପର୍କିତ
ବର୍ତ୍ତମାନ ପାଇଁ ନିର୍ବାସିତ,
ଯୋଗୀର ବା ଦୁଃଖ କ'ଣ ?
ବରାଭୟ କାହା ପାଇଁ ?
କେହି ନୁହେଁ ଆପଣା ଓ ପର
ସବୁକୁ ଆଦରି ଯାଏ ନିଜେଇ ନିଏ
ସମୟର ଜାନୁ ପରେ ଠିଆ ଏକ
ଦୁଃସ୍ଥିତିର ଦୃଢ଼ ନିର୍ଦ୍ଦେଶକ ।।

ମୁଁ ଇ ଭାବୁଥାଇ, ଆହାଃ
କି ନୋହିଲାରେ
ପରମ ଦୁଃଖୀଟିଏ ଦେଖ ବୁଲୁଥାଇ କେମିତି
ଗାଁ ଗଣ୍ଡା ବନସ୍ତ ପର୍ବତ
ଜନ୍ମ ନେଇ ସଂସାରରେ କି ପାତକ ଘାରିଲା ଯେ
ବୈରାଗୀ ପାଲଟି ଗଲା, ଗୃହତ୍ୟାଗୀ ହେଲା ।
କହିଦେଲି ଯୋଗୀ ବୋଲି
ଚଉଦିଗ ସ୍ତବ୍ଧ ହେଲା
ପ୍ରକୃତିରେ ଘୋଟିଗଲା ନିର୍ବାଣର ବିମୁଗ୍ଧ ପ୍ରସାର ।।

ଏ ରୂପ କାହିଁକି ଯୋଗୀ
ଚାଲିଆସି ମିଶିଯାଅ ଏ ଦେହର ପ୍ରତିଟି ସତ୍ତାରେ,
ମିଶିଯାଅ ଲହୁ ଲୁହାଣରେ
ଦୁଃଖର କନ୍ଦରେ ।
ଯୋଗୀ ଇ ଈଷତ୍ ହସି
ପାଦେପାଦେ ଚାଲୁଥିଲେ
ସ୍ମରୁଥିଲେ
'ପୁନରପି ଜନମମ୍, ପୁନରପି ମରଣମ୍..'
ଯାଉଥିଲେ ଦିଗନ୍ତରେ ମିଶି ।।

■

ଜୀବନ୍ମୟ

ଜୀବନ ବୁଲୁଥାଏ ପ୍ରତି ଦେହରେ
ଅଦୃଶ୍ୟ ଭାବରେ
ସକାଳ ହେଲେ ଜୀବନ ବାହାରି ପଡ଼େ
ପ୍ରତି ଦେହ ଚେଇଁଥିବା ଯାଏ ଖେଳେ
ପ୍ରତି ଦେହ ଶୋଇପଡ଼ିଲେ ଶୋଇଯାଏ
କେତେବେଳେ ନିଶେଇ ଯାଏ ତ
କେତେବେଳେ ଉଦାସ
ପାଣିଫୋଟକା ଭଳି ଚୁପ୍‌ଚାପ୍ ମିଳେଇଯାଏ ଜୀବନ
ନିଆଁରେ ଝୁଣା ପରି ଝରିଝରି ଯାଉଥାଏ ଜୀବନ
ଝରକା ଫାଙ୍କରେ ଆସୁଥିବା ସୂର୍ଯ୍ୟ କିରଣରେ
ଧୂଳିକଣା ପରି ଚିକ୍‌ଚିକ୍ ଘୂରିଯାଏ ଜୀବନ...

କେତେବେଳେ କେଉଁଠି ଅଦୃଶ୍ୟ ଭାବେ
ଖେଳି ବୁଲୁଥାଏ ଜୀବନ ଯେ
ପ୍ରତ୍ୟେକ ମା'ର ଗର୍ଭରୁ ବାହାରି ଆସୁଥାଏ
ଜୀବନ,
ଶୋଇ ପଡୁଥିବା ବେଳେ ଚୁପ୍‌ଚାପ୍
ପୁଳାଏ କାଠରେ
ଅଂଗାର ହୋଇଯାଉଥାଏ ଜୀବନ
ପ୍ରତ୍ୟେକ ଚଳପ୍ରଚଳ ଭିତରେ ଜୀବନ
ଚାରିଆଡ଼ ଜୀବନ୍ମୟ
ଜୀବନ... ଜୀବନ...

■

ନିଜ ପାଇଁ ଦୁଃଖ

ମୃତ୍ୟୁ ପାଖକୁ ସିଡ଼ି ବାଂଧୁଚି ପ୍ରତି ମୁହୂର୍ତ୍ତରେ
ନିଜ ମୃତ୍ୟୁରେ ନିଜର ବା ଦୁଃଖ କ'ଣ ଅଛି ?
ପ୍ରତ୍ୟେକ ମୃତ୍ୟୁରେ ନିଜେଇ ତ ସାମିଲ ହେବାକୁ ହୁଏ
ନିଜର ଏକାକୀତ୍ୱ ଓ ଆନମନା ଭାବର
କବର ଦେବାକୁ ହୁଏ
କିନ୍ତୁ
କେବେ କ'ଣ ପୃଥିବୀ ଛାଡ଼ିଯାଇ ହୁଏ ? ?

ଥରେ ଏ ଲାବଣ୍ୟ ମୋହରେ ପଡ଼ିଲେ
ସବୁ ଏକାକୀତ୍ୱ, ସବୁ ମୃତ୍ୟୁର ବିବରଣୀ
ଆହତ ଇତିହାସ ପରି ପଡ଼ି ରହେ
ସବୁ ମୃତ୍ୟୁରେ କେବେ କ'ଣ
ଏ ପୃଥିବୀ ହତାଦର କରିହୁଏ !
ତେବେ ବି କାହିଁକି
ମୃତ୍ୟୁ ପାଖକୁ ସିଡ଼ି ବାଂଧୁଚି ପ୍ରତି ମୁହୂର୍ତ୍ତରେ !
ସେ ସ୍ୱର୍ଗ କେଉଁଠି ଦେଖିନାହିଁ
ପାପପୁଣ୍ୟରେ ମୋର ସଂପର୍କ ନାହିଁ
ମରି ପାରୁନି କାହିଁକି କେଜାଣି
ତୁ ବୋଧେ ଅପେକ୍ଷା କରିଥିବୁ ବୋଲି ॥

ତୁ କିଏ, ଏ ପ୍ରଶ୍ନ ଯଦି ମୋତେ କେହି ପଚାରେ
ସେ କ'ଣ ବୁଝିପାରିବ
ତୁ ମୋ ନିଃସଙ୍ଗତା, ତୁ ମୋ ଏକାକୀତ୍ୱ
ରାତି ଅଧରେ ଉଡ଼ି ଯାଉଥିବା ଏକାକୀ ପକ୍ଷୀଟିଏ।
କିଏ କ'ଣ ବୁଝିପାରିବ
ତୁ ଆସିଲେ ମୁଁ ନିଜକୁ ଖୁବ୍ ଅସହାୟ କରିଦିଏ
ନିଜ ଉପରେ ବାରମ୍ୱାର ଅତ୍ୟାଚାର କରେ
ନିଜକୁ କ୍ଷତବିକ୍ଷତ କରେ॥

ମୃତ୍ୟୁକୁ ଆଦରୁଥିବା ଲୋକର କି ଯାଏ !
ସକାଳ ହେଲେ
ଝରା ଫୁଲରେ ଝଟକୁଥିବା କାକର ପରି
ଝଟକୁଥିବ ମୃତ୍ୟୁର ଦେହ ଏକୁଟିଆ ହୋଇ
କିଏ ବୁଝିବ ଯେ ଏ ଦେହ ନା' ମୃତ୍ୟୁ
ମୃତ୍ୟୁ ନା' ମାଟି
ମାଟି ନା' ଦେହ...
ସମସ୍ତେ ନିଜ ଭିତରେ ଏକକ ନା' ଏକାକାର..॥

ଏ ପର୍ଯ୍ୟନ୍ତ କିଛି ଘଟିନାଇଁ

ମୋ ଜୀବନରେ ଏ ପର୍ଯ୍ୟନ୍ତ
କିଛି ଘଟିନାହିଁ।
ବୟସର ପ୍ରତିଟି ଦଶଂଧି ମୋର
ଅନୁଭୂତିର ଲାଗେ
ଇତିହାସ ପରି କଳଂକି ଲଗା
ପୁରୁଣା ଲାଗୁଥାଏ ଖୁବ୍
ମନେହୁଏ
ଜାଣିଲା ପରି କିଛି ନାଇଁ
ମୋ' ଜୀବନରେ ଏ ପର୍ଯ୍ୟନ୍ତ
କିଛି ଘଟି ନାଇଁ।।

ସବୁ ମୋହ କଟିଯାଏ କେତେବେଳେ
ଭୁଲି ହୋଇଯାଏ ଦୁଃଖ ସବୁ
ସବୁ ଏକୁଟିଆ, ନିଛାଟିଆ ଭାବ
ଲାଗୁଥାଏ ନାହିଁ ନାହିଁ
ମନେହୁଏ
ମୋ ଜୀବନରେ ଏ ପର୍ଯ୍ୟନ୍ତ
କିଛି ଘଟିନାଇଁ।।

କେଉଁଆଡ଼େ ଚାଲିଯାଏ ଅନୁଭୂତି
ହଜିଯାଏ ଘଟଣା ପ୍ରବାହ ସବୁ
ସମାଧିର କଂକାଳରେ, ଅଂଗାରରେ
ସମୟର ନିର୍ମୋକରେ
ସବୁ ଖାଲି ଚିହ୍ନାଚିହ୍ନା ଲାଗୁଥାଏ
ନିଜର କରିଲା ପରି
ନିଜ ପାଖେ କିଛି ରହେ ନାହିଁ
ମୋ ଜୀବନରେ ଏ ପର୍ଯ୍ୟନ୍ତ
କିଛି ଘଟି ନାଇଁ॥

ବୟସକୁ ଆଡ଼େଇ ଆଡ଼େଇ ଯେବେ
ଦେଖୁଥିବି ନିଜକୁ ମୁଁ ଷାଠିଏ ବର୍ଷରେ
ଠିକ୍ ଏଇମିତି
ସିଗାରେଟ୍‌ଭରା ଖୋଳ
ଦିଆସିଲି, ଆଷ୍ଟ୍ରେ ସବୁ ରହିଛି ପାଖରେ
ଭାବୁଥିବି ଜୀବନରେ କିଛି ଘଟିନାଇଁ
କେବେ କିଛି ଘଟି ନାଇଁ
ମୋ ଜୀବନରେ ଏ ପର୍ଯ୍ୟନ୍ତ
କିଛି ଘଟିନାଇଁ॥

■

ବୟସ

କେତେ ସୁନ୍ଦର ଝରା ମୂର୍ଚ୍ଛନା
ଭାସି ଆସୁଛି କେଉଁ ଦିଗରୁ !
ନିର୍ବାକ ନିସ୍ପନ୍ଦ କରୁଚି ଜୀବ ଜଡ଼
ସମସ୍ତ ଆବେଗ
ଯାହାକୁ ଭାବିଲେ ଲାଗେ
ସେଇ ଦିଗ ମୂର୍ଚ୍ଛନାର ଦିଗ ।।

ଆନନ୍ଦ କୈବଲ୍ୟ ଭରା
ଉଉରିତ ଉଉରଳ ଭାବ
ନିଶୂନ ପ୍ରତ୍ୟେକ ଦିଗ
ଚୁପ୍‌ଚାପ୍ ନୀରବନୀରବ...
ଆହା କି ପୁଲକ ଭରା !
ଅନିନ୍ଦ୍ୟ ସୁଷମାର ମୂର୍ତ୍ତିମନ୍ତ ଛବି ପରି
ଲାଗୁଥାଏ ନିଜର ନିଜର
ହତଭମ୍ବ କରିଦିଏ ମୁହୂର୍ତ୍ତକେ
ଜନ୍ମ ମୃତ୍ୟୁ ବ୍ୟବଧାନ, ଆପଣା ଓ ପର ।।

ମୋ ଭିତରୁ, ନିଭୃତ ଆତ୍ମାର ସତ୍ତାରୁ
ଗୋପନୀୟ ସାତ୍ତ୍ୱିକ ଭାବରୁ

ପ୍ରବାହିତ ହେଉଛି କି ହିରଣ୍ମୟ ଆଭାକୁ
ତୁଚ୍ଛ କରି ସେ ଗୀତ ପ୍ରବାହ !
ସମସ୍ତ ପାର୍ଥିବତାର ମୋହରୁ ମୁଁ ତରଳୁଚି
ଅଖଂଡ ଉତ୍ତାପ ଆଉ ଲାଭାଠାରୁ
ଆହୁରି କ୍ଷିପ୍ରରେ ଛିନ୍ନ କରି ପ୍ରକୃତିର ମୋହ ।।

ମୁଁ ନିଜେ ବିଲୀନ ହେବା ପୂର୍ବରୁ ବି କେହି ହେଲେ
ଶୁଣିନିଅ ଏ ମୂର୍ଚ୍ଛନା
ଶାଶ୍ୱତ ରଂଗିନ ଡାକ, ଜୀବନର ସତ୍ୟ
ମିଶାଅ ନିଜକୁ ଏଥି
ହଜାଅ ନିଜକୁ ଏଥି
ଚାରିଦିଗେ ଏକାନ୍ତର ସ୍ୱର ସୁଲଳିତ ।।

କେତେ ଆତ୍ମୀୟତା ଭରା ଏକାତ୍ମର ସ୍ୱର
ଚମତ୍କାର ସ୍ୱପ୍ନର ଆବେଶ
ମୁଦ୍ରିତ ଚକ୍ଷୁରେ ଆହା କେତେ ଯେ ମଧୁର !
ସବୁ ପରେ ମୃତ୍ୟୁ ପରି ନିଜେ ଇ ପାଖେଇ ଆସେ
କରେ ଆଲିଂଗନ ।
ସ୍ୱପ୍ନ, ଆବେଗ ଓ ଆତୁରତା
ବହଳ ଭାବନା
ଅସଜଡ଼ା ଜୀବନର ଦୁଃଖ କଷ୍ଟ
କେତେ ମଧୁମୟ !
ଶୁଣିନିଅ ଥରେ ଶୁଣିନିଅ
ସାମାନ୍ୟ ବିଳମ୍ବ ପରେ ଗଡ଼ିଯିବ ଅପରାହ୍ଣ
ହଜିଯିବ ମୂର୍ଚ୍ଛନା ସମୟ ।।

■

ପିଛିଲା ତାରିଖ

ଏଇମିତି ଅନେକ ବାର
ଆକାଶ ଖସି ପଡ଼ିଚି ମୁଂଡ ଉପରେ
ମାଟି ଖସି ଯାଇଛି ପାଦ ତଳୁ
କେତେବେଳେ ଭାଂଗି ଯାଇଛି ପଂଜରା ହାଡ଼
ଶୁଖିଯାଇଛି ସବୁତକ ଲୁହ।

ଦଶ ଶିର ଦୁହିଁ ଲହୁ ଲୁହାଣ କରି
ସବୁ ନିଗାଡ଼ି ନେଇ ଯାଇ
ଆଖୁଛେଦା ପରି ପଦାକୁ
ଫିଙ୍ଗି ଦେଉଚି ସିଏ ନିସ୍ତେଜ ଦେହ
ବାକିଥିବା କେଇଟି ନିଃଶ୍ୱାସରେ
ହାତ ଗଣତି ହୋଇ ଯାଉଛି
ବଂଚିବାର ଅବଶିଷ୍ଟ ଦିନ।

କଣ୍ଟାରେ ଚାଲିଲା ବେଳେ
ମନେ ପକାଉଥାଏ
ଶେଯ ବିଛା ହୋଇଥିଲା ତ ତମପାଇଁ!
ଖରାରେ ଶିଝିଲା ବେଳେ
ମନେ ପକାଉଥାଏ
ବିଜୁଳି ପଂଖା ଖୋଲାଥିଲା ତ ତମ ପାଇଁ!

ବୁନ୍ଦାଏ ପାଣିରେ ଶୋଷ ମେଣ୍ଟାଉଥିଲା ବେଳେ
ମନେ ପକାଉଥାଏ
ଦହି କି ବରଫ ରଖାହୋଇଥିଲା ତ ତମ ପାଇଁ !
ତମରି ପାଇଁ ସବୁ ସୁଖ
ସାଇତି ରଖିବାକୁ
ଏଇ ଜୀବନର ତପସ୍ୟା ।।

ମୋର ବୋଲି ତ କିଛି ନାହିଁ
ମୋତେ ନିଜର ବା କହିବ କିଏ ?
ଯେଝା ସୁଖରେ ଯେଝା
ଆହୁରି ସୁଖକୁ
ଆଖି ପାଉ ନଥିବା
ଅନେକ ଦୂରର ସ୍ୱପ୍ନମାନଙ୍କୁ
ଧରିବା ପାଇଁ ଧାଇଁ ଚାଲିଛନ୍ତି
ଅଥଚ ସ୍ୱପ୍ନ ଦେଖାଉଥିବା ମଣିଷ ଯେ
ତମରି ପରି ହୀନିମାନ ହୋଇ
ପିଛିଲା ତାରିଖ ପରି ଅନେକ ପଛରେ
ଅଂଧକାର ଭିତରେ ହଜିଯାଇଛି
କିଏ ଖବର ରଖୁଛି ? ?

■

ଦେଖ ଏ ଜୀବନ

ଆଜି ଏ ଦୁଃଖରେ
ଶୋକ କାତରରେ
କି କଥା ଲେଖିବି
ପଡୁନାହିଁ କିଛି ମନେ
ଏତେ ଗଳି ମୋଡ
ଏତେ ଅଂଧଗଳି
ପଶି ନାହିଁ କେବେ ଦିନେ ॥

ଗୋଟିଏ ଗଳିରୁ
ସରେ ନାହିଁ ମୋଡ଼
କେତେ ରହେ ଅନ୍ତରାଳେ
ବାଟ ନ ସରୁଣୁ
ବାଟ ନ ଚାଲୁଣୁ
ସତେ କିଏ ଝୁଣ୍ଟିପଡ଼େ ॥

ସାହିତ୍ୟର ଏଇ
ଘନ କାନନରେ
ଆଉ କିଏ ଅଛି
ଆଗରେ ଆମ
ଯାହା ଡାକରାରେ
ଚେଇଁବ କାହାଣୀ
ଅତୀତକୁ ନେଇ ବର୍ତ୍ତମାନ ॥

ଆଉ କେ ଆସିବ
ବସିଚୁ ଅନାଇଁ
ଡାକିବ ଆସ ହେ
          ସାହିତ୍ୟକାରୀ
ଲେଖିଯାଅ ତମେ
ମଣିଷର କଥା
ଜୀବନର ଗାଥା
ଜୀବନ ଯାଇନି
          ଏଇଠି ସରି ।।

ମଣିଷ ତ ଏକ
ଇତିହାସ ପରି
ଯେ ଯାହା ଲେଖିଲେ
          ହବନି ଶେଷ
ଆହୁରି ଅନେକ
କଥା ରହିଯାଏ
ଲେଖ ହେ ଲେଖ
ଦେଖ ଏ ଜୀବନ
          ଦେଖ ହେ ଦେଖ ।।

■

(ଗାଳ୍ପିକ ରବି ପଟ୍ଟନାୟକଙ୍କ ଆକସ୍ମିକ ମୃତ୍ୟୁରେ ଏକ କବିତାର ଅଂଶ ବିଶେଷ)

ଗଣତନ୍ତ୍ରର ଜଣାଣ

ତମେ ଜଗନ୍ନାଥ
ଏ ଦେଶକୁ ଘରୋଇ କଲେଜ ଭାବି
ନିଜକୁ ସଂପାଦକ ରଖିଛ ।
ମନଇଚ୍ଛା ନିଯୁକ୍ତି ପତ୍ର ଦେଉଛ
ଯାକୁ ତାକୁ ଯୋଗ୍ୟତା ନିର୍ବିଶେଷେ
ତମ ଇଚ୍ଛାରେ ପ୍ରମୋଶନ
ଚାକରରୁ ଅଫିସର, ବଡ଼ ସାନ
ଧାର୍ଯ୍ୟ ହେବ ମାସିକ ବେତନ ।
ହେ ମହାପ୍ରଭୁ !
ତମେ ଜାଣ ସବୁ କାମ ଅଦଳ ବଦଳ
ତମ ହାତେ ଝୁଲୁଥାଏ
ଅଧମର ଚାକିରିର ଦିନ ।।

ଜଗନ୍ନାଥ ! !
ତମର ଏ ମିଲିଟାରୀ ଶାସନକୁ
କାହାର ବା ବଳ ଅଛି ବିରୋଧ କରିବ !
ତମ ଶାସନକୁ
ସରକାରଙ୍କର ଆଇନ କାନୁନ ନାହିଁ
ସାମନା କରିବ ବା

ତମେ ଦାନ ପାଉଥିବା ଟଂକାକୁ
ହେରଫେର କଲେ କାହିଁକି ବା
ଭିଜିଲାନ୍ସ ଧରିବ ।।

ତମ ଅଧୀନରେ ଥିବା
ଚାକିରିଆମାନେ ତ ଚାଟୁକାର, କାନକୁହା
ସମୁଦ୍ର ପରି ଗର୍ଜନ୍ତି ତମ ସ୍ତବ ପାଠ କରି
ତମ ରାଜପ୍ରାସାଦର ପାହାଚରେ
ମୁଣ୍ଡକୁ ଗଡ଼ାନ୍ତି
ତମ ଚାରିଚକି ଡିଜେଲ ରଂଗର ଧୂଳିକୁ
ପାଦୁକା କରନ୍ତି
ଆଜ୍ଞାକୁ ଅବଧାନ କରି ଟାକିଥା'ନ୍ତି ।
ଚିଗୁଲିଆ କାମେ ତାଙ୍କ ଦିନ କଟୁଥାଏ
ତାଙ୍କ ପାଇଁ ଚାରିଖୁଣ ମାଫ୍ କରି
ହାତଗୋଡ଼ ଭାଂଗି ବସିଛ, ଶୁଣୁଛ
ଘରୋଇ କଲେଜର ସଂପାଦକ ପରି
ଦେଶ ଚଳାଉଛ ।।

ତମ ପକ୍ଷପାତୀ ଶାସନକୁ
ବିରୋଧ କରିବାକୁ
ତମର ଆଜ୍ଞାଧୀନ ଆମେ ଏକଜୁଟ
ପ୍ରତ୍ୟକ୍ଷ ଯୁଦ୍ଧ ପାଇଁ ପ୍ରସ୍ତୁତ ନିରୀହ ଅଧସ୍ତନ
ତଥାକଥିତ ଚରମପନ୍ଥୀ
ନାର୍ଯ୍ୟ ହକ୍ ପାଇଁ ଦାବି କରୁଛୁ
ନ ହେଲେ ସିଂହାସନରୁ ଟାଳିଯିବ
ଅଥବା ଧ୍ୱଂସ ହେବ ତମ ଦେଶ ।

ଏହି ଦୁର୍ନୀତିଗ୍ରସ୍ତ ବ୍ୟଭିଚାରମୟ ଜୀବନରୁ
ପୁନରାୟ ଆମେ ମୁକ୍ତି ଚାହୁଁ।
ପଂକ କାଦୁଅର ନିଉଛୁଣା ପିଲା ପରି
ପଞ୍ଜରା ଦେଖେଇ ପାପୁଲି ଟେକି
ବସିନାହୁଁ ତମ କୁଟିଳ ହସରୁ
ବର୍ଷା ଟୋପା ପରି କାଣିଚାଏ ପାଇବାକୁ।
ଆମରି କାରିଗରୀ କାର୍ଯ୍ୟର
ବିସ୍ମୟ ଭରା ରୂପ ଆମେ ଜାଣିଛୁ,
ପ୍ରତିଶ୍ରୁତିରେ ଫେରେଇ ଦେଇ
ଗୁପ୍ତରେ ପଠାଉଥାଅ ମୃତ୍ୟୁ ! !

ତମ ବ୍ୟବସାୟିକ ଚିନ୍ତାରେ ଏ ଦେଶର ରକ୍ତକୁ
କେତେଦିନ ଆଉ ପରାଂଗପୁଷ୍ଟ ହୋଇ
ଶୋଷି ଚାଲିଥିବ ?
ଆମ ବିଦ୍ରୋହରେ ଏଣିକି ତମ ପାଇଁ
ଅଗ୍ନ୍ୟୁତ୍ପାତ ଉଲ୍‌କାପାତ ହେବ।

ହେ ଜଗନ୍ନାଥ !
ତୁମରି ପ୍ରେମରେ ପଡ଼ି
ଏକଦା ଏ ଦେଶ ପରାଧୀନ ହେଲା ପରି
ତମ ଚାଟୁକାରମାନଙ୍କ ସ୍ତୁତିରେ
ଯୁବପ୍ରାଣ ଆଜି ନିଷ୍କ୍ରିୟ ଶିଥିଳ
ସ୍ୱପ୍ନ ସବୁ ଦିଗହଜା
ମେଘ ପରି ବୁଲେ ଏଣେ ତେଣେ
ଶ୍ରାବଣର ସୂର୍ଯ୍ୟ ପରି
ଦୁଃଖ ତଳେ ଏ ଜୀବନ କଟେ ପ୍ରତିଦିନ।

ଆଉ ତୁମରି ମର୍ଜିରେ ଆମର ଚାଲିବାର ନୁହଁ
ତୁମର ହାତଟେକା ଭିକ୍ଷାରେ
ଆମର ବଂଚିବାର ନୁହଁ
ଏଣିକି ଘୋଷଣା କରଯାଉଛି
ମହାଭାରତରେ ବାକିଥିବା ନ୍ୟାୟ ଯୁଦ୍ଧ
ହୁସିଆର ହୁଅ,
ଆମ ବଂଚିବାର ପ୍ରାପ୍ୟ ଫେରାଇ ଦିଅ
ନ ହେଲେ ଶାସନର ସିଂହାସନ ଛାଡ଼ି
ତଳ ପାହାଚକୁ ଓହ୍ଲାଇ ଯାଅ ମହାବାହୁ
ଓହ୍ଲାଇଯାଅ ।।

■

ଈଶ୍ୱର କହିଲେ

ଦିନେ ସଂଜରେ
ଈଶ୍ୱର ମୋର ଦେଖାହେଲେ
(ଆଜ୍ଞାଧୀନ ଚାକିରିଆ ପରି
ଯୋଡ଼ ହସ୍ତେ ଅଣ୍ଟା ଭାଂଗି ମୁଂଡ ନୋଇଁ
ନମସ୍କାର କଲି)
ସେ ପଚାରିଲେ "ଭଲ ଅଛ ?
ଦୀର୍ଘଦିନ ପରେ ଦେଖା
ଆଉ ସବୁ କେମିତି ଚାଲିଛି ?"
କ'ଣ ବା କହିଥା'ନ୍ତି !
କହିଦେଲି "ଚାକିରି ବାକିରି ଆଜ୍ଞା
ମିଳିବାକୁ ଭାରି କଷ୍ଟ ଏଠି ।
ଦୀର୍ଘ ବର୍ଷ ହେଲା
ଘରୋଇ ସଂସ୍ଥାରେ ଅଧ୍ୟାପକ ଅଛି ।।

କେଉଁଠାରେ କିଛି ନାହିଁ
ସରକାର ବଡ଼ବଡ଼ କାର୍ଯ୍ୟ ନେଇ ଭାରି ବ୍ୟସ୍ତ
ରାସ୍ତାଘାଟ, ପୋଲକାମ
କେତେକେତେ ନୂଆନୂଆ ଯୋଜନାରେ
ତିଆରି ଚାଲିଛି

ଗରିବ ଗୁରୁବା ଆଉ ଚାଷୀ ମୂଲିଆଙ୍କ ପାଇଁ
ସରକାରୀ ଋଣ ଦେବା ବ୍ୟବସ୍ଥା ହେଉଛି
ଠିକାଦାର, ପିଅନଠୁ ଅଫିସର
ସମସ୍ତଙ୍କୁ ଦି' କଉଡ଼ି ଗୁଂଜା ମିଳୁଅଛି ।
ତର କାହିଁ ବୁଝିବାକୁ ଆମ୍ଭର ଏ ଛୋଟ କଥା (?)
ଛାଡ଼ଛାଡ଼ ଏ ସବୁତ ହୀନ କଥା
ହେ ଈଶ୍ୱର
ଆଜିକାଲି କବିତା ଲେଖୁଛି ।।

ତା'ପରେ ମୁହଁ ଟାଣ କରି କହିଦେଲି
ହଃ ! ଚାକିରିରେ କି ଅଛି ହେ ?
ତାଳଗଛ ଛାଇ
ଏ ଟଂକାରେ ସ୍କୁଟର ମଟରଗାଡ଼ି
ଚଢ଼ିବାକୁ କାହାର ବା ବଳ ଅଛି
ଛୋଟବଡ଼ ବ୍ୟବସାୟ ନିହାତି ଜରୁରୀ
ସବୁ କଥା ସବୁ କାମେ ତଳେତଳେ ବାଟ ଅଛି
ମରିଥିବା ଲୋକ ବଂଚେ
ବଂଚିଥିବା ଲୋକ ପୁଣି ଯାଇଥାଏ ମରି
ହେ ଈଶ୍ୱର
ଏଇ ମଉକାରେ
କାହାଠାରୁ କେତେବେଳେ ସାହାଯ୍ୟ ମିଳିଲେ
ସାହିତ୍ୟର ସମ୍ମିଳନୀ କରୁ
ଗପ ଆଉ କବିତା ବି ପଢୁ ।।

ସେତିକି ବି ସୁବିଧାରେ
ଏଠି କ'ଣ ହୋଇପାରୁଅଛି ?
କବିଙ୍କର କେତେ ଦଳ
ବଡ଼ ସାନ, ଭେଦାଭେଦ
ଧରାଧରି ଅଛି
ହେ ଈଶ୍ୱର
ଆଜିକାଲି କବିତା ଲେଖୁଛି ।

କେଉଁଠୁ କିଛି ତ କେବେ ମିଳିଲାନି
ଚାକିରି କି କବିତା ଲେଖାରୁ
ସାହିତ୍ୟ ଚାଷ ଏମିତି
ଚାଳେ ମୁଂଡ ବାଜୁଥାଏ
ଘରେ ନ ପଶୁଣୁ ।
ମିଛ ଯଶ ରୋଜଗାରେ
ସାହିତ୍ୟରେ ସେହି କାରବାର
ଏ ଦେଶ ନରକ ଯାଉ
କେଉଁଠି ତ ନାହିଁ ଆଉ ବାଟ ବଂଚିବାର ।

ମୋ କଥାରେ ହତବାକ୍ ଈଶ୍ୱର ବା
ଆଉ କ'ଣ କହିଥାନ୍ତେ ?
ଜଳଜଳ କୁଆଡ଼େ ଦିଶୁଚି ତାଙ୍କୁ
ଏଇମିତି ଧ୍ୱଂସ ଯିବ ଏଇ ଦେଶ
ଯା'ପରେ ସେ ସୃଷ୍ଟି କରିବେନି
କେବେ ଏ ମଣିଷ

ଏ ସବୁକୁ କବିତାରେ ଲେଖିବାକୁ
ଈଶ୍ୱରଙ୍କ ଖାସ୍ ପରାମର୍ଶ ।

ମୁଁ କହିଲି ହେ ଈଶ୍ୱର
କହିଥିବା କଥା ସିନା କବିତାରେ ଲେଖିଦେବି
ମଣିଷ କି ଏ ସବୁରୁ
କାଣିଚାଏ କଦାପି ଶିଖିବ !
ସେ ହସିଲେ-
ମୁଁ ଭାବିନେଲି
ଏଇ କଥା ଶୁଣି ବୋଧେ
ଖୁସି ହେଇଗଲେ
ଈଶ୍ୱର କହିଲେ, 'କବି
ବିନା ବିହନରେ ତୁମ ସାହିତ୍ୟ ଚାଷରେ
ଫସଲ ବା' କୋଉଠୁ ଫଳିବ ?'

∎

ବିଦୂଷକ

ସମସ୍ତ ସୁଖ ସ୍ୱପ୍ନ
ଆନନ୍ଦରେ ନାଚିନାଚି ଆସନ୍ତି
ଫୁଲ ବିଂଚିବିଂଚି
ରଂଗ ବେରଂଗରେ
ଦେହରେ ରୋମାଂଚର ବାସ୍ନା ମାଖି
ନିବିଡ଼ ଆତ୍ମୀୟ ପରି
ଗଭୀର ନିଦରେ ।
ଯେମିତି ଅନେକ ବର୍ଷ ମୁଁ
ବିତେଇ ଦେଉଛି
ଅହଂକାରପୂର୍ଣ୍ଣ ସର୍ବସ୍ୱ ଅଧିକାରର ଗର୍ବରେ
ମୋ ଥିଲାବାଲାର ଖାତିରରେ
ରାଜକୀୟ ଭୀଷଣ ମୌନତାରେ
ଏଇ ସାମାନ୍ୟ ନିଦ୍ରିତ ମୁହୂର୍ତ୍ତରେ ।।

ମୋତେ କିଏ ଭୁଲେଇ ଦିଏ କେଜାଣି
ମୋ ସଂସାରରେ
ଅଜାଡ଼ି ହୋଇ ପଡ଼ିଥିବା
ଜ୍ୱଳନ୍ତ ଅଂଗାରର ସ୍ତୂପ
ପୁଳାପୁଳା ଅଗ୍ନିଦଗ୍ଧ ଚର୍ମର ଯନ୍ତ୍ରଣା

ମୋତେ କିଏ ଭୁଲେଇ ଦିଏ କେଜାଣି
ମୋ ମୁଣ୍ଡ ଉପରେ ଲଦା ଯାଇଥିବା
ବିରାଟ ସଂସାରର ପର୍ବତ
ମୋ ସାମାନ୍ୟ ଆଶାକୁ ଫୁଲଝରି ପରି
ଝଡ଼େଇ ପକାଉଥିବା
ମଂଦ ଭାଗ୍ୟର ଅଟ୍ଟହାସ୍ୟ
ସବୁକୁ ମୁହୂର୍ତ୍ତକରେ ଓଲଟ ପାଲଟ କରି
ମୋ ଜୀବନ ସାଙ୍ଗେ କିଏ
ଖେଳ କୌତୁକ କରୁଛି
କେତେବେଳେ ଫୁଲ ଫୁଟାଉଛି ତ
କେତେବେଳେ ଝଡ଼େଇ ଦେଉଛି ।।

ମୋ ମୁଖମଣ୍ଡଳରେ
ବିଷାଦର ରାହୁଛାୟା ନାହିଁ ମହାଭାଗ !
ପ୍ରଜାନୁରଂଜକ ନିଜେ
ଆପଣଙ୍କ ପ୍ରିୟ ବିଦୂଷକ
ଛାମୁଙ୍କ ହସର ତରଂଗରେ
ସଜୀବ ନିର୍ଜୀବ ସତ୍ତ୍ୱେ
ଖେଳିଯିବ ଆନନ୍ଦ ପୁଲକ ।
ଏଇ ସାମାନ୍ୟ ବିଦୂଷକ ଜୀବନର ଅର୍ଥ କ'ଣ
ଖୋଜିବା ମୋ ପ୍ରୟୋଜନହୀନ
ବାସ୍ତବତାଠାରୁ ନିଜେ କେତେକେତେ ଦୂରତାରେ
ନିଜକୁ ମୁଁ ମାପୁଥାଏ
ନିଜ ପାଇଁ ଘେନା କରି ଅଶାନ୍ତ ଜ୍ୱଳନ ।

■

ଥରେ ବୁଝିଆସ

କେଉଁଠି କିଛି ଆଉ
ଖୋଜା ନାହିଁ କି ଲୋଡ଼ା ନାହିଁ
କିଏ ପଠେଇଚି ମୋତେ
କେଉଁ କାମରେ ଏ ମାଟିକୁ
ଏତିକି ଥରେ ବୁଝି ଆସନ୍ତ କି
ତା'ରି କଥା ମୁତାବକ
ସବୁ କାମକୁ ମୁଣ୍ଡ ଲଗେଇ ଦେଇ
ଚାଲିଯାନ୍ତି ।
କେହି କହି ପାରନ୍ତା କି ମୋତେ
କାହାକୁ ଠକି ଦେଇଚି ବୋଲି
କାହାର ଉଜାଡ଼ି ଦେଇଚି ବୋଲି
ମୋତେ ଦୋଷ ଦେଇ କିଛି ଲାଭ ନାଇଁ
ମୁଁ ଗୋଟାପଣେ ସମର୍ପିତ
ଥରେ ବୁଝିଆସ ॥

ଏ ମାଟିରେ କିଏ ଶିଖାଇଲା ବିଶ୍ୱାସ ଅବିଶ୍ୱାସ
ପ୍ରଣୟ ପ୍ରତାରଣା, ଆନନ୍ଦ ବିଷାଦ
ଆଉ ଯେତେଯେତେ ଭଲ ଆଉ ମନ୍ଦ
କିଏ ସୃଷ୍ଟି କଲା ପ୍ରେମ ଯୁଦ୍ଧ
ଈର୍ଷା ଅହଂକାର !

କେଉଁଥିରେ ଗଢ଼ା ହୋଇଚି ମୁଁ
କେଉଁ ଉପାଦାନକୁ ନେଇ
କାହାକୁ ପଚାରିବି ?
କେଉଁଠି ମୋର ସ୍ୱର୍ଗ
କେଉଁଠି ମୋର ନରକ
ମୁଁ ଜାଣେନା କିଛି
ଯିଏ ମୋର ହାତ ଧରି
ନେଇ ଯାଉଛି ତା' ବାଟରେ
ସେଇ ହିଁ ମୋର ତୀର୍ଥ
ସେଇ ହିଁ ମୋର ପୁଣ୍ୟ
ମୁଁ ବୁଝେନା କିଛି
ଆଦର୍ଶ, ଜୟ ପରାଜୟ
ଯଶ ଅପଯଶ
କେବଳ ଏତିକି
ଥରେ ବୁଝିଆସ ।।

ଏଣିକି ଦୂରର ସୌନ୍ଦର୍ଯ୍ୟ ନାଇଁ କି
ନିକଟ ପ୍ରତି ନାଇଁ ମମତା
ବଂଶୀ ବାଜୁଚି ତ ବାଜୁଚି
ଅନୁଭବ ନାଇଁ
କିଏ ଆସୁଚି ତ ଆସୁଚି
ନଜର ନାଇଁ ।
ସମୟର ମହାପ୍ଲାବନରେ
କେତେ ଅନ୍ତରଂଗ ମୁହୂର୍ତ୍ତ
ଭବିଷ୍ୟତ କଳ୍ପନାର ରଂଗ

ଫିକା ଫିକାରୁ ରଂଗହୀନ
ଅରୂପ ଦେଖାଯାଉଛନ୍ତି ।
କାହା ଟିପ ଅଗରେ ଝୁଲୁଥିବା କଣ୍ଢେଇ ମୁଁ
ସମୟ ନଚାଉଚି, ଅନନ୍ତ ମହାକାଳ
କେଉଁଠି ଆଲୋକ ନାହିଁ କି ଅଂଧାର ନାହିଁ
ଖାଲି ଝଲମଲ ପ୍ରତିଶ୍ରୁତି
ସଂଭାବନା ରଂଗ ମାଖି ହୋଇ ।
ମୋତେ ଦୋଷ ଦେଇ କିଛି ଲାଭ ନାହିଁ
କେବଳ ଏତିକି ଥରେ ବୁଝିଆସ
କେତେବେଳେ ହେବ ମୋର
ଫେରିବା ସମୟ
ଆଉ କେତେ ବାଟ ପରେ
ଏ କ୍ଲାନ୍ତିର ଶେଷ ପାଇଁ
ଆସିବ ନିର୍ଦ୍ଦେଶ
ଥରେ ବୁଝିଆସ ॥

■

ଯେଣେ ଚାହିଁଲେ କିଛି ନାଇଁ

ସକାଳେ ନୁହେଁ କି ସଂଜରେ ନୁହେଁ
ଯେଣେ ଚାହିଁଲେ ଦଶ ଦିଗେ
ପହଁରୁଥାଏ ଶୂନ୍ୟର କୁଣ୍ଡଳୀ ।
ନିମିଷକେ ଘୋଟି ଆସେ
କିଛି ନାଇଁର ସଂସାର
ଡେଇଁଡେଇଁ ଅଂଧାର ଦେହଳୀ ।।

ବୟସ ଖସୁଚି ତ
ଆଖି ତରାଟିଚି ସମୟ
ସମୟର ଦେହ ସାରା
ଅଗଣିତ କେତେ ପାଦ ଚିହ୍ନ ।
ଦୃଶ୍ୟ ଆଉ ଅଦୃଶ୍ୟରେ
ସବୁଥିରେ କିଛି ନାଇଁନାଇଁ
ଅସଫଳ ଶୂନ୍ୟତାର ଘୁଣପୋକ
ଏ ଦେହକୁ ଯାଉଥାଏ ଖାଇ ।।

ପିଲାବେଳ ସିନା
କଣ୍ଢେଇର ଖେଳ ଖେଳି

ଭୁଲିବାର ବେଳ,
କଣ୍ଢେଇ ତ ପ୍ରଥମ ଛୁଇଁବା ହାତ
ଖୋଜିବାକୁ ଝିଅଙ୍କର କୋଳ
ପିଲାବେଳେ ଇଚ୍ଛା ହୁଏ (?)
ହାତଗୋଡ଼ ଛାଟିଛାଟି ବୁଝିବାକୁ
ଯୌବନରେ କେମିତିକା ମନ ହୁଏ
ଭୁଲିଯାଏ ସବୁ ସେତେବେଳ ॥

ଅଥବା ଆସିଗଲେ ପ୍ରେମର ବୟସ
ଲୁଚିଛପି ବାହାନାରେ
ତମେ ସବୁ
ଏଣୁ ତେଣୁ ଖୋଜି ବୁଲୁଥାଅ
ସିଗାରେଟ୍ ପାନ ଆଉ ଜଳଖିଆ
ବୁଲିବା ନାଁରେ
ଗୁଣୁଗୁଣୁ ବିରହର ଗୀତ ଗାଉଥାଅ ।
ଦିଗବାଗ କିଛି ନାଇଁ ଯେଣେ ଚାହିଁଲେ ବି
ବୁଲିବୁଲି କ୍ଳାଂତଶ୍ରାଂତ
ବୟସରୁ ସମୟକୁ ସମୟୁ ବୟସ,
ଦେହ ସାରା ନେସି ହୁଏ
ଉଦ୍‌ଭ୍ରାନ୍ତ ଆଶାର ଛାଇ
କେତେ ଯେ ଉଦାସ !!

ଶ୍ୟାମ ନାଗର ହେ...
ଶ୍ୟାମାପ୍ରସାଦ ବଂଧୁ ମୋର
ଦେହରେ ମୋ ନେସିହୁଏ ତମ
ବହଳିଆ ସିଗାରେଟ୍ ଧୂଆଁ ।

ତମେ ଖାଲି ପ୍ରେମ କର
ପୃଥିବୀର ସବୁ ରମଣୀଙ୍କୁ
(ସେ ଗୋପର କଟକ କି
ମଥୁରାର ରାଜଧାନୀ ହେଉ)
ସିଗାରେଟ୍ ଫୁଙ୍କିଫୁଙ୍କି
ଚଷମା ଲଗା ଗଂଭୀର ଆଖିରେ
ପୃଥିବୀର ସବୁ ଝିଅ
କେଉଁଆଡ଼େ ଅଦୃଶ୍ୟ ହୁଅନ୍ତି
ବୁଝିବାକୁ ମିଳେନାହିଁ ବେଳ,
ତମେ ଖାଲି ଫାଟିପଡ଼
ଜିତିଥିବା ଉଲ୍ଲାସ ଠାଣିରେ
ଯେମିତିକା ଏ ପୃଥିବୀ
ଗଜରା ନାରୀଙ୍କ ବଗିଚା
ତମେ ଖାଲି ଦେଖିପାର
ନାରୀମୟ ଚିତ୍ରିତ ଭୂଗୋଳ ।।

ଶ୍ୟାମ ନାଗର ହେ...
ଶ୍ୟାମାପ୍ରସାଦ ବଂଧୁ ମୋର
ତା'ପରେ ତ ତମେ ଖୁବ୍ କାନ୍ଦିପାର
କିଛି ବୋଧେ ହଜିଗଲା ? "ନା' ନା" ତମେ କୁହ
'ଶୁଣ କବି ! ଗୋଟାଏ ବି ନୁହେଁ
ଆଜିକାଲି ଯେତେ ଚଷମା ଦେଲେ ବି
ଏକାଥରେ
ଦୁଶୁନାଇଁ କିଛି ଯେଣେ ଚାହିଁଲେ ବି
ଏଇ ବୟସରୁ ।"

ବଂଧୁ ମୋର ! ତମେ କିବା ଜାଣି ନାହିଁ
ପ୍ରେମିକ କି ପତି ହୋଇ
ବଜାରରେ ମାତ୍ମାରି
ଜିତିଯିବା ଭାଗ୍ୟ ନାହିଁ
କେବେ ବି କବିର
ବୁଝେ ନାହିଁ ସେ କେବେ ବି
ଜୀବନରେ ଅଛି କିଛି
ଅନାଦର ଆଉ ହତାଦର ।
ସିଏ ନିଜେ ପାଲଟଇ ନିଜର ପ୍ରେମିକା
ବାରଂବାର ପ୍ରେମ କରି ନିଜକୁ ଫାଙ୍କୁଚି
ଅପହଂଚ ସବୁ ଜାଗା ନିଜ ପାଇଁ
ସମୟର ପାହାଚରେ
ଚଢୁଅଛି ଆଉ ଖସୁଅଛି ॥

ସନାତନ ବେ...ରା

କେଉଁ ମହାବିଦ୍ୟାଳୟର ପୁସ୍ତକାଳୟରେ
ତମେ ଜୀବନ ଓ ଜୀବିକାକୁ ନେଇ
ପଡ଼ି ରହିବ ଏଣିକି
ଫଳନ୍ତି ଗଛ ପରି ଦୀର୍ଘ ଚାଳିଶ ବର୍ଷ ।
ତମେ ଏଣିକି କ୍ରୀତଦାସ ପରି
ସମର୍ଥନ କରିବ ପ୍ରତ୍ୟେକ କଥା ମୋର
ମୁଁ ତୁମର ନିର୍ଦ୍ଦେଶକ
ଅଭିନୟ କରୁଥିବା ଦ୍ୱିତୀୟ ଈଶ୍ୱର ।।

ତମର ଚରିତ୍ର ପଂଜି
ସବୁ ମୋତେ ଜଣା ଠିକେଠିକେ
ଭଲ ପଢ଼ିଲନି ବୋଲି
ବି.ଏ. ପରେ ଚାକିରି ଖୋଜିଲ
ଅବଶ୍ୟ ଘରର ବୋଝ
ସମ୍ଭାଳିବା କଷ୍ଟକର ଏଇ ବୟସରୁ ।

ତଥାପି ଦାୟିତ୍ୱ ନେଲ
ବାପା ବୋଉ, ଭାଇ ପଢ଼ା
ଯାହା ଲାଗେ ନିହାତି ନିଆରା
ସବୁ କଷ୍ଟ ସହି ନେଇ
ଖୁସି ତମେ ସନାତନ ବେ...ରା ||

ପ୍ରେମରୁ ଖସିଚ ତମେ ସ୍ୱର୍ଗୁ ନରକକୁ
ପ୍ରୀତିପଦ୍ମା ଛବି ତମେ
ଏବେ ବି ସ୍ୱପ୍ନରେ ଦେଖ ଗ୍ରୀଷ୍ମ ମଧ୍ୟାହ୍ନରେ
କିନ୍ତୁ କେବେ ଶୁଣିଛ କି
ପ୍ରୀତିପଦ୍ମା ପଚାରିଛି କୁଶଳ ଖବର ଥରେ
କାହା ଆଗେ ତମ ସଂପର୍କରେ ?
କେମିତି ପାଗଳ ତମେ
ଗୋଟାଉଚ ଏତେ ଦୁଃଖ
ଜୀର୍ଣ୍ଣ କରି ନିଜ ବଂଚିବାକୁ ।
ଜାଣିବି ପାରୁନ ଆହା
ଦୁଃଖ କେତେ ନିର୍ମମ ଓ
ଧ୍ୱଂସ କରେ ଅବଶିଷ୍ଟ ସ୍ୱପ୍ନ ବୟସକୁ ! !
ତମେ ବି କବିତା ଲେଖ ସନାତନ
କେତେବେଳେ ପ୍ରେମ ଯନ୍ତ୍ରଣାର
ଶବ୍ଦର ମୋହରେ ତମେ ନିର୍ବିକାର
ଅନ୍ୟ ପାଇଁ ନିଜେ କାନ୍ଦିପାର
ତଥାପି ଆଖିରେ ତମ ମୁଁ ଦେଖଇ
ଝାପ୍‌ସା ଏକ ସ୍ୱପ୍ନ ଝୁଲେ
ଆସନ୍ତା କାଲିର ||

ତମରି ଲୋକଙ୍କ ପାଇଁ
ଦୁଃଖ ତ ସାଇତା ହୋଇ
ରହିଅଛି ସନାତନ ଏଇ ପୃଥିବୀରେ
ସୁଖର କଳ୍ପନା କରି
ଧାଇଁଧାଇଁ କେବେ ବି ଜାଣିବ ନାହିଁ
ସୁଖୀଟିଏ କେଉଁ ପରି ମରେ ।

ମରିବା ବଂଚିବା କଥା
ଅନେକ ଗହନ ପାଠ
ଘରଫର, ପ୍ରେମଫ୍ରେମ ସବୁ କାମ
ହାଲ୍‌କା ଭାବେ ଭାବିନେଇ
ଜୀବନକୁ ଦେଖ
କବିଟିର ବଂଚିବା କେମିତି ଲାଗେ
କବିତାରେ ଲେଖ ।।

ସଂପର୍କ

ଅନ୍ୟ ରାତିମାନଙ୍କଠାରୁ
ଆଜି ରାତିର ଅନ୍ୟମନସ୍କତା ଭିନ୍ନ ।
ସ୍ୱପ୍ନ ଦେଖିଲା ପରି ଲାଗିଲା
ତୁ ଚାଲିଗଲୁ ଦୁଃଖ ଯନ୍ତ୍ରଣାର
ଢେଉ ପାରି ହୋଇ
ମୋହମାୟାର ସଂପର୍କ ତୁଟେଇ
ତୁ ଚାଲିଗଲୁ ଅଜଣା ବାଟୋଇ ପରି
ବହିଗଲୁ ଲୁହ ହୋଇ ନୀରବରେ
ଅବୁଝା ମନ ପରି ।।

ଏବେ ଲୋକବାକ ପ୍ରିୟପରିଜନଙ୍କ ମେଳରେ
ଲାଗୁଛି ଏକାଏକା ।
କିଏ ଅଂଧାରଠାରୁ ଆହୁରି ନିବିଡ଼
ନିଃଶ୍ୱାସଠାରୁ ଅଧିକ ଆତ୍ମୀୟ
ନିଜଠାରୁ ଆହୁରି ନିରାପଦ ଅଛି ଯେ
ଅନ୍ୟମନସ୍କତା ସବୁ ତୁଛ କରି
ବିଶ୍ୱାସରେ, ପ୍ରତ୍ୟାଶାରେ, ପ୍ରତୀକ୍ଷାରେ
ମୋ ପାଖରେ ଜଗି ରହିବ
ମିତ୍ର ପରି ନିରବଧି !

ନିକାଂଚନେ ଦିଶେ ତୋ'ର
ମେଂଚାଏ ଶୂନ୍ୟତା ଲେସି ହୋଇଥିବା
ଶ୍ୱେତ ପାଣ୍ଡୁର ନିରମାଖି ମୁହଁ
କେତେ ଅକୁହା ପ୍ରଶ୍ନ ଯେମିତି ଗୁନ୍ଥି ହୋଇଛି
ଶିଥିଳ ବିବର୍ଣ୍ଣ ଓଠରେ
କେବେ ବି କିଛି କହିନୁ କି ମାଗିନୁ
ଅଥଚ ଯେଉଁ ଜୀବନ ଟିକେ
ଚାହିଁଥିଲୁ ମୋ'ଠାରୁ
ଦେଇ ପାରିଲିନି ବୋଲି ଅଭିମାନ କଲୁ !!

ନିଜସ୍ୱ ଯାହାକୁ ମଣେ
ନିଜଠାରୁ ଅପହଂଚ ଦୂରତାରେ ଥାଇ
କି ଉତ୍ତର ଦେବି ଆଉ (?)
ମୃତ୍ୟୁଠାରୁ ସତ୍ୟ ଯାହା
ଯଦି ନିଏ ମୋ'ଠାରୁ ଛଡ଼େଇ।
ଯେଉଁଠି ଯେମିତି ଥିଲେ
ତୋ' ପାଖକୁ ଫେରିବାକୁ
ଦେଉଅଛି ଦୃଢ଼ ପ୍ରତିଶ୍ରୁତି
ଏଇମିତି ଏ ପୃଥିବୀ କେତେଦିନ
ଥିବ ଆପଣାର
ହଜେ ଯିଏ ହଜିଯାଏ
ପାଦେ ତଳ ଖସିଗଲା ବାଲି ପରି
ବୁଝେ ନାହିଁ ନିଜର ବା ପର।
ପାଦାର୍ଥିକ ଏ ପୃଥିବୀ

ପରେ କେଉଁ ଭିନ୍ନ ଜଗତରେ
ଯେଉଁଠି ବି ଥିଲେ ନିଶ୍ଚେ ଫେରିଥିବୁ
ଜନ୍ମ ମୃତ୍ୟୁ ଭୁଲି, ଆଉ ଭୁଲି ମହକାଳ।

ଦୁଃଖର ବା ଅର୍ଥ କ'ଣ ?
ସବୁଠାରୁ ସତ ଓ ନିର୍ଭରଯୋଗ୍ୟ
ସଂପର୍କକୁ କହିଦେବା ଦୁଃଖ
କାହାକୁ ଅପେକ୍ଷା ମୋର
ଜାଣେ ନାହିଁ, ବୁଝେ ନାହିଁ
ସେଇ ମୋର ଦୁଃଖ-
ତା' ପରେ ବୁଝେନା କିଛି
ଏ ପୃଥିବୀ ପାଲଟଇ ଖଂଡେ ସାଦାକାଚ
ଯେଉଁଥିରେ ଆସେ ନାହିଁ
ସମୟର ସ୍ୱପ୍ନ କିମ୍ବା ବୟସର ଛାପ
ସବୁ ହଜେ
ହଜେ ସେତେବେଳେ
ମୁଁ ହୁଏନା ମୋର କେବେ
ଆଉ କେତେବେଳେ।।

■

(ଭଉଣୀ ମଂଜୁଲତା ବିୟୋଗରେ)

ନିଜେନିଜେ

ଏ ଦେହରୁ ତମ ଚଂଚୁ ରଂଗ ଚୋଷେ ନା ତ
ତମେ ଏକ ନିପଟ ଅଦୃଶ୍ୟ ଦୃଶ୍ୟ
କଥାବାର୍ତ୍ତା ସାକ୍ଷାତରେ ଅନିୟମିତରେ।
ଆଳାପ ଓ ଆଲୋଚନା
ଠିକ୍ ରାତି ବାରଟାରେ
ତମେ ଖାଲି ବୁଝି ରଖ ସବୁରି ସଂଦେଶ-
ଏ ମୋହର କ୍ଷୀଣ ଦେହ ସଂପର୍କରେ
ବେଳେବେଳେ ଖୁବ୍ ଖୁସି ମନ୍ତବ୍ୟ ତୁମର
ସର୍ବୋପରି ତମେ ଅବା ଏକାନ୍ତ ନିଜର ।।

ଅଧିକାଂଶ ବେଳେ ପୁଣି ଭେଟ ହୁଏ
ଦର୍ପଣିତ ପ୍ରତିବିମ୍ବ ମୋର ଅକସ୍ମାତ୍ ମୋ ସହିତ
ତମର ସେ ତୁଷାରିତ ମୁହେଁ
ଅବା କେଉଁ ସଂଜବେଳେ
ରାସ୍ତାକଡ଼ ବତିଖୁଣ୍ଟ ଆଲୁଅରେ
ମୁଁ ଲଂବା ଛାଇକୁ ନେଇ ଚାଲୁଥିଲା ବେଳେ
ତମରି ହିଁ ଆବିର୍ଭାବ ମୋ ଛାଇରୁ
ସାରା ଦେହ ବ୍ୟାପିବାକୁ ।।

ବାଡ଼ି ଧରି ଚାଲୁଥିବା ଯନ୍ତ୍ରଣାର ଅଶୀବର୍ଷ ବୁଢ଼ା
କାଚର ପାପୁଲି, ଖଂଡଖଂଡ କାଠର ଆଂଗୁଠି ଟେକି

ଆଶୀର୍ବାଦ କରେ ଯଥାଶୀଘ୍ର ଭେଟିବାକୁ
ବର୍ଷାଋତୁ କାଦୁଅ ପଙ୍କରେ ଜନ୍ମୁଥିବା ଫୁଲଠାରୁ
ଦେଖିବାକୁ ଶୂନ୍‌ଶାନ୍ ସକାଳ ସୌନ୍ଦର୍ଯ୍ୟ ।।

ମୋ ପହଂଚିବା ଅନେକ ପୂର୍ବରୁ
ମୋ ମୁହଁ ଅଚିହ୍ନା ଲାଗେ
ସାରା ରାତି ଏକୁଟିଆ ନିଜ ପାଇଁ ନିଜେ ଏକ ଶବ ।

ତମେ ମୋର ପିଲାବେଳ
ତମେ ମୋର ଦେଖା ହେଲ ଏଗାର ବର୍ଷରେ
ମୋ ଜୀଇଯିବା ପାଇଁ ଯେବେ
ସାଲାଇନ୍ ଚାଲୁଥିଲା ହାତର ନାଡ଼ିରେ
ସେଦିନ ତ ହାରିଯାଇଥିଲ
ତମ ମୁହଁ ଦିଶୁଥିଲା ଖରାଟିଆ ଜୀର୍ଣ୍ଣ ପତ୍ର ପରି
କେବଳ ଶିରାଳ ।।

ଆଉ ଥରେ ଯୌବନର ପ୍ରଥମ ପ୍ରେମରେ
ଯେଉଦିନ ଭାଂଗିଗଲା ଅକାଶର ଦଢ଼ ଦେହ
ଖଂଡଖଂଡ ହୋଇ
ତମେ ଇ ସାନ୍ତ୍ୱନା ଦେଲ
ପରଖି ନେବାକୁ ଦେହ ସୁଖନିଦ୍ରା ଟାବ୍‌ଲେଟ ପୁଞ୍ଜାରେ ।
ସେଥିରେ ବି ତମେ ମୋର
ପାଖାପାଖି ହୋଇ ପାରିଲନି ।

ମୋ ସଂସାର ଘର ଦ୍ୱାର
ହାନିଲାଭ ମୋ ପଡ଼ୋଶୀ

ସବୁଥିରେ ମୁଁ ତଉଲା ହେଲି
ମୋର ବା ହସ କାହିଁ କାଂଦ କାହିଁ
କେମିତି ବା ମୁଁ ନିଜର ହେଲି !
ମୁଁ ନିଜେ ନିଜକୁ ଖୁଂପେ ଜନ୍ମଠାରୁ ଦେହାନ୍ତ ପର୍ଯ୍ୟନ୍ତ
ତେବେ ବି ମୋ ଦେହ ରକ୍ତ ଚିହ୍ନାଏନା ମୋ ନିଜକୁ
ମୋଠାରୁ ମୁଁ ବିରାଟ ପାର୍ଥକ୍ୟ ।।

ଏ ମୋର ଶ୍ୟାମଳ ଦେହ ଖଂଡଖଂଡ ଯାଏ ପୋଡ଼ି
ଅବିରତ ଉତ୍ସୁକ ଆଖିରେ
ଏ ମୋର ଶ୍ୟାମଳ ଦେହ ଖଂଡ ଖଂଡ ଯାଏ ଝଡ଼ି
ଅବିଶ୍ରାନ୍ତ କାମନା ଝଡ଼ରେ
ଏ ମୋର ଶ୍ୟାମଳ ତନୁ
ବରଫର ଗଦା ପରି ତରଳୁଚି ତୁହାତୁହା
ସଂକ୍ରମିତ ବୟସର ବୟସ୍କ ଏ ସୂର୍ଯ୍ୟର ଧାସରେ
ଏ ମୋର ନିରୀହ ତନୁ ପୋତିହୁଏ ଏ ମାଟିରେ
ଯେମିତିକା ଲିସବନ୍ ଭୂମିକଂପେ ପୋତି ହୋଇଯାଏ ।
ମୋ ଦେହ ପାଲଟି ଯାଏ ମେଂଚାମେଂଚା ମାଟି ଓ କାଦୁଅ
ତମର ସେ କଳା ଦେହ କଳା ଚଂଚୁ
ସେ ମାଟିରୁ ପୁଳାଏ କାମୁଡ଼ି
କେମିତି ଚୋଷିବ ଆଉ ରସ ସବୁ ଏ ମାଟିରୁ
ହେ ଦୂରାନ୍ତ ପକ୍ଷୀ !
ପୁନଶ୍ଚ ଅପେକ୍ଷମାଣ
ଆଉ କେଉଁ ଦେହ ପାଇଁ ଦୂରାନ୍ତ ବାଟୋଇ
ସମୟର ପାହାଚରେ
ନିରାପଦ ସଭାଟିଏ କାହିଁ ? ?

■

କବିଟିଏ

ତମେ କେଉଁ ରାଜ ସିଂହାସନେ
ଇନ୍ଦ୍ର ପାଲଟିଚ ଯେ :
ହୁକୁମ୍ ଜାହିର୍ କରିବ ହତ୍ୟା କରିବାକୁ
କବିଟିକୁ !
ନିର୍ବୋଧ ଅହଂକାରୀ ମସୁଧା ଚଳେଇବ
କେଉଁ ହଲକରେ,
ତନଖି କରିବ କବିର ହୃଦୟ
କେଉଁ ହୃଦୟ ଅଛି କେଉଁ ଇନ୍ଦ୍ରର ଯେ :
ରାଜପଦ ପ୍ରାପ୍ତି ପରେ ଅଥବା
କେଉଁ ବାଟରେ ନାଁ କମେଇବାର ଶୋଷରେ !!

ଆଜ ହୁଁ ହୁସିଆର ହୁଅ
କବିଟିଏ ମରୁଚି ମରୁଚି
ବିଜ୍ଞପ୍ତିଟିଏ ଆଗତୁରା ଛାପି ଦେଇପାର
ମରିବାର ନିର୍ଦ୍ଦିଷ୍ଟ ସମୟ ବା
ତାରିଖ ଧାର୍ଯ୍ୟ କରିପାର
ଡାକବାଜି ଯନ୍ତ୍ରରେ ହାଟରେ ବାଟରେ

ପ୍ରଚାର କରିଦେଇପାର
ପ୍ରଚାରପତ୍ର ଗାଁ ଗହଳିରେ ବାଣ୍ଟି ଦେଇପାର
କବିଟିଏ ମରୁଚି
କବିଟିଏ ମରୁଛି ।।

କବିଙ୍କୁ ଆଦରୁଥିବା ଲୋକମାନେ
ପାଖ ହାଟ ବଜାରରୁ ଠିକ୍ କର ଫୁଲମାଳ
ଠିକ୍ କର ବାଜା ଆଉ ବାଣ,
କବିଙ୍କୁ ଆଦରୁଥିବା ପ୍ରେମିକାମାନେ
ଆଂଜୁଳା କରି ଟେକି ଦିଅ ଆନନ୍ଦ
କବି ଓଠର ଫାଙ୍କରେ ।
କଅଁଳ ଛନଛନ ସ୍ମିତ ହସର
ଅସରନ୍ତି ସୁଖରେ ବୁଡ଼େଇ ଦିଅ କବିକୁ ।
ଚାଲିଯାଉଚି ସମୟ, ଚାଲି ଯାଉଚି
ବେଳୁବେଳ ନିସ୍ତେଜ ହେଉଚି କବି
ରାଜ ସିଂହାସନେ ଇନ୍ଦ୍ର ବସି
ଦେଉଚି ମୃତ୍ୟୁଦଣ୍ଡ
କବିଟିଏ ମରୁଚି
ନିରୀହ କବିଟିଏ ମରୁଚି ।।

କବି ରଂଗେଇଚି କେତେ
ଏ ଫୁଲରୁ ଫଳକୁ
ଦାଣ୍ଡରୁ ହାଟକୁ-
ଆକାଶରୁ ପୃଥିବୀକୁ ।
କେଉଁଠି ନଦେଖିଚ କବିଟିକୁ

ତମକୁ ଯେ ନଚାଏ ଖେଳାଏ
ବେଳେବେଳେ ନିଜେ କାନ୍ଦି
କଂଦାଇ ଯେ ପାରେ,
ସଂସାରର ସବୁ ଦୁଃଖକୁ ଯେ
ଏକାକାର କରିଦିଏ ନିଜର ଭିତରେ।

ଦୁଃଖୀ କବି ଟୋପାଟୋପା କାନ୍ଦିପାରେ
ଘାସ ଗଛୁ ଖସି ପଡୁଥିବା
ବିନ୍ଦୁବିନ୍ଦୁ କାକର ପରି
ଆକାଶରୁ ବହି ଆସୁଥିବା
ମେଘର ଝର୍ଣ୍ଣା ଭଳି।

କବି କାନ୍ଦିଲେ ବିବର୍ଣ୍ଣ ହେଉଚି ଗଛ ପତ୍ର
ଫାଟି ଯାଉଚି ବସୁଧାର ଛାତି
ଅପ୍ରମିତ ଦୁଃଖେ।
କେଉଁ କଥାରେ ହୀନିମାନ ହେବ
ନିର୍ମଳ କବିଟିଏ।
କେଉଁ ଇନ୍ଦ୍ର ମୃତ୍ୟୁ ଆଦେଶ ଦେଇଚି
ଏ ପ୍ରଶ୍ନ ପଚାରି ଦିଅ ସମସ୍ତଙ୍କୁ ଥରେଥରେ
ମରୁଚି କବିଟିଏ
ନିରୁତା କବିଟିଏ।।

କେହି ପାଟି ନ ଖୋଲିଲେ
ନିଜସ୍ୱ ଅହଂରେ
ଏକାଏକା ବରଂ ମରିଯିବ କବି;
ହାତ ପାତି ବଂଚିବାର ଅଭ୍ୟାସ ନାହିଁ କବିର

ଆଶ୍ରିତ ସେ ନୁହେଁ ।
ଆଜନ୍ମ ଅଂଧ ପରି ଏ ମଣିଷ
ବୁଲେ ସିନା ବଂଚିବାର ସ୍ୱପ୍ନ ଖୋଜିଖୋଜି
କବି ନିଜେ ତିଆରଇ କେତେ ସ୍ୱପ୍ନ
ଲୁହ ଆଉ ପ୍ରତାରଣା ସମୁଦ୍ରରେ ହଜି ।
ଏବେ ଆଉ କିଛି ଦୁଃଖ ନାଇଁ
କିଛି ବି ଦର୍କାର ନାଇଁ
ସମସ୍ତେ ହୁସିଆର ହୋଇଯାଅ
କାହାର ଆଜ୍ଞାରେ କି ନିର୍ଦ୍ଦେଶରେ ନୁହେଁ
ଇଚ୍ଛାମତେ ମରୁଚି କବିଟିଏ
ନିରୋଳା କବିଟିଏ ।।

■

ପ୍ରତ୍ୟେକ ଅନିଶ୍ଚିତତାରେ

ମଣିଷ ବୋଲି ତ
ସମୟହୀନତାରେ ପହଂଚି ଯାଇଛି,
କଳକବ୍‌ଜା ପରି କାମ ଯେ ନ କରିପାରେ
ଧରିନିଅ ସେ ହୋଇଥିବ ମଣିଷ ।

ଘରୁ ବାହାରିଲେ ସକାଳୁ
ବାହାରେ ବାହାରେ ହେଉଥିବ ରାତି
ଘରୁ ଉଠିଲା ବେଳେ ବିଛଣାରୁ
ବିଛଣାରେ ପହଁରି ଯାଉଥିବ ସକାଳ ।
କେବେ ସକାଳ ତ କେବେ ରାତି
ମୁଁ କି ବୁଝୁଚି
କେଉଁଠୁ ଆସୁଚି ରାତି
କେଉଁଠୁ ସକାଳ
ବ୍ୟସ୍ତ ତ ଏମିତି ମୁଁ କେବେ ନା କେବେ ।
ଦିନ ଯାଏ ମୋର ଆଗେଆଗେ
ରାତି ଆସେ ମୋର ପଛେପଛେ
ହିସାବ ନ ଥାଏ ମୋର
କେତୁଟା ସକାଳ ଚାଲିଗଲେ
ମୁଁ ଭାରି ବ୍ୟସ୍ତ
ସମୟହୀନତାରେ ।।

ମୋତେ ଛୁଇଁ ପାରୁନି ସମୟ
ସମୟ ଯେ ବନ୍‌ଶୀରେ ଲାଗିଥିବା
ମାଛ ପରି ଖେଳୁଚି ଏପଟ ସେପଟ
ମୋର ଚାରିପଟ ।
ଆଉ ମୁଁ ବନ୍‌ଶୀ ଧରି ବସିଥିବା/
ଘୂରୁଥିବା ସମୟହୀନତାର ମାନଦଣ୍ଡ ।

ଶୂନ୍ୟରେ ସମୟ ଘୂରୁଥିଲେ
ମୁଁ ଫାଙ୍କି ଦେଇପାରେ ଦିନ ରାତି
ବିପର୍ଯ୍ୟସ୍ତ କରି ଦେଇପାରେ
ସାରା ପ୍ରକୃତିକୁ ।
ଆମ ନିର୍ଣ୍ଣିତ ସମୟ ହିଁ
ଅନିଶ୍ଚିତ କଳ୍ପିତ ଘଣ୍ଟାର କଣ୍ଟାମାନ
ମୃଦୁ ମନ୍ଥର ଗତିରେ ଯେ
ଟିକ୍‌ଟିକ୍ ପାଦ ପକାଇ ଆଗକୁ ବଢ଼େ ।
ଯାହାର ପାଦର ସ୍ଥିତିରେ
ଚହଲୁଥାଏ ପୃଥିବୀର
ସମସ୍ତ ସରକାରୀ, ବେସରକାରୀ କଳ,
ଆଉ ନିବର୍ତ୍ତି ଆସେ ସେଥିଭିତରୁ ମୁଁ
କୋଟିକୋଟି ଘଣ୍ଟାଙ୍କର କୋଳାହଳରୁ
ଯେ କୌଣସି ରାଜରାସ୍ତା / ରାସ୍ତା ଉପରକୁ ।।

ଅସଂଖ୍ୟ ଗାଡ଼ି ଘୋଡ଼ା
ମଣିଷଙ୍କ ଉଗ୍ର ପାଦ ଶବ୍ଦରେ
ଉଚ୍ଛୁଳି ପଡୁଛି ସମୟ ଏଣେତେଣେ ।
କେହି କାହା ସହିତ ସଂପର୍କିତ ନୁହେଁ
ଏପରିକି ସମୟ- ମଣିଷ ।

ଏମିତି ଏକ ସମୟରେ ବି
ନିଜ ପାଖରେ ନିଜେ ଖୁବ୍ ଏକୁଟିଆ

ନିଜକୁ ନିଜେ ଅଚିହ୍ନା ଲାଗେ
କଥା ହୋଇ ପାରେନି
ନିଜ ସହିତ ଯେତେବେଳେ ।
ନିଜଠାରେ ନିଜର ରକ୍ତ ସଂପର୍କ ଭାବିଲା ବେଳେ
ମନେପଡ଼େ ରକ୍ତ ତିଆରି ହୁଏ କେମିତି
ଗଠନ ଓ କାର୍ଯ୍ୟ ପ୍ରକ୍ରିୟା ;
ବେଳେବେଳେ ନିଜର
ଜୀର୍ଣ୍ଣ ସ୍ୱାସ୍ଥ୍ୟ ପରଖିଲା ବେଳେ
ସ୍ୱାସ୍ଥ୍ୟରକ୍ଷା ମନେପଡ଼େ
କେଉଁ ଖାଦ୍ୟରେ ଖାଦ୍ୟସାର କେତେ
ବ୍ୟକ୍ତିଗତ ଭାବେ ॥

ନିଜ ମୃତ୍ୟୁ ସହିତ
ସଂଶ୍ଳିଷ୍ଟ ବି ହୋଇ ହେଉନି
କେତେବେଳେ ମରିଯାଇ ହୁଏ
ନ ମରି ବି ହୁଏ
ଯେମିତି ସବୁ ଜିନିଷ ଭେଜାଲ ପରି
ଆଜିକାଲି ମୃତ୍ୟୁ ବି ହୋଇଯାଇଛି ଭେଜାଲ
ଏମିତି ଏକ ପରିସ୍ଥିତିରେ
ମଣିଷ ହୋଇଛି ନା' ମଣିଷ
ସମୟ ହୋଇଛି ନା' ସମୟ
ପ୍ରତ୍ୟେକ ପ୍ରତ୍ୟେକର ବିପରୀତ ରୂପ ।
ଏହାରି ଭିତରେ କିଏ କାହାକୁ
ପଛରେ ପକାଇ ପାରୁଛି ତ
ଚୁପ୍‌ଚାପ୍‌, ଅନ୍ୟ ବାଟରେ
ନିଜ ଗତିରେ ନିଜେ ପୃଥିବୀ
ସୌରଜଗତ,
ଚୁପ୍‌ଚାପ୍‌ !
ସବୁ ଚୁପ୍‌ଚାପ୍‌ ! !

ରୂପାନ୍ତର

ଖୁବ୍ ଥିଲା ଭଲ ଥିଲା
ବଗିଚାର ରୋମାଞ୍ଚିତ ବାସ୍ନା ପରି
ପ୍ରେମିକାର ବାସ୍ନା ଭଲ ଥିଲା
ଭଲ ଥିଲା ଖୋଜି ହେବା
ଦୀର୍ଘତମ ସମୟର
ଐତିହ୍ୟ ନିହିତ ସବୁ ମୁକୁଳା କୋଠରି
ସବୁ ରାଗ ଅଭିମାନ ଭଲ ଥିଲା
ଯିଏ ଆସି ଚାଲିଯାଏ
ମୁହୂର୍ତ୍ତକେ ପ୍ରଜାପତି ପରି ।
ଭଲ ଥିଲା ସବୁ ଶୋକ ସବୁ ସୁଖ
ବରଂ ହେଉ ଅର୍ଥହୀନ ଅବୋଧ ସିଦ୍ଧାନ୍ତ
ଦରପୋଡ଼ା ଗଛ ପରି ଆଭରଣହୀନ କିମ୍ବା
ପ୍ରୟୋଜନହୀନ ଏକ ଧ୍ୱଂସ ଅବଶେଷ ।।

ଭଲ ଥିଲା ଜହ୍ନରାତି ନଈପଠା
କୁହୁଡ଼ିର ଅଂଧାରୁଆ କୋଳ
ଭଲ ଥିଲା ଲୋକଙ୍କର ଚୁପ୍‌ଚାପ୍ କାନକୁହା
ଅପବାଦ, ହାଟ ବାଟ

ପାପହୀନ ଜରଜର ସ୍ୱପ୍ନ ସମୟର।
ତଥାପି ସୁନ୍ଦରୀ ଥିଲ ତମେ ମୋର
ସକାଳ ଓ ସନ୍ଧ୍ୟା ଆସେ ତମରି ରକ୍ତରେ
କେତେକେତେ ଭାବ ଆଉ ଭାବନାରେ
ଚିତ୍ରିତ ସମୟ ମୋର
ନଦୀ ହୋଇ ବହିଯାଏ
ମନେପଡ଼େ, ଭାରି ମନେପଡ଼େ
ପ୍ରତିଟି ଲୁହର ବିନ୍ଦୁ
ସମୁଦ୍ରର କେଉଁକାଳ ପୁରୁଣା ଢେଉଙ୍କ ପରି
ପାଦ ଛୁଇଁ ସମର୍ପିତ ଥିଲାବେଳେ ମୋତେ
ସ୍ୱପ୍ନର ସଳପ ପିଇ
ବିତିଅଛି ଯୁଗ କେତେକେତେ ।।

ଏ ବଂଧନ ଚାରୁକଳା ଅତିକ୍ରମି ନିରୋଳା ସମୟେ
ଶୂନ୍ୟତାରୁ ମହାଶୂନ୍ୟ ଡେଇଁଯାଏ ଭାବନା ମୋ
ପ୍ରତିକୂଳ ଆଶା ଆଉ ପ୍ରତ୍ୟାଶାରୁ
ମୃତ୍ୟୁ ସନ୍ନିକଟ
ବର୍ତ୍ତମାନୁଁ ହୃତପିଣ୍ଡର ସ୍ପନ୍ଦନ ମୋ
ଧୀରେଧୀରେ ଥମିଯାଏ
ପେଣ୍ଡୁଳାଏ ମାଟି ହୁଏ
କ୍ରମଶଃ ମୋ ପଚମାନ ଶବ।

କି କରିବି ଆହା ! କହ
ଏ ଇହ ଜଗତ ପ୍ରେମ

ପ୍ରତିକଥା ପ୍ରତିଶ୍ରୁତି
ସଂସାରର ସବୁ ମୋହ
ଭୁଲିଯାଏ ଆଜିକାଲି ଆଉ ସବୁଦିନ
ଅଂଗାରରୁ ଅଗ୍ନି ପରି ବ୍ୟବଧାନ
ମୋ ଭିତରେ ଦେହ ଆଉ ମନ ।
ପୃଥିବୀ କେମିତି ମିଛ
ଏ ସୃଷ୍ଟିର ପ୍ରତିଟି ସର୍ଜନା
ବିରାଟତ୍ୱ, ଯଶଖ୍ୟାତି, ପରିବାର
ନିଜ ପାଇଁ ସବୁ କିଛି ଆଜି ଅର୍ଥହୀନ ।।

କାହିଁ ତ ଏମିତି କେବେ
ଆଶଙ୍କା ନଥିଲା କିମ୍ବା
ଦୁର୍ଘଟଣା ଘଟି ନାହିଁ
ଲୁଚି ଛପି ପ୍ରେମ କଲାବେଳେ
ସେ ପ୍ରେମେ କି ଲାଗିଥିଲା
ସଂକୀର୍ଣ୍ଣ ପୃଥ୍ୱୀର ସୀମା-
ଡେଇଁ ଆମେ ଯିବା ପାଇଁ
ପିମ୍ପିଳିକା ପର !
ହୁଏତ ବା କ୍ଷଣିକ ଏ ଉତ୍ତେଜନା
ହୋଇପାରେ ଆମ ଉଲଂଘନ ।
ତା'ପରେ ଏ ଛିନ୍ନ ଡେଣା ଅଥର୍ବ ଦେହକୁ
ବାରମ୍ବାର ଦଂଶିପାରେ ମୃତ୍ୟୁ କୀଟ
ଦେଇ ଉତ୍ପୀଡ଼ନ
ତଥାପି ବି
ଆମେ ଦୁହେଁ ଚାଲୁଥାନ୍ତି

ପରସ୍ପର ହାତ ଧରି ସଦର୍ପରେ
ମୃତ୍ୟୁକୁ ଡରେଇ
ଅଥଚ ଭୁଲୁଚ ଶୋକ
ଆଜି ତମେ ସଂସାର ଜଂଜାଳେ
ମୋ ମୃତ୍ୟୁର କେଇ ଦିନ ପରେ,
ତମ ପରି ମୋତେ କିଏ
ତମରି ଦେହାନ୍ତ ଦୁଃଖ ଦିଅଇ ଭୁଲେଇ
ଅବିଚ୍ଛିନ୍ନ ଏ ସମୟେ ଭାବେ ବସି
ଯେଉଁ ପ୍ରେମ ଅଂଗୀକାର କରିଥିଲା
ଦୁଇଟି ଜୀବନ
ତାକୁ କିଏ ଅଜଣାରେ ଦେଇଛି ଦୂରେଇ !!

■

ଲୁହରେ ଜୀବନ ଦିଶେ କେତେ ଆପଣାର

ଅନନ୍ତ ଐଶ୍ୱର୍ଯ୍ୟ କାହିଁ କେଉଁଠି ସୁଖରେ ରଖୁଛି ?
କେମିତି କେତେବେଳେ ସଂକ୍ରାମକ ରୋଗ ପରି
ଦୁଃଖର ଜୀବାଣୁଟିଏ ଛୁଇଁ ଦେଉଅଛି
ନା' ମରୁଛି, ନା' ବଂଚୁଛି
କେବଳ ଯା' ଲୁହରେ ଭାସୁଛି ॥

କେତେ ଯେ ମାୟା ମୋର ପାରିବାରିକରେ !
ନିଜ ପାଇଁ ଦୁଃଖର କି ଅର୍ଥ ଅଛି(?)
ବୈଶାଖର ବର୍ଷା ପରି
ମାଟି ଛୁଉଁଛୁଉଁ ଉଭେଇ ଯାଉଛି
ଅଥଚ କି ନିଦାରୁଣ ସମୟ ଲାଗୁଛି ମୋତେ
କିଛି ସତେ ହଜିଗଲା
ନ ଜାଣି ମୁଁ କେବଳ ଖୋଜୁଛି ॥

ବାପା ବୋଧେ ଚାହୁଁଥିବେ କିଛି ଟଙ୍କା
ମାଆ ବୋଧେ ଚାହୁଁଥିବେ ପୁଅର ସ୍ନେହକୁ
ଭାଇ ବୋଧେ ଚାହୁଁଥିବେ ଜାମା ପ୍ୟାଣ୍ଟ୍
ଭଉଣୀ ବି ଶାଢ଼ି
କାହାକୁ ବା କିଛି ହେଲେ
ଦେବାକୁ ମୋ ସମ୍ବଳ ବା ଅଛି ?
ଗ୍ଲାନି ଆଉ ମନସ୍ତାପ ସବୁ ଅଭାବକୁ ମୋର
ଅଭିଶାପ ପ୍ରତଏ ମଣୁଛି ॥

ଏ ସବୁରେ ଦୁଃଖ ବି ବିଶ୍ୱସ୍ତ ଭାରି
ଲୁହ ଓ ଲହୁର ତଳେ
ଯନ୍ତ୍ରଣାର ଅର୍ଥ ବୁଝିବାକୁ
ଖୋଜୁଥାଏ ନିଜ ପାଇଁ ଏକାନ୍ତ ଗୋପନ ସ୍ଥାନ
ନିରାପଦେ ଲୁଚିଲୁଚି ନିଃଶ୍ୱାସ ନେବାକୁ ।
କିଏ ବା ବୁଝିବ ଏତେ ଜଂଜାଳରେ କିଏ ମରେ
ନିଜକୁ ନିଷ୍ଠୁର ପରି ହତ୍ୟା କରି
ବାରମ୍ବାର ମରିବାକୁ ଧାଏଁ
ସବୁ ଦହଗଂଜ ତଳେ ଏଇ ଏକ ଛୋଟ କଥା
ପ୍ରତିକ୍ଷଣେ ବେଶୀ ମାରୁଥାଏ ।।

ସ୍ୱାର୍ଥର ଅଶାନ୍ତ ହାତ ଲମ୍ବୁଥାଏ ଲମ୍ବୁଥାଏ
ପ୍ରାପ୍ତି ପାଇଁ ଏ ମଣିଷ ବଂଧୁ ହୁଏ
ଅପ୍ରାପ୍ତିରେ ମୃତ୍ୟୁଠାରୁ ଶତ୍ରୁ ଭୟଂକର
ଅଥଚ ଦୁଃଖର ହାତ ଶିଥିଳ ହୁଏନା କେବେ
ବିଶ୍ୱାସରେ କାଳକାଳ ପାଇଁ ଆପଣାର ।
ଜାଣିଛି ବା କିଏ କେଉଁ ସମୟରେ
କାହାକୁ ଓଟାରି ନେବ ମହାକାଳ
ନିଜ ଭିତରକୁ !
ଜାଣିଛି ବା କିଏ, କାହା ହୃଦୟରେ ଭରିଯିବ
ଘାତକତା ବିଷଜ୍ୱାଳା କେଉଁ ସମୟରେ
ଆଉ ବା କେଉଁ ମଣିଷ କାହା ପାଇଁ ଅଣ୍ଟାବାନ୍ଧି
ଆଣ୍ଠୁପାତି ଦୁଃଖକୁ ଅମୃତ ପରି ଗର୍ଭସ୍ଥ କରିବ ?
ନିରାପଦ କିଏ ଆଉ ନିଜଠାରୁ ନିଜ ପାଇଁ
ଏ ମଣିଷ ଭାବ ଆଉ ଦୁଃଖ ମହାଭାବ ।
ଏଥିପାଇଁ ଦୁଃଖ ଖୋଜେ
ନିରାପଦ ନିକାଂଚନ ସ୍ଥାନ

ଦୁଃଖୀର ହୃଦୟ ତଳେ
ସିଏ ସିନା ଅବିଚ୍ଛିନ୍ନ ପ୍ରାଣ ॥

ନ ଜାଣିଛି ଆଜିଯାଏ
କେଉଁଠି ବିଶ୍ୱାସ ଟିକେ
ଗହନ ଜୀବନ ଗିରି ଶୃଂଗ ଅରଣ୍ୟରେ
ହଜିହଜି ଆତ୍ମସତ୍ତା ଖୋଜି ବୁଲୁଅଛି
ପ୍ରତାରଣା ପ୍ରତିଟି ମୁହୂର୍ତ୍ତ ପରେ
ରକ୍ତମାଂସ ଦେହ ନେଇ
ମାଟି ଆଉ ଆଲୋକରେ ପାଣି ପବନରେ
ସ୍ଥାବର ଅସ୍ଥାବରେ, ଅଣୁକୀଟଟିଏ ପରି
ଏ ଜୀବନ ଝୁଣି ଖାଉଅଛି ॥

ଅଥଚ ବୁଝିଲା ପରି
ସବୁ କଥା ସବୁ କାମ
କିନ୍ତୁ କେଉଁ ବିସ୍ମୟରେ ଅଜ୍ଞାନ ମୁଁ
ଏ ସଂସାର ଆଶା ଆଉ ପ୍ରିୟଜନ
ଏଡ଼ିଯାଇ ଏଡିପାରେ ନାହିଁ
ଅସହଜ ସବୁ ସତ୍ତ୍ୱେ
ପ୍ରତ୍ୟେକ ମୁହୂର୍ତ୍ତ ସହ ସଂଧି କରି
ପୁନର୍ବାର ଜୀଏ ପୁଣି କିଛି ଦିନ ପାଇଁ
ସବୁପରେ ଭାବି ନିଏ
ଦୁଃଖରେ ଜୀବନ ଅଛି
ଯାବତୀୟ ସକରୁଣ ଛଳଛଳ
ଭାବ ହିଁ ଜୀବନ
ଏହାଠାରୁ ମାୟା ଆଉ ଆକର୍ଷଣ
ପୃଥିବୀରେ କେଉଁ କଥା (?)
ଲୁହରେ ଜୀବନ ଦିଶେ କେତେ ଆପଣାର ॥

■

ନକ୍ସା

ଏଇ ସମୟର ନିବିଡ଼ ଶିହରଣରେ
ଖେଳୁଚି ବାଲ୍ୟ ଚପଳତା
ଜିଜ୍ଞାସାର କୈଶୋର
ଉଚ୍ଛଳ ଯୌବନ ଆଉ
ଦାରୁଣ ବାର୍ଦ୍ଧକ୍ୟ
କେତେ ଶିଶୁ ସୁଲଭ ଆନନ୍ଦର ମାଦକତା
ପାପହୀନ ଲଂଗଳା ଜୀବନ
କୋଳକାଖ ଛାତିଭରା ସ୍ନେହ
ବର୍ଣ୍ଣବୋଧ ଛବି ବହି ପଢ଼ା
ମନେପଡ଼େ-
ମନେନାହିଁ ଆଉ କେତେ ମୁଖସ୍ଥ ଜଣାଣ
ବେତକୋଳି କଅଁଳିଆ କିଆକଂଦା ଖିଆ
ଆମ୍ବ ତୋଟା ବୁଲା
ବନ୍‌ଶୀରେ ମାଛ ଧରା
ଗଡ଼ିଆ ପହଁରା
ମନେପଡ଼େ ଛାଇ-ଅଂଧାରୁଆ ।।

ଏ ସମୟ ଡେଇଁଦିଏ ସସାଗରା ଧରା
କଳ୍ପନାର ସବୁଲୋକ
ସବୁ ସ୍ୱପ୍ନ ସକଳ ଚେତନା
ଏଠି ଅଛି ଏଠି ନାହିଁ
ଲୁଚକାଳି ଖେଳ ପରି
ମନ୍ତ୍ରେମନ୍ତ୍ରେ ମୋର

ଛୋଟବଡ଼ ନୀରବ ଭାବନା ।
ଅନନ୍ତ ଏ ହୃଦୟର
ଆର୍ଦ୍ର ଆଉ ନରମ ନିଷ୍ପାପ ମନ
ଆଲୋକର ଶୁଭ୍ରତାରେ
ଉଦ୍‌ଭାସିତ ଜ୍ୟୋତି ରୂପ ନେଇ
ହୃଦୟରୁ ହୃଦୟକୁ ସରୀସୃପ ଆବେଗରେ
ଚାଲିଥାଏ ଯେତେ ସବୁ
ବଂଧନର ଥଳକୂଳ ଡେଇଁ ।।

ସମୟର ଦୀପ ତଳେ
ଅଂଧାରର ଉଷ୍ଣ ଚେତନାରେ
କେତେକେତେ ସ୍ୱପ୍ନଙ୍କର ଭିଡ଼ ହୁଏ
ପରୀ ଆଉ ପକ୍ଷୀରାଜ ଘୋଡ଼ା ।
ନିମିଷକେ ବାଦଲର ଫାଙ୍କ ଦେଇ
ଆକାଶକୁ ଛୁଇଁ ଦିଏ
ଜହ୍ନ ଛୁଏଁ ତାରା ଛୁଏଁ
ପଶୁପକ୍ଷୀ କଥା ବୁଝେ
ମନେପଡ଼େ ଗୁରୁଜନ କଥା-
ମଣିଷକୁ ଭଗବାନ
ଭଲପା'ନ୍ତି ଯେତେବେଳେ
ନିଅନ୍ତି ପାଖକୁ
ଭଲଲାଗେ ଭାରି ସେତେବେଳେ ।।

ସୁନ୍ଦର ଦିଶୁଥାଏ ସବୁ ମୋତେ
ସାଂଗସାଥୀ ପରିଜନ
ପ୍ରକୃତିର ପ୍ରତିରୂପ, ପ୍ରତି ଦୃଶ୍ୟାନ୍ତର
ଆବେଗରେ ଛନଛନ
କଅଁଳିଆ ହୃଦୟ ଓ ମନ
ପ୍ରଗଲ୍‌ଭ ଜୀବନ ଏଇ

ମାନେ ନାହିଁ ବାଧା ଓ ବଂଧନ ।
ଏ ଜୀବନ ଜ୍ୟୋତିଷ୍ମାନ ମୁହୂର୍ତ୍ତର ଇଂଧନରେ
ସ୍ମୃତି ଆଉ ପୁଲକର ଅନନୁଭବରେ
ଏ ଜୀବନ ଫୁଲବେଦୀ
ପ୍ରୀତି ଆଉ ପରାପ୍ରିର ଯୁଗ୍ମ ଉଚ୍ଛ୍ୱାସରେ ।।

ଏ ଦେହର ପରିଣତି
ଧାନକଟା ବିଲ ପରି ନିଷ୍କରୁଣ
ଦିଶେ ମୂର୍ଚ୍ଛାହତ
ସବୁ ପାଇ କିଛି ନାହିଁ
ସ୍ମୃତି ତୀର୍ଥ ନିଷ୍ଠୁର ଅତୀତ ।
ଅତୀତ ଅଂଧାର ଆଉ
ଅଂଧକାର ଭବିଷ୍ୟତ ବାଟ
ତଥାପି ବି କିଛି ମାୟା
ଆବେଗରେ କରୁଛି ଉଚ୍ଚାଟ ।
ଏ ସୃଷ୍ଟି ସୌନ୍ଦର୍ଯ୍ୟତମ
ସବୁ ଗ୍ଲାନି ଅବସାଦ
ପରାହତ ସ୍ୱପ୍ନ ସତ୍ତ୍ୱେ ଅତୀବ ମଧୁର
ବଂଚିବାର ସାର୍ଥକତା ଚିରଦିନ ମଧୁମୟ
ନାହିଁ କିଛି ଅର୍ଥ ପୂର୍ଣ୍ଣତାର ।
ନିଜର ମୋ ଏଇ ମାଟି
କୋଳାହଳ ନିର୍ଜନତା
ସବୁ ପାପ ଏକାନ୍ତ ନିଜର
ହେ ଈଶ୍ୱର !
ତୁମରି ସ୍ପର୍ଶରୁ ମୋତେ ଦୂରେ ରଖ
ଆଉ ମୋତେ ଘୃଣା କର
ରୋଗବ୍ୟାଧିଠାରୁ ଭୟଂକର ।।

■

ସମର୍ପଣ

ଅନେକ ଥର ଚାହିଁଛି
ତମକୁ ଥରେ ବୁଝେଇ ଦେବାକୁ
ଏ ବିଶ୍ୱ ଅପେକ୍ଷା ବିରାଟ ମଣିଷକୁ
କ୍ଷୁଦ୍ର ବୋଲି ମଣିବନି
ତା' ଭିତରେ କୋଟିକୋଟି ବିଶ୍ୱ ବ୍ରହ୍ମାଣ୍ଡ
ନୂତନ ସୂର୍ଯ୍ୟୋଦୟକୁ ଦେଖିବା ପାଇଁ
ଅପେକ୍ଷା କରିଛନ୍ତି,
ଯୋଗମୁଦ୍ରାରେ କୋଟିକୋଟି ବର୍ଷର
ଆଗାମୀ ସୂର୍ଯ୍ୟଙ୍କୁ ପ୍ରାଣମ କରୁଛନ୍ତି
ତମେ ବୁଝିନିଅ ସେ ବିରାଟତାକୁ
ଏଇ ଭୂମିରେ ପ୍ରଣାମ କରି
ସମର୍ପି ଦିଅ ନିଜକୁ।।

ଅନେକ ଥର ଚାହିଁଛି
ତମକୁ ଥରେ ବୁଝେଇ ଦେବାକୁ
ସମସ୍ତ କ୍ରୂରତାଠାରୁ
ଆହୁରି ନିଷ୍ଠୁର ଏ ମଣିଷ
କ୍ଷୁଦ୍ର ବୋଲି ମଣିବନି
ତା' ଭିତରେ କୋଟିକୋଟି ମହାକାଳ ସୁପ୍ତ

ଥରେ ଚେଇଁଗଲେ
ବୀଭତ୍ସ ବିଭୀଷିକାରେ ଏ ସମଗ୍ର ବିଶ୍ୱ
କେବଳ ମାଟି ପିଣ୍ଡୁଳା ପରି
ନିର୍ବେଦ ହୋଇ ପଡ଼ିରହିବ
ଯୁଗଯୁଗ ଆଉ ଏକ ସର୍ଜନା ଯାଏ ।।

ଅନେକ ଥର ଚାହିଁଛି
ତମକୁ ଥରେ ବୁଝେଇ ଦେବାକୁ
ସମସ୍ତ ପ୍ରିୟତମଠାରୁ
ଅଧିକ ଏ ମଣିଷ
କ୍ଷୁଦ୍ର ବୋଲି ମଣିବନି
ତା' ଭିତରେ ଯୁଗପତ୍ ବସନ୍ତ ସୁରଭି
ଇନ୍ଦ୍ରଧନୁର ରଂଗରେ
କୁହୁକ ସେ ସୃଜିପାରେ ଏ ସୃଷ୍ଟିରେ
ତମେ ସମର୍ପି ଦିଅ ନିଜକୁ
ସେହି ମହାମଣିଷର ମହାର୍ଘ ଅଂଗନରେ
ନିଃଶେଷ କରିଦିଅ
ମହାଶୂନ୍ୟ ପାଲଟିଯାଅ ।।

■

ବାପା

ବାପାଙ୍କର ଦପ୍‌ଦପ୍ ଜଳନ୍ତା
ଆଖି ଦୁଇଟି ଦେଖିଲେ
ମନେପଡ଼େ
ବାଘ ହାବୁଡ଼ରେ ପଡ଼ିଯିବା କଥା ।
କେଉଁଠି ଲୁଚି ଛପି
ନିଜକୁ ଗୋପନ ରଖୁଥିଲି
ଇସ୍କୁଲ୍ ଯିବିନି ବୋଲି ।
କିନ୍ତୁ
ସେଇ ଆଖି ଆଜି କେତେ ଅସହାୟ
ଲୋଚାକୋଚା ଚମ ତଳେ
ଭାରି ନିର୍ବିକାର
ଲତା ପରି ମୋ ଦେହରେ
ଲୋଟୁଅଛି ବାପାଙ୍କ ଶରୀର...

ଅଂକ ପାଠ ପରି ସତ
ବାପାଙ୍କର ଆଙ୍ଗୁଠିର ଦାଗ
ପ୍ରତିକ୍ଷଣେ ଗଣି ହୁଏ
ଦି'ପାଖ ଗାଲରେ
ମୋ ଆଖିରୁ ଲୁହ ଝରେ

ସେ ଅଂକର ସୂତ୍ର ଘୋଷିଘୋଷି।
ଆଜି କିନ୍ତୁ ମନେ ନାହିଁ ଅଙ୍କଫଙ୍କ
ବାପାଙ୍କ ଚାପୁଡ଼ା-
କେବଳ ଦେଖୁଚି
ମୁଁ ବାପା ହେଲା ବେଳକୁ
ପିଲାଙ୍କ ପରି ସେ ଖୁବ୍ ଶାନ୍ତ ଓ ନୀରବ...

X X X

ବୋଝ ମୁଣ୍ଡେଇ
ଅନେକ ବାଟ ଚାଲିଚାଲି
ତମେ ଥକି ପଡ଼ିଚ
ସେଇ ବୋଝକୁ
ମୋ ମୁଣ୍ଡକୁ ଟେକି ଦେଇଚ।
ମୁଁ ଝୁଣ୍ଟୁଚି ପଡୁଚି
ଉଠୁଚି ଚାଲୁଚି
ଲହୁଲୁହାଣ ହେଉଚି
ଜାଣୁଚି
ଏଇ ସବୁ ବାପାଙ୍କର କାମ
ପୁରୁଷରୁ ପୁରୁଷ
ଯୁଗପତ୍...

■

ଚାରା

ଚାରାଟିଏ ଦେଖିଲେ
କେଜାଣି କାହିଁକି ସ୍ୱପ୍ନ ସବୁ
ଗାଁ ଦାଣ୍ଡର ଲଂଗଳା ପିଲା ଦେହରେ
ଜୀବନ୍ତ ହୋଇ ଉଠେ,
କେତେ କଳ୍ପନା ଆଉ ବାସ୍ତବତାକୁ ଏଡ଼ାଇ
ସ୍ୱପ୍ନବିଭୋର କରିଦିଏ ମନପ୍ରାଣ
ଉଚ୍ଛନ୍ନ କରିଦିଏ ଅଂଗ ପ୍ରତ୍ୟଙ୍ଗ
ବିଚଳିତ କରିଦିଏ କେତେକେତେ ସ୍ମୃତି
ସ୍ପର୍ଶର ଅନୁଭୂତି-
ନିଜ ଭିତରେ ମିଳେଇ ଦିଏ
ହଜେଇ ଦିଏ
ଅତୀତ, ବର୍ତ୍ତମାନ, ଭବିଷ୍ୟତ ॥

ଚାରାଟିଏ ଦେଖିଲେ
ମନେପଡ଼ନ୍ତି ବାପା, ବୋଉ, ଜେଜ, ଜେଜମା'
ପୁରୁଷ ପରେ ପୁରୁଷ...
ପତ୍ର ମେଲିଲା
ଖରାବର୍ଷା ସହିଲା
ମୁଣ୍ଡ ଟେକି ଆକାଶକୁ ଛୁଇଁବାର ସ୍ପର୍ଦ୍ଧାରେ

ବଢ଼ି ଚାଲିଲା...
ଫୁଲ ଫୁଟିଲା, ଫଳ ଫଳିଲା
ଗଛରେ ଗଛରେ ଭର୍ତ୍ତି ହୋଇଗଲା
ବିଲବଣ ପାହାଡ଼ କାନ୍ତାର ।।

ଚାରାଟିଏ ଦେଖିଲେ
ସ୍ୱପ୍ନ ପୁଣି
ଧୂସର ଧୂଳିରେ ଗୋଳେଇ ହୋଇଯାଏ
ଚିତ୍ରକରର ଥୁଣ୍ଟା ଗଛ ପରି
ମୁଁ ଚାହିଁଥାଏ ମହାଶୂନ୍ୟର ଭ୍ରମକୁ
ପିଙ୍ଗଳ ବର୍ଣ୍ଣର ମହୋତ୍ସବରେ
କେହି ଡାକୁଥାଏ ଆସ ବୋଲି...
ମୋତେ ବାଟ ବତେଇ ଦିଏ
ଶ୍ମଶାନରେ ଜଳୁଥିବା ଅଗ୍ନିକୁ ସାକ୍ଷୀ ରଖି
ଫେରିଯିବାକୁ ମନ୍ୱନ୍ତରକୁ
କଳ୍ପକୁ, ମହାପ୍ରଳୟକୁ ।।

■

ମନେପଡ଼େ

ଆଜି ମନେପଡ଼େ
ପହିଲି ପ୍ରେମରେ
କହିଥିଲି କେବେ ଦିନେ
ପ୍ରତି ଜନମରେ
ସାଥୀ ହୋଇ ଆମେ
ମିଳୁଥିବା ପ୍ରତିକ୍ଷଣେ ।
ସେ କଥା ଏବେ ବି
ତୁହାଇ ତୁହାଇ
ମନ୍ଥି ଦେଉଥାଏ ହୃଦ
ଜୀବନ ଯନ୍ତ୍ରଣା
ସେ କୋମଳ ମନ
ପଥରରେ ପରିଣତ ।।

ତମେ ଭୁଲିଥିବ
ସଂସାର ଗହଳେ
ଛୋଟ ଭାବି ସେଇ କଥା
ଗଂଜଣାରେ ଗଂଜି
ଜଳୁଥିଲା ବେଳେ
ସେଇ କଥା ଦିଏ ବ୍ୟଥା ।।

କିଶୋର ସପନ
କିଶୋର ବଚନ
ସବୁ କିଶୋରର ଦିନ
ଏ ଜୀବନ ଶେଷ
ସୋପାନେ ସେ କଥା
ହୃଦ କରେ ଆଲୋଡ଼ନ ।
ଆହା ସେ କୈଶୋର !
ମିଛର ବୟସ
ମିଛେ ଭରେ କେତେ ଆଶା
ସେ ଆଶା ସଉଧ
ଲୁହର ବଉଦ
ଭେଦି ପାଏ ନାହିଁ ଦିଶା ॥

ପହିଲି ପରଶ
ଦିଆ ନିଆ ଭାଷା
ପହିଲିରେ ଯାଏ ରହି
ସପନକୁ କିଏ
ସତ ବୋଲି କହି
ପାରିବ କି ଅଟକାଇ ! !

ସୂର୍ଯ୍ୟାସ୍ତ

ବେଳ ବୁଡ଼ିଲାଣି
ସ୍ମୃତି ସବୁ ଲିଭି ଆସିଲେଣି
ପୁରୁଣା ଆଲ୍‌ବମ୍‌ରେ ଫିକାଳିଆ ଫଟୋ ପରି ।
ଘରଦ୍ୱାର ଶୂନ୍‌ଶାନ୍
କର୍ଫ୍ୟୁ ଜାରି ହୋଇଥିବା ସହର ପରି ।
ନିହାତି ଏକାଏକା ବାଟୋଇ ମୁଁ
ଜୀବନର ହାନିଲାଭ ବୁଝିବାକୁ
ନିଜ ଅଝଟର ଅଳିଆ ଗଦାକୁ
ମୁଣ୍ଡେଇ ନିଜେ ବୁଲିବାକୁ ।

ସବୁ କଳି ତକରାଳ ଜିଦ୍ ଏଇ ବେଳରେ
ନିଷ୍ପ୍ରଭ ମୁହଁ ଦେଖାଉଛନ୍ତି
ଚହଲା ପାଣିରେ ଛାଇ ପରି
ଦେଖୁଚି,
ମୁଁ ଯେତେଥର ଝୁଣ୍ଟି ପଡ଼ିଯାଉଛି
ଆଗରୁ ଲମ୍ବି ଆସି ହାତଟିଏ
ଉଠେଇ ନେଉଛି
ଏବେ,
ଲହୁ ଲୁହାଣ ହୋଇ ନିସ୍ତେଜ ଦେହଟିଏ
ପଡ଼ିରହି ଶୂନ୍ୟକୁ ଚାହିଁଚି ॥

କେତେ ସମ୍ଭାବନା କେବେ କଳ୍ପନା
ଆଜି ମିଛ ହୋଇଯାଇଛି ।
ନିଜକୁ ବୁଝେଇ ଦେବାକୁ ଯାଇ
କେଉଁଠି ଅଡୁଆ ସୂତା ପରି
ଅଭିମାନର ଗଣ୍ଠି ପଡ଼ି ଯାଇଛି
ଭାବନାର ଉତ୍ତରଣ, ସ୍ୱପ୍ନ ଶିହରଣ
ଅନେକ ବର୍ଷର ଶୋକ କ୍ଳାନ୍ତି ଓ
ଅବସାଦର ବାଲିଗଦା ତଳେ
କେଉଁଠି ହଜି ଯାଇଛି
ଯେଉଁଆଡ଼େ ଚାହିଁଲେ
ସୂର୍ଯ୍ୟଦଗ୍ଧ ମାଟିର ଅନ୍ତର୍ଦାହ
ଝାଂଜି ଖରାର ସଂଦେହ
ଜାଳି ଦେଉଛି ସ୍ୱପ୍ନ ଓ ପ୍ରତ୍ୟୟ ।

ତଥାପି ତମେ ଆକାର ବିହୀନ ସ୍ୱପ୍ନ
ଆଚ୍ଛାଦିତ କରିଛ ମୋର
ସମଗ୍ର ଅବୟବ
ନିବିଡ଼ ଆଲିଙ୍ଗନରେ
ନିଷ୍ଚଳ ହୋଇ ଯାଉଛି ମୋର ଉଦ୍‌ବିଗ୍ନତା
ଆପଣାର ସତ୍ତା ଆଉ ପରିଚୟ ଭୁଲିଯାଇ
ଲତାଟିଏ ପରି ମୁଁ
ଲଟେଇ ଯାଉଛି ତମଠାରେ ।
ଯେଉଁଠି ଦେଖିଲେ ତମେ ଇ ପ୍ରତ୍ୟେକରେ
ଆଉ ତମକୁ କୋଳେଇ ଧରିଚି
ଜରାରେ, ଯନ୍ତ୍ରଣାରେ
ଅନନ୍ତ ସମୟର ଜରା-ମୃତ୍ୟୁ ଆବର୍ତ୍ତରେ ।।

କେତେ ଆଉ ପରଖିବ ମୋତେ ।
କେଉଁଠି ତ ଦେଖୁନି
ତମ ଆଉ ମୋ ଭିତରେ
ସୂତାଏ ପ୍ରଭେଦ ।
ଆମେ ଏକାକାର ଏକାନ୍ତ ନିବିଡ଼
ଦୂର ଦିଗ୍‌ବଳୟ ପରି
ଆକାଶ ସମୁଦ୍ର ପରି
ଏ ମାଟିର ମୋହ ଆଉ ଆକର୍ଷଣ ଭୁଲି ।

ତମ ବିପୁଳ ବାହୁ ବୃତ୍ତରେ
ମୁଁ ଘୂରି ବୁଲୁଛି
ଯେଉଁଠି ଆରମ୍ଭ ନାହିଁ କି ଶେଷ ନାହିଁ
ମହାକାଳର କୁମ୍ଭାର ଚକରେ
ମୁଁ ଗଢ଼ା ହେଉଛି, ଭଂଗା ହେଉଛି
କେଜାଣି କେଉଁଠି
ତମେ ବୁଝିବ ମୋ ମନ କଥା
ପ୍ରିୟ ବୋଲି କହି
ପୂର୍ଣ୍ଣଚ୍ଛେଦଟିଏ ଟାଣିଦେବ
ଜନ୍ମ ଆଉ ମରଣରୁ
ସ୍ୱପ୍ନ ଆଉ ଲୁହର ସତ୍ତାରୁ ।।

■

ଛନ୍ଦପତନ

ଆଜିର କବିତାକୁ
ପ୍ଲାଷ୍ଟିକ୍‌ର ଫୁଲଗଛ ବୋଲି
ବାପା ଟାପରା କରନ୍ତି
ଓଟ ପରି ଶବ୍ଦର କଣ୍ଟାରେ
ରକ୍ତାକ୍ତ କବି ପ୍ରତି
ସେ ଉଦାସ ନିର୍ବିକାର,
କାହିଁକି ବା ବୁଝିବେ ସେ
ଛନ୍ଦହୀନ କେମିତିକା ଏ ମଣିଷ
ଏ ସହର, ବାସ୍ତବତା, ଘର ଓ ସଂସାର ।

ମହୁମାଛି ଗୀତ ପରି ସେ ଜାଣନ୍ତି
କବିଟିଏ ଲୁଚିଥାଏ ଶବ୍ଦର ଖୋଳରେ
ବେଳ ଦେଖି ମୋହ କରେ ଉଦାସ ହୃଦୟ
ଲଗାଏ ଭେଳିକି କେତେ
ତନୁ ମନ ମୋହି ଦିଏ ଯାଦୁକର ପରି
ଶବ୍ଦର ଜାଲରେ ।।

ବାପା ବା ବୁଝନ୍ତି କ'ଣ ?
ତେଲ ଲୁଣ ସଂସାରରେ
ଅଣ୍ଟାଭାଙ୍ଗି ଚାଲୁଥିବା ମଣିଷ ସେ
ଗାଈ ଗୋରୁ ବିଲ ବାରି ପରିବାର ଫରମାଶୀ
ସକାଳ ଓ ସଂଜ
ତା' ଭିତରେ ସ୍ୱପ୍ନ ଦେଖା
କୋଠାବାଡ଼ି, ଖିରିପୁରି
ପିଲାଙ୍କର ଚାକିରିବାକିରି ।
ସ୍ୱପ୍ନ ଭାଂଗେ ମନେପଡ଼େ
ଏସବୁରୁ କିଛି ଅବା ମିଳୁ କି ନ ମିଳୁ
ଚଢ଼େଇର ବସା ପରି ପରିବାର
ଏକାନ୍ତ ନିଜର ହୋଇ ରହିଥାଉ ।।

ସେଥିପାଇଁ ସେ କହନ୍ତି
ସବୁ ଯାଏ ଫେରିଆସେ
ଫେରେ ନାହିଁ ବହିଯିବା ନଈ
ତୁଣ୍ଡଖୋଲା କଥା ଆଉ ପିଣ୍ଡର ପବନ
ଆଭିଜାତ୍ୟ, ମାନ ସନମାନ ।

ପୁରୁଣା ମଣିଷ ବାପା
ସେ ଜାଣନ୍ତି ଭଂଜ, ରାଧାନାଥ
ସେଇଠି ଯେମିତି ଯୁଗ ସରିଅଛି
ଏ କବିତା ଖାଲି କଣ୍ଟା ଗଛ ।
କିଏ ବା ବୁଝେଇ ଦେବ ଏ କଣ୍ଟାରେ
ଭରିଅଛି କେତେ ଯେ ସପନ
ସଂସାରର ବାପା ପରି
ଏ କବି ଖୋଜିଛି କେତେ
ରୋମାଣ୍ଟିକ ଦିନ !
ସଂସାର ଜାଲରେ ବଂଧା
ବୁଢ଼ିଆଣୀ ପରି ବାପା
ଖୋଜୁଥା'ନ୍ତି ସୁଖ ଅବିଶ୍ରାନ୍ତ
କବି ବୁଝେ ବାପାଙ୍କର
ଦରଭଂଗା ସମୟର
ଜୀବନ ସଂଗୀତ ॥

■

ଜୟଗାନ

ଆସ ଆମେ ପ୍ରାର୍ଥନା କରିବା
ପ୍ରଭୁ
ସତ୍ୟ ପଥେ ଧର୍ମ ପଥେ
କେତେଦିନ ଘେନିଯିବ
ପୃଥିବୀର ସବୁ ରାସ୍ତା
କଣ୍ଟାରେ ଆଚ୍ଛନ୍ନ
ତୁମର ପ୍ରେମର ସ୍ରୋତେ
କେତେଦିନ ଭସାଇବ
ପୃଥିବୀର ଶୋକ ଆଉ ଦୁଃଖ ସବୁ
ବହିଯାଏ ନଈର ସ୍ରୋତରେ ।
ପ୍ରତିଦିନ ସୂର୍ଯ୍ୟ ଉଠେ ସଂଜ ଆସେ
ଆମେ ଗାଉ ଦୁଇବେଳା
ତୁମର ମହିମା
କେତେଦିନ ଗାଇବୁ ହେ ପ୍ରଭୁ ଆଉ
କେବେ ପୁଣି ହେବ ହେ ଶୁଣିମା ! !

ତମର ପଥର ମୂର୍ତ୍ତି
କାଗଜର ଫଟୋ ଆଉ
ଧୂପ ଫୁଲ ମାଳ

ଘଣ୍ଟି ଖୋଳ କରତାଳ
କୀର୍ତ୍ତନରେ ବଜାଇ ମାଦଳ
କ୍ଷୁଧା ତୃଷ୍ଣା ଭୁଲି ଆମ ଭଂଗା ଦେହ
ଯେତେ ଦିଏ ପୂଜା ଉପଚାର
ତଥାପି ତମର ବେଢ଼ି ଆମ ପାଇଁ ଶକ୍ତ ହୁଏ
ପିଠିଖାଏ କୋରଡ଼ାର ମାଡ଼ ।।

ଏ ପାଖରେ ଅଜାମିଳ ପରି ଥୋକେ
ସଭ୍ୟତାର ମୁହେଁ ବାନ୍ଧି କଳା ପଟି
ପିନ୍ଧିଥା'ନ୍ତି ଧୋବ ଫରଫର
ସାଆଁନ୍ତ ତ ସେଇମାନେ
ପୋଇଲି ମା' ପୁଅ ଆମେ କୁଲି ମଜଦୁର
ପ୍ରଭୁ
ପେଟ ଚାଖଣ୍ଡକ ପାଇଁ
ଖରା ସଂଗେ ଖରା ଆମେ
ପାଣି ସଂଗେ ପାଣି
ତମ ପୂଜା ପାଇଁ କାହିଁ
ନାହିଁ ମିଳେ ବେଳ
ସାଆନ୍ତଙ୍କୁ ଅଣ୍ଟେ ନାହିଁ ଯେତେ ଭୋଗ
ଇଏ କଳିକାଳ ।।

ଆମେ ସବୁ ଚିତ୍ର ପରି
ଯୁଗେଯୁଗେ ଠିଆ ହାତ ଯୋଡ଼ି
କେବେ ଯଦି ଉଠେ ହାତ
କମ୍ପି ଉଠେ ଆମ ପାଇଁ
ଆଇନର ଅମୁହାଁ ହାତୁଡ଼ି

କାହାର ଗମ୍ଭୀରା ଆଉ କାହାର ବଂଗଳା
ଆଉ କାହା ପାଇଁ ଥାଏ ଜେଲ୍‌ଖାନା
କାହା ପାଇଁ ଷାଠିଏ ପଉଟି
କାହା ପାଇଁ କ୍ଷୀର ଛେନା
କିଏ ପାଏ ଟାଣ ରୁଟି ଡାଲି ପାଣି ବିନା ।

ଏଣୁ ପ୍ରଭୁ
ଆମେ ଯେତେ ଚାଷୀ ଓ ମୂଲିଆ
ଆଜିଠାରୁ ତାଲା ମାରି ତମ ଘର
ସ୍ତବ ପାଠ କରି ଯିବୁ ତାଙ୍କ ସିଂହଦ୍ୱାର
ଖେଳାଇବୁ ଭାରତର ନୂଆ ସଂବିଧାନ
ବରଷକେ ଥରେ ଆମେ ମିଳିମିଶି
ଗଣତନ୍ତ୍ର ଜୟଗାନେ ଭରିଦେବୁ
ଭାରତର ଗଗନ ପବନ ॥

■

ନୂଆ ଶତାବ୍ଦୀର ଗୀତ

ସ୍ୱପ୍ନ ଦେଖା ଆଉ ଦରକାର ନାହିଁ
ପାହି ଆସିଲାଣି ରାତି
ବାହୁ ବେଷ୍ଟନୀ ଖୋଲି ଦେଇ ପ୍ରିୟେ
ହୃଦୟେ ଜଗାଅ ତାତି
ଉଠୁ ଏଇ ଜାତି ମାତି
ନୂଆ ଶତାବ୍ଦୀର ସଂଗ୍ରାମ- ଆଲୋକ
ଛୁଇଁଯାଉ ଏଇ ମାଟି ।।

ସ୍ୱପ୍ନ ଦେଖା ତ ହେଲାଣି ଅନେକ
ପ୍ରେମ, ପାରାବାର, ପରୀ
ସାରଳାର ନାରୀ ମାନସିଂ ପ୍ରେୟସୀ
ଏ ବେଳେ ଯାଇଛି ହାରି ।
ପ୍ରତାରଣା ଖାଲି ବିଛାଇଛି ଜାଲ
ଜନମୁଁ ମରଣ ଯାଏ
ହାୟ ଏ ଭାରତ ହାଏ !
ନୂଆ ଶତାବ୍ଦୀର କି ଗୀତ ଗାଇବି ପ୍ରିୟେ ? ?

ସ୍ୱଗତ ଗୀତରେ ଲୁହ ଝାରି କବି
କହିଲା ଜନତା କଥା
ଝରଝର ଝରି ରୁଧିର ଝରଣା
ପାଲଟିଲା ଖାଲି ବ୍ୟଥା ।
ଆଜିକାଲିକାର କବିଙ୍କ କଥା କି
ଅଜଣା ଚାଉଳ ଭାତ (?)

ବିପ୍ଲବୀଏ ସବୁ କୁମ୍ଭାଟୁଆ ଭାଟ
ଦିଆନିଆର ସେ ଚାଟ ।।

ସ୍ୱରାଜ ସପନ ଦେଖିଦେଖି କେତେ
ମାଟିରେ ମିଶିଲେ ଶେଷେ
ଦେଶପ୍ରେମ ଗୀତ ଲେଖିଲେଖି କେତେ
ବାହାବା ନେବାର ଆଶେ
ଏବେ ନିଗାଡ଼ନ୍ତି ଲୁହ
"ଏ କି ଥିଲା ସେହି 'କର-ମର' ଫଳ
କୁହ ହେ ଜନତା କୁହ ! !"

ଆମେ କି ଆମକୁ କରୁଛୁ ଶାସନ (!)
କା' ହାତେ ଦେଶର ଡୋର
ଟ୍ୟୁସନ ହୁଅନ୍ତି ଶାସକ ଆମର
ଆମେ ହେଉ ବାର ଦ୍ୱାର ।
ତାଲୁରୁ ତଳିପା ଦକ୍ଷିଣା ଲୋଡ଼ନ୍ତି
ଶୋଷଣର ନାହିଁ ଶେଷ
ତୋରାଣି ପିଆଙ୍କୁ ପାଣି ମିଳିବନି
ରହିବନି କାର ବାସ ।।

କାରାବାସୁ ଆସି କାର ବାସ ନାହିଁ
ଗଲାଣି ତେପନ ବର୍ଷ
ପୁଣି କି କାରଣେ ଅନେଇବ କବି
ଏଇ ଯେ ଭାରତ ବର୍ଷ ।
ଅସମ ଅନୀତି ପାଇଁ ସଂଗ୍ରାମ
ଚାଲୁ ପୁଣି ଅବିରତ
ଜନତାର ହସ ହୋଇବ ଏ ଦେଶ
ନୂଆ ଶତାବ୍ଦୀର ଗୀତ ।।

ଲୋଡ଼ାନାହିଁ

ଲୋଡ଼ା ନାହିଁ ମୋର
ପୁରସ୍କାର କିମ୍ବା ତିରସ୍କାର
ବଂଚିବା ପାଇଁ ରାହାଟିଏ ଲୋଡ଼ା
ସେଇ ମୋ ଜୀବନେ ଦରକାର ॥

ଯଶ ଅପଯଶ କିଛି ବି ମୋହର
ନାହିଁ ଲୋଡ଼ା
କାହାର ଦୁଆରେ କେଉଁ କାମ ପାଇଁ
ହାତ ପାତି ହେବି ନାହିଁ ଛିଡ଼ା
ସ୍ୱପ୍ନ ନାହିଁ ମୋର ଦରକାର
ସଂସାର ଛାଡ଼ି ଯିବାକୁ
ନୁହେଁ ମୁଁ ତରତର ॥

ଥାଉ ବା ନ ଥାଉ
ଧନ କି ଦରବ ମୋର କିଛି
ଜୀବନ ବାହେ ମୁଁ
ଭଲ ଆଉ ମନ୍ଦ ବାଛିବାଛି ।

ଜୀବନ ସଡ଼କେ
ଯେତେଯେତେ ଭଲ
ସେଇସବୁ ମୋର ଦରକାର
କୂଟ କପଟର ଅଳିଆ ନର୍ଦ୍ଦମା
ଠେଲିଦିଏ ମୁହିଁ ବହୁ ଦୂର ॥

ଯେତେଯେତେ ଭଲ
ଏଇ ସଂସାରରେ
କରେ ମୁଁ ସେ ସବୁ ଦରକାର
କ୍ଷୁଦ୍ର ହୋଇ ମୁଁ
ଆଶା ବାନ୍ଧି ଅଛି
ଡେଇଁ ଯିବା ପାଇଁ
ସଂସାରର ଏ ପାରାବାର ॥

■

ଗୌତମ ଜେନା
ମାୟାମନସ୍କ

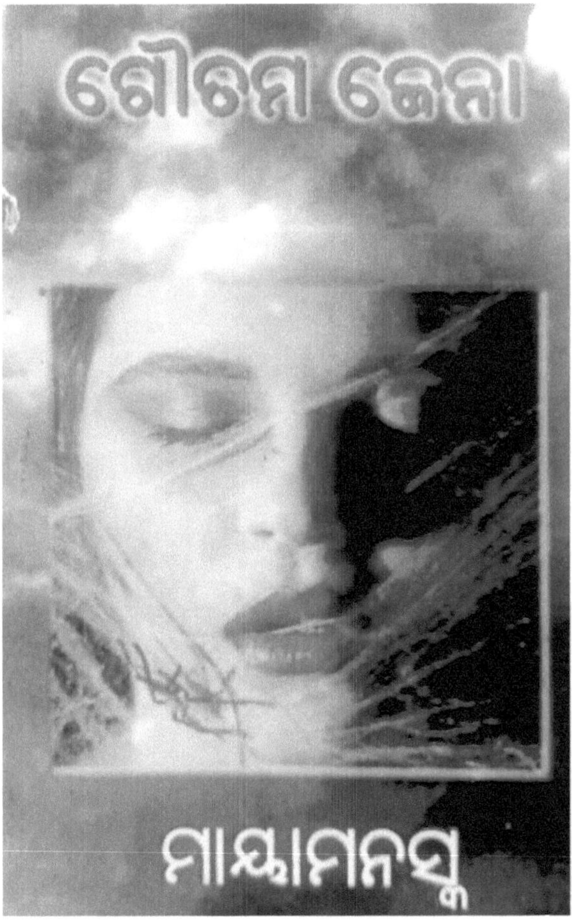

ତମ ପ୍ରତୀକ୍ଷାରେ

ତମ ବଢ଼େଇଥିବା ହାତକୁ
ଛୁଇଁବା ପୂର୍ବରୁ ମୁଁ
ଖସି ପଡ଼ିଛି ମାଟିକୁ ।
ତା' ପୂର୍ବରୁ ତ କେବେ ଦେଖି ନଥିଲି
ସୂର୍ଯ୍ୟ କେମିତି ଜଳି ଆଲୋକ ଦିଏ
ଜହ୍ନ କେମିତି ନିଃସଂଗ କରିଦିଏ
ବ୍ୟଥିତ ଜୀବନ
ଫୁଲମାନେ କେମିତି ଆପଣାର ସତ୍ତା ଭୁଲି
ଧୂଳିରେ ଗଡୁଥାନ୍ତି ଆଜ୍ଞାବହ ପରି ।
ଏକଥା ଜାଣିଲା ପରେ
ହାତ ବଢ଼ାଇ ନିରାଶ ହେଉଛି
ମୋତେ ଫେରାଇ ନେବା ପାଇଁ
ବାରଂବାର ଆକୁତି କରୁଛି ।।

ମୋତେ ତ ଜଣା ନଥିଲା
ଏମିତି ମାୟା ଲଗାଇ
ହାତ ପାଦ ବାନ୍ଧି ପକାଇବ ଜନ୍ମରୁ ଜନ୍ମ
ଚୈତନ୍ୟରୁ ଲିଭେଇ ଦେବ
ତମ ହୃଦୟରୁ କ୍ଷୀଣ ଜ୍ୟୋତିଟିଏ ହୋଇ
ଆସିଥିବାର ସ୍ମୃତି ।
କେତେ ଆଉ ନଟଖଟରେ
ନଚାଉଥିବ ଯେ, ଖେଳାଉଥିବ ଯେ
ସପ୍ତସ୍ୱରୀ ଫୁଙ୍କି ?

ମୁଁ କ୍ଲାନ୍ତ ଅବସନ୍ନ ମଣିଷଟିଏ
ପ୍ରତିଟି ଜନ୍ମର ପରାଜୟର ବୋଝ ବୋହି
ପ୍ରାର୍ଥନା କରୁଚି ପ୍ରଭୁ
ମୁକ୍ତି ଦିଅ
ରକ୍ତମାଂସ ଅଂଗ ପ୍ରତ୍ୟଂଗରୁ ।।

କେବେ ବି ଥରେ ଶୁଣିବନି ତମେ
ତମ ନିଷ୍ଠୁରତାକୁ ଦେଖି ଆସିଛି
ଯୁଗକୁ ଯୁଗ
ପ୍ରତିଟି ଲୁହର ବିଂଦୁ ଭିତରେ
ତମ ରଂଗା ଅଧରର
କୁଟିଳ ହସର ପ୍ରତିବିଂବ
ଝଲସି ଉଠିଲେ
କାହିଁକି କେଜାଣି ଭରିହୋଇଯାଏ
ଅନ୍ୟମନସ୍କତା
ଭୁଲି ହୋଇଯାଏ
ତମ କୂଟ କପଟରେ ପରିପୂର୍ଣ୍ଣ
ସଂସାରର ନିତ୍ୟ ବାସ୍ତବତା ।।

କେତେବେଳେ ମୁଁ ପାଲଟି ଯାଇଥାଏ ଫୁଲଟିଏ
ତମେ ପ୍ରଜାପତି ହୋଇ ଏକାକାର କରିଦିଅ
ଆଲୋକ ଓ ଅମାଅଂଧକାର ।
ସେ ମହାପ୍ଲାବନରେ
କେଉଁଠି ମୁଁ ହଜିଯାଏ କେଜାଣି
ଆଖି ଖୋଲିଲେ
ସେହି ଜ୍ୱଳନ ଓ ଯଂତ୍ରଣାର ଆବୃତ୍ତିରେ
ଅପେକ୍ଷା କରେ ତମକୁ
ସେହି ମହାମିଳନର ମୁହୂର୍ତ୍ତକୁ ।।

ଅନ୍ୟମନସ୍କତା

କେତେ ରଂଗରେ ତମେ
ସଜେଇ ନ ଦେଇଚ
ପୃଥିବୀ, ସମୁଦ୍ର, ଅରଣ୍ୟ ।
ସବୁଜ ଶ୍ୟାମଳ ପତ୍ରାବଳୀରେ
ମଣ୍ଡିଦେଇଚ ବୃକ୍ଷଲତା
ନଦୀର ଅସରଂତି ସ୍ରୋତରେ
ନିର୍ମାଣ କରିଦେଇଚ ସମୁଦ୍ର
ଯେଉଁଆଡ଼େ ଚାହିଁଲେ ଗହଗହ
ତାଳପତ୍ରର ନିଃଶ୍ୱାସରେ
ଅବରୁଦ୍ଧ ଅରଣ୍ୟ ଓ
ଅପ୍‌ସରୀ ମୂର୍ଚ୍ଛନାରେ
ତରଂଗାୟିତ ସମୁଦ୍ର ।।

ତମେ ଆକାଶ କଥା କହିବ
ସୂର୍ଯ୍ୟଚଂଦ୍ର ତାରାର କଥା କହିବ
ସେସବୁ ତ ମୋ ପାଇଁ ଅପହଂଚ !

ତମକୁ ପାଇଗଲେ
ସେସବୁ ଆପେଆପେ
ହୋଇଯିବେ ନାହିଁ କି ନିଜର,
ସେସବୁ ମୁଂଡ ନୁଆଇଁ ଦେବେ ନାହିଁ କି
ପାଦ ପାଖରେ ଆପଣାଛାଏଁ।
ତମେ ତ ନିଜର ବୋଲି ଗର୍ବ
ତମେ ତ ଏକାଂତ ନିଜର ବୋଲି
ଅହଂକାର।
ମୁଁ ଯେଉଁଠି ଯେମିତି ଥିଲେ ବି
ତମେ କୁହ କି ନ କୁହ
ଚାହଁ କି ନଚାହଁ
ଖୋଜି ହେଉଥିବ ନିଶ୍ଚେ ବୋଲି
ଭାବି ନେଇଛି ।।

ସବୁ ବ୍ୟସ୍ତତା ଭିତରେ
ଅନ୍ୟମନସ୍କ ହୋଇପଡୁଥିବ ବେଳେବେଳେ
ଭାବନା ଭିତରେ ଯୁଗଯୁଗ
ବିତିଯାଉଥିବ ମୁହୂର୍ତ୍ତ ପରି
ଯା'ଠାରୁ ଅଧିକ
ତମ ସୃଷ୍ଟିରେ ଆଉ କ'ଣ ଅଛି ଯେ!!

ସମୁଦ୍ର ଜୁଆରରେ
ଭାସି ଆସିଥିବା ତମର
ଅର୍ଦ୍ଧଦଗ୍ଧ ଶବକୁ ଦେଖି
ବାରଂବାର ଲୁହନିଗାଡ଼ି

ବାଲିପନ୍ତରାରେ ମୁଁଡକୋଡୁଥିଲି,
ତମେ ନିର୍ଦ୍ଦେଶ ଦେଲ
ସେଇ ଶବକୁ ନେଇ ଗଢ଼ିଦେବାକୁ ଏକ ମୂର୍ତ୍ତି ।

କାହିଁକି କେଜାଣି
ସେ ମୂର୍ତ୍ତି ଅଧା ଗଢ଼ା ହୋଇ
ରହିଗଲା ଯେ:
ଯୁଗରୁ ଯୁଗ ଚାହିଁ ବସିଛି
ତମର ପାଦ
କେଉଁଦିନ ପାଦ ପକାଇ
ଚାଲିଆସିବ ମୋ ପାଖକୁ
ତମର ହାତ
କେଉଁଦିନ ହାତବଢ଼ାଇ
ଚାଲିଆସିବ
ଆଲିଂଗନ ଫାଶରେ ବାଂଧିପକାଇ
ତମରି ଦେହରେ ନିଶ୍ଚିହ୍ନ କରିଦେବ ।।

ରାତିରାତି

କାହିଁକି କେଜାଣି
ମନ ଉଚ୍ଚାଟ ହେଉଚି
ଉଚ୍ଛନ୍ନ ହେଉଚି
ଘଣ୍ଟା ଘଣ୍ଟା ରାତି ରାତି
ଚୁପ୍‌ଚାପ୍ କାହାକୁ ଖୋଜୁଚି
ରାତି ପାହି ସକାଳ ହେଉଚି
ମନ ଖାଲି ଖୋଜି ଚାଲିଅଛି ।।

ଆଖି ଖୋଜି ବୁଲୁଚି
ଅଜ୍ଞାତରେ କେଉଁ ଦୃଶ୍ୟ
କାନପାତି ଅପେକ୍ଷା କରୁଚି
କେଉଁ ଅଜଣା ଶବ୍ଦ
ବୁଝି ପାରେନା କିଛି
ପାଦ ଚାଲେ ଯେଉଁଠି ତମେ ଥାଅ
ଅଟକି ଯାଏ କେବଳ ତମରି ପାଖରେ
କାହିଁକି କେଜାଣି ? ?

ଏମିତି ଅସଂଗତ ଘଟଣାମାନ
ତମର ଘଟୁଥିବ ବୋଧେ
ନହେଲେ ବଂଶୀରେ ଏମିତି ସ୍ୱନ
କେଉଁଠୁ ଆସଂତା !

ମୋର ହୃଦୟକୁ ନଚେଇ ନଚେଇ
ଖାଲି ତମରି ପାଖକୁ
ଟାଣି ନେଇଯାଉଥାନ୍ତା !!

ସବୁ ନିଂଦା ଅପବାଦ ଏଡ଼ାଇ
ତମକୁ ନିଜର କରିଛି
ପ୍ରତିଟି ମୁହୂର୍ତ୍ତରେ ତମକୁ ଚାହିଁଚି
ତମର ପୂର୍ଣ୍ଣତାରେ
ଏକାକାର ହେବାର ଇଚ୍ଛାରେ ।
ତଥାପି ପ୍ରତ୍ୟୟ ନାହିଁ ।
କେଉଁଠି କେଜାଣି ଅଧା ବାଟରେ
ଛାଡ଼ିଦେଇ ଚାଲିଯିବ ନାହିଁ ତ ।।

ଝରି ପଡ଼ିଥିବା ପତ୍ର ପରି ମୁଁ
ପବନରେ ଉଡ଼ିବୁଲୁଚି ଏଣେତେଣେ
ସଂସାର ଓ ତମେ-
ତା' ଭିତରେ ଯେଉଁ ମହାଶୂନ୍ୟ
ନୀରବରେ ମୋତେ ଉଚ୍ଛନ୍ନ କରୁଛି
ଉଚ୍ଚାଟ କରୁଚି
ଘଣ୍ଟାଘଣ୍ଟା
ରାତିରାତି
କେତେବେଳେ ଛୁଇଁଦେଇ
ଏକାକାର କରିଦେବ
ମାଟି ଓ ଆକାଶ ।।

■

ଶେଷ କଥା

କଠୋରତାର ସୀମା
ଲଂଘି ସାରିଲଣି ବୋଲି
ବୁଝି ପାରୁନାହଁ ।
କାଳେକାଳେ ତ
କେହି ବୁଝେଇ ପାରିନାହାନ୍ତି
ଲୁହ କାହିଁକି ବହିଯାଏ
ନଈ ପରି ଭାଂଗିଦେଇ
ଯେତେ ସବୁ ଆପଣାର
ଭାବକୁ ହଜେଇ ।
କେତେ କୋମଳ ଫୁଲ ପରି ମନ
ପାଦରେ ଦଳିଦେଇ
ଫିଙ୍ଗିଦେଇଚ
କେତେବେଳେ ବି ନିଜର ହୋଇ
ଟିକେ ଦେଖିଲ ନାହିଁ
ଖୋଜି ହେଉଥିବା
ଶୂନ୍ୟ ହୃଦୟର କୋଠରିମାନଂକୁ ।

ମହାବାତ୍ୟାର ନିର୍ମମତାରେ
ନିଜର ପୌରୁଷ ପରଖିଲା ପରେ
ଶାନ୍ତ ହେଲ ନାହିଁ ବୋଲି
କୌଶଳ କରି

ବିଦୀର୍ଣ୍ଣ କରିଦେଲ ମାଟିର ଛାତି
ମହାଭାରତର ଯୁଦ୍ଧ ଭୂମିଠାରୁ
ଅଧିକ କରୁଣତାରେ ଭରିଦେଲ
ନୂତନ ଶତାବ୍ଦୀ ।
ଏ ପୈଶାଚିକ ଆନଂଦର ତୀବ୍ରତାରେ
କାହିଁକି ମାତି ଉଠିଛ ଯେ-
ବିଷାଦର ଘନଛାୟା
ଢାଂକି ଦେଉଛି
ପ୍ରତ୍ୟୟର ପ୍ରତିଟି ସମୟ ।

କେଉଁ ବିଶ୍ୱାସରେ
ତମ ଶରଣକୁ ଅଂଗୀକାର କରି ହେବ !
ତମକୁ ଅପେକ୍ଷା ରଖି
ଅବଶିଷ୍ଟ ସମୟର ଛବି ଆଂକି ହେବ ! !
ଘନଘନ ଅବିଶ୍ୱାସର ଅଂଧକାରକୁ
ପହଁରିପହଁରି ପାରିହେବାର
ଦୁଃସାହସ କରି
ହାରିଯାଉଛି ବାରଂବାର
ନିଜର ଅସହାୟତା
ପ୍ରକାଶ କଲା ପରେ
ଆଉ ଏତେ ପରୀକ୍ଷା କାହିଁକି ?
ତମେ ହାତ ବଢ଼ାଇ
ତୋଳି ନିଅ ନିଜର କୋଳକୁ
ତମ ନିଜର ହାତଗଢ଼ା ଦେହ
ଆହ୍ଲାଦରେ, ପରମ ଶାନ୍ତିରେ ।

■

ଚିଠି

ତମ ଚିଠି ପାଇବା ପୂର୍ବରୁ
ଅଣଚାଶ ପବନରେ ଭାଂଗିଯାଇଥିଲା
ଘରଦ୍ୱାର ଗଛବୃଛ ।
ସମୁଦ୍ର ଲହରୀ ଭସେଇ ନେଇଥିଲା
ମା'ଠାରୁ ପିଲା ସଂସାର, ପରିବାର ।
ଚାରିଦିଗର ବିଷର୍ଣ୍ଣତାରେ
କାଂଦିପକାଉଥିଲା ହୀରୋସୀମା, ନାଗାସାକୀ ।
ତମକୁ ଭଲ ପାଇବାରେ
କେଉଁଠି କିଛି ଉଣା ହୋଇଗଲା ଯଦି
କହିପାରିଥାନ୍ତ
ନତୁବା ଏକୁଟିଆ ଦଣ୍ଡିପାରିଥାନ୍ତ ମୋତେ
ଏତେ ରାଗ ଆଉ ଈର୍ଷାରେ
ତମେ ଜଳିଗଲ କେମିତି (?)
ଆଉ ବିଶ୍ୱାସ ବି କରିଗଲ
ତମକୁ ଛାଡ଼ି ମୁଁ ବଂଚିଯାଉଛି ବୋଲି !

ତମ ଅନୁତାପକୁ
ଆଉ କ'ଣ ବାକିଥିଲା ଯେ !
ସେତେବେଳକୁ ତ ବାରଦ୍ୱାରରେ ବାଜିଲାଣି
ଅପବାଦ ନାଗରା

କୁହାକୁହି ହେଲେଣି
ଟାହିଟାପରା କଲେଣି କେତେ
ହାତପାତି ମୁଁ ବସିଛି ଗଣ୍ଡେ ଖୁଦ ପାଇଁ
ଖଣ୍ଡେ ଲୁଗା ପାଇଁ।
ତମେ ଦେଇପାର
ଅସରନ୍ତି ଅମାପ ଶାଢ଼ି
ନେଇପାର ଉଲଗ୍ନ କରି ଚାଖଣ୍ଡେ
ତମକୁ ସରମ ନାହିଁ ତ
ମୁଁ ନିଜକୁ ସମର୍ପି ଦେଉଛି ତମଠେଇ ॥

ଏତେ ଭାବପ୍ରୀତିର ସଂପର୍କ ଆଉ ବଢ଼ାଅନା
ମୁଁ ମାଟିରେ ଥାଏ ବରଂ
ଲୁହ ବହୁ ଲହୁ ବହୁ
ସେଇ ମୋର ଆପଣାର
ତମେ ଦୂରରେ ଥାଇ
ସେହିପରି ସୁଂଦର ଦିଶୁଥାଅ
ସବୁ ଆପଦବିପଦରେ
ମୋତେ ପରଖୁଥାଅ
ତମ ପାଦଧୂଳିଠାରୁ
ମୋ ଭଲପାଇବାକୁ ଅଧିକ ଗୁରୁକରି
ଆଉ ଅପମାନ ଦିଅନା।
ସେଇମିତି ଚାହିଁଥାଏ ମୁଁ
ପୃଥିବୀର ଧ୍ୱଂସ ସ୍ତୂପ ଉପରେ ଲୁହ ଝାରି
ତମରି ଚିଠିକୁ।

■

ଯୁଗପୁରୁଷ

ନୀରବତା ଛାଇ ଯାଇଛି
ମାଟି, ଆକାଶ, ମହାଶୂନ୍ୟ
ମାଟିରେ ହଲୁ ନାହାନ୍ତି ଗଛ ପତ୍ର
ଆକାଶରେ ହଲୁନାହାନ୍ତି ସୂର୍ଯ୍ୟଚଂଦ୍ର
ମହାଶୂନ୍ୟରେ ହଲୁନାହାନ୍ତି
ମାଳମାଳ ବ୍ରହ୍ମାଣ୍ଡ ।
ଯାଦୁକର ଲଟକେଇ ରଖିଲା ପରି
ସବୁ ମନ୍ତ୍ର ବିମୋହିତ ହୋଇ
ରହି ଯାଇଛନ୍ତି ଯେଝା କକ୍ଷରେ ।।

ରେ ରେ କାରରେ ମେଦିନୀ କଂପାଇ
କୁରୁ ପାଣ୍ଡବ ଯୁଦ୍ଧର ବିଭୀଷିକା
ଶୁଣାଯାଉନାହିଁ ମାଟିରେ
ଦେବାସୁରଂକ ଅସ୍ତ୍ରର ଝଂକାର
ଶୁଣା ଯାଉନାହିଁ ଆକାଶ ପଥରେ
ଘନଘନ ଉଲ୍‌କାପାତ ହେଉନାହିଁ
ମହାଶୂନ୍ୟର ନିଥର ଦେହରେ ।
ସବୁ ବିମୁଗ୍ଧ ଦର୍ଶକ ପରି ଚାହିଁ ରହିଛନ୍ତି
କେଉଁଠି କେତେବେଳେ
ସେଇ ମଣିଷଟି ଜନ୍ମ ହେବ
ଯାହାକୁ ଯୁଗକୁ ଯୁଗ
ଅପେକ୍ଷା କରିବାକୁ ପଡୁଛି
ଶୁଭ ଶଂଖନାଦରେ
ଅଭିନଂଦନ ଜଣାଯାଉଛି
ଫୁଲର ଆଂଜୁଳିରେ

ସ୍ୱାଗତ କରାଯାଉଛି
ଆନଂଦ ମୁଖରିତ ହୋଇଯାଉଛି
ପୃଥିବୀରୁ ସ୍ୱର୍ଗ ।।

ଭକ୍ତି ବିହ୍ୱଳରେ ଆତ୍ମହରା ହୋଇ
ନାଚୁଛନ୍ତି ସାଧୁଜନେ
ଯେ ଯାହାର କାମ ଭୁଲି ପୁରନାରୀ
ବଂଦାପନା ଥାଳି ଧରି ହୁଳହୁଳି ଦେଇ
କେଉଁ ଏକ ଅପେକ୍ଷାରେ
ଆତୁର ବିଭୋର ।
ବିଦାୟ ନେଇ ଯାଉଛି କଳିଯୁଗ
ଏକ ସୁବର୍ଣ୍ଣ ଆଲୋକ ଅପେକ୍ଷା କରିଛି
ନିଘଂଚ ଅଂଧକାରକୁ ଦୂରେଇଦେଇ
ସତ୍ୟର ଆଲୋକକୁ ସ୍ୱାଗତ କରିବା ପାଇଁ ।।

ସେଇ ମଣିଷ ଜନ୍ମ ହେବାର
ଶୁଭ ଲଗ୍ନକୁ ଅଥୟ ହୋଇ
ଚାହିଁ ରହିଛି ସମୟ
ଆଶା ଆକାଂକ୍ଷାରେ ବିଜଡିତ ଦେହ ମନ
ଶିହରୀ ଉଠୁଛି
ଆନମନା ହୋଇଯାଉଛି
କେଉଁ ବିମୁଗ୍ଧ ନିଶାରେ କେଜାଣି ଯେ;
ପୁନର୍ବାର ଅସରନ୍ତି ଅପେକ୍ଷା
କେଉଁ ଦିନ ପାପର ତାଣ୍ଡବ ଲୀଳା
ଅଦିନ କୁହୁଡ଼ି ପରି ମିଳେଇ ଯିବ
ତା'ରି ଆବିର୍ଭାବରେ
ଆଶା ରଖି ଆସଂତା ଯୁଗକୁ ।

■

ମୁହୂର୍ତ୍ତିଟିଏ ପାଇଁ

ଶେଷ ଇଚ୍ଛା କହିଦେବାକୁ
କୁଣ୍ଠା କାହିଁକି ?
ନିଜ ହାତରେ ତିଆରି ଥିବା
ସୃଷ୍ଟିକୁ ନାରଖାର କରିଦେବା ପାଇଁ
କିଏ ମନା କରିବ ଯେ !
ଆମ ପରି ହତଭାଗାଂକୁ
କେହି ହେଲେ ଅନୁକଂପା କରିବେନି
ଯେତେ ସ୍ୱାର୍ଥ ଲୋଭ ପାଶବିକତା ଓ
ପରପୀଡ଼ନରେ ତିଆରି ହୋଇଛି
ଆମର ରକ୍ତ ମାଂସ
ଆଲୋକଠାରୁ ଅଂଧକାରର ରାସ୍ତା
ଦେଖା ଯାଉଛି ଭାରି ଚମତ୍କାର
ଯେତେ ରଂଗବେରଂଗର ଦୃଶ୍ୟାବଳୀ
ଆନଂଦ ବିଭୋରରେ ଭରି ଦେଉଛି
କାମ ପ୍ରବଣତାର ପ୍ରତିଟି କଣିକା ।।

ଆଉ କେହି ହେଲେ ତ
ଦଣ୍ଡୁଥାନ୍ତା ପ୍ରତି ମୁହୂର୍ତ୍ତରେ
ତମେ ଯା' ମନେ ପକାଇ ଦେଉଛ
କେବେ କେମିତି
ଅଣଚାଶ ପବନରେ ଭାଂଗୁରିଜି
ଘରଦ୍ୱାର ବା କୂଳ ଲଂଘି ସମୁଦ୍ରର ଢେଉ
ଚରିଯାଏ ପୃଥିବୀର ବିଲବଣ
ଗାଁ ଗଂଡା ସହର ବଜାର ବା
ଭୂକଂପରେ ଭାଂଗିରୁଜି ଶୂନ୍‌ଶାନ୍
ଶ୍ମଶାନରେ ପରିଣତ କରି
ମଣିଷର ଔଦ୍ଧତ୍ୟ ଓ କାରିଗରୀ କୌଶଳର
ଯେତେ ଅହଂକାର ।।

ତଥାପି ବି କ୍ଷମା ଅଛି
ଦୟା ଅଛି ଯେତେଯେତେ
ଅଭିଶାପ, ଦଣ୍ଡ ସତ୍ତ୍ୱେ
ଦେଖିନିଅ ଏ ମଣିଷ କେତେ ଅସହାୟ
ହାତ ଯୋଡ଼ି ଆଣ୍ଠୁମାଡ଼ି
ତମକୁ ପ୍ରାର୍ଥନା କରେ
ପ୍ରଣିପାତ କରେ
ପାଇବାକୁ ବରାଭୟ
ଅଭୟ ମୁଦ୍ରାରେ ।।

■

ଅବଶିଷ୍ଟ ସମୟ

ତମେ ପୁରାଣ ପୁରୁଷ ହୋଇ
ଧୂପ ଦୀପରେ ପୂଜା ପାଉଥିବ,
ସ୍ତୁତି ଜଣାଣରେ ଆହ୍ଲାଦିତ
ହେଉଥିବ ବୋଲି
କେମିତି ମୁଁ ଅକିଂଚନ
ବିଶ୍ୱାସ କରଂତି !
ତମେ ଆକାଶର
ସୁକୁମାର ସୌନ୍ଦର୍ଯ୍ୟ ନିର୍ମାଣ କରି
ସୃଷ୍ଟି କରିଦେଇଛ ଭାବାନ୍ତର
ମହୋଦଧିର ଅକଳନ ଜଳରାଶିରେ
ଭରି ଦେଇଛ ବିସ୍ମୟ
ଆଉ ମାଟି !
ତମେ ଯେଉଁଠି ବିତେଇଛ
ବାଲ୍ୟ ପୌଗଣ୍ଡ କୈଶୋର,
ଯେଉଁଠି ଅଜାଡ଼ି ଦେଇଛ
ପ୍ରେମ ଓ କରୁଣାର ଅବ୍ୟକ୍ତ ଅଭିବ୍ୟକ୍ତି
ତାର ବର୍ଣ୍ଣନା ମନେହୁଏ ନାହିଁ
ସହଜ ସରଳ ।।

ଶବ୍ଦର ଉଚ୍ଚାରଣ ଠାରୁ
ଅନୁଭବର ଦଂଶନ
ପ୍ରତିଟି ମୁହୂର୍ତ୍ତରେ କରିଦେଉଛି
ନିସ୍ତେଜ ନିର୍ବେଦ
ଭାଷାର ଚମତ୍କାରିତା ଠାରୁ
ନୀରବତାର ପ୍ରଚଣ୍ଡ ସନ୍ତୁଳନ
ଦୃଶ୍ୟମୟ କରି ଦେଉଛି
ସମସ୍ତ ସତ୍ତା ।
କେଉଁ ସମ୍ମୋହନର ଆକର୍ଷଣ
ବାରଂବାର ମାଟି ଆଉ ଆକାଶ ଠାରୁ
ଦୂରେଇ ନେଇ ଯାଉଛି
କେଉଁଆଡ଼େ କେଜାଣି !
ଯେଉଁଆଡ଼େ ଚାହିଁଲେ
ତମେ ହିଁ ଦେଖାଯାଉଛ
ପ୍ରତ୍ୟେକଟି ବସ୍ତୁରେ ନିଜର ହୋଇ ।।

ଭାବ ଲଗେଇ ଦେଇ
ଅହରହ ବିରହରେ
ଜାଳୁଥାଅ ଯେ ଜାଳୁଥାଅ ।
ସେଇ ବିରହକୁ
ଭୁଲି ଯିବା ପାଇଁ
ଆପଣେଇ ନେଇଛି
ଘର ସଂସାର, ପଦାର୍ଥିକ ପୃଥିବୀ
ଦୈନନ୍ଦିନର ଜଂଜାଳ
ଆପଣେଇ ନେଇଛି
ଆଶକ୍ତି, ସ୍ୱାର୍ଥ, ଭୌତିକ ଜଗତ ।।

ମୋତେ ଜଣା ନାହିଁ
ସ୍ତୁତି, ସ୍ତବପାଠ, ଜଣାଣ, ଭଜନ
କି ତୋଷ କରିବା ପାଇଁ
ଆଉ କିଛି ବାଟ
ଏପରିକି ଦେବାପାଇଁ
କିଛି ନାହିଁ ଗୋପନ ଦରବ ।
ତମେ
ଯେଉଁଠି ଯେମିତି ଥିଲେ
ଭଲଥିବ ବୋଲି ବିଶ୍ୱାସରେ
ବିତାଉଛି ଏ ମାଟିରେ
ଅବଶିଷ୍ଟ ମୋହିତ ସମୟ ॥

ଆକର୍ଷଣ

ମୋତେ ତୁମେ ନେଇଯାଅ କେଉଁଠାକୁ
ଜାଣେ ନାହିଁ ସେ ଜାଗା ଠିକଣା
କି ସୁଂଦର ମହାଶୂନ୍ୟ
ଚାରି ଦିଗ ସମୁଦ୍ରର ନୀଳ ଜଳରାଶି
ରମ୍ୟ ଓ ରୋମାଂଚେ କରେ ଭୟ ବିଜଡ଼ିତ ।
ଏ ଶୂନ୍ୟମଣ୍ଡଳ, ଏ ମହାପ୍ଲାବନ
ପ୍ରତିଟି ମୁହୂର୍ତ୍ତ
ଛଂଦିଦିଏ ଅଜଣା ଭୟରେ
ଆକାଶରେ ଜହ୍ନ ନାହିଁ, ତାରା ନାହିଁ
ପୃଥିବୀରେ
ଦୀପ୍ତି ନାହିଁ ପ୍ରାପ୍ତି ନାହିଁ
ଆକାଶ ପୃଥିବୀ ମିଶି
ଫେଣ୍ଟାଫେଣ୍ଟି ପେଣ୍ଡୁଳାଏ ମାଟି
ସମୁଦ୍ରର ଫଋଆରେ
ମୋତେ ଏକ କ୍ଷୁଦ୍ର ଅଣୁପରି
ଆକାଶ ଘୋଡ଼ାଇ ଅଛି
ବଂଦୀ କରି କାହିଁ କେତେ ଯୁଗୁ ।।

ପ୍ରିୟଜନଂକର ମୁହଁ
ଦେଖିବାକୁ କେତେ ଯେ ଆଶକ୍ତି
ଭାବୁଥାଇ ଦୂରେଥାଇ
ପାହିଯାଉ ଏଇ ଦୀର୍ଘ ରାତି

ଗୋଟିଏ ପାହାନ୍ତି ହେଲେ
ଜୀବନରୁ ଖସିଯାଏ
ଦିନକର ଶୋଷ
ତଥାପି ମମତା ମୋହ
ମୃତ୍ୟୁ ପରି କବଳିତ କରୁଥାଏ ମୋତେ ଅହର୍ନିଶ
ମୃତ୍ୟୁ ଓ ମମତା ଦୁହେଁ ଏକାକାର
ନିଜେ ଆଉ ପରିବାର ପାଇଁ
ଦୂର ଦିଗ୍‌ବଳୟ ପରି
ନିକଟ ଦିଶଇ ସିନା
ସ୍ମୃତି ସବୁ ଛବିପରି ଦିଶିଯାଏ ମୃତ୍ୟୁହୀନ ହୋଇ ।।

କେତେକେତେ ଭାବନା ଓ ଭାବାନ୍ତର
ଦୃଶ୍ୟ ଦୃଶ୍ୟାଂତର
କେତେ ଯେ ଆନଂଦ ଆଉ କେତେ ଭୟ
ଏ ସୃଷ୍ଟି ତମର ।
ତମର ଏ ସୃଷ୍ଟିଠାରୁ ଆହୁରି ବିରାଟ ଲାଗେ
ମୋହ ମୋର, ମାୟା ମୋର, ମୋର ଆକର୍ଷଣ
ମହାପ୍ରଭୁ !
ମୁକ୍ତିର କି ଯଥାର୍ଥତା (?)
ହାନିଲାଭ ଅଂକ କଷା ମିଶାଣ ଫେଡ଼ାଣ ? ?
ଗ୍ଲାନି କଷ୍ଟ ଯାତନାରେ ଫୁଲ ଫୁଟେ
ଚଉତା ରୁମାଲ ପରି ଛାତିତଳେ ଥାଏ ସବୁବେଳ
ତମେ କେବେ ଭେଟ ହେଲେ
ଦେଖିନେବ
ବାରଂବାର କେଉଁପରି
ହାରେ ମହାକାଳ ।।

ପରିଚୟ

ତମେ କେତେବେଳେ ପହଂଚିବ
ସେ କଥା ସମୟ ବି ଜାଣେ ନାହିଁ
ସେତେବେଳେ ସକାଳ କି ସଂଜ
ଦିନ କି ରାତି
କିଛି ଜଣା ନାହିଁ।
ତମେ ପହଂଚିଲା ପରେ
ସ୍ପନ୍ଦନ ବାରିହେଲା ପୃଥିବୀ ଛାତିରେ
ସୂର୍ଯ୍ୟ ଜହ୍ନ ତାରା ଆଖି ଖୋଲିଲେ
ପବନ ସ୍ପର୍ଶ କଲା ମାଟିକୁ
ସପ୍ତସିଂଧୁ ତରଂଗ ଛୁଇଁ॥

ମୁଁ ଶୁଣେ ନାହିଁ
ତାରାର କଥା କି ଜହ୍ନର କଥା
ମାଟି, ଅରଣ୍ୟ କି ସମୁଦ୍ରର କଥା
ମୁଁ ଛୁଏଁ ନାହିଁ
କାହାର ଛାତି କି
ଅଳସ ସ୍ୱପ୍ନ ଭରା ଚିତ୍ରିତ ରାତି
ଯେଉଁଠିକି ଯାଏ
ସବୁଠି ଖାଲି
ଆଖି ଝଲସା ଆଲୋକର ମହୋତ୍ସବ

ସଫେଦ ରଂଗ ଭର୍ତ୍ତି ଚାରିଆଡ଼
ସତେଜତାରେ ପରିପୂର୍ଣ୍ଣ ବଗିଚା ।।

ମତେ କିଏ କହିଲା କେଜାଣି
ମନେନାହିଁ
ଅଥଚ ଖୋଜିବୁଲୁଚି ପିତୃ ପରିଚୟ
ସେହି ବଗିଚାରେ ।
ଯେଉଁ ଗଛ ପାଖକୁ ଗଲେ
ସମସ୍ତେ ମୁଂଡ ହଲାଇ
ମନା କରି ଦିଅଂତି ଯେ:
ଏଠି କେହି ନାହାନ୍ତି
ମୋର ପିତୃ ପୁରୁଷ ।
ପରସ୍ପର ପରିଚୟହୀନ
ଏଇ ମାଟିରେ ।।

ବାରଂବାର ମୁଁ ଭାବୁଥାଏ
କେଉଁ ଖେଳ କୌତୁକରେ
ରଚନା କରାଯାଇଛି ମୋର ଭାଗ୍ୟ କୁଣ୍ଡଳୀ
କିଏ ବା ଜାଣେ ।

ତମେ ପହଂଚି ଯାଇଛ ବୋଲି
ମୁଁ ଆଶ୍ୱସ୍ତ ଯୁଗଯୁଗ ପାଇଁ ।
ତମେ ଇ ତ କେବଳ
ନିଜର ବୋଲି କହିପାରିବ
କାଳକାଳ ବୋଲି ମୁଁ ଦେଖୁଛି
ଅନାଗତ ଭବିଷ୍ୟତ ତମରି ଆଖିରେ ।

■

ଆତ୍ମଜ୍ଞାନ

ସମୟ ଦେଇଛ ତମେ
ମାଗିନେବି କିଛି
ଯାହା ଇଚ୍ଛା ମନ ମୁତାବକ,
ଅସ୍ଥିର ମୁଁ
କେତେ ଆଶା କେତେ ସ୍ୱପ୍ନ
ଯେତେ ଯାହା ଭାବି ନିଏ
ସବୁ କିଛି ଲାଗେ ଅଳ୍ପଅଳ୍ପ ।
ସବା ଶେଷ ଭାବନା ମୋ
କେଇ ବୁନ୍ଦା ଲୁହ ଖାଲି ଦରକାର
ଯାହା ହେବ ଫୁଲ ପରି ସ୍ନିଗ୍ଧ ଓ କୋମଳ
ଯେଉଁ ଲୁହ ବିନ୍ଦୁଟିଏ ନିଜର କବର ତଳେ
ଆଉ ଥରେ ଜୀବନକୁ ନୂଆ କରି ରଂଗ ଦେଇ
ଗଢ଼ି ଦେବ ଚିତ୍ର ପରି
ଆଉ ଏକ ସ୍ମୃତିର ସକାଳ ॥

ଭାବନା ମୋ ସରେ ନାହିଁ
ବଂଧୁ ମୋର ! ଏ ସଂସାରେ
ବଂଦୀ ମୁଁ ହୋଇଛି ଏବେ
ଦିଗ ହଜା ପକ୍ଷୀଟିଏ

ପରାହତ ଦେଖି ମୋତେ ଥରେ
ଏ ସଂସାର ଭୁଲିଯିବା ସୁଦ୍ଧୁ ମିଛ
ମୁଁ ଜଂଜାଳ ଚିର ଅପେକ୍ଷାରେ।
ଏଥିପାଇଁ ମାଗୁଛି ମୁଁ
ଏ ବିପୁଳ ପୃଥ୍ୱୀ ଆଉ ଅମ୍ଳାନ ଯୌବନ
ପ୍ରତିଟି ମୁହୂର୍ତ୍ତ ହେଉ
ଆବେଗ ଓ ବେପଥୁରେ ପରିପୂର୍ଣ୍ଣ
ଏକାଂତ ଗୋପନ॥

କ୍ଷଣ କ୍ଷଣ ଆଛନ୍ନ ମୁଁ
ଆତ୍ମଗ୍ଲାନି ଆଉ ମନସ୍ତାପେ
ଏଇମିତି କେତେକେତେ ଭାବନାରେ
ନିଜସ୍ଥିତି ନିଜେ ଅବିଶ୍ୱାସେ।
ସମୟ ଯାଉଛି ଗଡ଼ି
ବହିଯିବା ପାଣିପରି
ମୁଁ ଘୂରୁଛି ମାୟାଜାଲେ
ମୋ ସ୍ମୃତିର ପ୍ରତିଟି କୋଠରି
ଚାରିଆଡ଼େ ଅଂଧାରର ଉନ୍ମାଦନା
ଶୋଷେ ମୋତେ
ଭବିଷ୍ୟତ ଦିନ ସବୁ ଯାଏ ଜଳିଜଳି।
କି କଥା ମାଗିବି କହ !
ଏ ପୃଥିବୀ, ଏ ସଂସାର, ଏ ଯୌବନ, ଭାବପ୍ରବଣତା
ଆଉ ଯାହା ମନେପଡ଼େ
ସବୁ ପୁଣି ପ୍ରତେ ହୁଏ
ଏ ସବୁର ବୋଝ ବୋହି ପାରିହେବା ଅସହଜ
ଜୀବନର ଅସରଂତି ରାସ୍ତା॥

ପାଣିର ଫୋଟକା ପରି
ବୁଝି ଜମା ପରେ ନାହିଁ
ପାପ ଆଉ ଜରାଠାରୁ ଅପହଂଚ ଦୂରତାରେ
ପ୍ରତିଟି ଜନ୍ମରେ ମୋର ରକ୍ତ ମାଂସ ଦେହ ତଳେ
କ୍ଳାଂତିର ଜୀବନ ନେଇ ବାଟବଣା ପକ୍ଷୀଟିଏ
ଡେଣା ଝାଡ଼ି ବୁଲୁଥାଏ ଯୋଜନଯୋଜନ
ତା' ପାଇଁ ମୁଁ
ଏ ମୁହୂର୍ତ୍ତେ ଭାବିନିଏ ଶାଶ୍ୱତ ବିଶ୍ରାମ।
ଚମତ୍କାର ଏ ମୁହୂର୍ତ୍ତ ଅପୂର୍ବ ଆଲୋକ ରେଣୁ
ଚତୁର୍ଦ୍ଦିଗ କରେ ଉଦ୍‌ଭାସିତ
ହଜିଯାଏ ମୋ ସମସ୍ତ ଆକୁଳତା
ହଜେଇ ମୋ ନିଜ ପରିଚୟ
ଛୁଉନି ସମୟ ମୋତେ
ଏ ସମୟେ ଘାରୁ ନାହିଁ ବିଷାଦର ଭୟ।
ହେ ମୋର ପରମଜ୍ଞାନ
ତମେ ଯେବେ ନିଜ ପରି ନିଶ୍ଚିତ ଓ ସତ୍ୟ
ତେବେ ଦିଅ ଚରମ ଶୀତଳ ସ୍ପର୍ଶ
ମୋର ସର୍ବାଂଗରେ
ଆତ୍ମଜ୍ଞାନ ଦିବ୍ୟ ଜ୍ୟୋତି ଦେଇ
ମୋ ନିଜକୁ ଚିହ୍ନି ନିଏ ଥରେ ମାତ୍ର
ସ୍ଥୁଳ ଦେହେ ମୃତ୍ୟୁକୁ ହଜେଇ॥

■

ପୁଅ

ତୋ ଜନ୍ମ ବେଳକୁ
କାହିଁକି କେଜାଣି
ଏମିତି ମେଘ ଅଂଧାର
କାଳ ରାତିଟିଏ ଆସିଗଲା ଯେ।
କେତେ ଆନଂଦ ଉତ୍ସବ ଲାଗିଥାନ୍ତା
ସବୁଜ ପତ୍ରାବଳୀରେ ରଂଗବେରଂଗ ଫୁଲରେ
ସଜେଇ ଦିଆଯାଇଥାନ୍ତା ପୃଥିବୀ
ତାରାରେ ଜହ୍ନରେ ସଜେଇ ଦିଆଯାଇଥାନ୍ତା
ଆକାଶ
ପକ୍ଷୀମାନଂକର ଗୀତର ଛଂଦରେ
ନାଚୁଥାନ୍ତା ସମୁଦ୍ରର ଛାତି
ବେଦମନ୍ତ୍ରର ଧ୍ୱନିରେ ଶିହରୀ ଉଠୁଥାନ୍ତା
ପବନ
ହୁଳହୁଳିର ତାଳେତାଳେ
ବାଜୁଥାନ୍ତା ମଂଗଳ ବାଜଣା
ତା'ରି ଭିତରେ ଜନ୍ମ ହୋଇଥିଲେ
କେମିତି ଆନଂଦରେ ଅଧୀର ହୋଇ
ଫାଟିପଡୁଥାନ୍ତା ମା' ମନ!!

ସବୁ ସୁଖ ସୌଭାଗ୍ୟର ଅନୁଭବରୁ
ବଂଚିତ ହୋଇଥିବା ମଣିଷର
ଅର୍ଥହୀନ ସମୟ ହିଁ ଭାଗ୍ୟ,
ପ୍ରତ୍ୟେକ କ୍ଳାନ୍ତି ଆଉ ବିଷାଦର
ଯଂତ୍ରଣାରେ ଅହରହ ଜଳୁଥିବା
ହୃଦୟ ହିଁ ପାରବ୍ଧ
ବରଂ ତା'ଠାରୁ ଭାରି ଭଲ
ପାଇଯିବା ହଜିଯିବା ଆଶଂକାର
ଅପେକ୍ଷାରେ ଚାହିଁ ରହିଥିବା ।।

ତଥାପି ବି
ପୁଅ ବୋଲି ଡାକିବାକୁ
ଉହଳ ବିକଳ ହୋଇ ଯାଉଛି ଅନ୍ତର
ଯୁଗ ଯୁଗର କେତେ ଭାବନା, ସ୍ୱପ୍ନ
ଭୁଲେଇ ଦେଉଛି ନିଜକୁ
ନିସ୍ତବ୍ଦତାରେ ଭରିଦେଉଛି
ହୃଦୟର ପ୍ରତିଟି କୋଠରି ।
କେତେ ଆକୁଳ ପ୍ରାର୍ଥନା ଓ ନିବେଦନ
ବାଷ୍ପରୁଦ୍ଧ କଣ୍ଠର ମିନତି
ପବନର ଶୂନ୍ୟତାରେ ମିଳେଇ ଯାଉଛି
ଯାହାର ହିସାବ ଫର୍ଦ୍ଦ
ଅଲେଖା କାଗଜ ହୋଇ ଫାଙ୍କା ରହିଅଛି ।

କେତେକେତେ ଦିଅଁ ଦେବତାଂକ
ପାଦ ତଳେ ମୁଣ୍ଡ କୋଡ଼ି
ମାନସିକ ନହୋଇଚି ସତେ !
ଓଷା ବ୍ରତ ଧୂପଦୀପର ଆରତିରେ

ମହମହ ବାସ୍ନାୟିତ ନହୋଇଛି
କେତେ ଠାକୁର ଘର !!
ତଥାପି ବି ଅପେକ୍ଷା
ଆଉ ଅପେକ୍ଷାର ଯଂତ୍ରଣାରେ
ବିଷର୍ଣ୍ଣ ଦେଖାଯାଉଛଂତି
ମନ ବଗିଚାରେ କଅଁଳ ପତ୍ର ମେଲୁଥିବା
ଭାବାନାର ଚାରାମାନେ,
ଯେଉଁ ଦିଗକୁ ଚାହିଁଲେ
ଦେଖାଯାଉଛଂତି ଝାଉଁଳା ଡାଳପତ୍ର
ସତେ ଯେମିତି
ସ୍ଥବିର ପାଲଟି ଯାଇଛି ସମୟ
ଖୋଜିଖୋଜି ଜନ୍ମ ଇତିହାସ ।।

ପୁଅ କେବେ ଅନ୍ତନାଡ଼ିକୁ ଚିରି
ଆଲୋକକୁ ଛୁଇଁବ
ପବନକୁ ଛୁଇଁବ, ସୃଷ୍ଟିର ଶବ୍ଦଂକୁ ଛୁଇଁବ
ଦେଖିବାକୁ ଅପେକ୍ଷା କରିଛଂତି
ବିଧାତା ପୁରୁଷ ।
ଅଥଚ କେଉଁ ଅଜଣା ଆଶଂକା
କାହିଁକି କେଜାଣି
ଅନାମନା କରିଦେଉଛି ବାରଂବାର
ମନ କହୁଛି
ବରଂ ଜନ୍ମ ହେବାର ଆଶ୍ୱାସନାରେ
ସମ୍ମୋହିତ ହୋଇ ରହିଥାଉ ସାରା ଭାବନା
ଜନ୍ମ ହେବାର ବିଶ୍ୱାସ
ସେଇମିତି ଅତୁଟ ରହିଥାଉ
କାଳକାଳ ।।

■

ଆପଣାଛାଏଁ

ତମକୁ କେବେ ଦେଖି ନଥିଲେ ବି
ସମର୍ପି ଦେଇଛି ହୃଦୟ
ଏଇ ମାଟିରେ ତମେ କେତେ ଯେ
ଧୂଳି ଧୂସରିତ ନ ହୋଇଛ
ଏଇ ପାଣି ପବନରେ କେତେ ଯେ ଖେଳ
ନ ଖେଳିଛ,
ସବୁକୁ ଚିତ୍ରରେ ଦେଖିଛି
ସ୍ନାୟୁରେ ଅନୁଭବ କରିଛି।
ପିଲାବେଳେ ମଥାରେ ମୟୂର ଚୂଳ ବାଂଧି
ନାଚିବାକୁ ଭଲପାଉଥିଲ
କଣ୍ଟାରେ ଖରାରେ ବୁଲୁଥିଲ
କେତେ ବଣ ବିଲ
ଫେରୁଥିଲ ବଂଶୀ ଫୁଙ୍କିଫୁଙ୍କି
କେବଳ ମା' ମନ ନୁହେଁ
ସବୁ ମନକୁ ସେ ସ୍ୱନ ବାଂଧିପକାଇ
ଉଚ୍ଚାଟ କରୁଥିଲା
ତମକୁ ଥରେ ଦେଖିବାକୁ।।

ମନେପଡ଼ିଲେ
ଯୁଗଯୁଗ ବିତିଯାଉଛି ମୁହୂର୍ତ୍ତ ପରି
ଆଉ ଯେଉଁଠି ଅଟକି ଯାଉଛି
ମୁହୂର୍ତ୍ତଟିଏ ଲାଗୁଛି ଯୁଗପରି।

ପାଖରେ ଥିଲେ
ତମକୁ ଘାରୁଥାଏ ବିଷାଦ
ଯେତେଯେତେ ଦୂରରେ ଥିଲେ
ଆନଂଦରେ ଫାଟି ପଡୁଥାଅ ।
ସବୁ ଦେଖୁଥାଅ, ଜାଣୁଥାଅ
ହେଲେ ଏତିକି ଜାଣିନା ଯେ
ମୋ ପରି ଅଜ୍ଞାନ ବୁଝେ ନାହିଁ
ହସ ଲୁହ କି ଆନଂଦ ବିଷାଦ ।।

ଏତେ ନୀରବ ମୁହୂର୍ତ୍ତର ଭାଷା
ସାତ ସମୁଦ୍ରଠାରୁ
ଆହୁରି ଦୀର୍ଘ ହୋଇ ଯାଉଛି
ଫୁଲଟିଏ ଫୁଟିବା ଠାରୁ ଝଡ଼ିବା ଭିତରେ
ଏତେ ଦୀର୍ଘ ଅନୁଭବକୁ
ସାଇତି ରଖିବା ପାଇଁ ପ୍ରଶସ୍ତ ହୃଦୟ
କାହୁଁ ମିଳିବ ଯେ !
ଏତେ ଦରଦକୁ ସମ୍ଭାଳିବା ପାଇଁ
ପରମ ନିବିଡ଼ତା କାହୁଁ ଆସିବ ଯେ !
ସବୁ ଯଦି ସତସତ ଘଟନ୍ତିବ
ଖୋଜିବାର ଉଦ୍‌ବିଗ୍ନତା
କେମିତି ଅହରହ ଜାଳିବ ଯେ !
ସେଇଥିପାଇଁ ଯମୁନାର ଘାଟ କି
ବୃନ୍ଦାବନର ସବୁଜିମା
ସାଇତି ରଖିଛି ତମ ରଚିତ ପ୍ରେମର
ମାୟାପୁରୀ
ଆଲୋକ ଓ ପବନର ନିବିଡ଼ ଆଶ୍ଲେଷେ ।।

ବାରଂବାର ସେ ସବୁରୁ ମେଲାଣି ନେଇଛ ତମେ
ପ୍ରେମିକରୁ ରାଜପୁତ୍ର ପଟ୍ଟଛତ୍ର ଧରି
ଆମ ପରି ମଣିଷଂକଠାରୁ ତମେ
କେତେ ଯେ ଦୂରରେ
ଫେରେ ନାହିଁ ଖାଲି ହାତ ଯେଉଁଠାରୁ
ଲଂବିଥାଏ ଛୁଇଁବାକୁ ଦୂର ଦିଗ୍‌ବଳୟ ।
ତମେ ଦେଖ ବାରଂବାର ସୂର୍ଯ୍ୟୋଦୟ
କୁରୁକ୍ଷେତ୍ର ମୈଦାନରେ
ଅସ୍ତ୍ର ଶସ୍ତ୍ର ଝଣତ୍‌କାରେ
ପ୍ରଳୟକୁ କରି ଆଲିଂଗନ
କେମିତିକା ଛାତି ମୋର କଂପିଉଠେ
ଆଶଂକା ଓ ଭୟ ଆଉ ଦ୍ୱନ୍ଦ୍ୱ ମିଶା
ନିଃଶ୍ୱାସ ଓ ଜୀବନର ସଂଧିହାନତାରେ ।।

ତମେ ଚୁପ୍ କରିଦେଇଛ ଅବଶିଷ୍ଟ ସମୟ
ନୀରବ କରିଦେଇଛ
ମୁହୂର୍ତ୍ତ ମୁହୂର୍ତ୍ତର ଭାବ ଓ ଭାବନା
ଶୂନ୍ କରିଦେଇଛ
ମନ, ହୃଦୟ ଓ ପ୍ରତି ସମ୍ଭାବନା...
ସବୁ ଏକାକାର ଦିଶୁଛି
ଗୋଲୋକଧଂଦାରେ ପଡ଼ିଯିବା ପରି ଲାଗୁଛି ।
ତମେ ହସୁଥାଅ
ପ୍ରତିଥର ପରୀକ୍ଷା ନେଉଥାଅ,
ଅଥଚ ମୁଁ ସବୁ ସମର୍ପି ଦେଉଛି ଆପଣାଛାଏଁ
ଯୁଗଯୁଗ ପାଇଁ
ପ୍ରାପ୍ତି ଆଉ ପ୍ରତ୍ୟାଶାରୁ ନିଜକୁ ଦୂରେଇ ।।

■

ଭାବ କି ସଂପର୍କ ନାଇଁ

ତମଠି ମୋର
କିଛି ବି ଭାବ କି ସଂପର୍କ ନାଇଁ
ନିଲଠା ହୋଇଗଲେ
ସବୁ ଅପବାଦ ଫୁଲମାଳ ପରି ଲାଗେ
ତମ ଆସିବା ନ ଆସିବାରେ କି ଯାଏ !
ସେଇ କଦମ୍ବ ମୂଳର ସ୍ମୃତି
ପତ୍ରର ଗୀତି , ଫୁଲର ଶିହରଣ
ହତବାକ୍ ଓ ପୁଲକ ପରିପୂର୍ଣ୍ଣ କରି
ପାଷାଣ କରିଦେଇଚି ହୃଦୟ
ତମଠି ମୋର
କିଛି ବି ଭାବ କି ସଂପର୍କ ନାଇଁ ।।

ଆନଂଦ ଅଂଧାରରେ ବାରିହୁଏ
ନଈ ପରି ଗୀତ ଗାଇଗାଇ
ନାଚିଯାଏ ଅପାଦ ମସ୍ତକ
ବେପଥୁର ଘନଘନ ଶୀତ୍କାରରେ
ଓଦା ଓଦା କରିଦିଏ
ଦେହ ଆଉ ମନ ।
ତମେ କିଂତୁ ଆଲୋକରେ ବି
ଦେଖି ପାରନା ଲୁହର ନଈ
ହୃଦୟ ଭିତରେ ସମଗ୍ର ସୃଷ୍ଟିକୁ
ଜଳାର୍ଣ୍ଣବ କରିଦେବାର ଆଶାରେ
ଲହରୀ ଭାଂଗୁଥିବା ଲୁହକୁ
କି ପ୍ରଶ୍ନ ପଚାରିବ ଯେ !
ତମଠି ମୋର
କିଛି ବି ଭାବ କି ସଂପର୍କ ନାଇଁ ।

କଦମ୍ବ ପତ୍ର ଶୁଖିଶୁଖି
ଖସି ପଡୁଛଂତି ଗୋଟିକ ପରେ ଗୋଟିଏ
ଫୁଲମାନେ ଶୁଖିଶୁଖି ଝଡ଼ି ପଡୁଛଂତି
ଆପଣାଛାଏଁ
ତମେ ବା କାହିଁକି
କାହାକୁ ପଚାରି ଯାଇଥାନ୍ତ ଯେ !
ଯେ କେହି ବି ସେଇଆ କରିଥାନ୍ତା
ତମେ ଯାହା କରିଚ,
ଅଲଗା ଦିଶୁନଥିବା ଦୃଶ୍ୟମାନେ
ନିଜର ହୋଇ ପାରନ୍ତିନି-
ଏ କଥା କେବେ କେଉଁଠି କହିନା ବୋଲି
ଏ ଅପେକ୍ଷା ଯୁଗଯୁଗ ପାଇଁ,
ତମଠି ମୋର
କିଛି ବି ଭାବ କି ସଂପର୍କ ନାଇଁ।

ତମଠାରୁ ଆଉ ଅନ୍ୟ କିଛି
ଅଧିକ ନିଜର ହୋଇଯାଇଛି
ତମ ବୁଝିବାଠାରୁ, ଚାହିଁବାଠାରୁ
ଆଉ କିଛି ବି ଅଧିକ ମିଳିଯାଇଛି।
ଏଣିକି ସବୁ ପରୀକ୍ଷାମାନଙ୍କରେ
ଉତ୍ତୀର୍ଣ୍ଣ କି ଅସଫଳ ହେବା ଅର୍ଥହୀନ
ସମସ୍ତ ପ୍ରାପ୍ତି ଓ ପ୍ରତ୍ୟାଶାର ବଂଦୀ ଜୀବନରୁ
ମୁକ୍ତ ପ୍ରାଣ-ପକ୍ଷୀ
କାହିଁ କେଉଁଠି ଅସୁମାରୀ ଦୂରରେ...
ଏଥରକ
ତମ ଇଚ୍ଛାରେ ତମେ ଯୁଆଡ଼େ ବି ଯାଅ
ତମଠି ମୋର
କିଛି ବି ଭାବ କି ସଂପର୍କ ନାଇଁ।

ଅବୁଝାପଣ

ନିରନ୍ତର ନିଜର କହିଦେଲେ
ମନ ବୁଝିଯାଏ ସିନା
ହୃଦୟ ମାନେନା।
ହୃଦୟ ମାନେନା ବୋଲିତ
ବାରଂବାର ନିଜକୁ ତୋଳିଦିଏ
ତମରି ହାତରେ
ନିଜକୁ ନିଃସ୍ୱ କରିଦିଏ ବାରଂବାର।
ଆଉ କିଛି ବି ଶବ୍ଦ ନାହିଁ
ଉଚ୍ଚାରଣ ପାଇଁ, ମନବୋଧ ପାଇଁ
ଯୁଗପତ୍ ନୀରବତା ଭିତରେ
ସବୁ ଶୂନ୍‌ଶାନ୍, ମହାଶୂନ୍ୟ॥

ସବୁ ଭାବ
ମହାଭାବରୁ ପୁଣି
ପାଲଟିଯାଏ ଲୌକିକ
ମଣିଷ ପରି ହସ ଆସେ
ଲୁହ ଆସେ

ଦେହ ପାଇଁ ସଜବାଜ ହୁଏ
ଦେହକୁ ଆଉ କାହା ପାଖରେ
ବିଛେଇ ଦେବାକୁ ମନ ଡାକେ
ଶେଷରେ
ହୃଦୟ ମାନେନା ବୋଲି ତ
ଖୋଜା ଲୋଡ଼ା ଚାଲେ ଅହର୍ନିଶ
ଅଥଚ
ସବୁ ଶୂନ୍‌ଶାନ୍‌, ମହାଶୂନ୍ୟ ॥

ସକାଳ ଆସେ ଯାଏ
ସଂଜ ଆସେ ଯାଏ
ଘଟଣାମାନ ଘଟି ଚାଲିଥାଏ
ସଂସାରରେ ଦିଆନିଆ ଚାଲିଥାଏ
ପ୍ରେମ ପ୍ରୀତିର ହିସାବ ଲାଗିଥାଏ
ସବୁ ଦିଶୁଥାଏ
ପୁଣି କେଉଁଠି ଲୁଚି ଯାଉଥାଏ କେଜାଣି
ନିଜକୁ ଖୋଜିଲେ
ସବୁ ଶୂନ୍‌ଶାନ୍‌, ମହାଶୂନ୍ୟ ॥

ଥରେ ଦେଖିବା ପାଇଁ

ନ ମାଗିଲେ
କିଏ ଯାଚି ଦିଏ ଯେ
ତମକୁ
ଭରସା କରିଥାନ୍ତି !
ସେଇମିତି
ପାପୁଲି ଟେକି ରହିଛି
ମହାଶୂନ୍ୟର ସାରା ଦେହ
ଘଷି ହୋଇ ବୁଲୁଛଂତି
ଚାରିପାଖେ,
କାହାକୁ ପଚାରିଲେ
କିଏ କହିବ
ଠିକଣା ଯେ ! !

ବାରଂବାର
ସ୍ୱର୍ଗକୁ ହାତ ବଢ଼ାଇ
ବୁଡ଼ି ଯାଇଛି
ନରକରେ ।
ତମେ ସ୍ୱର୍ଗରେ ଥାଅ
ଏଇଠି ବରଂ
ମୁଁ ଖୋଜି ହେଉଥାଏ
ଜହ୍ନକୁ, ପାରିଜାତକୁ,
ସ୍ୱପ୍ନକୁ ।

ସାରା ସଂସାର ଖୋଜିଖୋଜି
ନରକରେ
ପ୍ରତିଟି ମୁହୂର୍ତ୍ତର ଯଂତ୍ରଣାରେ
ଦେଖୁଛି ତମ ଛବି
କେତେ ବିଷର୍ଣ୍ଣ ମଳିନ
କାଂଦକାଂଦ
କିଛି ହଜିଗଲା ପରି ।।

କେତେ ଆକୁଳ ନିବେଦନ
କେତେ ସ୍ମୃତି
ଘେରିଯାଇ ବିବ୍ରତ କରୁଛଂତି
ତମାମ୍ ସମୟ,
କେତେ ସ୍ୱପ୍ନ,
କଂଟା ପରି ଫୁଟି ଯାଇ
ଉନ୍‌ମନା କରାଉଛଂତି
ବେଳୁବେଳ,

ମନେ ହେଉଛି
ଏ ଛୁଇଁ ଦେବାକୁ
ବେଶୀ ଭୟ ତମର ॥

ସବୁ ଦେହଠାରୁ
ଏ ଦେହ
କେମିତି ଭିନ୍ନ ଯେ
ଉନ୍ମାଦ ହୋଇଯିବ ତମେ ।
ଉନ୍ମାଦ ହୋଇଯିବ
ସଂସାର !!
ତମ ଅପହଂଚ ହାତ
ଯେତେଯେତେ
ଘୁଂଚୁଥିବ
ଥରେ ଦେଖିବା ପାଇଁ
ନରକରେ ପଶୁଥିବି
ଯୁଗଯୁଗ
ବାରଂବାର...
ଅଗଣିତ ସମୟ... ॥

କହି ହେଉ ନଥିବା କଥା

ଅଯାଚିତ ଭାବରେ ତମକୁ ତ
ସବୁ ସମର୍ପି ଦେଇଥିଲି
ତମେ ଚାହଁ କି ନ ଚାହଁ
ସବୁ ତମର ବୋଲି କହିଦେଇଥିଲି ।
ତା' ପରେ ବି ତମେ ଅବୁଝା,
ଅଭିମାନରେ ଜାଳୁଛ ତିଳତିଳ
ଯଦି ନେବାକୁ ଚାହୁଁଛ ପ୍ରାଣ
ତ' ନେଇଯାଅ...
କି ଅଛି ଯଦି ଆଉ କିଛି
ନେଇଯାଅ ଇଚ୍ଛା ମୁତାବକ ।।

ସକାଳୁ ସଂଜଯାଏ
କେମିତି ନୀରବ ନିସ୍ତବ୍ଧ ଲାଗୁଛି
ହୃଦୟ
ହୁତୁହୁତୁ ଜଳି ପାଉଁଶ ପାଲଟି ଯାଉଚି
ସବୁ ସ୍ୱପ୍ନ, ଭାବନା, ସମ୍ମୋହନ
ଯେଉଁଆଡ଼େ ହାତ ବଢ଼ାଇଲେ
ସବୁ ଅପହଂଚ, ନିରୁଦ୍‌ବେଗ
ପରପର ଲାଗୁଚି, ଖାଁ ଖାଁ ଲାଗୁଚି
ସବୁ ହଜିଗଲା ପରି ଲାଗୁଚି
ଅନୁତାପରେ ସନ୍ତୁଳି ହେଲାପରି ଲାଗୁଚି ।।

ମୁଁ ଜଳେ, ପୋଡ଼େ, ପାଉଁଶ ହୁଏ
ସେଥିକୁ ନିଘା ନାହିଁ ମୋର
ଅଥଚ
ତମେ କେଉଁଠି ଅଛ, କେମିତି ଅଛ
ଜାଣିବାକୁ ଗୋଳେଇ ଘାଣ୍ଟି ହେଉଚି ମନ,
ତମେ ସୁଖରେ ଅଛ କି
ମନମାରି ଭାବିହେଉଛ କେଉଁକଥା
ଜାଣିବାକୁ ଉଚ୍ଛନ୍ନ ହେଉଚି ମନ।
ତମେ ତ ସବୁବେଳେ
ଏଇମିତି ଅନ୍ୟମନସ୍କ, ବେପରୁଆ ପରି
ବାଜି ମାରି ଦେଇଥାଅ
ଜୀବନକୁ ସବୁ ସମୟରେ॥

ଆଉ କେହି
ଆହା କହିବାକୁ ପାଖରେ ନଥିବେ
ଦେହ ମୁଣ୍ଡରେ ହାତ ବୁଲାଇ ଆଣିବାକୁ
ଝାଳ ସରସର ମୁହଁକୁ ପୋଛି ଦେବାକୁ
କେହି କାନି ବଢ଼େଇ ଦେଉନଥିବେ,
ତମକୁ ପାଇ
ଅନନ୍ତ ଐଶ୍ୱର୍ଯ୍ୟର ସ୍ୱପ୍ନ ଦେଖୁଦେଖୁ
ବହି ଯାଉଥିବ ସମୟ।
ତମ ଓଠ ଉପରେ
ଖେଳୁଥିବା ହସକୁ ଦେଖି
ମାପୁଥିବେ କଳ୍ପନାରେ ଦେହସୁଖ॥

ପ୍ରତିଟି ମୁହୂର୍ତ୍ତ ଗଡୁଛି ମୋର
ଏଇମିତି ଅସଂଗତ ଭାବନାରେ।

ଅସଂଗତ କହି ଦେଇହେଉଚି ସିନା
ଠିକ୍ ଭାବରେ ବୁଝୁଚି
ଏଇ ସବୁ କେତେ ନିର୍ଭୁଲ ଆଉ ବାସ୍ତବ।

ତମେ ସବୁ ଭିତରେ ଥାଇ
କେଉଁଠି ନଥିବ
ଗଛରେ ପତ୍ର କଅଁଳୁଥିବ,
ସୁଲୁସୁଲୁ ପବନ ବହୁଥିବ
ସୂର୍ଯ୍ୟ ଚଂଦ୍ର ତାରା ଆକାଶ
ଯେ' ଯେଉଁଠି ସେଇଠି ଥିବେ
ସବୁ ବଦଳୁଥିବ ପ୍ରତିଦିନ
ସକାଳ ସଂଧ୍ୟାରେ।।

ତମେ କିଂତୁ କେଉଁଠି ଥିବ
ମୁଁ ଜାଣେ,
ତମେ ଥିବ ଲୁହରେ, ଥିବ
ମୋର କରୁଣ ସ୍ମୃତିରେ
ଥିବ ସମସ୍ତ ଭାବ ଆଉ ଭାବନାରେ
ମୋତେ ଭେଟି ପାରୁନଥିବା
ମାନସିକ ଯଂତ୍ରଣାରେ
ନ' ହେଲେ ଏଇ ସବୁ ଭୁଲିଯିବା ପାଇଁ
ଅନନ୍ତ ଶୟନରେ।।

■

ନାରୀ

ଯୌବନ କ'ଣ
ଜାଣି ନଥିଲି ବୋଲି
ଯମୁନା ପରି ଲୋଟେଇ ଦେଲି
ପାଦ ତଳେ,
କେତେ ସଂଜର ଚଂଦ୍ର, ତାରା
ବୃକ୍ଷଲତା, ପଶୁପକ୍ଷୀ, ଅଧୀର ପବନ
ମୋତେ ଛୁଇଁବାକୁ ବ୍ୟଗ୍ର ହୋଇ ନାହାନ୍ତି !
ଅଥଚ
ସବୁରି ଭିତରେ ତମକୁ ଦେଖି
ଆତ୍ମହରା ହୋଇ
ଲୋଟି ପଡୁଥିଲି ॥

ସେତେବେଳେ ତ
ପ୍ରେମ ଫ୍ରେମ କି
ଜୀବନ, ଆତ୍ମା
କିଛି ବୁଝି ହେଉନଥିଲା,
ପ୍ରେମରେ ଆନଂଦ ଥାଏ କି
ବିରହରେ ଯନ୍ତ୍ରଣା ଥାଏ
କି ଆତ୍ମା ପରମାତ୍ମା ଖୋଜୁଥାନ୍ତି
ପରସ୍ପର
କେହି କହି ନଥିଲେ,
ଏତିକି ବୁଝେ ଯେ
ତମେ ଛୁଇଁ ଦେଲେ
ଆତ୍ମହରା ହୋଇଯାଏ ବୋଲି ॥

ସବୁ ଲଜ୍ଜା ଅପଯଶ
କେମିତି ଭୁଲିହୋଇଯାଏ କେଜାଣି ।

ଯୁଗଯୁଗର କ୍ଲାଂତି ଓ ନୈରାଶ୍ୟ ଭିତରେ
ସ୍ୱପ୍ନ ସବୁ ଫୁଲ ପରି
ଫୁଟି ଉଠନ୍ତି କାହିଁକି କେଜାଣି !
ସାରା ବିଶ୍ୱ ବ୍ରହ୍ମାଣ୍ଡ ସଂକୁଚିତ ହୋଇ
ଦୁଇ ହାତ ପାପୁଲିରେ ରହିଯାଏ
ତମରି ମୁହଁ ପରି ।
ଉଲ୍ଲାସ ବିହ୍ୱଳରେ କାହିଁ କେତେ ଯୁଗ
ଚାପି ଧରେ ବକ୍ଷରେ
ମୁହୂର୍ତ୍ତିଟିଏ ପରି ଲାଗେ,
ଏଇ ମୁହୂର୍ତ୍ତକରେ
ଜନ୍ମ ଜନ୍ମର ଅଜ୍ଞାନ ଅଂଧକାରରେ
ପାଳିତ ହୁଏ ଦୀପାବଳୀ ।।

ଆଉ କେତେବାର
ପରଖିବା ପାଇଁ ପଣ କରିଛ !
ଦାଣ୍ଡରେ ନାଚି ହାଟରେ ବସି
ଭୁଲି ହୋଇଗଲାଣି ଘର ସଂସାର
ଅପସରି ଗଲାଣି ମୋହ ମାୟା
କାମନା, ଭାବନା, ଅନୁଭବ ।
ଏଣିକି
ସବୁକଥା ଶୁଭିଯାଉଛି
ତମରି କଥା ପରି
ସବୁ ଦୃଶ୍ୟ ଦିଶିଯାଉଛି
ତମରି ଛବି ପରି ।
ମାଟି ନୁହେଁ କି ମହାଶୂନ୍ୟ ନୁହେଁ
ମାଟି ଓ ମହାଶୂନ୍ୟ ଭିତରେ
ଏଇମିତି
ଲୁଚିକାଳି ଖେଳୁଥିବା ପରସ୍ପର ।।

ମାୟାଜାଲ

ସଂସାର ସମୁଦ୍ର ଜଳେ
କେମିତି ବିଛେଇ ଦେଇଛି ମୋର
ମାୟାଜାଲ ଦେଖ !
ଯେଉଁଠି ପହଂଚି ଯାଅ
ସମୁଦ୍ର, ମୁଁ ଓ ତମେ,
ତମେ ଆଉ ନିଜକୁ ଚିହ୍ନି ନପାରି
ଦେଖୁଛ ମୋ ଭିତରେ
ତମର ଅସଂଖ୍ୟ ପ୍ରତିବିଂବ
ଯେଉଁମାନେ ଫୁଟି ଯାଆଂତି
ତାରା ହୋଇ, ଜହ୍ନ ହୋଇ ନାରୀ ହୋଇ,
ତମେ ବିଳାପ କର
ଲହୁ ଲୁହାଣ ହୋଇଯାଅ ।।

ମନେପଡୁଛି କହିଥିଲ
"ତମେ ଦେଇଛ ଅନେକ କିଛି
ନେଇଯାଇଛ ତା'ଠାରୁ ବହୁତ ବେଶୀ
ମୋର ସମସ୍ତ ଉତ୍ସୁକତା, ଉଦ୍‌ବିଗ୍ନତା
ଆଉ ଜାଳି ପାରୁନାହାନ୍ତି

ଅବଶିଷ୍ଟ ସମୟ
ସମୟ ନୀରବରେ ଯୁଗଯୁଗ ବହିଯାଉଛି
ଭାବନାରେ, ସମ୍ମୋହନରେ
ଅନଂତ ପାରାବାର ପରି, ଆକାଶ ପରି
ନିଃଶବ୍ଦରେ, ନିର୍ବିବାଦରେ
ଅପେକ୍ଷା ନକରି
କିଛି ନିର୍ଦ୍ଦେଶ, କିଛି ସଂକେତ
ଆଉ ଏକ ପୃଥିବୀ ପାଇଁ
ପ୍ରେମ ପାଇଁ
ଆଲିଂଗନ ପାଇଁ ।।"

ଆହୁରି ମନେପଡୁଛି ତମ କଥା
"ନିକଟରେ ନେସି ହେଉଥିଲେ ବିରକ୍ତି
ଦୂରେଇଗଲେ ଦୁଃଖ
ଏପରି କି ମାୟା ଏ
ହସୁହସୁ ଲୁହ ବହିଯାଏ
ଲୁହ ବହୁବହୁ ହସ ଝରିଯାଏ
କେମିତି ବା ବୁଝଂତି ମୁଁ
ଯିଏ ଦିନେ ବି ଦେଖିନାହିଁ ପୋଥି ପୁରାଣ
କେବେ ବି ଶୁଣିନାହିଁ ମାଟିର ଗୀତ,
ଖାଲି ମାଟିରେ ଗୋଳି ହୋଇ
ମାଟିକୁ ଚଂଦନ ପରି ଦେହରେ ମାଖି
ସଜାଡ଼ି ଲାଗିଛି ଘର ସଂସାର ସବୁଦିନ ।।"

ଯେତେଯେତେ ଘାରି ହେଉଥିବ
ସେତେସେତେ ଅଧିକ

ବାଂଧି ହୋଇ ଯାଉଥିବ ତମ ଦେହ ମନ,
ଭାବନା ଓ ଉତ୍ତରଣ
ସବୁ ବୁଝି ବି ବୁଝି ହେଉନଥିବ
ଜାଣି ବି ଭୁଲି ଯାଉଥିବ ବାରଂବାର
ଜନ୍ମକୁ ଜନ୍ମ, ଯୁଗକୁ ଯୁଗ,
ସନ୍ତର୍ପଣରେ ନିଜକୁ ଖୋଜି- ପାଉଥିବ

ଜଂଜାଳରେ, ସଂସାରରେ
ମୋକ୍ଷରେ ନୁହେଁ ମୋହରେ
ନୀରବତାରେ ନୁହେଁ
ଶବ୍ଦର ବିପୁଳ ବାହୁ ବୃତ୍ତରେ...।"

କେଉଁଠି କେଜାଣି

ତମକୁ ଲୁହ ଭଲ ଲାଗେ ବୋଲି
କଂଦାଉଥାଅ ସବୁବେଳେ ।
ସକାଳୁ ସଂଜଯାଏ
କେତେବେଳେ କେଉଁଠି ନିମିଷେ ମିଳେନା
ତମକୁ ଖୋଜିବାକୁ
ତମ କଥା ଭାବିବାକୁ-
ଏଇ ଈର୍ଷାରେ ବୋଧେ
ତମେ ଜଳାଉଥାଅ
ସଂସାରର ଜଂଜାଳରେ, ମାନସିକତାରେ ।
ପଦ୍ମ ଘୁଂଚିଘୁଂଚି ଯିବାପରି
ଯେତେ ପାଖଉଥାଏ
ତମେ ଦୂରୋଉଥାଅ ସେତିକିସେତିକି
ସବୁବେଳେ ତ ଅପହଂଚ ଦୂରତାରେ
ଥାଇ ହସୁଥାଅ
ଯେତେ ବୁଝିବାକୁ ଚାହିଁଲେ ବି
ବୁଝିପାରିନି ତମର କୁଟିଳ ହସ ।
ଏଇ ଲୁହ ପାଇଁ, କିଏ କହିବ
ତମର ଆନଂଦ ନୁହଁ ।।

ତମ ଅହଂକାରକୁ
ବରଦାସ୍ତ କରୁଚି ବୋଲି
ଉପେକ୍ଷା କରିଚାଲିଚ ।
ଉଛୁଳା ନଈପରି
ସବୁ ଭସେଇ ନେଇଯାଉଚ
ଆଶା, ସ୍ୱପ୍ନ, ଉଦ୍‌ବିଗ୍ନତା,
ସର୍ବୋପରି ତମର ସ୍ମୃତିକୁ ସାଇତି ରଖି
ଆନଂଦ ବିଭୋର ହେଉଥିବା ହୃଦୟ ।
ବଂଚିବାର ଅଭିଳାଷ ଯେ
କେତେ ଦୁଷ୍କର ତମେ ଜାଣ-
ଖାଲି ଘାଣ୍ଟିଚକଟି ହୋଇ
ମରୁଥିବା ମଣିଷ ପରି
ଆଶ୍ରା କରିଚି ବୋଲି
ଏମିତି ଦଣ୍ଡୁନାହଁ ତ ! !

ସମସ୍ତ ବିଶ୍ୱାସ ଓ ଅବିଶ୍ୱାସର
ବଂଧ ଭାଂଗି
ଚାରିଆଡ଼େ ବିଛେଇ ଦେଉଛି
ମୋତେ କିଏ କେଜାଣି,
ସୃଷ୍ଟିର ପ୍ରତ୍ୟେକ ବସ୍ତୁରେ
ଦ୍ୱିଧା ଓ ଦ୍ୱନ୍ଦ୍ୱ ପରିପୂର୍ଣ୍ଣ ହୋଇ
ଭ୍ରାନ୍ତି ଓ ଭ୍ରମରେ ମୋତେ
କେଉଁଠି କେତେବେଳେ ରଖୁଚି
ସବୁକଥା ସମୟ ଜାଣୁଚି ।
ସବୁ ବୁଝି ଅବୁଝା ପିଲାପରି
ଏତେ ଲଟ ଲଗାଇଲେ

ମୋର ବା କ'ଣ ଅଛି କହିବାର।
ସୃଷ୍ଟିର ଜୀବ ହୋଇ
ମୁଁ ଆଉ ନାହିଁ ଯେ
କେଉଁ ପ୍ରଲୋଭନରେ ବାଂଧିହୋଇ
ନଟୁ ପରି ଘୂରୁଥିବି ଯେ ଘୂରୁଥିବି।

ଏଇ ଅଭିନୟ
ଠିକ୍ କରିପାରୁଛି ବୋଲି ଜାଣିସାରିଲିଣି
ସୁଯୋଗ ପାଇଲେ
ତମରି ପାଖରୁ ଲଂବି ଆସିଥିବା
ସିଢ଼ିର ପାହାଚରେ
କେଉଁଠି ଅଦୃଶ୍ୟ ହୋଇଯିବି
ଜାଣିପାରିବ ତ!!

■

ଯିବାପରେ

ଏମିତି ବେଳ ନାହିଁ
ମୋ ଛାତିର
ପ୍ରତିଟି କୋଠରିରେ
ପ୍ରତିଧ୍ୱନିତ ନହେଉଛି
ତମ କଥା ।
କେମିତି ଭାବମଗ୍ନ
କରି ଦେଉଚି କେଜାଣି
ସକାଳ ସଂଜ
ଏକାକାର ହୋଇଯାଇ
ଲାଗୁଚି ନିମିଷେ ।
ପୁଣି
ଅସଂତୋଷମାନେ ଜମାଟ ବାଂଧି
ଏମିତି
ଯଂତ୍ରଣା ଜର୍ଜର କରୁଛଂତି ଯେ
ନିମିଷେ ଲାଗୁଚି
ଯୁଗପରି ॥

ନଈରୁ
ଶୁଖିଯାଇଛି ପାଣି
ଗ୍ରୀଷ୍ମ ଋତୁ
ଘୂରିବୁଲୁଚି
ବାଲୁକା-ପ୍ରାଂତର
ନଷ୍ଟ ହୋଇଯାଇଛି
ମାଧବୀଲତାର ଗହନ ବନ

ଗାଈଗୋରୁ ଗୋଠ ଛାଡ଼ି
ବୁଲୁଛଂତି
ଯେ' ଯାହା ଇଚ୍ଛାରେ ।
କେହି
କାଣିଚାଏ ଦୃଷ୍ଟି ଦେବାକୁ ନାହାନ୍ତି,
ସବୁ ଲାଗୁଛି
ପରିତ୍ୟକ୍ତ ସ୍ଥାନ ପରି
ଏକାଂତ ନିରୋଳା ।।

ସେଇ ମାଟି
ସେଇ ପବନ
ସେଇ ମଣିଷ
କାହିଁକି ଅଚିହ୍ନା ଲାଗୁଛଂତି ।
ସେଇ ନିଃଶ୍ୱାସ ପ୍ରଶ୍ୱାସ
ସେଇ ଦେହ
ସେଇ ସ୍ୱପ୍ନ
କେମିତି ଅବିଶ୍ୱାସ ଲାଗୁଛଂତି ।
ସଦାସର୍ବଦା
କେଉଁ ଅଜଣା ଆଶଂକାରେ
ଭାଂଗି ପଡ଼ିବାରେ ଉପକ୍ରମ କରୁଛି
ବଂଧନର ମହାସେତୁ,
ହଜିହଜି ଯାଉଛି
ଅଗୁରୁ ଚଂଦନର
ମହମହ ବାସ୍ନା ।।

ସବୁ ଆକର୍ଷଣରୁ
କେମିତି ମୋତେ କିଏ
ଟାଣି ନେଇ ଫିଙ୍ଗି ଦେଉଚି
ଦ୍ୱନ୍ଦ୍ୱରେ

ଅମାପ ଦୁଃଖରେ।
ମନେପଡ଼ିଯାଉଚି
ଯିବାବେଳ
ଶୀର୍ଣ୍ଣ ମୁହୂର୍ତ୍ତର
ପ୍ରାଣଦଗ୍ଧ ଶବ୍ଦ ସବୁ,
ଯେଉଁମାନେ କରୁଣତାରେ
ଭର୍ତ୍ତି କରିଦିଅଂତି
ଦୃଷ୍ଟିପଥର ଦୃଶ୍ୟସବୁ,
ଗଭୀର ଅର୍ଥକୁ
ନୂଆନୂଆ ଶବ୍ଦରେ
କରିଦିଅଂତି
ଏକାଂତ ଅବୁଝା, ଦୁର୍ବୋଧ॥

ଅଦ୍ଭୁତ ଏ ଭାବସବୁ
ନିରାପଦ ଦୂରତ୍ୱରେ
ମାପୁଥାନ୍ତି
ନାରୀସତ୍ତା ମୋର,
ବାରଂବାର
ପଛକୁ ଫେରାଂତି ମୋତେ
ସୁସଜ୍ଜିତ
ବିଫଳତା ଓ ଲାଂଛନା ଦେଇ।
ତମେ ନିଅ
ତମ ସାଥେ
ଯେତେ ମୋର ପରିଚୟ
ମହାନତା, ଯେତେକ ପ୍ରଶଂସା,
ମୋତେ ମୁଠେ ମାଟି ଦିଅ
ଏକାକାର ହେବାପାଇଁ
ଦେହ ଆଉ ଭାଷା॥

■

ଇଚ୍ଛାମୁତାବକ

ଭୟ ଲାଗୁଛି ।
ସତରେ କେତେବେଳେ
ଦୂରେଇ ଯିବି କି
ନିଜଠୁ ।
ନିଜ ପାଇଁ
ଏତେ
ମାୟା ଲାଗିଯାଉଚି
କେବଳ
ତମରି ପାଇଁ,
ଦଣ୍ଡେ ନ ଦେଖିଲେ
ଏ ସଂସାର କେମିତି
ବିଷର୍ଣ୍ଣ ଦେଖାଯାଏ
ତମକୁ,
ଏ ମାଟି କେମିତି
ପିଙ୍ଗଳ ବର୍ଣ୍ଣର
ମରଣଯନ୍ତା ହୋଇ
ଖାଇ ଗୋଡ଼ାଉଥାଏ
ତମକୁ,
ସତରେ

କେହି କାହିଁକି
ବିଶ୍ୱାସ କରିଯାନ୍ତା
ଏ କଥାକୁ,
ତମକୁ ଯିଏ ଯେତେ
ସଂଦେହ କରୁନା' କାହିଁକି
ପରପର ବୋଲି
ଭାବୁଥାଉନା' କାହିଁକି
କିଏ ବା
ବୁଝଂତା ଯେ'
ତମର
ପଥର ପରି ଛାତି ତଳେ
ଏତେ ଛନଛନ
କୋମଳ ହୃଦୟଟିଏ
ଅଛି ବୋଲି ।
କିଏ ବା
କାହିଁକି ଜାଣଂତା
ତମେ କାଂଦୁଥିଲେ
ଆଖିରେ
ଲୁହ ନ ଆସି
ହୃଦୟ ଭିତରେ
ଉଛୁଳା ନଈ ପରି
ବହି ଯାଉଥାଏ ବୋଲି !!

ଯିଏ ତମର
ଲୁହର ନଈ ପହଁରିଛି
ସେ ହିଁ
କେବଳ ଗଭୀରତା ମାପିଛି ।
ସେ ହିଁ

ଦେଖିଛି ଫୁଲ ଫୁଟି
ନଇଁ ପଡ଼ିଥିବା ଗଛମାନେ
କେତେ ଅସହାୟ ।
ବହୁତ ପାଇବାକୁ
ଆଶାରଖି ବସିଥିବା
ମଣିଷଟି
କେତେ ସନ୍ତର୍ପଣ ।
ଶେଷ ହୋଇ ଆସୁଥିବା
ସବୁ ସଂଭାବନା
କେମିତି
ଆନମନା କରି ଦିଅଂତି
ଆଶଂକାରେ
ଜୁଡୁବୁଡୁ କରି ଦିଅଂତି
ଆତଂକର
ବାତାବରଣ ସୃଷ୍ଟି କରି ଦିଅଂତି
ସମୟର ଚାରିପାଖେ ।
ଅବଶିଷ୍ଟ ସମୟ ସତରେ
କେମିତି କଟିବ ତମର
କିଏ ଜାଣେ ?
କେଉଁଠି
ଏକାଏକା ବସି
ଘୁମେଇ ପଡ଼ିଥିବ
ନତୁବା
ଘଟିଯାଇଥିବା ଘଟଣାମାନଂକୁ
ଛବି ପରି
ବାରଂବାର ଦେଖୁଥିବ
ସ୍ମୃତିରେ ॥

କାଂଦୁଥିବ ତ
କାଂଦୁଥିବ ଯୁଗଯୁଗ ।
କିଏ ବା ପାଖରେ ଥିବ
ଆହା ବୋଲି
ପଦେ କହିବାକୁ !
କିଏ ବା ସାଉଁଳେଇ ଆଣିବ
ହାତ
ଶୁଖିଲା ମୁହଁରେ ।
ଭବିଷ୍ୟତ
ଏଯା ଦିଶିଯାଉଛି
ମୋତେ ।
ତମେ ତ ଯୁଗ ପୁରୁଷ
ସବୁ ତମରି ଭିଆଣ ।
ଯେମିତି ରଚନା କରିଥିବ
ମାୟାଜାଲ
ସେମିତି ଖେଳିବ ଖେଳ...

ମୁଁ
ଫେରି ଯାଉଚି ବୋଲି
ଜାଣିସାରିବଣି ।
ଏଣିକି ଇଚ୍ଛା ମୁତାବକ
ଖୋଜ ଆଉ ଏକ ପୃଥିବୀ
ଖୋଜ
ଆଉ ଏକ ପରମସତ୍ତା
ତମର ଖେଳ ପାଇଁ
ଆସଂତା ସମୟ ପାଇଁ... ।

■

ଥରେଥରେ

ଥରେଥରେ
ହଠାତ୍ ମନ ଭାରାକ୍ରାଂତ ହୋଇ
ମେଘ ଖଂଡ଼ ପରି ଓହଳି ପଡ଼େ।
ନିରବୀଯା'ନ୍ତି ଚାରିପାଖ
ଦାଣ୍ଡ ପାଖରେ ଶୁଭେନାହିଁ କୋଳାହଳ
କି ବାରି ପାଖରେ
ଚଢ଼େଇଟିଏ ବି କିଚିରି ମିଚିରି କରେ ନାହିଁ,
ସମସ୍ତେ ସତେ ଯେମିତି ବୁଝିଯା'ନ୍ତି
କିଛି ଗୋଟେ ଘଟିବ ବୋଧେ।।

ଏଇ ସମୟରେ ମନେପଡ଼ନ୍ତି
ଯୌବନର ବଂଧୁମାନେ
ପ୍ରତିଟି ସଂଧାରେ ଯେଉଁମାନେ
ଏକାଠି ହୁଅଂତି
ନିରୋଳା ପଡ଼ିଆରେ ବା
କୌଣସି ରେସ୍ତୋରାଁରେ
ନ' ହେଲେ ପତ୍ରିକା ଦୋକାନରେ
କି' ଚା' ପାନ ଦୋକାନରେ।
କଥା ଆରଂଭ ହୁଏ
କବି କି କବୟିତ୍ରୀ ପାଖରୁ

ପତ୍ରିକା କି ସଂପାଦକ ପାଖରୁ
କି ପ୍ରୀତିଶ୍ ନନ୍ଦିର ପ୍ରେମ କବିତାକୁ ନେଇ
ମୁଖବଂଧ କି ସଲ୍‌ବେଲୋର ଉପନ୍ୟାସ
ଏଇମିତି ହୋଇଯାଏ କକ୍‌ଟେଲ୍
ଏକ ଫେଣ୍ଟାଫେଣ୍ଟି ଆନଂଦ॥

ମନେପଡ଼ନ୍ତି ବାଂଧବୀମାନେ
ଯେଉଁମାନେ ମନକୁ କିଣିନେବା ପାଇଁ
ଜୁଡ଼ାରେ ଫୁଲ ଖୋସନ୍ତି।
ପାଇଜାମାରେ ଅତର ମାଖନ୍ତି
ଆଖିକୁ ନଚେଇ କଥା କୁହନ୍ତି
କିଛି ଗୋଟେ ବାହାନାରେ ପାଖକୁ ଡାକନ୍ତି
କବିତାର ଦି'ଧାଡ଼ି ବୋଲିବା ପାଇଁ
ଅଡ଼ି ବସଂତି
ସିନେମା ନ ହେଲେ
ନଈକୂଳଆଡ଼େ
ବୁଲିଯିବା ପାଇଁ ଜିଗର କରନ୍ତି।
ଖୁବ୍ ଆନମନା କରଦିଏ
ଯୌବନର ସ୍ମୃତି କେମିତି କେଜାଣି
ଏଯାବତ୍ ଝୁଣ୍ଟିଆସିଥିବା ଉତ୍ତୀର୍ଣ୍ଣବୟସକୁ
ହଜାଇ ଦିଅଂତି ଯୌବନରେ॥

ଅନାଗତ କେମିତି କେଜାଣି
ଧୂମାଭ ଆସ୍ତରଣ ତଳେ
ଚାପି ହୋଇଯାଏ।
ସଂଦେହ ଓ ଶଂକା ଭିତରେ

ଆଉ ଭାବି ହୁଏନି
ଆସଂତା ସମୟ କଥା,
ପ୍ରତିଟି ମୁହୂର୍ତ୍ତ ପୂର୍ଣ୍ଣଛେଦ ପରି ଲାଗୁଥାଏ
ରାସ୍ତା ସରିଗଲା ପରି ଲାଗୁଥାଏ
କେହି ନିଜର ନଥିଲା ପରି ଲାଗୁଥାଏ ।
ପୁଣି ହଠାତ୍
କେମତି ଏକ କୋଳାହଳ
ଚାରିପଖରୁ ମୋତେ ଘେରିଯାଇ
ସବୁକଥାକୁ ବଦଳେଇ ଦିଅଂତି
ନିଜର ବୋଲି ପ୍ରମାଣିତ କରି ଦିଅଂତି
ସବୁ ଭିତରେ
ନିଜକୁ ଚିହ୍ନେଇ ଦିଅଂତି
ସବୁବେଳ ପାଇଁ
କାଳକାଳ ପାଇଁ ।।

■

ସବୁ ସତ ପରେ

ସବୁ ସତ୍ୟକୁ
କେତେ ଖଂଜରେ
ଆଦାୟ କରିନେଲ,
ସେଇ ଦିନୁ
ଲାଜଲାଜ ଭାବ
ଘୋଟିଯାଇଛି
ସମଗ୍ର ସୃଷ୍ଟି।

ପବନ ବହିଲେ
ଧୀରେଧୀରେ ବହୁଛି
ଲହରୀ ଆସିଲେ
କୁଳୁକୁଳୁ ପରି ଶୁଭୁଛି
କେହି ଦମ୍ଭରେ
କହି ପାରୁନି ମୁହଁ ଖୋଲି ।।

ଥରେ ମୁହଁ ଖୋଲିଛି ଯେତେବେଳେ
ଥରେ କହି ଦେଇଛି ଯେତେବେଳେ
ଦୁଇହାତ
ଟେକି ଦେଇଛି ଉପରକୁ।
ସବୁ ଆବେଗକୁ ସବୁ ଉଚ୍ଛ୍ୱାସକୁ
ଏକା ନିଃଶ୍ୱାସକେ
ବାହାର କରିଦେଇଛି ପଦାକୁ
ଛୁଇଁଲେ ଶିହରଣ ନାହିଁ କି
ସ୍ପନ୍ଦନ ନାହିଁ
ସବୁ ସତ ପରେ

କେବଳ ଠିଆ ହୋଇଛି
ରକ୍ତ ମାଂସର ଦେହଟିଏ ।।

ତମେ ନାରୀ ହୋଇଥିଲେ
ଭଲପାଇବା ଜାଣିଥାନ୍ତ
ମନ ତଳେ
କେଉଁଠି ଏକ ଗୋପନ ଜାଗାରେ
କିଏ ଅଜାଣତେ
ରହିଯାଏ ବୋଲି ଜାଣିଥାନ୍ତ
ମନେମନେ
ଗୁଣି ହୋଇଥାନ୍ତ ।
କିଂତୁ
ତମେ ସହିପାରନା କାହାର ପ୍ରେମ
କାହାର ଆକର୍ଷଣ
ସେଇଥିପାଇଁ
ସତକଥାକୁ ଆଦାୟ କରିନେଇ
କଳଂକ ଲେପି ଦେଲ ମଥାରେ
ଯୁଗଯୁଗ ।।

ଯେ' ନିଜେ ସବୁ କଳାକୁ
ଦେହରେ ଲେପି
ସବୁ ଜ୍ୱାଳାକୁ
ଛାତିରେ ଚାପି
ବଂଚିବା ଶିଖିଛି
ତାକୁ କି କଳାରେ
କାଳିମାମୟ କରିଦେବ ଯେ !
କି ଜ୍ୱାଳାରେ ଯଂତ୍ରଣାମୟ
କରିଦେବ ଯେ !
ତମେ ଖାଲି ଭାବୁଥାଅ
ସମସ୍ତେ କେବଳ

ଭଲ ପାଉଥାନ୍ତୁ ତମକୁ
ସମସ୍ତେ କେବଳ
ମନେମନେ ଗୁଣି ହେଉଥାନ୍ତୁ
ତମକୁ
ସେଇମିତି ଜଳେଇଜଳେଇ
ଜନ୍ମ ପରେ ଜନ୍ମ
ବୁଲାଉଥାନ୍ତ
କାଳକାଳ ।।

ଯେ' ଯୁଆଡ଼େ ଗଲେ
ଶେଷକୁ ପହଂଚିବ
ତମରି ପାଖରେ,
ଦୁଇ ହାତ ପାପୁଲିକୁ ଯୋଡ଼ି
ଭିକ୍ଷା ମାଗିବ
ତମର ବରାଭୟ
ଆଂଜୁଳା ପାତି ଆଂଠୁମାଡ଼ି
ତମକୁ ମାଗିବ
ଯୁଗଯୁଗର ଆତ୍ମାକୁ
ଶାନ୍ତି ଦେବାକୁ
ତମରି ପ୍ରେମ
ସବୁ ସମୟରେ ।
ଅଥଚ
ଏଇ ସତ୍ୟକୁ ମୁହଁ କରି
ପଥର ହୋଇଯାଇଥିବ
କୋମଳ ହୃଦୟ
ଚିରଦିନ
ଏକାଏକା
ଏକାଏକା ।

ଅଭିମାନ

ମୁଁ'ତ ଭୁଲିଯାଉଛି ନିଜକୁ ନିଜେ,
କିଏ ବା କାହିଁକି
ମୋତେ
ମନେରଖୁଥିବ ଯେ !
ପ୍ରଥମେ
ଭୁଲିଯାଉଥିବ ମୋ' ମାଆ
ଚାକିରି ପରେ
ଭାଇଙ୍କୁ ଭିନ୍ନେ କରି
ଛାଡ଼ି ଦେଇଛି ତା' ପାଖରେ
ବିଲର
ମୁଠାଏ ଫସଲକୁ ନେଇ
ଗୁଜୁରାଣ ମେଣ୍ଟାଏ ସେ ।
ଭାରି ଦହଗଂଜରେ
ଭାଇଙ୍କର ଭଲମଂଦ ବୁଝୁବୁଝୁ
ଭୁଲି ଯାଇଥିବ ସେ ମୋତେ ॥

ତା' ପରେ ମୋର ବଂଧୁମାନେ ।
ଯେଉଁମାନେ
ମୋ ସହିତ ଏକାତ୍ମ ହେଉଥିଲେ
ଭୋଜି ଭାତରେ
ରାତି ବିତାଉଥିଲେ
ତାଙ୍କଠାରୁ ବି ଦୂରରେ ମୁଁ,

ନା' ଚିଠି ପତ୍ରରେ
ନା' ଦେଖାସାକ୍ଷତରେ ସଂପର୍କ।
କଥାରେ ଅଛି
ନଜର ଉହାଡ଼ ହେଲେ
ଭୁଲିଯା'ନ୍ତି ସମସ୍ତେ॥

ତା'ପରେ ପତ୍ନୀ।
ପିଲାମାନଙ୍କର ଫର୍ମାସୀ ଶୁଣିଶୁଣି
ଘରର ହାନିଲାଭ ବୁଝିବୁଝି
ପୁଣି
ବାପଘରୁ ଶାଶୂଘର ହୋଇହୋଇ
ଭୁଲିଯାଇଥିବେ ମୋତେ।
ହାତରେ ପଇସା ଥିଲେ
ସବୁଥାଏ ତାଙ୍କ ପାଖରେ
ଆଉ
ମୁଁ ଥାଏ ଠିକ୍ ଦୂରତାରେ॥

ଅଥଚ
ସେଇ ଜଣେ ମନେରଖେ
ପ୍ରତିଟି ମୁହୂର୍ତ୍ତରେ ମୋର ହିସାବ ରଖୁଥାଏ
ମୋ ଭଲ ଭେଲକୁ ପରଖୁଥାଏ।
ଯେତେ ଭାବୁଥାଏ ଠକି ଚାଲିଛି ବୋଲି
ଶେଷରେ ହାରମାନେ
ମାଆ କି ବଂଧୁ କି ପତ୍ନୀଙ୍କଠାରୁ
ଶେଷରେ ସେ
ନିଜର ପାଲଟିଯାଏ॥

ଗତାନୁଗତିକ

ତମର ଫୋନ୍ କେବେ ଆସିବ
ଚାତକ ପରି ଚାହିଁଥାଏ
ସେ ସମୟକୁ।
ଘଣ୍ଟାଘଣ୍ଟା ବିତିଯାଏ
ଅନ୍ୟମନସ୍କ ଭାବରେ
ଖବର କାଗଜ ପଢୁପଢୁ
ଘରକଥା ଶୁଣୁଶୁଣୁ,
କେଉଁଥିରେ ବି ମନ ନଥାଏ
ଟେଲିଫୋନ୍‌ର ଡାକଛଡ଼ା।।

ଦିନ ପରେ ଦିନ
ଗଡ଼ିଗଲା ପରେ ବି
କେଉଁଦିନ ଅଶ୍ୱସ୍ତି ଅନୁଭବ କରିନି
ଅପେକ୍ଷାକୁ,
ମାସମାସ ଓ ବର୍ଷବର୍ଷ
ଏଇମିତି ଚାଲିଯାଇଛି କେଉଁଆଡ଼େ

ବାଲ୍ୟରୁ କୈଶୋର ଓ
ଯୌବନରୁ ଆସି ପହଂଚିଛି ଏଇଠି
କେତେ ବ୍ୟସ୍ତତା, କେତେ ଅନ୍ୟମନସ୍କତା
ପୋଛି ହୋଇଯାଇ
ପୁଣି ହସ ଉକୁଟିଛି
ବାରଂବାର ବସାବାଂଧିବାର
ମୋହ ଜନ୍ମିଛି
ତା' ଭିତରେ ତମେ ମନେପଡ଼ିବା
ଭୁଲି ହୋଇଯାଇନି କେବେ ।।

ସବୁ ଅଂଧାର ରାତି
କେମିତି ଉଚ୍ଚକିତ କରିଦିଏ ।
ଏଯାବତ୍ ଘଟିଥିବା ଘଟଣାମାଂନକରୁ
ପାପମାନଂକୁ ଅଲଗା ବାଛି ଦିଏ ।
ବେଳେବେଳେ
ପାପର ମୁକୁଟଟିଏ ମୁଂଡରେ ବାଂଧିଦେଇ
ଅହରହ ଡରାଏ
ସତେ ଯେମିତି
ବାଂଧିନେବାକୁ ଆସିବ କେଉଁ କାଳଯମ
ବିଭତ୍ସ ପୋଷାକରେ ବା
କେଉଁ ଏକ ଦୁରାରୋଗ୍ୟ ପୀଡ଼ନରେ
ନିଆଁଝୁଲ ହୋଇଯିବ
ଅବଶିଷ୍ଟ ଜୀବନତମାମ ।

ପୁଣି
ଭୁଲି ହୋଇଯାଏ ଏସବୁ
ଆସନ୍ନ ସକାଳରେ ।

ନିତ୍ୟକର୍ମ ସାରି ଘରକଥା ବୁଝି
ନିଜ କାମରେ ଯିବା,
ସଂସାରର ଜଂଜାଳରେ ବୁଡ଼ିଯିବା
ସବୁ ପାଲଟିଯାଏ ଗତାନୁଗତିକ ।
ଅଥଚ
ତା' ଭିତରେ ମନ ଖୋଜୁଥାଏ ।
କେତେବେଳେ
ତମର ଫୋନ୍ ଆସିବ ଓ
ଅବାରିତ ଘଣ୍ଟି ବାଜି ଚାଲିଥିବ...
ସେଇମିତି
ବାଜୁଥିବ ଓ ବାଜୁଥିବ... ॥

ସବୁ ସମୟ ତମେ

କାହିଁକି କେଜାଣି
ମନ ବୁଝୁନାହିଁ।
ଅଳି ଅଝଟ କରୁଥିବା ପିଲାକୁ
ଖେଳଣା ଦେଇ ଭୁଲେଇ ଦେଲାପରି
ତମେ ଧରେଇ ଦେଇଛ
ମୋତେ ଏ ସଂସାର।
ଖେଳୁଛି
ଖେଳିଖେଳି ଥକି ପଡୁଛି
କେତେବେଳେ କାନ୍ଦୁଛି ତ
କେତେବେଳେ ହସୁଛି
ଏ ସଂସାରକୁ ଧରି
ବାତଚକ୍ରର ପତ୍ରପରି
ଘୂରିବୁଲୁଛି॥

ମନେପଡୁଛି ?
ଦିନେ ମାଟି ଖାଉଖାଉ
ମା'କୁ ଦେଖେଇ ଦେଲ
ମାଳମାଳ ବିଶ୍ୱବ୍ରହ୍ମାଣ୍ଡ।

ମା' କ'ଣ ଚାହିଁଥିଲା
ଏମିତି ଭାବର ଚମକ ଭିତରେ
ହତଭମ୍ବ ହୋଇଯିବ ବୋଲି !
କେତେ ସ୍ନେହ ମମତା
କେତେ ହୃଦୟର ଉଦ୍‌ବେଳନ
ନିମିଷକେ ଶୂନ୍ ପାଲଟି ଯାଇ
ହୋଇଗଲା ନୀରବ ନିଥର ।
କେତେ ଉତ୍ସୁକତା
ହୃଦୟର ଆଲୋଡ଼ନ
ନିରବଧି ବହୁଥିବା ଅନ୍ତରର ପ୍ରେମ
ନିମିଷକେ ବରଫ ପାଲଟିଗଲା
ସଂସାରର ମୋହ
ନିବିଡ଼ ଆସକ୍ତି
ଆନମନା ଭାବ
ଅନ୍ୟମନସ୍କତାରେ
ନିଜର ବା କେତେବେଳ ହୋଇ ରହିଥାନ୍ତା ? ?

ସବୁ ସୁଖ ସ୍ୱପ୍ନକୁ ଚୋରେଇ ନେଇ
ଏମିତି ଦୁଃଖ ଦେଲେ ବରଂ
ତମକୁ ଆପଣେଇ ନେବାକୁ
ବାହୁଯୁଗଳ ଲଂବିଯାଉଥାନ୍ତା
ଆଖିରେ ପଲକ ପଡୁନଥାନ୍ତା,
କେଉଁ ଅନବଦ୍ୟ ଭାବନାରେ
ଯୁଗଯୁଗର କ୍ଳାନ୍ତି ଓ ନୈରାଶ୍ୟ
ନିମିଷକେ ଫୁଲ ପରି ହସି ଉଠୁଥାନ୍ତା ।।

ସବୁ ଦିନ ତ ଦିନ
ରାତି ତ ରାତି
ୟା ପରେ ଆଉ କେଉଁଠି
ସମୟ ଅଛି ଯେ
ତମେ ପାଖକୁ ଡାକି କହିଥାନ୍ତ
ଆସି ଯାଇଛ ବୋଲି !
ତମରି ଚିତ୍ରକୁ
ପଣତାକାନିରେ ଗଣ୍ଠିକରି
ସାଇତିରଖି
ଗଣୁଛି ମୁଁ
ଫେରିବାର ବେଳ,
ତମେ ମୋତେ ଚିହ୍ନ କି ନ ଚିହ୍ନ
ତମ ଏଇ ସଂସାର ଭିତରେ
ମୁଁ ଦେଖଇ ସବୁବେଳ
ଜୀବନର ଖେଳ ॥

■

ନିତିଦିନିଆ

ତମ ପରି ନିର୍ମମ
ଦେଖିନାହିଁ ଜଗତରେ ।
ଘର ସଂସାର, କାମ ଧଂଦା, ଜଂଜାଳଠାରୁ
ଆହୁରି ଅଧିକ କଷ୍ଟଦେଇ ପାରୁଛ,
ଥିବଥିବ, ହଠାତ୍
ଭୂତପରି ସବାର ହୋଇଯିବ ତମରି ସ୍ମୃତି
ସେଇଠୁ ଆରଂଭ ହୋଇଯିବ
ଓଲଟ ପାଲଟ, ଏପାଖ ସେପାଖ
ସବୁ କାମ ।।

କେଉଁଠି ମନ ଲାଗୁନଥିବ
ଘରେ ବାହାରେ
ହାତ ଚାଲୁଥିବ, ପାଦ ଚାଲୁଥିବ
ମନ କୁଆଡ଼େକୁଆଡ଼େ ବୁଲୁଥିବ
ଘର ଭିତରେ ସେଇ ଚିହ୍ନା ଜାଗାକୁ
ବାରଂବାର ଝୁଣ୍ଟି ପଡୁଥିବ,
ଗୋଟିଏ କାମରେ ଯାଉଯାଉ
କରୁଥିବ ଆଉ ଗୋଟିଏ
କେତେ ଲାଜ ଅପମାନରେ
ପୋତି ପକାଉଥିବେ ଘରଲୋକେ,
କାହୁଁ ବୁଝିବ ଯେ ! !

ଏଇ ସବୁ ହୋଇଗଲାଣି
ନିତିଦିନିଆ ।

ଉଲୁଗୁଣା ସହିସହି
ଆଉ କିଛି କାଟୁନି, ବାଧୁନି
କହିକହି
କେହି କହୁନାହାନ୍ତି ଆଉ କିଛି-
ଦେହ ଯେଉଁଠି ଥାଉ
ମନ ଖୋଜି ବୁଲୁଚି
ସବୁଠି ଦେଖିବା ପାଇଁ ତମକୁ।
ଏମିତି ବି ସଂଦେହ ଲାଗୁଚି
ସବୁ ଦେଇଦେଲା ପରେ ବି
ଆଉ କିଛି ରହିଗଲା କି ପାଖରେ।
ଯେଉଁଥିପାଇଁ ତମର ହଟହଟା
ସହିବା ପାଇଁ ପଡୁଚି
ଦେହରେ, ମନରେ, ପ୍ରାଣରେ।।

କେତେ ଭଲ ଲାଗୁଚି
ସତରେ ଏଇ ଦୁଃଖ।
ଖୋଜିବା ପାଇଁ ଏତେ ତପସ୍ୟା
ଦେଖିବା ପାଇଁ ଏତେ ଜ୍ୱଳନ
ଛୁଇଁବା ପାଇଁ ଏତେ ପିପାସା
ସବୁ ମିଶି
ପେଣ୍ଡୁଳାଏ ମାଟି ଦେହ
ଧୂଳିରେ ମିଶିଗଲେ
ତମରି ପାଦରେ ମାଖି ହୋଇଯାନ୍ତି
ତମେ ଝାଡ଼ି ଦେଲେ
ହାତର ସ୍ପର୍ଶ ପାଇ ପାରଂତି
ଯେଉଁଠି ମିଳଂତା
ସ୍ୱର୍ଗସୁଖ, ପରମଶାନ୍ତି।।

■

ଉପଲବ୍ଧି

କ'ଣ ଦର୍କାର ଏତେ
ବୁଝାମଣାରେ ଘର ସଂସାର ।
ସବୁବେଳେ ସଂଦେହ ନିଃଶବ୍ଦରେ
ଘେରି ଯାଉଥାଏ ଚାରିଦିଗ,
ଅନ୍ତର୍ଦାହ ମରମକୁ ଜାଳୁଥାଏ
ଅହର୍ନିଶ ଜଳଂତା ସୂର୍ଯ୍ୟପରି
ବିରହର ତାପ ପରି
ଛଟପଟ କରୁଥାଏ ମୃତ୍ୟୁ ଯଂତ୍ରଣାରେ ।।

ତମେ ବୁଝି ବି ଅବୁଝା ପରି
ଚୁପ୍‌ଚାପ୍ ବସି ପଡ଼ିଥିବ ସାମାନ୍ୟ ଘୂମେଇଁ
ଝଡ଼ ବତାସରେ ମୁଂଡ ଉପରକୁ
ଟେକିଥିବା ଗଛ
ଭାଂଗିପଡ଼ିବା ନିଶ୍ଚିତ ଜାଣି
ତଳକୁ ମୁହଁ ପୋତି ବସିଥିବ ।
ସବୁ ଥମି ଗଲେ ବାଙ୍କ ହସରେ କହିଦେବ
କିଛି ଘଟିନାହିଁ ବୋଲି ।।

ସବୁ ଭିଆଣ ଲଗାଉଥିବା
ଲୋକଟିଏ ତମେ !
ପାଦରୁ ପଦ୍ମ ଯାଏ
ଏପରିକି ଅପହଂଚ ଯାଏ
ତମେ ସବୁକୁ ଛୁଇଁ ମୋହିତ କରି
ସାଂସାରିକ କରି ଦେଇଚ ।

ପତ୍ର କଅଁଳିଲେ କଢ଼ ମେଲିଲେ
ପତ୍ର ଝଡ଼ିଲେ
ସବୁଠି ଲେଖାଯାଇଛି ତମରି ନାଁ।
ପଚାରିଲେ ଯୁଗପତ୍ ନୀରବତା
ବେଢ଼ିଯିବ ସମଗ୍ର ଅବୟବ।
ହିସାବ ଫର୍ଦ୍ଦରେ ଦେଖିବ
ଆଉ କେତେଯୁଗ ଏ ପୃଥିବୀ ନାଚିବ
ତମ ନିର୍ଦ୍ଦେଶରେ ॥

ସବୁ ସକାଳଠାରୁ ଆଜିର ସକାଳ
ମ୍ୟାଜିକ୍‌ରେ ତିଆରି ହେଲା ପରି ଲାଗୁଚି
ସବୁ ମଣିଷଠାରୁ ଆଜିର ମଣିଷ
କଳ ତିଆରି ପରି ଲାଗୁଚି।
ତମେ ଚାହଁ କି ନ ଚାହଁ
ଜାଣ କି ନ ଜାଣ
ଏ ପୃଥିବୀର ଆଲୋକ, ପାଣି, ପବନ
ଆଉ ଦର୍କାର ନାଇଁ
ଏ ପୃଥିବୀର ପ୍ରେମ, ଯଂତ୍ରଣା, ମୋହ
ଆଉ ଦର୍କାର ନାଇଁ।
ମୋର ଲୋଡ଼ା ଏ ମହାଶୂନ୍ୟ
ଲୋଡ଼ା
ଦେହହୀନ ଆବେଗର
ପରମ ଉପଲବ୍ଧିରେ ପରିପୂର୍ଣ୍ଣ
ମୃତ୍ୟୁଭେଦୀ ପ୍ରାଣ ॥

ପ୍ରିୟ ଚିତ୍ର : ଭୂମିରୁ ଆକାଶ

ଯୌବନରେ
ଇଚ୍ଛାହେଉନଥିଲା
କିଛି ପାଇବାକୁ ।
ସବୁ ହଜେଇ ଦେବାରେ
ଯେଉଁ ଅହେତୁକ ଆନଂଦ
ଲୁହରେ
ଯେଉଁ ଏକାଂତ ଆତ୍ମୀୟତା
ଜନ୍ମଜନ୍ମରେ ବି କେହି
ମାପି ପାରିବେ ନାହିଁ
ତା'ର ଗଭୀରତା ।।

ପରସ୍ପରର ମିଳନଠାରୁ
ବିଚ୍ଛେଦ
ଅନ୍ତରଂଗ କରିଦିଏ
ପ୍ରତିଟି ମୁହୂର୍ତ୍ତ,
ମିଳନର ଦୃଶ୍ୟରାଜି
ସ୍ମୃତିରେ ଉଜ୍ଜ୍ୱଳି ଉଠି
ହତଭମ୍ଭ କରିଦିଅଂତି
ବାରଂବାର,
କାହିଁ କେଉଁ ଅନାଦି ଯୁଗର
କ୍ଳାଂତି ଓ ନୈରାଶ୍ୟ
ଅପସରି ଯାଇ
ଜୀବନର ମୋହ
ବାଂଧି ରଖୁଥାଏ ଯୁଗଯୁଗ
କେମିତି କେଜାଣି !!

ଆଜି
ଉତ୍ତୀର୍ଣ୍ଣ ଯୌବନରେ
ପାଇବାକୁ ଖୋଜିଖୋଜି
ବିଷର୍ଣ୍ଣ ହେବାକୁ ପଡୁଛି,
ଭାଗ୍ୟକୁ
ସବୁ ସମୟରେ ଖୋଜାଚାଲିଛି
କେହି କହୁଛି
ପାଇବା ସମୟ ପୂର୍ବରୁ
କି ଭାଗ୍ୟଠାରୁ ଅଧିକ
ମିଳିବ ନାହିଁ କେବେ
କେତେବେଳେ କେଉଁ ବେଳରେ ।

ଆଦୌ
ଇଛା ହେଉନାହିଁ
ପାଇବାର ସମୟକୁ
କୃତାଞ୍ଜଳି ପୁଟରେ ମାଗୁଣି କରିବାକୁ,
ମନ ଚାହୁଁନାହିଁ
ଭାଗ୍ୟକୁ ଚାହିଁ ବସିବାକୁ
ଅନିର୍ଦ୍ଦିଷ୍ଟ କାଳ,
ତେବେ
ଆଉ କେହି
ଇଛା ମୁତାବକ
ଭବିତବ୍ୟକୁ
ଆପଣାଛାଏଁ
ପୂର୍ଣ୍ଣ ଥାଳରେ ମୋ ହାତକୁ
ଟେକିଦେବ ଦେଉ ।।

ଥରେଥରେ
ସେଇସବୁ ଦିନମାନଂକରୁ
ବିଦା ହୋଇଯାଇଥିବା ସମୟମାନେ
ଅଳି କରନ୍ତି ମୋର ଯୌବନ।
କସ୍ତୁରୀ ତିଳକରେ
ନୀଳ ଆକାଶର ଅସଂଖ୍ୟ ତାରା
ଆଉ ଜହ୍ନରେ,
କଅଁଳ ଛନଛନ ଘାସ
ଆଉ ଫୁଲଙ୍କର ନାଚରେ
ହସେ ସମୟ।
ତୀରବିଦ୍ଧ ମୃଗ ପରି
ଯୌବନ
ଅନୁରାଗରେ ଯମୁନା ପରି
ବହିଯାଏ
ନୂଆନୂଆ ମେଘମାନେ
ଅଜାଡ଼ି ହୋଇ ପଡ଼ନ୍ତି
ଗୋଧୂଳି ଲଗ୍ନରେ।
ସେତେବେଳେ
ଦେହ ସବୁ ଲାଗେ
କୁହୁଡ଼ି ପରି କ୍ଷଣିକ ଓ ନିରର୍ଥକ,
ଆଉ ସବୁ ଆତ୍ମା ଲାଗେ
କଷ୍ଟ ଶବ୍ଦ ପରି
ଦରବୁଝା ଅଥଚ ନିଜର।।

ତମରି ଦେହ
ତମର ନ ହୋଇ
ପାଲଟିଯାଏ ସମଗ୍ର ପୃଥିବୀ।

ଅସଂଖ୍ୟ ବ୍ରହ୍ମାଣ୍ଡ
ଦିନରାତି
ଅତୀତ, ବର୍ତ୍ତମାନ, ଭବିଷ୍ୟତ
ମାୟା, ଅନୁଭବ
ଆଶଂକା, ସଂକଟ
ସବୁ ଦିଶିଯାଏ ଛବିପରି ।
ପାପପୁଣ୍ୟ, ହାରଜିତ୍
ଶୋକସୁଖ, ସ୍ୱପ୍ନ ସତ୍ୟ
ଇତିହାସ ପରି ରହିଯାଏ
ତମରି ଦେହରେ ।
ସବୁ ଦିଗରେ ଦିଶେ
ଆରଂଭ
ସବୁ ପାଖରେ ଦିଶେ
ପ୍ରାପ୍ତି
ନିଜ ଭିତରୁ ମହକି ଉଠେ
ପୂର୍ଣ୍ଣତାର ସୁରଭି ।।

ଯୌବନ ଯେଉଁଠି
ଶେଷ ହୋଇଯାଏ
ସେଇଠୁ ଦିଶେ ସମୁଦ୍ର
କେବଳ ଶୋଷ ଇ ଶୋଷ ଭିତରେ
ଘୂର୍ଣ୍ଣାୟମାନ ଜନ୍ମମୃତ୍ୟୁ,
କିଏ ମାଗେ
ଜୀବନ ଓ ଯୌବନର ଭିକ୍ଷା ତ
କିଏ ମାଗେ
ବାର୍ଦ୍ଧକ୍ୟ ଓ ମୃତ୍ୟୁ ।

ସେଇମିତି ପଡ଼ିଥାଏ
ଅଲରା ମୟୂର ପୁଚ୍ଛ,
ଛିଣ୍ଡା ବନଫୁଲମାଳ
ଭଂଗା ବଂଶୀ ଓ ପୁରୁଣା କଠଉ ।

ସବୁ ମାୟା ଅପସରି ଗଲେ
ଦିଶେ
କେବଳ ଭୟର ମୁହଁ
ଯିଏ କାଳସର୍ପ ପରି
ଦଂଶନ କରିଚାଲିଥାଏ
ସମସ୍ତ ସ୍ମୃତି ଓ କଳ୍ପନା ।।

ଶୋକର ଶେଷ ନାହିଁ ବୋଲିତ
ଖୋଜାର ଅନ୍ତ ହୁଏନି କାଳକାଳ ।
ପ୍ରିୟ କଣ୍ଠସ୍ୱର ଶୁଭେ ସବୁଦିଗେ
ଉଦାସ ମୁହଁ ବାରଂବାର
ପ୍ରତିବିମ୍ବିତ ହୁଏ ଆକାଶରେ,
ସମଗ୍ର ଧରାକୁ ତମେ ଛାଇଯାଇଥାଅ
ମୋହିନୀର ବଂଧନରେ
ବାଂଧିଦେଇଥାଅ ।
ତା'ପରେ ନୀରବତା ଭିତରେ
ମଧୁମାଳତୀର ଲତାପରି
କେହି ଜଣେ ଲଟେଇ ଯାଏ
ଲକ୍ଷଲକ୍ଷ ସ୍ୱପ୍ନର ପ୍ରଜାପତିଂକୁ
ଉଡ଼େଇ ଦିଏ
କାଠପିତୁଳା ପରି ସ୍ଥବିର
ଉତ୍ତୀର୍ଣ୍ଣ ଯୌବନରେ ।।

■

ଏକ ଅନାସକ୍ତ ଭାବ ପାଇଁ

ସବୁ ଶୀତ ଋତୁ
ତମରି କୋଳପରି
ଉଷୁମ କରି ଦିଅଂତି
ସ୍ମୃତି ଓ ଭାବନା ।
ନଈକୂଳ, ତୋଟାମାଳ
କାଶତଂଡୀ ଫୁଲର ମେଲଣ
ଉଖାରି ଆଣଂତି
ପୁରୁଣା କ୍ଷତରୁ ରକ୍ତ,
ଦାରୁଣ ଦୁଃଖ
କେମିତି ଖଂଡଖଂଡ
କାଟି ପକାଉଥିବ
ହୃଦ୍‌ପିଣ୍ଡ କହିଲ ! !

ଶିରି ତୁଟି ଯାଇଛି
ବଣ ପାହାଡ଼ରୁ, ନଈନାଳରୁ
ଗାଁ' ଦାଣ୍ଡରୁ, ଜୀବଜଂତୁରୁ
ଆରଂଭ କରି ସବୁଆଡ଼ ।
ଯେ' ଯେଉଁଠି ପ୍ରତିଦିନର କାମ
କରିଯାଉଛଂତି ଛାଏଁଛାଏଁ,
ଆସକ୍ତି ନାହିଁ କି ଆଦର ନାହିଁ
ମୋହ ନାହିଁ କି ମାୟା ନାହିଁ

ସବୁ ଖାଲିଖାଲି ଲାଗୁଛି
ସବୁ ନାହିଁନାହିଁ ଲାଗୁଛି
ସରାଗହୀନ ଲାଗୁଛି ।।

ସବୁଠାରୁ କେତେ ଭୟାନକ
ଲାଗୁନଥିବ ନିଜକୁ ନିଜେ !
ଏଇ ସମୟକୁ
ଅପ୍ରସ୍ତୁତ ହୋଇ
ଚାହିଁ ରହିଛି ନିର୍ବାକ ଚିତ୍ତରେ
କେମିତି କ'ଣ ଘଟିଯାଉଛି
ଯନ୍ତ୍ର ପରି କି ମନ୍ତ୍ର ପରି
କିଏ ବୁଝେଇବ ଏ ଗହନ ପାଠ !
ସତେ ଯେମିତି
ଶୀତଋତୁର ହୀମଶୀତଳ ସ୍ପର୍ଶରେ
କିଏ ଆବାଙ୍‌ମୟ କରିଦେଉଛି
ସମଗ୍ର ଅବୟବ ! !

ହୃଦୟ ତ
ହଜିଗଲାଣି କେବେଠୁ ।
ତମ ପାଇଁ କେଉଁଠି
ଟିକେ ବି ନାହିଁ
ନରମ ଠାଆ
ଏଇ ଦେହରେ ।
ଲୁହ ସବୁ ତ
ନିଗିଡ଼ି ଯାଇଛି କେବେଠୁ
ଏଣିକି

ଲହୁ ଲୁହ ପରି
ନିଗିଡ଼ି ଗଲେ
ସରିଯା'ନ୍ତା ଅବଶିଷ୍ଟ ଆୟୁଷ।
ଭଲ ହୁଅଂତା ବରଂ
ନିରୁଦ୍‌ବିଗ୍ନ ହୋଇଯା'ନ୍ତା ଯଦି
ସବୁ ସ୍ପର୍ଶ ଓ ସ୍ନାୟୁ,
ଆହୁରି ଭଲ ହୁଅଂତା
ବଂଦ ହୋଇଗଲେ ନିଃଶ୍ୱାସ ॥

ଆଉ ଉଚ୍ଚାଟ କି
ଉଚ୍ଛନ୍ନ କରୁନି
ଶୀତ ଋତୁ।
ଶୀତ ଋତୁର
ଫୁଲମାନେ ବି
ମଉଳି ପଡୁଛଂତି ଏଣିକି
ଆପେଆପେ
କି' ଦୁଃଖରେ କେଜାଣି !
ଭାଷା ପଉଟୁନି କି
ମନକୁ ବୁଝେଇବାକୁ
ଭାବି ହେଉନି,
ସବୁ ନୀରବ ନିଥର
ଶୀତ ଋତୁ ପରି
ଶୀତଳ ଶୀତଳ ॥

■

ମନେପଡ଼ିଲେ

ଦିନେଦିନେ ଏମିତି ଲାଗୁଛି
ତମେ ଯେମିତି ଛୁଇଁ ଯାଉଛ
ମୋ ଦେହର ପ୍ରତିଟି ଅବୟବ ।
ଆଉ ରୋମାଂଚ ନାହିଁ
କି ଶିହରଣ ନାହିଁ
ଆନଂଦରେ ଆତ୍ମହରା ହେବାର ନାହିଁ
କି ଦୁଃଖରେ ଲୁହ ଝାରିବାର ନାହିଁ ।
ସବୁ ଓଲଟା
ଓ ଅପାଙ୍‌କ୍ତେୟ ମନେହେଉଚି
ଆବଶ୍ୟକହୀନ ଲାଗୁଚି ।
ପାଖରେ ଅଛ ବୋଲି
ଶୀତ ଦେହରେ
ଚାଦର ପରି ଲାଗିଯାଇଛି ବସଂତ
ମାଦକତା ହରେଇ ।।

କେତକୀ ପତ୍ରରେ
କବିତାରେ ଚିଠି ଲେଖିବା
ବିରହର ଗୀତ ଗାଇ
ଆନମନା ହେବା
ଭୁଲି ହୋଇଗଲାଣି କେବେଠୁ,

କଳ୍ପନାରେ ଛବି ଆଂକି
ବାରଂବାର ମହାଶୂନ୍ୟକୁ ଚୁଂବନ ଦେବା
ମନରୁ ହଜିଗଲାଣି କେବେଠୁ,
ସବୁ
ସ୍ମୃତିରେ ବିସ୍ମୃତ
ଏପାଖ ସେପାଖ
ସ୍ଥିତିହୀନ, ସ୍ଥିତିଶୂନ୍ୟ
ଅନାସକ୍ତ ଆଚ୍ଛନ୍ନ ଖିଆଲ ॥

କେତେ ଆଶ୍ଚର୍ଯ୍ୟ ସତରେ
ଭଲପାଇବା,
ପ୍ରେମରେ ପ୍ରେମରେ ଏକାତ୍ମ ହେବା
କାହୁଁବା ସାଧାରଣ ନାରୀଟିଏ
ଏକଥା ବୁଝଂତା।
ମହାନତା ଭିତରେ କ୍ଷୁଦ୍ର ଅଣୁ ହୋଇ
ଗର୍ବ କରଂତା।
ଆଜିଯାଏ ଯିଏ ଖୋଜିନି
ନିଜର ଜନ୍ମ ଇତିହାସ
ଜାଣିବାକୁ ଚାହିଁନି
ସତ୍ୟ ଆଉ ସ୍ୱପ୍ନର ଦୂରତା
ତା' ପାଇଁ କି ନିଂଦା, କି ଅପଯଶ (?)
ଅଥଚ
ଏତିକି ସତ ଯେ
ସେଇ ବଂଶୀ ସ୍ୱନ ସହିତ
ଏ ପାଦର ଛଂଦ
କେମିତି ଯୋଖିହୋଇ ଯାଇଛି କେଜାଣି

ଜାଣିନି ଏ ଯାଏ।
ସବୁ ଆକଟ ସତ୍ତ୍ୱେ
ଯିଏ ଆପଣା ଛାଏଁ
ଟାଣି ହୋଇଯାଏ
ଶିକୁଳି ଲାଗିଲା ପରି ॥

ପୁଣି ଦିନେଦିନେ ଏମିତି
ଭାବନା ଆସେ
ମଣିଷ କ'ଣ ବଂଚିପାରେ
ହୃଦୟ ଓ ଭାବଠାରୁ ନିଜକୁ ଦୂରେଇ !
ଦେହ ଆଉ ମନଠାରୁ
ନିଜକୁ ହଜେଇ !!
ସେଇଥିପାଇଁ
ଏମିତି ମୁହୂର୍ତ୍ତଟିଏ ନାହିଁ
ଯେଉଁଠି ଏ କପାଳରେ
ଲେଖାନାହିଁ ଗାଳି ଅପମାନ
ଅଥଚ
ଏ ସବୁ ଆଖି ପିଛୁଳାକେ
ଭୁଲି ହୋଇଯାଏ କେମିତି
ବିଶ୍ୱାସ ହୁଏନି ନିଜକୁ।
ପ୍ରତିନିୟତ ଯେମିତି ଏ ପରୀକ୍ଷା
ଏ ପରଖା
ଯେଉଁଠି ତମେ ଦେଖ
ଏ ଜନ୍ମର ସାର୍ଥକତାରେ
ମଣିଷର ଧୈର୍ଯ୍ୟ, ସହନଶୀଳତା
ଜ୍ୱଳନର ତୀବ୍ରତା।

ଆଉ ନୁହେଁ
କେବେ ବି ନୁହେଁ ଏ ଦେହ
କାହାପାଇଁ ।
ଏ ଦେହ ମାଟି ପାଲଟିଗଲେ
ତମରି ପାଦ ଚାଲୁଥାଉ ଅହରହ
ପାଣି ପାଲଟିଗଲେ
ମେଣ୍ଟୁଥାଉ ତମର ତୃଷ୍ଣା
ଅଗ୍ନି ପାଲଟିଗଲେ
ଶୁଦ୍ଧ ସୁବର୍ଣ୍ଣ ପରି
ଦିଶୁଥାଅ ତମେ,
ମଳୟ ପାଲଟି ଗଲେ
ତମେ ବୁଡ଼ିଯାଅ ସ୍ୱପ୍ନରେ
ଅସୀମତାରେ ବିଛେଇ ହୋଇଗଲେ
ତମେ ଖୋଜୁଥାଅ
ନିଜକୁ ନିଜେ ନିଜ ଭିତରେ
ବାରଂବାର, କାଳକାଳ ॥

ଗୌତମ ଜେନା
ପଞ୍ଚମ ରାଗ

ସଖାପଣ

॥ ୧ ॥

ଏ ମାଟିରେ, ପାଣିରେ, ପବନରେ
କିଏ ଯେମିତି
କିମିଆଁ ଲଗେଇ
ବାଂଧି ରଖୁଛି ମୋତେ
ଆଶ୍ଚର୍ଯ୍ୟ ଭାବରେ।
ସିଂଦୁରା ଫାଟିବାଠାରୁ
ଆସନ୍ତା ସକାଳ ଯାଏ
ପ୍ରତିଦିନ
ପ୍ରତି ମୁହୂର୍ତ୍ତରେ
କିଏ ଭୁଲେଇ ଦେଉଛି
ସଂସାରର ସବୁ ମୋହ
ଶବ୍ଦର ଉଚ୍ଚାରଣ।

ସବୁଜ ପତ୍ର ଡାକେ ଆ'
ସମୁଦ୍ର ଲହରୀ ଡାକେ ଆ'
ଛୁଉଁଥିବା ପବନ
ହାତଧରି ଡାକେ ଆ' ଆ'।

ସବୁଆଡ଼େ
ଆ' ଆ'ର ସମ୍ମୋହନରେ
ବିସ୍ମରିଯାଏ ନିଜକୁ
ସବୁଆଡ଼େ ପ୍ରସାରିତ ଆଲିଂଗନ ବାହୁବୃତ୍ତ
ଭୁଲେଇଦିଏ
ଗହଗହ ସଂସାରର ଦାବାନଳ।
ହଜିଯାଉଥିବା ଦିନମାନେ
ପରିପୂର୍ଣ୍ଣ ହୋଇଯାଆଂତି
ଆପଣାଛାଏଁ କବିତାରେ
ସବୁ ଦିଗରେ ଶବ୍ଦମାନେ ଘେରିଯାଇ
ପ୍ରେମିକା ପରି ପୋତି ପକାଂତି ଚୁମାରେ।
ଆଉ କେମିତି ଫେରିବି କୁହ।
ନୀରବ ଗୀତର ଛଂଦରେ
ସଖାପଣର ପରମାର୍ଥରେ
ନିଜକୁ ହଜେଇ ଦେଲା ପରେ।।

■

॥ ୨ ॥

ସଖା ବୋଲି ତ ସହିଲ
ପାଦର ଗୁରୁଭାର,
ରୁଷ୍ଟପାଦକୁ କଷ୍ଟ ହେଉଥିବ ବୋଲି
ଆଉଁସି ଦେଲ ଆନଂଦରେ।
ଗଳାମାଳି ପରି
ତମ ସଖା ତ ତମର
ଏକାଂତ ନିଜର।
ଏପରିକି ନିଜ ଜୀବନଠାରୁ
ଆହୁରି ମହାର୍ଘ।
ଏକଥା ବୁଝିଲା ପରେ
ଯୁଗଯୁଗର ରାଗରୋଷ
ପାଣିଫୋଟକା ପରି ନିମିଷକେ ଉଭେଇଗଲା
ବହିଗଲା ନଈ ପରି ଅମାନିଆଁ ଲୁହ
ତମକୁ ଚାହିଁଚାହିଁ
ଅଥଚ ବୁଝି ନପାରି
ଅପଲକ ଆଖିରେ॥

ସଖା ବୋଲି ତ
ତୋଳିନେଲ ଛାତିକୁ
କ୍ଷତବିକ୍ଷତ ପାଦ ଉପରେ ଅଜାଡ଼ି ଦେଲ
ଲୁହର ଶ୍ରାବଣ।

ଲୁହର କଥା
କେତେ ଗହୀରକୁ ଫୁଟିଯାଇ
ନିଶ୍ଚଳ କରିଦେଉଚି ସମଗ୍ର ସତ୍ତା
ବୁଝେଇବା ଅସଂଭବ ।

ଏପରିକି
ଲୁହର ଶ୍ରାବଣ ନୁହେଁ ତ
ଫୁଲର ଫଗୁଣ ହୋଇ
ଜନ୍ମ ଜନ୍ମାନ୍ତରର ସୁଖରେ
ଭୁଲେଇ ଦେଉଛି ସମଗ୍ର ସଂସାର ।
ଆଉ ତମେ ବି
ଆତ୍ମମଗ୍ନ ହୋଇଯାଉଛ କାଳକାଳର
ଅପାଶୋରା ବଂଧୁତ୍ୱ ଭିତରେ ଯେ
ସୂର୍ଯ୍ୟ ପରି ଝଲସି ଉଠେ
ତମର ସଖା ପଣ
ବିଭୋରରେ, ଆତ୍ମବିସ୍ମୃତିରେ ।।

ସଖା ବୋଲି ତ
ଥାଅ ପାଖେପାଖେ,
ଅଲୋଡ଼ାରେ ଅଖୋଜାରେ
ଛାଇ ପରି ଜଗିଥାଅ ମୁହୂର୍ତ୍ତମୁହୂର୍ତ୍ତ ।
ତଥାପି ମନ ବୁଝେନା କି
ହୃଦୟ ବୋଲ ମାନେନା ବୋଲି ତ
ବିଶ୍ୱାସ ହୁଏନା
ପାଇଯାଇଛି ବୋଲି ତମକୁ ।
ସେଇ ସଂଦେହ ନେଇ

ତମ ପାଇଁ ଗାଳି ଇ ଗାଳି
ଆଉ
ଯେତେ ଅଭିମାନ
ଜମାଟବାଂଧି ରହିଥାଏ ପର୍ବତ ପରି ॥

ଆଉ ସଖା ନୁହେଁ
ଶତ୍ରୁ ପରି ଠିଆ ହେଉଛି ଆଜିଠୁ ।
ଉନ୍ମାଦ ପରି ନାଚି ଉଠୁଥିବା
ମନ ଭିତରେ
ତମକୁ ଖୋଜି
ବାରଂବାର ବାଂଧି ରଖିବା ପାଇଁ
ଅତୁଟ ଶିକୁଳିରେ ।
ସଖାପଣ ହେଉ କି ଶତ୍ରୁପଣ
ନିଘା ନାଇଁ ମୋର
ତମେ କେବଳ ଇ ମୋର ହୋଇ ରୁହ
ସବୁ ସମୟରେ ॥

।। ୩ ।।

ଏତେ ଜିଗରକୁ କେମିତି
ସ୍ୱୀକାର କରି କହିଦିଅଂତି
ସଖା ବୋଲି ।
ସଖା ତ କେବଳ ଶବ୍ଦଟିଏ ନୁହେଁ ଯେ
ଉଚ୍ଚାରଣ କରିଦିଅଂତି ଖାଲି !
ଏତେବଡ଼ ପାପକଥା
ଭାବିଲାବେଳକୁ
କେମିତି ଛଟପଟ ହୋଇଯାଉଛି ପ୍ରାଣ
ତମେ ବୁଝଂତ କି ! !

କେତେ ନିଷ୍କପଟ ତମର ଅଂଗୀକାର
ଜାଣି ବି ଭୟ ଲାଗୁଛି
ସ୍ପର୍ଶ କରିବାକୁ ଶବ୍ଦଟିଏ ।
ବରଂ
ମୋର ନୀରବତାକୁ ନେଇ
ତମେ ସଂତୁଳି ହେଉଥାଅ,
ଛାତି ଭିତରେ ଆଘାତ ପାଇ
ସେଇ କଥାକୁ ଦୋହରାଉଥାଅ
ମୁଁ ନାଚାର ହୋଇ
ମୁଂଡପାତି ସହିନେବାକୁ ଚାହୁଁଛି
ସବୁ ଅଭିଶାପ, ପଥର ପରି ।।

ମୋତେ ସାଧାରଣ ଲୋକଟିଏ ହେବା ପାଇଁ
ସ୍ମୃତି ଓ ଭାବନାରେ
ହସିବା ପାଇଁ, କାଂଦିବା ପାଇଁ
ଛାଡ଼ି ଦିଅଂତନି !
ସବୁ ଦହନ ଭିତରେ
ମେଂଚାଏ ରକ୍ତମାଂସ ହୋଇ
ହାତଯୋଡ଼ି ଠିଆହେଲେ ତମ ପାଖରେ
ପୂରିଉଠନ୍ତା ମୋର ଇହକାଳ ।
ସେତିକି କଣ ଯଥାର୍ଥ ହୁଅନ୍ତା ନାହିଁ ସଖାପଣର ! !

ଶବ୍ଦମାନଙ୍କର ଅମାପ ଶକ୍ତିରେ
ଶିଥିଳ ହୋଇପଡୁଛି ମୋର ସର୍ବାଂଗ ।
ଶବ୍ଦହୀନ ପୃଥିବୀଟିଏ ତିଆରି କରି
ଛାଡ଼ି ଦେଇପାରଂତନି ଏ ପାର୍ଥିବ ଶରୀର !
ଯେଉଁଠି ଥା'ନ୍ତା
ତମର ଓଠଛୁଆଁ
ନୀରବ ବଂଶୀସ୍ୱନର ଶିହରଣ ! !

ସେଇ ଶୈଶବର ସଖାପଣକୁ
ଲୋଡୁଛି ଆଜି
ଖୋଜି ହେଉଛି ଆଜି ।
ଯେଉଁଆଡ଼େ ଚାହିଁଲେ
ଦିଶୁଛ ତମେ ।
ଆଉ ସଖା ବୋଲି ଡାକିବାର
ପ୍ରୟୋଜନ କାହିଁକି ବା
ରଖଂତି ଭିତରେ ! !

॥ ୪ ॥

ସଖାପଣର ବିରହ
ଉଚ୍ଛୁଳା ନଈ ପରି
ବୁଡ଼େଇଦିଏ ଯେତେ
ଧୈର୍ଯ୍ୟର ବଂଧ।
ଛାତି ଭିତରେ କେହି ଯେମିତି
ପିଟିଚାଲେ ମାଦଳ ଅହର୍ନିଶ,
ନିଜକୁ ଅଚିହ୍ନା ଲାଗେ ଯେ
ଭିନ୍ନ ମଣିଷ ପରି ଆଚରେ ନିଜକୁ।
ଆଉ କିଏ ସତରେ ନିଜ ଭିତରେ
ବସା ବାଂଧି ରହିଯାଇଛି
କେଉଁ ଯୁଗରୁ କେଜାଣି-
ଯିଏ ତରଳେଇଦେବାରେ ଲାଗିଛି
ମୋର ସର୍ବାଂଗ
କୁହୁକ ସ୍ପର୍ଶରେ॥

ମୋ ତରଳିଯାଉଥିବା
ଅବୟମମାନଙ୍କୁ ଛୁଇଁଲେ ତ
ଲାଗୁନି ଜୀବନ ଥିଲା ପରି।
ଶୁଖିଲା ପତ୍ର ଉପରେ
କାକର ବିଂଦୁ କ'ଣ
ଆଉ ଭରିଦେଇପାରିବ ସବୁଜିମା!

ନା' ଜହ୍ନରାତିର କୋମଳ ସ୍ପର୍ଶ
ଫେରେଇ ଦେଇପାରିବ
ସ୍ମୃତି ଜର୍ଜର ସଖାପଣ।

ପାଖରେ ଥାଇ
ବିରହ କେମିତି
ଅଂତରଂଗ ଲାଗେ
କେହି ବୁଝିଛି !
କେମିତି ଆପଣାରମାନେ
ଅଚିହ୍ନା ଲାଗଂତି
କେହି ଜାଣିଛି ! !
ସେତେବେଳେ
ସବୁ ଚେତନା କେମିତି
ସ୍ଥବିର ପାଲଟିଯାଇ
ଭୁଲିଯାଆନ୍ତି ସବୁ କଥାମାନ
କେହି ଅନୁଭବିଛି !
ସଖାପଣର ବିରହ
ଏଇମିତି ସବୁବେଳେ
କିମିଆଁ ଲଗେଇ ଜଳାଉଥାଏ
ସମଗ୍ର ସତ୍ତା
ସମର୍ପଣ କରିଦେଲା ପରେ
ସବୁକିଛି ।।

ଯାହା ଚାଲିଯାଇଛି
ଚାଲିଯାଇଛି ତ ଏ ଜନ୍ମ ପାଇଁ।

ଯାହା ଘାରିଘାରି ଖାଉଛି
ଖାଇଚାଲିଛି ତ ଏ ଜନ୍ମ ପାଇଁ।
ବରଂ
ନିଃଶେଷ ହେବାରେ ଯେଉଁ ଆନଂଦ
ସେହି ତ ବାରଂବାର
ଉଛୁଳେଇ ଦେଉଛି
ସାରା ଦେହରେ ସାତ ସମୁଦ୍ର!!
ତା'ଠାରୁ କ'ଣ ବା ନିଜର ଅଛି ଯେ
କହିହେବ ମୋର ବୋଲି!!

ସଖାପଣର ସାନ୍ନିଧ
ନିକଟ ବୋଲି କାହିଁକି କେହି
ଭାବଂତା ଯେ!
ଆଖି ପାଉନଥିବା
କେତେ ଯେ ବାଟ ଲଂବିଯାଇଛି
ଜାଣିନଥିବା କଥାକୁ
ମାପିବାକୁ କାହିଁକି କେହି
ସାହାସ କରଂତା ଯେ!
ଏଣୁ ଥାଉ ସେ ସଖାପଣ ଗୋପନରେ,
ତମ ଛୁଇଁଦେବାଠାରୁ
ଆହୁରି ଦୂରତାରେ।
ଯାହା କେବଳ
ଅବିଶ୍ରାନ୍ତ ଲୁହରେ
ଉଚ୍ଛୁଳି ଉଠୁଥାଉ
କାଳକାଳ।

|| ୪ ||

ସଖାପଣ
ପୌରୁଷହୀନ କରି
ମାଟି ପେଣ୍ଡୁଳାଏ କରିଦିଏ,
ଅଚାନକ
କଅଁଳା ପିଲା ପରି
ନିରୀହ କରିଦିଏ
ସେ କଥା ବୁଝିପାରେ
କେବଳ ସଖାପଣ ।
ମାଗିଲେ କିଛି ମିଳେନା ଅଥଚ
ସବୁ ଇ ସମର୍ପିତ ହୋଇଥାଏ
ଆପଣାଛାଏଁ,
କେଉଁ ତୁଳାଦଣ୍ଡରେ ମାପିବାକୁ
ମୁହୂର୍ତ୍ତମାନଙ୍କ ଭିତରେ
ଏକାତ୍ମଭାବ ଅଛି ଯେ ! !

ପ୍ରତିଟି ମୁହୂର୍ତ୍ତମାନେ
ସ୍ୱାର୍ଥପରତାରେ
ଚିହ୍ନିପାରନ୍ତିନି ସମୟର ସୁଖ ।
ସମୟ ଯେ
କେଉଁଠି ଅଟକିଯାଏ

ନିର୍ଲିପ୍ତ ଋଷି ପରି
କେବଳ ଜାଣିଥାଏ ସଖାପଣ ।
ଯିଏ ବାରଂବାର ଦଂଶନ କରି
ଜନ୍ମ ପରେ ଜନ୍ମ ଦେଉଥାଏ
ଚିହ୍ନିବାକୁ ମାଟି, ଆକାଶ
ରକ୍ତମାଂସର ହୃଦୟ ॥

ନିରୁତା ସଖାପଣ ତ
ନିର୍ମଳ ଆକାଶ ପରି
କୋଳେଇ ନେଉଥାଏ ଔଦ୍ଧତ୍ୟ
ସମୟର କଷ୍ଟ ଆଉ
ନିଜସ୍ୱପଣକୁ ।
ଯେଉଁଠି
ସ୍ୱପ୍ନର ଭିଡ଼ ଠେଲି
ଚିହ୍ନା ମୁହଁଟିଏ ଦିଶିଯାଏ
ଅଚ୍ୟୁତ ଯୁଗର ନିଜର ବୋଲି !!

ଫେରିଚାହିଁବା
ଅର୍ଥହୀନ ମନେହୁଏ
ସଖାପଣରେ ।
କେବଳ ଦିଅ
ଆଉ ଦେଇଚାଲିଥାଅ
ନିଃଶେଷ ହେବାଯାଏ ସବୁ ସୁଖ
ନିଃଶବ୍ଦ ହେବାଯାଏ ସବୁ ଶବ୍ଦ
ଏଇ ବିଶାଳତା ଓ
ମହାନତାରେ ଫୁଟିଉଠେ

ତାରାଫୁଲ
ଉଚ୍ଛୁଳି ଉଠେ
ଭାବନାର ମହାସମୁଦ୍ର ।
ଆଉ
ପରଖିବା ଲାଗେ
କୁହୁଡ଼ି ପହଁରା ପରି ।।

ଅଂତରଂଗମାନେ କେଉଁଠି
ଓ
ମୁହୂର୍ତ୍ତକ ପାଇଁ
ଉଜ୍ଜ୍ୱଳି ଉଠୁଥିବା ମୁହଁଟିଏ
ହୋଇଯାଏ କେମିତି ଏକାଂତ
ତ
ଲେଖାଯାଇନି ସେ ସଂଜ୍ଞା
ଏଯାଏ,
ତଥାପି
ସଖାପଣର ବଂଧନ
ଯୁଗଯୁଗକୁ
ମାୟା ପରି ବାଂଧି ରଖୁଥାଏ
କେଉଁ ପରମାତ୍ମାର
ସୁଖରେ କେଜାଣି ! !

■

|| ୬ ||

ସୃଷ୍ଟିର ସବୁକିଛି
ଦେଖିସାରିଲା ପରେ
ଖୋଜି ପାଇଲା ପରେ
ହଜିଯାଇଛି ନିଜ ଭିତରେ ।
ହଜିଲା ପରେ ତ
କୂଳକିନାରା ନାହିଁ କିଛି
ସବୁ ଲାଗୁଛି ଅପହଂଚ
ଏପରିକି
ତମ ସଖାପଣ
ମାଟିର ମାଧୁର୍ଯ୍ୟ
ଆଉ ସ୍ୱପ୍ନହୀନ ପ୍ରାଣ ।।

ସେତେବେଳେ ଲାଗେ
ନିଜଠାରୁ କେହି ଆପଣାର
ଟିପା ମାରୁଥାଏ ଛାତି ତଳେ ।
ବାଧ୍ୟ କରେ
'ହଁ' ଭରିବା ପାଇଁ
ସଖାପଣ
ଯାହା ଲାଗେ ପ୍ରାଣଠାରୁ
ଆହୁରି ନିକଟ ।।

ସବୁକୁ
ବିଶ୍ୱାସ ଭିତରେ କିଏ ତଉଲି ନିଏ
ସବୁକୁ
ଆତ୍ମା ଭିତରେ କିଏ
ଛବି ପରି ଆଂକିଦିଏ ।

ସେତେବେଳେ
ସକାଳ ଆଉ ସଂଜ
ଦିଶେ ଏକା ପରି
ପୁଣି
ଏକାକାର ହୋଇଯାଏ
ମୁହୂର୍ତ୍ତର ମିଥୁନ ଲଗ୍ନରେ ।।
ଦୁର୍ଲ୍ଲଭ ଦେବପଣ ପରି
ସଖାପଣ
କେମିତି ରହଂତା
ଏ ମାଟି ଘଟରେ !
ତଥାପି
ହାତ ପାଉଥିବା ଯାଏ ଲଂବାଇ ଦିଏ
କୋଳେଇ ନେବାକୁ,
ପୁଣି ଭାବେ
ସେହି ଆଲିଂଗନ ଫାଶରେ
ସ୍ଥିର ନିଶ୍ଚଳ ହୋଇ
ରହିଯାଆନ୍ତି କି ଜନ୍ମଜନ୍ମ ! !

ସଖାପଣ ତ
ବିଜ୍ଞାପନଟିଏ ନୁହେଁ ଯେ
ଝୁଲେଇ ଦେଇହେବ କାଂଥବାଡ଼ରେ !
ଆତ୍ମରକ୍ଷାର କବଚଟିଏ ନୁହେଁ ଯେ
ଲୁଚେଇ ଦେଇ ହେବ ନିଜକୁ !
ଏକଥା ଭାବିବାର ଅବକାଶ
ଆସିନି ଏଯାଏ ବୋଲି
ଇତିହାସ ପରି ଖୋଜିଯାଆଂତି କାହିଁକି
ସଖାପଣର ଜନ୍ମ ନକ୍ଷତ୍ର ! !

■

॥ ୭ ॥

ତମକୁ ଛୁଉଁଛୁଉଁ
ସାରା ଦେହରେ ଖେଳିଗଲା
ବିଜୁଳି ଚମକ ।
ଛାତି ଦୁଲୁକାଇ ରେଳଗାଡ଼ି
ବାରଂବାର ଯାଉଥାଏ ଆସୁଥାଏ
ସୁସୁରି ବଜେଇ ।
କେତେବେଳେ ମୋ' ଭିତରୁ
ଚିତ୍ରକର ଜଣେ ଆସି
ରଂଗ ଦେଇ ବିହ୍ୱଳିତ କରିଦିଏ ଦୃଶ୍ୟ ସବୁ
ମନମତାଣିଆ
ଆଉ ଜଣେ ମୋ' ଆତ୍ମାକୁ
ମୂର୍ତ୍ତିମଂତ କରିଦିଏ ସେ ଚିତ୍ରରେ
ଲଗେଇ କିମିଆଁ ॥

ସବୁଠି ଦେଖୁଛି
ନିଜକୁ ମୁଁ ଯେଉଁଠି ପହଂଚେ
ଚାରିପାଖେ ଯୁଗନଦ୍ଧ ଚିତ୍ରର ମେଳଣ
ସବୁକୁ ଛୁଇଁଲେ
ଛୁଉଁଛି ମୁଁ ମୋତେ ବାରଂବାର ।

ଆଉ କେମିତି ଆମେ
ଆପଣାରୁ ଅଲଗାଅଲଗା
ମୋ' ଭିତରେ ଏକାକାର ହୋଇଅଛି
ମାଟିରୁ ଆକାଶ
ତା' ଭିତରେ
କୋଟିକୋଟି ସ୍ୱପ୍ନମୟ ବିଶ୍ୱ ॥

ଯେଣେ ଶୁଣୁଅଛି
ସବୁ ମୂର୍ଚ୍ଛନାରେ ତମେ ସ୍ୱର
ମୁଁ ପାଲଟେ ଶବ୍ଦ-ସମାହାର ।
ଯେଣେ ଦେଖୁଅଛି
ସବୁ ଦୃଶ୍ୟମୟ ସତ୍ତା ତମେ
ଅପହଂଚ ଅନେକ ଦୂରର ।
ତମେ ମୋର ସବୁ ଋତୁ
ମୁଁ ତୁମର ମୁଗ୍ଧ ସ୍ୱପ୍ନଚାରୀ
ସମୟର ଯବକାଚେ ଛାୟାଛନ୍ନ
ତମ ଛବି କେବେ କିଏ ପାରିବ ପାସୋରି ! !
ଏତେ ପରେ ରହିଯାଏ
କେଉଁଠି ଅଝୁବା ସୂତ୍ର
ଅସହାୟ କରୁଥାଏ ମୋତେ
ଅବୋଧ ପିଲାଟି ପରି
ଲୋଡୁଥାଏ ଦକଶୂନ୍ୟ ଛାତି ତମ
ସମୟର ନିଷ୍ଠୁର ଆଘାତେ ॥

ନିଚିପର ତମେ ଲାଗ
ଅଂକ ପରି ଏକାଂତ ଜଟିଳ

ଯେତେଯେତେ ଚିହ୍ନୁଥାଏ
ଗୋଲୋକଧଂଦାରେ ପଡ଼ି
ଆହୁରି ଅଚିହ୍ନା ପରି ଲାଗ ସଦାକାଳ ।
ସେଥିପାଇଁ ଯୁଗଯୁଗ
ତମ ପାଖେ ଥାଏ ଯେଉଁ ସୁଖ
ସଂସାରର ସମସ୍ତ ବୈଚିତ୍ର୍ୟ ହୁଏ
ତା' ପାଖରେ ନିଃସ୍ୱ ।
ସୃଷ୍ଟିର ଲାବଣ୍ୟଠାରୁ
ମନୋରମ ତୃଷ୍ଣା ତଳେ ମଗ୍ନ ପ୍ରାଣପକ୍ଷୀ
ସେ ଭାଗ୍ୟକୁ ଖୋଜୁଥାଏ ପାଇବାକୁ
ପ୍ରତିଜନ୍ମ ନିର୍ବାପିତ ସୂର୍ଯ୍ୟାଲୋକେ
ନିର୍ଲିପ୍ତ ସନ୍ନ୍ୟାସୀ ।।

■

॥ ୮ ॥

ଫେରିଲା ପରେ
ଅନୁଭବିଲି
ବିଚ୍ଛେଦ ଭୟାନକ କେତେ ।
କହିନଥିବା କଥାମାନେ
ବାରଂବାର ଉଚ୍ଛନ୍ନ କରୁଥିଲେ
ଦଳିମକଚି ସାରା ମନ
ଆନମନା କରିଦେଉଥିଲେ ।
ନିକଟପଣିଆ କେମିତି
ଆଖି ପାଉନଥିବା ଦୂରତାରେ
ଅପହଂଚ ପରି
ଚହଲା ପାଣିରେ ଜହ୍ନର ଛାଇ ପରି
ଟୁକୁରା ପାଲଟିଗଲା କ୍ଷଣିକରେ
ସବୁ ସ୍ୱପ୍ନ ଭାବନା ଭିତରେ ! !

ପାଖରେ ଥିଲାବେଳେ
ନିକଟପଣିଆ ଲାଗେ
ବାସକସଜ୍ଜା ନାୟିକା ପରି
ମୁଗ୍ଧା ରମଣୀୟା ।
ଭାବନାର ଝୀନ ବାସ ଭିତରୁ ଚହଟୁଥାଏ
ସ୍ୱପ୍ନର ନିଟୋଳ ସୁଠାମ ଅବୟବ ।
କେତେ କଳ୍ପନାର ଇଂଦ୍ରଜାଲରେ
ଧୂପର ମହମହ ବାସ୍ନାରେ
ପୂରିଉଠେ

କାମୁକତା ପରିପୂର୍ଣ୍ଣ
ଅଗମ୍ୟ ଅଂଧାରର ଝାଉଁବଣ ।।
ସେତେବେଳେ ନିର୍ଜନ ସମୟମାନେ
ଏକାଂତ ଆତ୍ମୀୟ ପରି
ଚଟୁଳ ପରିହାସରେ
କରିଦେଉଥାଂତି ଖୁବ୍ ଆପଣାର ।
ସବୁଠି କେବଳ ସମର୍ପି ଦେବାର ଇଚ୍ଛା
ନିଜର କରିନେବାର ପଣ
ବାଂଧି ରଖୁଥାଏ ଯୁଗଯୁଗ ।
ସେ ଭିତରେ ଖୋଜୁଥାଏ ନିଜକୁ
ଦରଫୁଟା ଫୁଲରେ, ପତ୍ରରେ
ମର୍ମର ଶବ୍ଦରେ, ମାଟିର ଗଂଧରେ ।।

ଆଜି କାହିଁ କେତେ ଦୂରରେ
ଥାଇ ଦେଖୁଛି
ବିରହର ବିଳାପରେ
ସମୟ ପାଲଟିଯାଇଛି
ନିର୍ଲିପ୍ତା ସନ୍ନ୍ୟାସିନୀ ।
ମୋ ଗୋପନ ଇଚ୍ଛାମାନଂକୁ
ମୂର୍ତ୍ତିମଂତ କରିଦେବା ପାଇଁ
ମନ୍ତ୍ରପାଠ କରିଚାଲିଛି ନିରବଧି ।
ସତରେ
କେତେ ନିବିଡ଼ ମୁହୂର୍ତ୍ତମାନଙ୍କୁ
ରୋମାଂଚ ଭରା ଅନୁଭବଂକୁ
ଛାଡ଼ି ନ ଆସିଛି ସ୍ମୃତିର ବେଳାରେ ।
ଯେଉଁମାନେ ଏ ଜନ୍ମ ପାଇଁ
ଅତିଷ୍ଠ କରୁଥାଂତି
ପୁଲକିତ ଅପୂର୍ଣ୍ଣ ତୃଷ୍ଣାରେ ।।

॥ ୯ ॥

ଆଉ କେମିତି
ଅଟକାଇ ହେବ ନିଜକୁ ।
ଚାରିଦିଗରେ ତ ଜଳାର୍ଣ୍ଣବର ମହୋତ୍ସବ
ଟାଣି ନେଉଛି, ଆତ୍ମସ୍ଥ କରିନେଉଛି
ସବୁ କୋଳାହଳ, ଜଂଜାଳ, ପାପପୁଣ୍ୟ
ମୁହୂର୍ତ୍ତକରେ ପାଲଟିଯାଉଛି
ଜଡ଼ପିଣ୍ଡ ଏ ଦେହ ॥

ଯେଉଁ ଦେହକୁ ନେଇ
ଗର୍ବ, ଅହଂକାର
ଯେଉଁ ସୁନ୍ଦରପଣକୁ ନେଇ ବଡ଼ିମା
କେମିତି କ୍ଷଣକରେ
ବାସି ଫୁଲ ପରି ମଉଳି ପଡୁଛି
ନୀରବ ହୋଇଯାଉଛି
ବରଫ ପରି ହୀମ ଶୀତଳ ହୋଇଯାଉଛି ।
ନିଜକୁ ବି ବିଶ୍ୱାସ ହେଉନି
ବୁଝି ହେଉନି
ଏତେ ଅଘଟଣ କେମିତି ଘଟିଯାଉଛି ନିଃଶବ୍ଦରେ ॥

ଜୀବନ ଥାଏ ବୋଲି
ଏକଲାପଣ ଗୋଡ଼େଇ ଖାଉଥାଏ ସବୁଦିନ,
ଆବେଗ ଥାଏ ବୋଲି
ଛାତି ଭିତରେ କେହି ଜଣେ
ଆଘାତ କରୁଥାଏ ବାରଂବାର,
ସେତେବେଳେ ତ
ଚିହ୍ନି ହୁଏନି ମାଟିକୁ କି
ବୁଝିହୁଏନି ମାଟିର ଗୀତ।
ଅଥଚ
ସବୁ ମୋହରେ ବାଂଧିହୋଇ
କେମିତି ଜାବୋଡ଼ି ଧରିଚି ଏ ମାଟିକୁ ଦେଖ !!

ସବୁ ପଣରେ ଅହଂକାର ଥାଏ ବୋଲି
ମଣିଷ ଇ ତ କାଂଦେ
ଲୁହ ଝରେ ବୋଲି ତ
ସେ ବୁଝେ
ବିରହ କେମିତି ଜାଳେ ଜନ୍ମ ଜନ୍ମ।
ସବୁ ଇଚ୍ଛାର ଉର୍ଦ୍ଧ୍ୱରେ ତ
ସେଥିପାଇଁ ଅଂକାଯାଇଛି
ତମର ପ୍ରତିଛବି
ଇହରୁ ପରକାଳ ଯାଏ।

∎

|| ୧୦ ||

ନିକାଂଚନ ମଣୁଥିବା ସ୍ଥାନମାନେ
ସବୁକାଳେ ଗହଳଚହଳ ।
ଆଉ କେଉଁଠି ଲୁଚେଇ ରଖିହେବ,
ପୁଣି କାହା ପାଖରୁ
ଦୂରେଇ ରଖିହେବ ତମକୁ !
ସବୁ ଗୋପନ ଭାବଠାରୁ
ଏକାଂତ ଗୋପନୀୟ ବୋଲି
ଖୋଜା ଚାଲିଛି ଦେହଠାରୁ ସୃଷ୍ଟି ଯାଏ
ଦେଖା ଅଦେଖା, ଜଣା ଅଜଣା, ସମ୍ଭାବନାମୟ
ଯେ' ଯାଏ ଦୂରଦୂରାଂତକୁ ଯାଇପାରୁଛି
ଦୃଷ୍ଟି, ଭାବନା, କଳ୍ପନା ।।

ପାଖ ।
ଏତେ ପାଖ ଯେ
ପ୍ରଭେଦ ରହିନି କିଛି,
ପୁଣି
ଏକାତ୍ମତାରେ ଏତେ ଦୂରତ୍ୱ ଯେ
କାହିଁ କେଉଁଠି ଆଖି ପାଏ ନାହିଁ-
ଏଇ ସମ୍ମୋହନ- ବିସ୍ମରଣର ଖେଳରେ
ଅନବରତ ହାରି ଲୁହଲୁହାଣ ହୋଇ
କେମିତି ବାରଂବାର
ଜିତିଯିବାର ଉଲ୍ଲାସରେ ଫାଟିପଡୁଛି !!

ମୃତ୍ୟୁର ବୈଚିତ୍ର୍ୟ ଠାରୁ
ଆହୁରି ଅଧିକ ପ୍ରେମ।
ମୃତ୍ୟୁ ଆଶଂକାରେ ଭୟ ଓ
ଆବେଗପ୍ରବଣତାରେ ପ୍ରେମ
ଏକାକଥା ନୁହଁନ୍ତି ବୋଲି
ଜୀବନ ପ୍ରତି ଲୋଭ ବଳିପଡ଼େ କୋଟିଗୁଣ,
ସବୁ ଯଂତ୍ରଣା ସତ୍ତ୍ୱେ
ଜନ୍ମ ହେବା ପାଇଁ ଇଚ୍ଛା ହୁଏ
ଏ ମାଟିରେ ବାରଂବାର।
ଏ ମୋହିନୀ ମନ୍ତ୍ରର କିମିଆଁ ଖେଳ
ଯୁଗକୁ ଯୁଗ ଅହରହ ଚାଲିଥାଉ,
ପାଇବାର ଆକର୍ଷଣ ବାଂଧିରଖୁ
କେଉଁ ଅନାଗତ ଭବିଷ୍ୟତ ପାଇଁ
ଯେଉଁଠି ଶୋଷର ଅପୂର୍ଣ୍ଣତା ଭିତରେ
ମନ ଖୋଜୁଥିବ...
ଅବିରତ ଖୋଜି ଚାଲିଥିବ ପାଇବା ପାଇଁ॥

■

॥ ୧୧ ॥

ସମୟ
ବାଜିକର ପରି
ବଦଳେଇ ଦିଏ
ସବୁ ଭଲଦିନ ।
ମୁହୂର୍ତ୍ତକରେ ବଦଳୁଥିବା ସବୁକଥା
ଆଶ୍ଚର୍ଯ୍ୟ କରଂତି ନାହିଁ ଆଉ ।
ସେଇମାନେ କଂଟା ହୋଇ ଫୁଟିଯାଆଂତି
ଅଂତରରୁ ଅନଂତ ସମୟଯାଏ
ଯେଉଁଠି ସାଇତା ହୋଇ ରହିଛଂତି
ମୋର ପ୍ରିୟମାନେ
ଛାତିଠାରୁ ଆହୁରି ଗଭୀରରେ ॥

ଯୌବନର ପ୍ରେମ
ଅବୁଝା ହୋଇ ସବୁବେଳେ
ଯୌବନାଂତରେ ପାଲଟିଯାଏ ବିଷ ।
ଜଳୁଥାଏ ଅହରହ
କେହି ଦେଖିବାପୂର୍ବରୁ
ଅଂଧାରରେ ଲେସି ହୋଇଯାଏ
ସବୁ ସ୍ୱପ୍ନ ।
ଅଜଣା ଜାଗାରେ ହଜିଯାଏ

ସ୍ମୃତି, ପ୍ରତିଶ୍ରୁତି
ଧୂଳିଧୂସର ଆକାଶ ରଂଗରେ ।।

ସ୍ୱପ୍ନ
ସ୍ୱପ୍ନ ହୋଇ ରହିବା ଭଲ ।
ଦୂରରୁ ସୁନ୍ଦର ଦିଶଂତି ଏମାନେ
ଅନେକ ପାଇବାର ଆଶାରେ
ଆକର୍ଷଣ କରଂତି ସାରା ଜୀବନ ।
ସୂର୍ଯ୍ୟ ଚାରିପାଖେ
ପୃଥିବୀ ପରି ଘୂରାଉଥାଏ
ଜନ୍ମଜନ୍ମ ।।

ଛାଇ ଆଲୁଅ ଭିତରୁ
ଦିଶୁଥିବା ମୁହଁଟିରେ
କେମିତି ଭରି ହୋଇଯାଏ ପ୍ରଲୋଭନ ।
କେହି ସବୁବେଳେ କହୁଥାଏ
କୁମ୍ଭାରଚକ ଘୂରୁଚି ସାରାକାଳ
କିଛି ପାଇବାକୁ ଆଶା ନ ରଖୁଥିବା
ମଣିଷଟିଏ ତିଆରି ହେବା ପାଇଁ ।।

ସବୁକାଳେ ତ
ସ୍ୱାର୍ଥପର ଏଇମିତି ।
କେହି ନିଜର ବୋଲି
ପରିଚୟ ଦେଲାବେଳେ
ଛାତିରେ ହାତରଖି
କହିହୁଏନି ନିଜର ବୋଲି ।

ପରିଚିତ ଓ ଆତ୍ମୀୟମାନେ
ଦିଶଂତି ଅଚିହ୍ନା ପରି
ଚିହ୍ନାଚିହ୍ନା ଶବ୍ଦମାନେ
ଅବୁଝା ଲାଗଂତି ।
ସେତେବେଳକୁ
ଶେଷ ହୋଇସାରିଥାଏ
ଚିହ୍ନା ମାଟିର ଶୋଷ ।।

ତା'ପରେ ତ
ସବୁ ଦୋଷକୁ ଆପଣେଇ
ବୁଲିବାକୁ ହୁଏ
ହତଭାଗା ପିଶାଚ ପରି ।
ସବୁ ଦୋଷକୁ
ସ୍ୱୀକାର କରିନେବାକୁ ହୁଏ
ଜଡ଼ ଭରତ ପରି
ମାଟି ଥିଲାଯାଏ ।

|| ୧୨ ||

ଏ ତ ସମୟ ନୁହେଁ !
ବିଶ୍ୱାସଘାତକ ପରି ଛିଡ଼ା ହୋଇଛି
ଏକ ଅଶରୀରୀ ଆତ୍ମା,
ଜୀବନତମାମ ଯିଏ କେବଳ
ପୀଡ଼ା ଦେଇ ଆନଂଦ ନେଇପାରେ ।
ଏମିତି ମୁହୂର୍ତ୍ତ ନାହିଁ
ଯେଉଁଠି
ଅଂଗାରରେ ଲେଖାଯାଇନି
ଛକି ଚିହ୍ନ,
ଯେଉଁଠି ପୋଛି ଦିଆଯାଇନି
ସବୁ ସୁଖର ସୌଭାଗ୍ୟ ।

ନିଜର କହୁଥିବା ଲୋକମାନେ
କେମିତି
ପର ପାଲଟିଯାଆନ୍ତି କେଜାଣି !
କେବଳ ପର ନୁହଁନ୍ତି
ପଥର ପାଲଟିଯାଆନ୍ତି ଶେଷଯାଏ ।
ଏତେ ଲଂବା ବିଶ୍ୱାସ
ବାରୁଦ ପରି ନିଃଶେଷ ହୋଇଯାଏ
କ୍ଷଣକରେ ।

ଜଗତଯାକର ଅଂଧାର ଜମାଟ ବାଂଧି
ଭୂତ ପରି ଡରାଉଥାନ୍ତି ସବୁବେଳେ ।।

ପାଦ ଛଂଦା ହୋଇଛି
କେଉଁ ନିର୍ମୂଳି ଲଟାରେ କେଜାଣି
ନିଜର ମୂଳ କି ଶେଷ
ଦୃଶ୍ୟ ହେଉନି କେଉଁଠି ।
ଏକା ଯିବାକୁ ଅଛି ତ
କେଉଁ ମାୟା ଲଗାଉଛି ଏତେ ଲଟ !
ସବୁ ମୋର ବୋଲି କହି
କାହିଁକି ଜଳାଉଛି ଅହରହ
ରହିଯାଉଛି ଅଜ୍ଞାତରେ, ଅବୁଝାରେ
ସବୁ ତର୍କ ଆଉ ବିଶ୍ଳେଷଣର ବାହାରେ ।।

ଛାତି ତଳେ କିଏ
ଏତେ ଦହଗଂଜକୁ ଆପଣେଇ ନେଇ
ବଂଚିବା ଶିଖାଉଛି ବାରଂବାର !
ଏତେ ନାରଖାରକୁ
ସୁନ୍ଦର କରି ଗଢ଼ିଦେଉଚି ବାରଂବାର !!
ସତସତିକା ପରି ସ୍ୱପ୍ନରେ ଭରିଦେଉଚି
ଫୁଲ, ପ୍ରଜାପତି, ମାଟିର ସୁଖ ଯେ;
ହାତପାତି ମାଗିନେବାକୁ ପଡୁଛି
ସେହି ସମୟ, ସେହି ଜୀବନ
ଫେରିବା ଯାଏ । ଫେରିବା ଯାଏ ।।

■

।। ୧୩ ।।

ଦୁଇପାହାଡ଼
ନଈ, ସବୁଜ ବନଭୂଇଁ
ସୁନ୍ଦର ଦେଖାଯାନ୍ତି ।
ଅନେକଥର
ଭୋଜି ହୋଇଛି
ନଈପଠାରେ, ପାହାଡ଼ ଖୋଲରେ
ସବୁଜ ଅରଣ୍ୟ ଭିତରେ ।
ତମେ କେବେ ବି ଥରେ
ରଖିଲନି ନିମନ୍ତ୍ରଣ
ଆସିଲନି ଅତିଥି ହୋଇ ।
ବାରଂବାର
ବଂଧୁପଣ ପାଣି ଫାଟି ଯାଇଛି
ବିରସ ମନରେ ।।

କେତେଥର
ଘରୁ ବାହାର ଯାଏ
ପଚାରିଛଂତି ସେ କିଏ !
ପରିଚୟ
ସତରେ କ'ଣ ଏତେ ସୋଜା
ଶବ୍ଦମାନେ
ସତରେ କ'ଣ ଏମିତି କୃତଜ୍ଞ
ଆପେଆପେ ବୁଝେଇ ଦେବେ
ଆତ୍ମାର କଥା !!

ହୃଦୟ
ମୋର ଭାବନା ବୋଲି
ବୁଝିଛି ସେଇଦିନ।
ଯେବେ ବି ଭୁଲିଯିବି ତମକୁ
ଆପଣାଛାଏଁ
ଏ ଦେହ ଛାଡ଼ି ଚାଲିଯିବ ପ୍ରାଣବାୟୁ।
ସବୁ ପବନର ଖେଳ ବୋଲି
ପ୍ରମାଣ କରିପାରିବ ତମେ
ତା'ଠାରୁ ବି ଅନେକ ବଡ଼
ମୋର ସ୍ୱପ୍ନ
ଯାହା ବାରଂବାର କ୍ଷତାକ୍ତ ହୁଏ
ବିମର୍ଷ ଭାଗ୍ୟର ଖେଳରେ।।

ତଥାପି
ମୁଁ ତ କେବେ
ନିଜର ହୋଇପାରିନି କାହାର।
କୋଠାବାଡ଼ିରୁ ଆରଂଭ କରି
ମୋଟର ଗାଡ଼ି
ଘରର ସମସ୍ତ ବିଳାସ ସାମଗ୍ରୀ
ବଂଧୁବାସରୁ ପରିବାର
ଏଣିକି
ଲଫଙ୍ଗାଙ୍କ ଅଶ୍ଳୀଳ ଶବ୍ଦ ପରି
ବର୍ଜନୀୟ ହୋଇପଡ଼ିଛନ୍ତି।
ଅଥଚ
କାହାର ଲୋଡ଼ିବା ପଣ
ସମୁଦ୍ରର ଶୋକ ପରି
ଛୁଉଁଥାଏ ବାରଂବାର
ଅଧାଅଧା ନିଷ୍ପ୍ରଭ ବିଶ୍ୱାସେ।।

■

॥ ୧୪ ॥

ସାରା ଜୀବନ ଭିତରେ
ସେ ଅତିଥି ଥରେ ଆସଂତି
ଶଂଖୋଳି ନେବା ପାଇଁ।
ସେ ଜଣେଇନଥାନ୍ତି ଦିନ ବାର
ଆସିବା ସମୟ।
କିଂତୁ ପହଂଚିଲା ପରେ
କେହି କ'ଣ ଅଟକେଇପାରଂତା କେବେ!!

ଏମିତି ଦିନ ନାହିଁ
କେବେ ମନେ ନପଡ଼େ ତାଂକ କଥା!
ଏତେ ପ୍ରିୟ ଓ ନିର୍ଦ୍ଧାରିତ ସତ୍ୟକୁ
ମୁହାଁମୁହିଁ ଦେଖିଦେଲେ
କେମିତି ଆନମନା ହୋଇଯାଏ
ସାରା ସଂସାର
ଅଜଣା ଆଶଂକାରେ ବଢ଼ିଯାଏ ରକ୍ତଚାପ।
ଏ ମାଟି ଆପଣାଛାଏଁ
ନିଜର କରିନିଏ ସବୁ ଭାବ ଓ ଭାବନା।

ଗାଁ, ପାହାଡ଼, ନଈ, ତୋଟା
ସଂପର୍କ, ବଂଧୁବାସ, ପରିବାର
ସଂସାରର ସବୁ ସୁନ୍ଦରର ମାୟାର
ଆକର୍ଷଣ ଠାରୁ
ପ୍ରତିଦିନର ଅଭାବ ଓ ଦୁଃଖକଷ୍ଟ
ହାରିଯିବା ସାମୟିକ ଲାଗେ ।
ମାଟିରୁ ଆକାଶଯାଏ ପ୍ରମାଣ କରୁଥାଂତି
ସେମାନଂକ ଆତ୍ମୀୟତା
ମୋର ନିବିଷ୍ଟ ଅଭିନୟରେ ।।

ଅଦୃଷ୍ଟକୁ ଦେଖିପାରୁଥିବା ମଣିଷ ପାଖରେ
ଅସମ୍ଭବ ବୋଲି ନାହିଁ କିଛି ।
ଅଥଚ
ସ୍ୱାଧୀନତା ଦାବି କରୁଥବା ଲୋକ
କେବେ ବି ବାହାରି ନଥିବ
ବୈଠକଖାନାରୁ
କି ଭାଂଗିପାରିନଥିବ ସାମ୍ନାରେ ଥିବା ଅହଂକାରର ଦର୍ପଣ ।
ଥରେ ପାଦ କାଢ଼ିଲେ
ଯିବାକୁ ହେବ
ପାଶୋରି ଦେଇ ମାଟି ଓ ମମତା ।।

■

ଅଳଂଧୁଲଗା ସ୍ୱପ୍ନର ଏଲିଜି

॥ ୧ ॥

ଇତିହାସ ଖେଳେଇ ଦେଖିଲି
ଗୋଟିଏ ମାଟିଗଦା,
ରକ୍ତମାଂସ ନଥିବା କଂକାଳଟିଏ
ବାରଂବାର ଉପହାସ କରୁଥାଏ ସମୟକୁ।
ଝିଅ ପଚରିଲା:
ଇତିହାସ ପଢ଼ିଲେ କ'ଣ ମିଳେ ?
ଅନ୍ୟମନସ୍କ ଭାବରେ ଦେଖୁଥିଲି
ମଧ୍ୟାହ୍ନର ସୂର୍ଯ୍ୟ କେମିତି
ହୀମଶୀତଳ ହୋଇ
ଲିଭିଯାଉଛି ଦିଗ୍‌ବଳୟରେ।
ଉଦାସ କଣ୍ଠରୁ ମୋର ବାହାରି ଆସିଲା :
ସାର ସଂସାରର ବହି ଭିତରୁ ବି
କେଉଁଠି ଦେଖିଲି ନାହିଁ ମୋର ସ୍ୱପ୍ନ।
ଯେ' ଯାବତ୍ ଅମଲାତନ୍ତ୍ର ଓ ଗଣତନ୍ତ୍ରର
ବ୍ୟଭିଚାର ଚାଲିଥିବ
ଇତିହାସ ଏଇମିତି
ମାଟିଗଦାଏ ହୋଇ ରହିବ ନାହିଁ ତ ଆଉ କ'ଣ ? ?

ଆଉ ଆଗକୁ
ରାସ୍ତା ନଥିଲା ଯିବା ପାଇଁ।
ଆଗରେ ସମୁଦ୍ର, ପଛରେ ମନସ୍ତାପ
ଡାହାଣରେ ଷଡ଼ଯନ୍ତ୍ର, ବାମରେ ଗୁଳିଗୋଳା
ପତ୍ରଟିଏ ହଲିବା ପାଇଁ
ଆଉ ନଥିଲା ପବନ,
ତା' ଭିତରେ ଝାପ୍‌ସା ଦିଶୁଥିଲା
ଉଦାସ ଓ ମଳିନ ଭାରତବର୍ଷର
ମାନଚିତ୍ର।
ରୁଂଧି ହୋଇଯାଉଥିବା ନିଃଶ୍ୱାସକୁ
ଊର୍ଦ୍ଧ୍ୱକୁ ଟୋଳିଦେଇ ଦୀର୍ଘଶ୍ୱାସ ନେଲି।
ନିଜ ଭିତରୁ ଗୁମୁରିଗୁମୁରି
କେହି ଜଣେ କହୁଥିଲା
ହାରିଯାଉଥିବା ମଣିଷର
ଇତିହାସ ଆଉ କ'ଣ ଦରକାର !!

■

|| ୨ ||

ସାରା ଜୀବନ
ସ୍ୱପ୍ନ ଦେଖିଦେଖି
ବାରଂବାର
ହାରିଯାଉଥିବା ମଣିଷ
ଲୁହ ଟୋପାଏ ବି
ପୁଛି ପାରେନା ନିଜ ପାଇଁ।
ସମୟ ସହିତ
ଘଟଣାମାନଙ୍କ ସହିତ
ପତ୍ନୀ ପିଲାଙ୍କ ସହିତ
ସଂସାରର ଯେତେଯେତେ
ଦୃଶ୍ୟ ଅଦୃଶ୍ୟ ସହିତ
ଚାଲିଥାଏ
ସବୁ ସମୟରେ ସଲାସୁତୁରା ।।

କେହି ନ ବୁଝିଲେ
ନିଜେ ବୁଝିବାକୁ ହେବ,
ସବୁ ଆଡ଼ବାଙ୍କରେ
ନୀରବ ହେବାକୁ ହେବ
ସଂସାରର ସମସ୍ତେ ଠିକ୍
ଆଉ
ନିଜେଇ ସବୁବେଳେ ଭୁଲ୍ ବୋଲି
ଭାବିନେଇ ଚଳିବାକୁ ହେବ ।।

ଛାତି ଫାଟି
ଅଦରକାରୀ କାଚଖଂଡ ପରି

ଗୋଟେଇ ନେଇ ଫିଙ୍ଗି ଦିଆହେବ
ଅଳିଆ ଗଦାରେ,
ମନ ହେଉ କି ହୃଦୟ
ଚିରା କାଗଜ ପରି ମଳିମକଚି
ଫିଙ୍ଗି ଦିଆହେବ ଡଷ୍ଟବିନ୍‌ରେ।
କେବଳ
ପାଇବାର ହାତମାନେ
ଫାଙ୍କା ଅଥଚ ନିଷ୍ଠୁର ଭାବରେ
ଘୂରି ବୁଲୁଥିବେ ମୁହଁ ଚାରିପାଖ।
ସତେ ଯେମିତି
ପ୍ରେତାତ୍ମାମାନେ ମାଗୁଛଂତି
କଂଚା ରକ୍ତ ମାଂସ
ଜନ୍ମଜନ୍ମାନ୍ତରର ଲୋଲୁପ ଦୃଷ୍ଟିରେ।।

ଅସହାୟ ହୋଇପଡୁଥିବା ଦିନମାନେ
ଅପରାହ୍ଣରେ
ଖୋଜିବୁଲଂତି ଶୈଶବ,
ମାଆର ପଣତକାନି
ସବୁଠାରୁ ନିରାପଦ ମନେହୁଏ
ସଂସାରର ପ୍ରାପ୍ତି ଆଉ ପ୍ରତ୍ୟାଶାରୁ
ମୁକ୍ତ ହୋଇ ସବୁକିଛି ଭୁଲିଯିବା ପାଇଁ।
ଯେଉଁଠି କିଛି ନ ଦେଇ ବି
ବାରଂବାର ନେବା ପାଇଁ
ଦାବି କରିହୁଏ।
କିଛି ନଶୁଣି ବି
ବରାଂବାର କହୁଥିଲେ କହି ହେଉଥାଏ।
ଆଉ କି ପ୍ରଶ୍ନ କରିବ !
ପୁଣି
ମଣିଷ ହୋଇ
ଜନ୍ମ ହେବାକୁ ଚାହେଁ କି ନାହିଁ ! !

।। ୩ ।।

ମନ ଯାହା ଚାହୁଁଛି
ଆଉ ହେବାର ନାହିଁ ।
ସୂର୍ଯ୍ୟାସ୍ତ ପରେ ଅଂଧାର ଇ ଅଂଧାର
ଛାଇଯିବ ମାଟିରୁ ଆକାଶଯାଏ
ଧୀରେଧୀରେ ବହଳ ନିଦରେ
ମୁଦି ହୋଇଆସିବ ଆଖି ।।

ନିଦ ଆସିବାର ବୟସରେ
ପହଂଚି ଥିବା ମଣିଷକୁ
ପେଜୁଆ ଦିଶେ ସବୁ ଦୃଶ୍ୟ ।
ଚାରିପାଖର ଗୁମ୍‌ସୁମ୍ ଶୂନ୍ୟତା ଭିତରୁ
ଆଖିମାନେ ହୋଇଉଠନ୍ତି
ଏକାଂତ ଅସହାୟ ।
ଛୁଇଁବାକୁ ଚାହିଁ ଛୁଇଁହୁଏନି କି
କହିବାକୁ ଚାହିଁ କହିହୁଏନି
ସବୁ ନିଜର କ୍ରମଶଃ ପର ହୋଇ ଆସେ
ନିଦ ଆସିଲାବେଳେ ।।

ସବୁଠି ଦିଶେ ମରଣ ମୁହଁର ପ୍ରତିଛବି
ସବୁ ଜାଗାରେ ଝଲସି ଉଠେ
ଯେତେଯେତେ ହରେଇଥିବାର ଦୁଃଖ
ସାରା ଜୀବନ ଖୋଜିଖୋଜି
କେଉଁଠୁ କିଛି ପାଇବା ପୂର୍ବରୁ
ବୁଝି ହୋଇଯାଏ
ନିଦ ଆସିଲାଣି ବୋଲି ।।

|| ୪ ||

ଯିଏ ଯେଉଁଠି ଥିଲେ
ନିଜନିଜ କକ୍ଷ ପଥରେ
ଇତିହାସ ପରି ଅବିଚଳିତ ।
ମୋ ଶୈଶବରୁ ଏଯାବତ୍
ଗ୍ରନ୍ଥାଳୟର ଅନାବଶ୍ୟକ ବହି ପରି
ଧୂଳିଜର୍ଜର ହୋଇ ମୁହଁମାଡ଼ି ପଡ଼ିରହିଛି
ଅନାଗତ ପାଇଁ କେଉଁ ଦର୍କାରକୁ ।।

ମୋ'ଠି ସତରେ କିଛି ଦର୍କାର ନାହିଁ
ଯେ' ଯାଏ ଯେଉଁମାନେ ପାଉଥିଲେ
ଆଦରୁଥିଲେ ନିତ୍ୟ ପ୍ରତିଦିନ
ନୂଆ ଖେଳଣା ପରି,
ତା'ପରେ ଭଂଗା ଖେଳଣା ହୋଇ
ଅଳିଆଗଦାରେ ପଡ଼ିବାକୁ ହେଲା ।
ଯିଏ ଭଂଗା ଖେଳଣା ପାଳିଟିଛି
ସେ ଜାଣିଛି
ଦରଦ କେମିତି ଦରଜ ହୋଇ
ସାରା ଶରୀରକୁ ଘାରେ ଜୀବ ଥିଲା ଯାଏ ।।

କେଉଁ ବହିରେ
ମୋ ପାରିବାପଣିଆର ବର୍ଣ୍ଣନା ନଥାଏ।
ଲୁହରେ ଗୋଳି ହୋଇ
କାହା ମୁହଁରେ ହସ ଦେଇଥିବାର କଥା ନଥାଏ,
ନେଉଥିବା ଲୋକମାନେ ବି କେଉଁଠି
ଲେଖିଦିଅଂତି ନାହିଁ
ଦେଉଥିବା ଲୋକର ନାଆଁ।

ଧୀରେଧୀରେ
ସଂଜରୁ ଅଂଧାର ହୋଇ
ନିର୍ବାପିତ ହୋଇଯାଆନ୍ତି
ନିର୍ବାସିତ ଦ୍ୱୀପର
ଅଥର୍ବ ଶବ୍ଦମାନେ ସବୁକାଳେ॥

■

|| ୪ ||

ବହୁବର୍ଷ ତଳେ
ମୌନାବତୀ ସଂକଳ୍ପ କରିଥିଲା
କେବେ ବି ପଦୁଟିଏ କଥା ନ କହିବାକୁ ।
ଗାଁ ଚାହାଳୀରୁ ପାଠପଢ଼ା ସାରି
ବୋହୂ ହୋଇ ଚାଲି ଆସିଥିଲା ଶାଶୁଘର,
କପାଳ ଉପରେ ହାତେ ଓଢ଼ଣା
ରୁଣୁଝୁଣୁ ଚୁଡ଼ି, ପାଦରେ ଅଳତା, ପାଉଁଜି
ଆସଂତାକାଲିର ସ୍ୱପ୍ନରେ ସେ
ବାରଂବାର ଯାଉଥିଲା ହଜି ।।

ଗୁରୁଜନମାନଂକୁ ଭକ୍ତି
କନିଷ୍ଠମାନଙ୍କୁ ସ୍ନେହଶ୍ରଦ୍ଧା ଦେବା ପାଇଁ
ବାପଘରୁ ହୋଇଥିଲା ଚୁକ୍ତିବଦ୍ଧ ।
ନିଜର ହାତ ପରସାରେ
ବୈକୁଣ୍ଠ ସମାନ ଘରଟିଏ ତୋଳିବାକୁ
ସମର୍ପି ଦେଇଥିଲା ନିଜକୁ ।
ଏତେପରେ ବି ଏକାଏକା ଓ ଅସହାୟ ଭାବରେ
ଗୁମୁରି ଲୁହ ଝାରୁଥିଲା ନିଜ ଭିତରେ ।
ମହାନ ହେବାର ତପସ୍ୟା ଭିତରେ
ଜଳୁଜଳୁ ସେ ଭାବୁଥିଲା
କେଜାଣି ଆଜି କ'ଣ କେମିତି
ବଦଳିଗଲା ସମୟ ଯେ !!

ଖବରକାଗଜରେ ଘନଘନ
ସମ୍ବାଦ ପ୍ରକାଶ ପାଉଛି
ନିର୍ଯ୍ୟାତିତା ବୋହୂର ଆତ୍ମାହୂତି,
ନବବଧୂ ନିର୍ଯ୍ୟାତନା, ବଧୂ ହତ୍ୟା।
କେଇଟା ବର୍ଷ ଭିତରେ
ବଦଳିଯାଇଛି ଯୁଗ
ସବୁଠି ଆତ୍ମପ୍ରବଂଚନାର ଖେଳରେ
ଜିତିଯିବାର ପୈଶାଚିକ ଉଲ୍ଲାସ
ବିଷମୟ କରିଦେଉଚି
ସମୟର ପ୍ରତିଟି ମୁହୂର୍ତ୍ତ।
ମୌନାବତୀର ଅବଗୁଣ୍ଠନ ତଳୁ
ଆଗ୍ନେୟଗିରିର ଲାଭା ପରି
ଉତୁରି ଆସୁଛି ସମୟୋଚିତ ପ୍ରତିଶୋଧ ॥

ଆଜି ମୌନାବତୀ ବୁଝିଲା
କ'ଣ ପାଇଁ ପ୍ରତିଜ୍ଞା କରିବାକୁ ହୁଏ,
ପ୍ରତିଜ୍ଞା ନ ଭାଂଗିଲେ ଆଉ କ'ଣ କିଛି
ନୂଆ ସଂକଳ୍ପ ନେଇ ହେବ !
ହତଭାଗିନୀମାନଂକ ପରି ସହିଦ ହେବାର ପରଂପରା
ଆଉ ଭବିଷ୍ୟତ ନ ଦେଖୁ
ଏଇ ସ୍ୱପ୍ନରେ ନିଜକୁ ତିଆରୁଥିଲା ସେ ॥

■

|| ୬ ||

ବରଂ
ବେଶ୍ ଉତ୍ତରଆଧୁନିକ
ମୋର
ସତୁରୀ ବର୍ଷର ଜେଜ ।
ବର୍ତ୍ତମାନ
ପୂରା ବଦଳିଯାଇଛି ଗାଁ,
ଗାଁରେ ପାଇପ୍ ପାଣି
ଘରକୁ ଘର ବିଜୁଳିବତି
ଧୂଳି ଟିକେ ପାଇଁ ଯିବାକୁ ହେବ
ଗାଁ ମୁଂଡ ବିଲକୁ ।
ଭାଗବତ ଟୁଂଗି ଜାଗାରେ କ୍ଲବ୍ ଘର
ଭଜନ ଜାଗାରେ
ବିଦେଶୀ ଗୀତର ଲହର
ଭାଂଗ ଜାଗାରେ
ଭରା ବୋତଲର ଭିଡ଼ ।

ଜେଜେ କହଂତି
ହାଁ,
ଏଇ ହେଲା ଗ୍ଲୋବାଲାଇଜେସନ୍ ।।

ବେଳେବେଳେ
ମୁଁ ଥ' ମାରି ଚାହିଁଥାଏ
ଜେଜେଙ୍କ ମୁହଁ।
ପିଲାବେଳେ
ମୋତେ ଘୋଷାଉଥିଲେ
ଚାଣକ୍ୟ ଶ୍ଳୋକ, ଅମରକୋଷ, ଭାଗବତ।
ନୀତି ଅନୀତି, କର୍ମ ଅକର୍ମ
ବଂଧୁପଣ, ଶତ୍ରୁପଣର ଚିତ୍ର ଭିତରେ
ମୁଁ ଖୋଜୁଚି
ଜ୍ୟାମିତିକ ଦୁରୂହ ସଂଜ୍ଞାରେ
ବଦଳିଯାଇଥିବା ସମୟ॥

ସମୟ
କେତେବେଳେ କେମିତି
କେଉଁ କଥାର ଫାଙ୍କରେ
ବଦଳିଯାଇ
ଆତଂକବାଦୀ ପାଲଟି ଯାଉଛି।
ପରଖିଲା ବେଳକୁ
ଚାରିପାଖରେ ଚକ୍ରବ୍ୟୂହ
ରଚନା କରିସାରିଛଂତି
ମୋର ତଥାକଥିତ ବଂଧୁମାନେ॥

ବଂଧୁମାନେ
ଗୁଡ଼ ହାଂଡିରେ ପିମ୍ପୁଡ଼ି ପରି ଲାଗିଥାନ୍ତି
ମିଠା ଥିଲାଯାଏ
ଝୁଂଣ୍ଟି ପଡ଼ିଲା ବେଳେ

ଆହା ବୋଲି କହିବାକୁ
ନଥାନ୍ତି କେହି ।

ଗ୍ରୀଷ୍ମ ମଧ୍ୟାହ୍ନର ସ୍ୱପ୍ନ ପରି
ଝାଂଜି ପବନରେ
ଅବାସ୍ତବ କବିତାର ଶବ୍ଦମାନେ
ନୀରବରେ ଝାଉଁଳି ପଡ଼ିଥାନ୍ତି
ଶୋକ ପ୍ରସ୍ତାବଟିଏ ଆସିଲା ପରି ।

ସେତିକିବେଳେ
ଜେଜେ କହଂତି
ହାରିଗଲୁରେ
ଆଧୁନିକ ପିଲା ।।

ଜେଜେ
ଆଜି ବି କାହା ପାଇଁ
ଇଂଦିରା ଆବାସ ବରାଦ କରି
ନହେଲେ
ସରକାରୀ ଋଣଟିଏ ଦେଇ
ପାଇପାରଂତି ପାଁ'ଶ, ହଜାରେ ।
ସବୁଥିରେ
ତାଙ୍କର ଅଛି ସିଂହଭାଗ
ଖାସ୍ ଲୋକଙ୍କ ନାଁରେ,
ଖଟମିଛ ଦୁଇପଦ କହି
ହୋଇପାରଂତି ନେତାଂକର ପାଖ ଲୋକ ।

ଜେଜେ
ଓସ୍ତାଦ୍ ଲୋକ
ବଂଧୁଙ୍କ କାଂଧରେ
ବଂଧୁକ ଫୁଟେଇବାରେ ।।

ଦିନକୁ ଦିନ
ବଦଳି ଯାଉଛି ପାଠ ।
ଗଛପତ୍ରରୁ ପଶୁପକ୍ଷୀ ଯାଏ
ବଦଳି ଯାଉଛଂତି
ସ୍ୱାର୍ଥରେ ।
ଅଥଚ
ସତ ସତହୋଇ ରହିଥାଉ
ମୋ ମୃତ୍ୟୁ ପରେ ବି ।
କେହି ହେଲେ ତ
ସତ ମୁଂଡରେ
ଦିନେ ନା' ଦିନେ
ବାଂଧିଦେଇପାରିବ
ମୁକୁଟ ।।

■

|| ୭ ||

ଶୂନ୍ ଭିତରେ
ଭାବନାମାନେ ଲଟକିଥା'ନ୍ତି
ଫାଶୀ ପାଇଲା ପରି ।
ଏରୁଣ୍ଡି ଡେଇଁଲେ
ଘରେ ନଥାଏ ଅଟା, ସୁଜି
ପିଲାଂକ ସ୍କୁଲ୍ ଖାତା, କଲମ
ଜାମାପ୍ୟାଣ୍ଟ୍
ପତ୍ନୀଂକର ସାହିବୁଲା ଶାଢ଼ି ||

ସମସ୍ୟାମାନେ ଛଂଦି ହୋଇ
ଖୁବ୍ ଜୋର୍‌ରେ
ଦୋଳି ଖେଳୁଥା'ନ୍ତି ଛାତିରେ ।
ଦୋହଲୁଥାଏ ହୃତ୍‌ପିଣ୍ଡ
ଆଉ
ଆଖି ଆଗରେ ଦୋଳି ଖେଳୁଥାନ୍ତି ଚଂଦ୍ର ସୂର୍ଯ୍ୟ ।
କେଉଁ କାଳର
ପରିଚିତ ପୁରୁଣା ଘର
ପର ପାଲଟିଯାଏ,
ଖାଁ, ଖାଁ ଗୋଡ଼ାଉଥାଏ
ଦିନରାତି ||

ସ୍ୱପ୍ନର ମହମହ ବାସ୍ନାକୁ
ଝୁରି ହେଉଥିବା ମନ
ଝାଳ ସରସର ଧୋତି କାମିଜ୍‌ର ଚିଟାରେ
ଆନମନା ହୋଇ
ଶୂନ୍ ପାଲଟିଯାଏ
କ୍ଷଣକରେ।
ରଂଗବେରଂଗଙ୍କର ପ୍ରଜାପତିମାନେ
ସଁବାଳୁଆ ପାଲଟିଯାଆନ୍ତି
ହାତମୁଠାରେ।
ଚିତ୍ରିତ ସ୍ୱପ୍ନମାନେ
ଦୁର୍ଘଟଣାଗ୍ରସ୍ତ ରେଳ ପରି
କରୁଣତାରେ ଭରି ଦିଅଂତି
ଜନ୍ମ-ଜାତକ॥

ନିଜକୁ
ସାବଧାନ କରିଦେଉଛି
ସ୍ୱପ୍ନ ଦେଖିବି ନାହିଁ ଆଜିଠୁ।
ଅଥଚ
ସ୍ୱପ୍ନ ଅଜଗର ପାଲଟି
ନାଁ ମୋତେ ନାଁ ମୋର ସଂସାର-
ସମଗ୍ର ବିଶ୍ୱବ୍ରହ୍ମାଂଡକୁ ଚୂରି
ହଜମ କରିଦେଉଛି ନିଜ ଭିତରେ।
ଯେଉଁଠି
ଥରକୁ ଥର ମହାଶୂନ୍ୟ
ନିଜକୁ ସଜେଇ ଦେଉଛି
ଜହ୍ନରେ, ତାରାରେ॥

■

|| ୮ ||

ସବୁ ଅବୁଝା ଗୀତମାନେ
ବେଶୀ ଅଂତରଂଗ କରିନିଅଂତି ବୋଲି
ନିତିଦିନିଆ ପରିଜନ
ଭଗାରି ପାଲଟିଯା'ନ୍ତି ତତକ୍ଷଣ ।
ଅଂତରଂଗ ବୋଇଲେ
ବାରଂବାର ଯିଏ ଫେରେଇ ନିଅଂତି
ମୋତେ ଶୈଶବକୁ ।
ଯେଉଁମାନେ ଚିହ୍ନେଇ ଦିଅଂତି
ମାଟି, ଆକାଶ, ତାରା, ଜହ୍ନ,
ଆଂବଡୋଟା, ଆଲିଂଗନ, ଚୁଂବନ,
ଏକାତ୍ମ ହେବାର ଭାବ ॥

ସତରେ
ଏଥିରେ କି ଭାବ ଥାଏ କେଜାଣି
ପରସ୍ପର ତ ଟାଣୁଥାନ୍ତି
ନିଜ ପାଖକୁ ଆପଣାଛାଏଁ ।
ଈଶ୍ୱରଙ୍କଠାରୁ ବି ଅଧିକ ସୁଂଦର ଦିଶେ
ଫୁଲ, ପାହାଡ଼, ନଈ, ବନବିଥିକା,
ସବୁଠାରୁ ବେଶୀ ଲୋଭନୀୟ ଓ
ଆକର୍ଷଣୀୟ ଲାଗେ

ପ୍ରଜାପତି ପରି ରଂଗବେରଂଗରେ
ସ୍ୱପ୍ନ ତିଆରି କରୁଥିବା କୁନିକୁନି ପିଲାମାନେ ॥

ବର୍ତ୍ତମାନରୁ ଶୈଶବ ଫେରିଲାବେଳେ
ମନେ ରହିଯାଆନ୍ତା କି
ଆଜିଯାଏ ଘଟିଯାଇଥିବା ଘଟଣାମାନ ।
ସାରା ଜୀବନ ଠକି ଆସିଥିବା ମଣିଷମାନେ
କେମିତି ନିର୍ଲଜ୍ଜ ପରି
ଗୋଟାପଣେ ସାଧୁ ହୋଇ
ଭଲମଣିଷ ହେବାର ଉପଦେଶ ଦିଅଂତି,
ବାରଂବାର ପ୍ରତାରଣାରେ ଜଳେଇ ଆସିଥିବା
ପ୍ରେମଭିକ୍ଷୁ ନିଷ୍ପାପର ପ୍ରେମ ପାଇଁ
ନିବେଦନ କରଂତି କେମିତି !
ସବୁ ଫିକରକୁ ବୁଝିନେଲେ
ଦୁଃଖ ପାଇବା ପାଇଁ ହୁଅଂତା ନାହିଁ ଆଉ ॥

ଏଣିକି ତ ମାଟିରେ ଆକାଶ
ଆଉ ଆକାଶରେ ମାଟି
ଯାହାକୁ ଛୁଇଁଲେ ବୁଝି ହୋଇଯାଉଚି
ମଣିଷର ଭାଗ୍ୟ
କେମିତି ଝୁଲୁଚି ଶଠତାପଣରେ ।
ଦୁଇପାଦ ଭୂମିରୁ
ଗୋଡ଼ ଟେକିଦେଲେ ଖସିଯିବ ପାଦେ
ସେଇ ଗୋଟିଏ ପାଦରେ ଛିଡ଼ା ହୋଇ
ମୁହୁର୍ମୁହୁ ମୃତ୍ୟୁକୁ ଅପେକ୍ଷା କରିଥିବ ଜଣେ
ଜୀବନ ଥିବାଯାଏ ।

■

।। ୯ ।।

ଅନିଚ୍ଛା ସତ୍ତ୍ୱେ ଯିବାକୁ ହେବ
ତମ ସହିତ ।
ଅବିଶ୍ୱାସ ତ ନୁହେଁ
ଜମା ବି ବିଶ୍ୱାସ ନାହିଁ ତମକୁ
ପୁଣି ତମ ପ୍ରତି ଥିବା
ଏତେ ଘୃଣା, ବିଦ୍ୱେଷ ସତ୍ତ୍ୱେ
କେମିତି ନିଜର କରିପାରୁଛ !
ଏମିତି ମୁହୂର୍ତ୍ତଟିଏ ନାହିଁ
ଯେତେବେଳେ
ତମ ପ୍ରତି ନାହିଁ ହତାଦର,
ଏପରିକି ଶତ୍ରୁଠାରୁ
ଆହୁରି ଭୟାନକ ବୋଲି ଭାବିବା
ବି ମିଛ ନୁହେଁ,
ଅଥଚ
ତମେ ସ୍ଥିର ଓ ଧ୍ୟାନସ୍ଥ ହୋଇ
ଅଂତରସ୍ଥ କରିନେଉଛ
ଯେତେସବୁ ବୈରଭାବ ।।

ତମ ସହିତ କେବେ ବି
ଯିବି ନାହିଁ ବୋଲି ପଣ କରୁଥିଲେ ବି
ଏମିତି ମୁହୂର୍ତ୍ତମାନଙ୍କୁ ମୋତେ
ଭେଟେଇ ଦିଅ ଯେ
ଆପଣାଛାଏଁ ଆଗଭର ହୁଏ ଯିବା ପାଇଁ।
ସେତେବେଳେ
କେଉଁଠି ବି ଦେଖିପାରେନି ତମକୁ
ଯେତେ ଖୋଜିହେଲେ
ଜଳୁଥାଏ ନିଜ ଭିତରେ ହୁତୁହୁତୁ
ବାରୁଦ ଗଦା ପରି।
ଦେହର ପ୍ରତିଟି ଖଂଡ
ବିସ୍ଫୋରଣରେ ଛିଟିକି ପଡୁଥାଏ
ଏଣେତେଣେ ତିକ୍ତ ଭାବନାରେ॥

ପୁଣି ବଂଚିରହେ,
ବାରଂବାର ଗଂଜଣା ସହେ।
ଏ ଗଂଜଣା ଚଂଦନ ପରି
ହେମଶୀତଳ କରିଦିଅଂତି
ପରିଚିତ ମୁହଁମାନଂକ ମାୟାରେ।
ସବୁ ଭୁଲିହୋଇଯାଏ ଯେ :
ନିମଗ୍ନ ହୋଇଯାଏ
ପାରିବାରିକ ଜଂଜାଳ ଭିତରେ।

ଋତୁଚକ୍ରରେ ବଦଳୁଥାଏ
ମୋର ଚାରିପାଖ
ମାଟି, ଅରଣ୍ୟ, ପାଣି, ପବନ ଓ ମଣିଷ

ସବୁ ନୂଆ ଦିଶଂତି
ନୂଆନୂଆ ମାୟାମାନେ
ଭଲିଭଲି ସ୍ୱପ୍ନ ଦେଖାଇ
ବିମୋହିତ କରିଦିଅଂତି ।।

ଚାହୁଁଥିବା କଥାମାନେ
କେବେ ବି ଘଟଂତି ନାହିଁ ମାଟିରେ ।
ଅଥଚ ଯେତିକି ହୁଏ
ନିଜେ କରୁଥାଏ ବୋଲି କହିବୁଲେ ।
ସେହି ଅହଂକାରରେ ଆତ୍ମପ୍ରସାଦ
ଭରି ହୋଇଯାଇ ଉଚ୍ଛୁଳି ପଡ଼େ
ମହାସମୁଦ୍ରର ଉତ୍ତାଳ ଲହରୀ ପରି ।
ଯେତେବେଳେ ମୁଂଡ ନୋଇଁ ଫେରୁଥାଏ
ସେହି ପ୍ରଶ୍ନ ଉଚ୍ଛନ୍ନ କରେ :
ସତକଥା ଜାଣିଛ ଯଦି କୁହ
ତମ ନିଷ୍ପତ୍ତିରେ ମୁଁ ଚାଲେ
ନା' ଆଉ କାହାର ଇଂଗିତକୁ
ଅପେକ୍ଷା କରି ଅଭିନୟ କରିଚାଲିଥାଅ
ମୋ'ରି ପରି ! !

।। ୧୦ ।।

ସମୟ ଭଲ ନାହିଁ
ଭଲ ନଥାଏ ବୋଲି ତ
ଅଥାନରେ ପିମ୍ପୁଡ଼ି କାମୁଡ଼େ ।।

ଏକାବେଳକେ ମନେପଡ଼ଂତି-
ବନ୍ୟାରେ ଧୋଇ ହୋଇ ଯାଇଚି ଧାନ,
ପିଲାମାନେ ବର୍ଷଟିଏ ଚଳିବେ କେମିତି ?
ପରିବା ଦର ହୋଇଗଲା ଆକାଶ ଛୁଆଁ
ମାଛମାଂସ ସ୍ୱପ୍ନ-
ମୂଳଟିଏ ଲାଗିବା ପାଇଁ ଦର୍କାର ନାହିଁ...
ଏଇମିତି ଭବିଷ୍ୟତର ଦିନମାନେ
ଧୀରେଧୀରେ ଅପରାହ୍ଣରୁ ସଂଜ ପରି
ଦେଖାଯା'ନ୍ତି-
ଆଉ ପ୍ରତ୍ୟେକ ଏଇଠୁ ହିଁ ଆରଂଭ ହୁଏ
ସମୟ ଭଲ ନାହିଁ ।।

ସବୁ ମୁହଁରେ ଦେଖାଯାଏ ସଂଦେହ
ସବୁ କଥାରେ ଚହଟି ଉଠେ ପ୍ରବଂଚନା ।
ନିଜ ଲୋକମାନଂକଠାରୁ ନିଜର ଦୂରତା
ବଢ଼ିଯାଏ ଯୋଜନ ଯୋଜନ-

ଗତକାଲି ମନେହୁଏ
ପ୍ରତାରଣା କରି ଚାଲିଯାଇଛି ଯେମିତି;
ଆଉ ଆସଂତାକାଲି ଆସୁଛି
ପୁଣି ଥରେ ପ୍ରତାରଣା କରିବାକୁ ।

ସବୁ ଲୋକ, ସବୁ କଥା, ସବୁ କାମ
ଶତ୍ରୁ ପରି ଠିଆ ହୁଅଂତି ଆଗରେ
ପ୍ରତ୍ୟେକ ଏଇଠୁ ହିଁ ଆରମ୍ଭ ହୁଏ
ସମୟ ଭଲ ନାହିଁ ।

ହଠାତ୍ ଅନୁଭବ କରେ
କ୍ରମଶଃ ଦୁର୍ବଳ ହୋଇଯାଉଛି
ହାତ ପାଦ,
ଚାଲିବାକୁ ଚାହିଁ ଚାଲିପାରୁନି
କହିବାକୁ ଚାହିଁ କହିପାରୁନି
ସବୁ ଓଲଟା ଓ ବିପରୀତ
ପ୍ରତେ ହୁଅଂତି ଏଇବେଳେ,
ସମସ୍ତେ ଯେମିତି ଷଡ଼ଯନ୍ତ୍ର କରୁଥାଂତି
ସମୟର ଆରଂଭରୁ ଏଯାବତ୍-
ରାତି ପାହିଯାଏ
ସକାଳରୁ ପୁଣି ରାତି ହୁଏ
ପ୍ରତ୍ୟେକ ଏଇଠୁ ହିଁ ଆରଂଭ ହୁଏ
ସମୟ ଭଲ ନାହିଁ ।।

■

ଓଡ଼ିଶା

॥ ୧ ॥

ଅଡୁଆ ସୂତା ପରି
ଜଟିଳ ହୋଇପଡ଼ିଛି
ଭାରତର ଅର୍ଥନୀତି ।
ଋଣ ଯନ୍ତାରେ ଲଟକିଛି
ଓଡ଼ିଶାର ମାନଚିତ୍ର ।
ନଦୀ ନାଁରେ
ବାଲୁକା ଶଯ୍ୟା
ଖଣି ଖାଦାନ ନାଁରେ
ମୋରମ ପଥର ।
ଏଣେ ବିଧାନସଭାରେ ଚାଲିଛି
ବିଜେଟ୍‌ର ଅଂକ କଷା ॥

ଘରେ ଦୋକାନ ଟିଠା
କରୁଛଂତି ଘରଣୀ ।

ଏ ମାସରେ ସବୁଥିରୁ ଖର୍ଚ୍ଚ କାଟ,
ପରିବାରୁ, ପେପରରୁ
ପିଲାଂକ ଟ୍ୟୁସନ୍ ଯାଏ।
ସର୍କାର ଏଣିକି ହଲପ କରୁଛଂତି
ଉଠେଇ ଦେବେ ଅନୁଦାନ।।

ଭୋଟ ବାକ୍ସରେ ଲଢ଼େଇ ହେବ ବୋଲି
ଗର୍ଜୁଛଂତି ପ୍ରଫେସର।
ହିସାବ ନେବ ତ ନିଅ ଆମଠୁ
ଆଗ ନିଜକୁ ଯାଞ୍ଚ କରି
ଦେଖ ତ
କେମିତି
ସାରା ଓଡ଼ିଶା
ମୁଠାଏ ହୋଇ ପଶିଚି
ତମ ପକେଟ୍‌ରେ!!

■

॥ ୨ ॥

ଓଡ଼ିଶା
ଥଣ୍ଡା, ଶୀତଳ ମାଟି ବୋଲି
ଚତୁର ଲୋକମାନେ
ବୁଝି ସାରିଲେଣି ।
ଓଡ଼ିଶାର ଲୋକେ
କେବଳ ବୋଝ ନୁହେଁ
ତା' ଉପରେ ନଳିତା ବିଡ଼ା
ବୋହିଲେ ବି
ପ୍ରତିବାଦ କରଂତି ନାହିଁ ବୋଲି
ଜାଣିସାରିଲେଣି ସେମାନେ ॥

ଆମ ଜନ୍ମରୁ ମୃତ୍ୟୁଯାଏ
ସବୁ ବିଭାଗ ରହିଛି
ଚତୁରଂକ ହାତରେ ।
ଆମ ହାତରେ ଅଛି
ପଖାଳ କଂସା, ଲଂକା ପିଆଜ
ତାସ୍ ମୁଠା, ଗଛର ଛାଇ ।

ଚତୁରମାନେ ଅଦୃଶ୍ୟ ନଟ ହୋଇ
ନଚାଉଛନ୍ତି ଓଡ଼ିଶାକୁ
ଆଗୁଂଠି ଅଗରେ ॥

ଏଣିକି
ସକାଳ ରାତି
ରାତି ବି ରାତି ।

ଅନବରତ
ଚୋରଖଂଟଂକ ରାଜପଣରେ
ଅତିଷ୍ଠ ମାନଚିତ୍ର ।
କେହି ହେଲେ ଆସ
ସାହସ ବାଂଧି
ଦୀପଟିଏ ଲଗେଇ
ଆଲୋକିତ କର
ଓଡ଼ିଶାର ମୁହଁ ! !

■

|| ୩ ||

ପୃଥିବୀଯାକର ଅଂଧାର
ମୁହଁରେ ବୋଲି
ନିଘୋଡ଼ ନିଦରେ
ଶୋଇପଡ଼ିଛି ଓଡ଼ିଶା ।
ନା’ ଦକ ଅଛି ପ୍ରଜାଂକୁ
ନା’ ପ୍ରଶାସନକୁ !
ଭଗବାନ ଚଳାଂତି ଦେଶକୁ ।।

ଏଠି ବଂଚିବାର ରାହା ଖୋଜି
ଚବିଶ ଘଣ୍ଟା ହରତାଳ ।
ଚାଷୀ ମୂଲିଆରୁ ଚାକିରିଆଯାଏ
ମାଗୁଣିରେ ବସିଛଂତି
ଅଂଟି ଭର୍ତ୍ତି ହେବାଯାଏ ନେବାକୁ ।।

ଦେବାକୁ କିଏ ଅଛି ?
ଘୁଣଖିଆ ଓଡ଼ିଶାର
ପୋରିଆ କାଠ ଗଂଡ଼ିରୁ
ଯେ' ଯାହା ମୁତାବକ
ନେଇଯିବାରେ ବ୍ୟସ୍ତ ।
ଶୁଖିଲା ମହୁଫେଣା ପରି
ପଡ଼ିଛି ଓଡ଼ିଶାର କଂକାଳ ।।

ଅଂଧାର ଭିତରେ
ବାଟ ଖୋଜୁଥିବା
ଓଡ଼ିଶାର ଭବିଷ୍ୟତମାନେ
ମଧ୍ୟାହ୍ନ ଭୋଜନ ପାଇଁ
ଥାଳି ଧରି ଧାଡ଼ିରେ ।
ମୁଠେ ଦାନାର କି କରାମତି ଦେଖ ।
ଜୟ ଜୟକାର ଭିତରେ
ନିଆଁ ଲଗାଳିମାନେ
ଚଢୁଛଂତି ସିଂହାସନ ।।

॥ ୪ ॥

ସିଂହାସନର ମୋହ
ବାରଂବାର
ଆକର୍ଷୁଥାଏ କାଳକାଳ ।
ହାତ ଯୋଡ଼ି
ସାଧାରଣ ପୋଷାକରେ
ଶିଢ଼ି ଚଢ଼ଂତି ସେମାନେ ।
ପହଂଚିଗଲା ପରେ ଆସନରେ
କାହାକୁ ମନେରଖେ କିଏ ?
ସମୟର ଦର୍ପଣରେ
ଏ ଇତିହାସ
ପଢ଼ିସାରିଛି ଓଡ଼ିଶା ।

ପ୍ରତ୍ୟେକ ଦିନର ଯାତ୍ରାରେ
ସେଇ ଏକାପରି ଦୃଶ୍ୟ
ଦେଖୁଥାଏ ଗାଆଁର ମଣିଷ ।

ତଥାପି
ସିଂହାସନରେ ଥାପିବାକୁ ହେବ ଜଣକୁ
ସେଇମାନଂକ ଭିତରୁ ବୋଲି
ଲେଖାଯାଇଛି ଭବିତବ୍ୟ ।।

ନିରୀହ ମେଣ୍ଢା ପରି
ଫାଶି କାଠରେ ଝୁଲୁଚି ଓଡ଼ିଶା ।
ଶାଗୁଣା ବିଲୁଆ ପରି
ପଲପଲ ମାଂସ ଖାଇଚାଲିଛଂତି
ଜଣେ ପରେ ଜଣେ
ଶେଷକୁ
ସଜେଇ ଦିଆଯାଉଛି
କାଗଜର ଫୁଲମାଳରେ
ହସହସ କଂକାଳର ମୁହଁ ।।

■

॥ ୫ ॥

ଥରେ ଇତି ହେଲେ
ଯିବାକୁ ହେବ ଆରଂଭକୁ ।
ଆଜି
ନୀତି, ନିଷ୍ଠା, ସେବା
ସବୁ
ଅଭିଧାନର ଶବ୍ଦ
କଳଂକି ଅଳଂଧୁ-ଲଗା
ପେଟରା ପେଡ଼ିରେ
ସାଇତା ହେବାର ଭାଷା
ଯେଉଁମାନେ ବେଳେବେଳେ ଆସଂତି
କରତାଳି ଓ ବାହାବା' ପାଇଁ
ଭାଷଣରେ ।
ତା' ଖୋଳପା ଭାଂଗି ଦେଖ
ସେସବୁ ଗୋଟେ ଗୋଟେ
ମହାକାଳ ଫଳ ॥

କୁମ୍ଭୀରମାନେ ମିତ୍ରଜନଂକ ଦୁଃଖରେ
କେମିତି ଲୁହଲୁହାଣ ହୁଅଂତି !

ସେମିତି ଆମର ପ୍ରିୟ ନେତା
ଆଲିଂଗନ ଭିତରେ ଶ୍ୱାସରୁଦ୍ଧ କରି
ଲୁଟି ନେଇଯାଆଂତି ସାରା ରାଜ୍ୟ।
ସବୁ ନିଜରମାନେ
କେତେବେଳେ ଆଡେଇ ହୋଇ ରହିଯାଆନ୍ତି
ଲାଟୁପାଟୁ କାଦୁଅରେ
ହିସାବ ରଖିପାରେନା ମଣିଷ ।।

ବାସ୍ତୁହରା ଓଡ଼ିଶା
ଛିଣ୍ଡା ଗୁଡ଼ି ପରି
ଉଡ଼ିବୁଲୁଚି ଏଣେତେଣେ
ଲକ୍ଷ୍ୟହୀନ ହୋଇ।
ଦଳେ ପିଶାଚ
ଓଡ଼ିଶାର ପାଦ ବଂଦନା କରି
ଖଂଡଖଂଡ କାଟି ଚାଲିଛଂତି
ଅସ୍ଥିନାଡ଼।
ସ୍ୱର୍ଗର ସ୍ୱପ୍ନ ଦେଖୁଥିବା
ଅଚେତନ ମଣିଷ
କଳ୍ପନାରେ ଆଂକିଚାଲିଛି
ଓଡ଼ିଶାର ସୁଂଦର ମାନଚିତ୍ର ।।

■

ଯୁଦ୍ଧ

॥ ୧ ॥

ମା'ମାନଂକର ଲୁହରେ
ବତୁରିଯାଉଛି ବସୁଧା
ମା'ମାନଂକର ଆତୁର ଅପେକ୍ଷାରେ
ସ୍ଥବିର ପାଲଟି ଯାଉଛି ସମୟ,
ଆମେରିକା ଓ ବ୍ରିଟେନ୍‌ରୁ ଇରାକ୍
ଧୀରେଧୀରେ ବ୍ୟାପିଯାଉଛି ଏ ଦୁଃଖ
ସମଗ୍ର ସୃଷ୍ଟିରୁ ଅନ୍ତରୀକ୍ଷ ।

ସଂସାରର ପ୍ରାରବ୍ଧ ଏ ଯେମିତି
କାଳକାଳର ପାପ ମୁଂଡେଇ
କ୍ରମଶଃ କ୍ଷୟ ହୋଇଯାଉଛି ମାଟି,
ତା'ପରେ ମହାଶୂନ୍ୟ ପରି ଏ ପୃଥିବୀ
ମିଶିଯିବ ଶୂନ୍ୟ ମଣ୍ଡଳରେ ।
ନା' ଥିବ ପ୍ରକୃତି, ନା' ପ୍ରାଣୀ ଜଗତ
ନା' ଥିବ ପାଣି, ନା' ପବନ
ନା' ଥିବ ଦେହ, ନା' ଦାହ
ପ୍ରେତଜଗତ ପରି

ଅଶରୀରୀ ଆତ୍ମାରେ ଘୂରିବୁଲୁଥିବେ
ରକ୍ତପିପାସୁ ରାଜନେତା ॥

ତା'ପରେ
ନୂଆ କରି ସର୍ଜନା ହୋଇଥିବା ପୃଥିବୀରେ
ମା'ର ଲୁହରେ ଭିଜିଭିଜି
କେହି ପୁଅ କହିବ :
"ଆଉ ଦର୍କାର ନାହିଁ ଯୁଦ୍ଧ
ଦର୍କାର ନାହିଁ ବୃଥା ଅହଂକାର-
ସବୁଜ ପୃଥିବୀଟିଏ ଲୋଡ଼ା ଆମର
ଲୋଡ଼ା ପ୍ରେମ ଓ ଆତ୍ମୀୟତା ।"

ସକଳ ଛୁଁଥିବ ମାଟି
ଏକାଂତ ନୀରବ...
ଫର୍ଚ୍ଚା ଦୁଶୁଥିବ ପୃଥିବୀ
କେହି ନଥିବେ କେଉଁଠି
ଥଟ୍ଟା ପରିହାସ କରିବାକୁ
ମଣିଷ କଥାରେ ॥

■

|| ୨ ||

ତମରି ପରି ଜହ୍ଲାଦମାନେ ହିଁ କେବଳ
ଚିରିଦେଇପାରିବେ
ପୃଥିବୀର ମାନଚିତ୍ର ।
ପୃଥିବୀର ମୁହଁରେ
ବୋଳି ଦେଇପାରିବେ କାଳି ।
ଲିଭେଇ ଦେଇପାରିବେ ହସ
ପୃଥିବୀର ମୁହଁରୁ
କେବଳ ତମରି ପରି ଜହ୍ଲାଦମାନେ ।

ଜହ୍ଲାଦମାନେ ବୁଝଂତି ନାହିଁ
ମା'ର ଲୁହ କେମିତି
ବାଡ଼ବାଗ୍ନି ସୃଷ୍ଟି କରି
ଜାଳିଦିଏ ଚରମ ନିଷ୍ଠୁରତାକୁ
ମା'ର ଲୁହ କେମିତି
ଭୟାବହ ବନ୍ୟାରେ ସୃଷ୍ଟିରୁ ଧୋଇଦିଏ
ପାପ କଲୁଷ, ହୃଦୟହୀନତା,

କେମିତି ଧ୍ୱଂସ କରିଦିଏ
ସବୁ ଅହଂକାର ଓ ଦମ୍ଭୋକ୍ତି
ମା'ର ଲୁହ
ବୁଝଂତି ନାହିଁ ଜହ୍ଲାଦମାନେ ॥

ସବୁ ଯୁଦ୍ଧର ପରିଣତି ଏୟା ।
ରକ୍ତନଦୀ ସନ୍ତରଣ ପାଇଁ
ଦୁର୍ଯ୍ୟୋଧନ ଖୋଜୁଥିବ
ସାଥୀଟିଏ ଯୁଗଯୁଗ ପାଇଁ ।
କେହି ନଥିବେ କେଉଁଠି
ବିଜୟର ଜୟଗାନ କରିବାକୁ
ବୀରତ୍ୱର ସାର୍ଥକତା ମାପିବାକୁ
ଯୁଦ୍ଧ ପରେ...
ସବାଶେଷ ଖେଳେ...
ଜନ୍ମ ଜନ୍ମାନ୍ତରେ... ।

॥ ୩ ॥

ଆଉ
ଅପେକ୍ଷା ନ କରି
ପକେଇ ଦିଅ
ଏମିତି ବୋମା ଯେ :
ସାରା ପୃଥିବୀ
ପାଲଟିଯାଉ ମରୁଭୂମି ॥

ଅସହ୍ୟ ହେଲାଣି
ପୃଥିବୀର ସବୁ ଋତୁ
ରାଶି, ନକ୍ଷତ୍ର
ପାଣି, ପବନ
ଜୀବନ ।
ପୃଥିବୀଠାରୁ
ଆହୁରି ବଡ଼
ଅଜଗରର ଆଁ ଭିତରେ
ପଶିଯାଇଛି ସ୍ୱାଧୀନତା
ଗଣତନ୍ତ୍ର, ମଣିଷପଣିଆ ॥

ନିତିଦିନିଆ ହେଲାଣି
ଆତଂକବାଦୀଙ୍କ ନରସଂହାର
ଚାକରଠାରୁ ମୁରବିଯାଏଙ୍କ
ଦୁର୍ନୀତି,
ଚରିତ୍ର ସଂହାର, ବ୍ୟଭିଚାର।
ପ୍ରତିଦିନର ସାରା ଖବରକାଗଜ
ଯେମିତି ଗୋଟେ
ଚୋର ତସ୍କରଙ୍କ ଇସ୍ତାହାର।
ଆଉ ଫୁଲରେ
ନା' ଅଛି କୋମଳତା
ନା' ହୃଦୟରେ ଅଛି ମମତା
ନା' ଜୀବନରେ ଅଛି ମାଦକତା।।

ଅତିଷ୍ଠ
ମାଟିରୁ ଅନ୍ତରୀକ୍ଷ
ଅଂତରରୁ ଆତ୍ମା।
ଏଥର ପ୍ରସ୍ତୁତ ହୁଅ
ପକେଇଦେବାକୁ ବୋମା।
ପୁଣି ଅପେକ୍ଷା କର
ସର୍ଜନା ହେବା ଯାଏ
ନୂଆ ପୃଥିବୀ।

■

॥ ୪ ॥

ନିର୍ଦ୍ଧାରିତ ସମୟ
ବାରଟା ବାଜି ସାରିଲାଣି ।
ଶେଷ ହୋଇସାରିଚି
ଠାକୁର ପୂଜା
ଜଳଖିଆ
ଖବରକାଗଜ ପଢ଼ା
ଯୁଆଡ଼େ ଯୁଆଡ଼େ ସବୁ
ସଂପର୍କୀୟଙ୍କ ପାଖକୁ ଟେଲିଫୋନ୍ ।।

ରେଡିଓ ଆଉ ଟେଲିଭିଜନରେ ଘୋଷଣା ହେଲା
ଆରଂଭ ହୋଇସାରିଚି ଯୁଦ୍ଧ ।
ବ୍ରଏଲର କୁକୁଡ଼ା ଓ
ହଣାମୁହଁକୁ ଯାଉଥିବା ଖାସିମାନଙ୍କର
ମୁହଁରେ ଉକୁଟି ଉଠିଲା ହସ ।
ଏଥର
ନିସ୍ତାର ମିଳିଯିବ
ପୁନର୍ଜନ୍ମରୁ ।।

ନୋଷ୍ଟ୍ରାଡାମସ୍ କୁଆଡ଼େ କହିଛଂତି
ଏଇଟା ପୃଥିବୀର ଶେଷ ଯୁଦ୍ଧ ।
ଘାସଟିଏ ବି
ରହିବ ନାହିଁ ମାଟିରେ !

ଏଇ କେତେଦିନ
ବେଶ୍ ଆରାମ୍‌ରେ
ଖିଆପିଆ କରି
ମଉଜ ମଜଲିସ୍‌ରେ

କଟେଇଦିଅ ବୋଲି
ଚର୍ଚ୍ଚା କରୁଛଂତି ସାଂଗମାନେ।
ପତ୍ନୀ-ପିଲାମାନେ ପଚାରୁଛଂତି
ସତରେ କ'ଣ
ମରିଯିବା ଆମେ ସବୁ।।

ଆମେ ସାଧାରଣ
ମୂଲିଆ ମଣିଷଂକ
ଜୀବନର ଦାମ୍ କ'ଣ ଅଛି ?
ପୋକମାଛିଟିଏ ମଲେ ଯାହା
ଆମେ ତାହା,
ରାସ୍ତାସାରା କାଂଦୁଛଂତି
ଇନୋଭା ଆଉ କ୍ୱାଲିସ୍
ମାଳମାଳ ନଭଶ୍ଚୁମ୍ବି ପ୍ରାସାଦ
ସମ୍ଭାବ୍ୟ ବୈଧବ୍ୟ ଯଂତ୍ରଣାରେ।।

ମୋ ଆଖିରେ
ସାରା ପୃଥିବୀଟା
ଶ୍ମଶାନଟିଏ ହୋଇ ନାଚିଉଠିଲା
ଯେଉଁଠି
ପଲପଲ ପ୍ରେତାତ୍ମା
ତହଳ ବିକଳ ହେଉଥିଲେ
ଆଉ ଥରେ
ମଣିଷ ଜନ୍ମ ପାଇଁ।
ହଠାତ୍
ନିଦ ଭାଂଗିଲା ବେଳକୁ
ଅପରାହ୍ଣ ଚାରିଟା
ରେଡିଓ କହିଲା
ବୁଝାମଣାରେ
ବଂଦ୍ ହୋଇଯାଇଛି ଯୁଦ୍ଧ।।

■

ନିଜକୁ ପଶୁ ମନେକରି

॥ ୧ ॥

ପଶୁ ହେବାରେ
କି ଗୌରବ ପରଖିଥିଲେ
ସାହିତ୍ୟ ସାର୍ କେଜାଣି
ରଚନା ଲେଖିବା ପାଇଁ
ନିର୍ଦ୍ଦେଶ ଦେଲେ
ନିଜକୁ ପଶୁ ମନେକରି ।
ଦୀର୍ଘଦିନ ମଣିଷ ହୋଇ ରହିବାରେ
ଚିଡ଼ା ଲାଗୁଥିବ ପରା !
ନ' ହେଲେ ସଂସାର ଜଂଜାଳ ଭିତରେ
ବଣ୍ୟ ପ୍ରକୃତି ମେଣ୍ଟାଇବାରେ
ରହିଯାଇଛି କିଛି ଅବସୋସ !!

ଇତିହାସରେ କେଉଁଠି ଲେଖା ହୋଇନି
ପ୍ରଥମେ ପଶୁ ହେବାର ତତ୍ତ୍ୱ
ଆବିଷ୍କାର କରିଥିଲେ କିଏ
କେଉଁ ମସିହାରେ !
କିମ୍ବା
କେଉଁ ଜନନାୟକ କୈଶୋରରେ
ପଶୁ ହେବା ପାଇଁ ମନସ୍ଥ କରିଥିଲେ
ଉଲ୍ଲେଖ ନାହିଁ କେଉଁଠି ।

ଅଥଚ
ଏ ଆରଣ୍ୟକ ଇଚ୍ଛାର କବଳରେ
ଆଜିଯାଏ ପଡ଼ିଛି ରଚନା ।

ତଥାପି
ସାର୍‌ଙ୍କ ନିର୍ଦ୍ଦେଶରେ
ପଶୁ ହେବାର ପରିକଳ୍ପନାରେ
ଧୀରେଧୀରେ ପାଲଟିଗଲି ଦାର୍ଶନିକ ।
ନିର୍ବୋଧ ପଶୁ ପ୍ରତି
ଶ୍ରଦ୍ଧାରେ ଏକାତ୍ମ ହୋଇଯିବାର ଉପସର୍ଗ
ବିହ୍ୱଳିତ କରୁଥିଲା ବାରଂବାର ।
କିସମ କିସମ ପଶୁଙ୍କର ପଟୁଆର
ମୋ ସାମ୍ନାରେ ଆହ୍ୱାନ ଦେଉଥିଲେ
ପଶୁ ପାଲଟି ଯା'
ପଶୁ ପାଲଟି ଯା' ।।

ସାମ୍ନାରେ ଠିଆ ହୋଇ
ନିର୍ବାକ୍ ଦୃଷ୍ଟିରେ
ଟେବୁଲ୍ ଉପରେ ବେତବାଡ଼େଇ ଚାଲିଥିଲେ
ସାର୍ ।
ଲାଗୁଥିଲା ରିଂ ମାଷ୍ଟର ଯେମିତି
ଶାସନ କରୁଛଂତି ସର୍କସର ପଶୁ ।
ଆଉ ପଶୁମାନେ
ଚିତ୍କାର କରି ବିଦ୍ରୋହ କରୁଥିଲେ
ଫେରାଇଦେବାକୁ ସ୍ୱାଧୀନତା ।।

|| ୨ ||

ନିଜକୁ ପଶୁ ମନେକରି
ରଚନା ଲେଖିବାର
ଆନଂଦରେ କୁରୁଳି ଉଠିଲା ମନ
କାହିଁ କେତେଦିନରୁ
ଏଇମିତି ସୁଯୋଗ ଖୋଜୁଥିଲି
ପଶୁଟିଏ ହେବା ପାଇଁ।
ଅଥଚ
ରଚନା ଲେଖିବା ପର୍ଯ୍ୟନ୍ତ
ଠିକ୍ କରିପାରିନଥିଲି
କ'ଣ ହେଲେ ସାଜିବ ମୋତେ ||

ପିଲାବେଳେ ଚିଡ଼ିଆଖାନାରେ
ବାଘ, ଭାଲୁ, ସିଂହ ଆଦି ହିଂସ୍ରଜଂତୁଂକୁ ଦେଖି
ଏଯାବତ୍ ମନ ଭିତରେ ରହିଯାଇଛି ଭୟ ।
ନା'ରେ ବାବା ନା'
କିଛି ବରଂ ନହେବି ନାହିଁ
ଏମିତି ନିଷ୍ଠୁର ହୋଇ
ଅହର୍ନିଶ ରକ୍ତ ଚୋଷି ପାରିବିନି
ଅମଲାତନ୍ତ୍ର ପରି ।
ପୁଣି କୋକି, ମୂଷା କି ଶଶା
କଥା ଭାବିଦେଲି ଯେ:
ଏ ଦେଶର ନିରୀହ ଲୋକଂକ ପରି
ପ୍ରାଣହୀନ ହୋଇ
କେହି କ'ଣ ବଂଚିପାରେ କେଉଁଠି ? ?

ବାରଂବାର ମୋରି ଭିତରେ
ଗୋଳେଇ ଘାଣ୍ଟି ହେଉଚି, ପ୍ରଶ୍ନ ପରେ ପ୍ରଶ୍ନ
ଗାଈ କି ବଳଦ ହେବାଠାରୁ
ଷଣ୍ଢଟିଏ ହେଲେ କେମିତି ହୁଅଂତା !
ଷଣ୍ଢଂକୁ ତ ପଘା ନାହିଁ
ଦେ' ବୁଲୁଥା ଯେ ବୁଲୁଥା
ଦୁଃଖ ଏତିକି
ଘର ନାହିଁ ବୋଲି ମନ ମାନିଲାନି ।।

ସାର୍ ବାରଂବାର
ତନଖି କରି ଯାଉଛଂତି ଖାତା
କେତେବେଳ ଗଲାଣି କେଜାଣି

କଲମର ଗାରଟିଏ ନାହିଁ ଖାତା ଉପରେ ।
ହଠାତ୍ ପିଠି ଉପରେ ଲାଗୁଥିବା
ବ୍ୟଥା ଅନୁଭବ କରି ଦେଖିଲି
ସାର୍‌ଙ୍କ ହାତରେ ବେତ ।
ଗର୍ଜନ କରି ସେ କହିଲେ:
ଆରେ ଗଧ ! ଅଧଘଣ୍ଟାଏ ପରେ ବି
ଭାବିନୁ କ'ଣ ହେବୁ ବୋଲି ! !

ଆଶ୍ଚର୍ଯ୍ୟ ଲାଗିଲା ସତରେ !
କେତେ ନିଷ୍ଠୁର ସତ୍ୟକୁ
ସାର୍ ଏକାବେଳକେ କହିଦେଲେ !
ଗଧ ପ୍ରତି ମୋର ଖୁବ୍ ଆଂତରିକତା
ବଢ଼ିଗଲା ଆପଣା ଛାଏଁ
ସମବେଦନାରେ ବହିଆସିଲା
ଆଖିରୁ ଲୁହ ।
କିଛି କଥାରେ ତ ପ୍ରତିବାଦ ନାହିଁ
ଗଧ ହେଲେ କ୍ଷତି କ'ଣ ଅଛି ? ?

॥ ୩ ॥

ଭାବିଛୁ ଯଦି ଗଧ ହେବାକୁ ହେଇଯା' ।
କେବେ କେଉଁ ଯୁଗରେ
ଗଧ ଗଣ୍ଠୁଲି ବୋହୁଥିଲା ସିନା
ଏବେ ପରା ରାଜ ସିଂହାସନରେ !

ଭଲ କରିଛୁ
ନିଜକୁ ଗଧ ମନେକରି-
ଅତି ଆନଂଦରେ
ଚିତ୍କାର କରିଉଠିଲେ ସାର୍ ॥

ଚାରିଗୋଡ଼ରେ ଗଧ
ଯେତିକି ଡେଇଁପାରୁଥିଲା
ଏବେ ଦି' ଗୋଡ଼ରେ
ଡେଇଁ ପାରୁଛି ତା'ଠାରୁ
ଢେର୍‌ଢେର୍ ଉଚ୍ଚ ।
ପୂର୍ବର ଲାତଠାରୁ
ଏବର ଭାତରେ ମାରିବାର
ସବୁ କୌଶଳ
ହାତ କରି ନେଇସାରିଲାଣି ।

ଗଧ ଖୁବ୍ ତାତ୍ପର୍ଯ୍ୟପୂର୍ଣ୍ଣ ମନେହୋଇଛି
ଆଧୁନିକ ଯୁଗରେ-
ପୁଣି ଥରେ
ଗର୍ଜନ କରିଉଠିଲେ ସାର୍॥

କାନ ପାଖରେ
ଫୁସ୍‌ଫୁସ୍ କରି ସେ କହିଲେ
ଖୁବ୍ ନିରାପଦ ଜୀବଟିଏ
ହୋଇଗଲୁରେ ଏକା
ଏଣିକି
ସମସ୍ତଙ୍କ ଗୋଡ଼ରେ
*ଡଅଁଣ ବାନ୍ଧି
ନଚେଇ ପାରିବୁ ତୁ।
କିନ୍ତୁ
ଦେଖୁଥିବୁ ଟିକେ ଆମ କଥା।

ମୁଁ କେବଳ ଚାହିଁଥିଲି
ସାର୍‌ଙ୍କ ମୁହଁ
କେଉଁ ଅଜଣା ଆଶଙ୍କାରେ॥

■

*ଡଅଁଣ- ଫୋପଡ଼ା ଜାଲ ଟାଣିବା ପାଇଁ ବନ୍ଧା ହୋଇଥିବା ସୂତୁଲି

॥ ୪ ॥

ଗଧଙ୍କର ଏତାଦୃଶ ଚତୁରତାରେ
ବିମର୍ଷ ହୋଇ
ଆଉ କିଛି ବି ପଶୁନହେବା ପାଇଁ
ସାଫ୍‌ସାଫ୍ ମନାକରିଦେଲି ସାରଂକୁ।
କହିଲି :
ସବୁ ମଣିଷ ପଶୁ ପାଲଟିଗଲାପରେ
କେହି ଜଣେ ତ
ମଣିଷ ହୋଇ ରହିବା ଦର୍କାର!!

ଜିଭ କାମୁଡ଼ି ଦେଲି :
କେଉଁଠି ତ୍ରୁଟି ରହିଗଲାନି ତ
କହିବାରେ!
ଭାବିଲି :
ଯେଉଁ ଦଂଡ ମିଳୁପଛକେ
ସତ କହିଦେଇଛି।
ନହେଲେ
ସର୍କାରଙ୍କ ସବୁ ଯୋଜନା
ଦରମଲା ହୋଇଯାଉଛି କେମିତି!!

ଇସ୍ତ୍ରୀକରା ପୋଷାକ ଭିତରେ ଛପିଛଂତି
ଯେତେସବୁ ହିଂସ୍ରଜଂତୁ
ମଳିମୁଣ୍ଡିଆ ସବୁ
ଅମେରୁଦଣ୍ଡି ପ୍ରାଣୀ
ବୁଦ୍ଧିଜୀବୀ ଚତୁର ବିଲୁଆ ।
ଆଉ କେଉଁ ପଶୁଟିଏ
ହୋଇଥାନ୍ତି ପରା !
ମୋତେ ଶୂନ୍ ଦିଅଂତୁ ସାର୍
କେବେ ବି ଲେଖିବି ନାହିଁ ରଚନା !।

ଧୀରେଧୀରେ
ସାରା ସଂସାର ପାଲଟିଯାଉଛି
ନିବିଡ଼ ଅରଣ୍ୟ ।
ସୂର୍ଯ୍ୟ ପାଲଟିଯାଉଛି ପଥର ଖଂଡ ।
ଅଂଧାର ଭିତରେ
ସରୀସୃପ ଓ ପଶୁମାନଂକର ଗର୍ଜନରେ
ଉଛୁଳି ପଡୁଛି ମୋର ରଚନାଖାତା ।
ନାଇଁ ସାର୍
ଏଣିକି ମହାତ୍ମାମାନଂକର ଜୀବନୀ ଶୁଣେଇ
ଶୁଦ୍ଧପୂତ କରିଦିଅଂତୁ
ଆମର ଦେହମନ
ଆମର ଭବିଷ୍ୟତ ।।

■

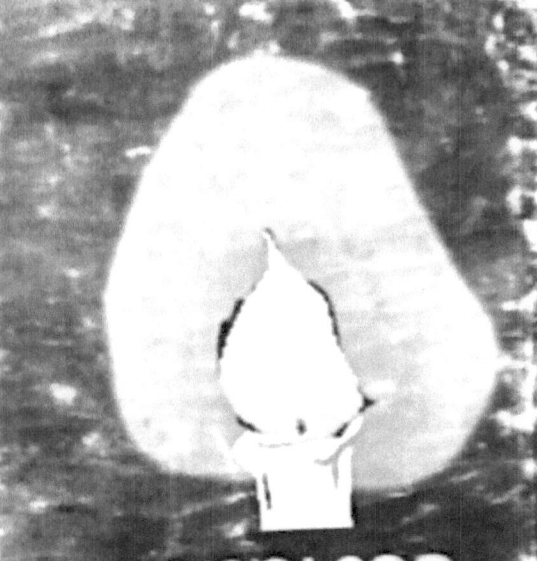

ଗୌତମ ଜେନା

ବାହୁଡ଼ା ବେଳ

ମାଟିମହ୍ଲାର

ଥରେ ନୁହେଁ
କି ଦୁଇଥର ନୁହେଁ
ଲକ୍ଷେ ଥର ଜନ୍ମନେବାକୁ ଚାହିଁଛି ମାଟିରେ ।
ବେଳେବେଳେ ଭାବେ
ଏ ଲକ୍ଷେ ଜନ୍ମ କ'ଣ ମେଣ୍ଟେଇ ପାରିବ
ମାଟି ପିଣ୍ଡରେ ଗଢ଼ା
ଏ ହୃଦୟର ଶୋଷ ।
କାହିଁକି କେଜାଣି
ଗୋଟେ ଖୋଲାମେଲା ନିବିଷ୍ଟପଣ
ଆଚ୍ଛନ୍ନ କରି ଘେରିଯାଏ ମୋତେ
ସୃଷ୍ଟିର ଆରଂଭଠାରୁ ଆଜିଯାଏ
ଘୂରିବୁଲୁଥିବା ଶୂନ୍ୟତାର ମହାକାଳ ରୂପ
ଆବୋରିବସନ୍ତି ଗୋଟାପଣେ ସାରା ଦେହ ।
ଅସରଂତି ଖୋଜାର ସୀମା ସରହଦ ପାରି ହୋଇ
ମୋତେ ପୁଣି ନିଜକୁ ହଜେଇଦେବାକୁ ହୁଏ
ଜଂଜାଳ ବିରହ ଚୁମ୍ବନ ମାୟା ଓ ଆକର୍ଷଣ ଭିତରେ ॥

ସେତେବେଳେ କାହିଁ କେଉଁଠି ମୁଁ ତ ନଥାଏ ଏକୁଟିଆ !
ମାଲମାଲ ହୋଇ

ନଭମଣ୍ଡଳ ସୂର୍ଯ୍ୟଲୋକ ଚନ୍ଦ୍ରଲୋକ
ନାଗଲୋକ ଇତ୍ୟାଦିରେ ଭାସି ବୁଲୁଥାନ୍ତି
କାମନାଜର୍ଜର ମୋର ଲକ୍ଷଲକ୍ଷ ପ୍ରତିରୂପ ।

ଅଗଣିତ ଏଇ ବିଷର୍ଣ୍ଣ ଦେହମାନେ
ମାଗୁଥାନ୍ତି ମାଟିର ସୁଖ ଟିକକ
ଯାହା ସାଇତା ହୋଇ ରହିଥାଏ
ଏ ଜନ୍ମରେ ମୋ ପାଖରେ ।

ଅଥଚ ମୋ ପରି ନିର୍ବୋଧ ମଣିଷଟିଏ
ଯିଏ ଧୂଳିର ନିର୍ମୋକରେ
ଖୋଜୁଥାଏ ଜୀବନର ସତ୍ୟ
କାହିଁକି ବା ବୁଝିପାରଂତା
ଏ ନିବିଡ଼ ରହସ୍ୟ !
ଆଲୋକ ଅଂଧାର, ଗମନ ଆଗମନ ! !

ସମସ୍ତେ ହସୁଥାନ୍ତି ଠୋ ଠୋ
କେଉଁଠି କିଛି ଦିଶୁନଥାଏ କୂଳକିନାରା
ମିଳୁନଥାଏ ସାହାଭରସା
ସବୁ ଯେମିତି ଅସରଂତି ଓ ଅଗମ୍ୟ ପରି
ବୋଧ ହୋଇ ବାଟ ଓଗାଳୁଥାନ୍ତି ଅହରହ ।
ସେହି ମହାଶୂନ୍ୟରୁ
କେହି ଜଣେ ବୁଝାଉଥାଏ
ଏଥର ତତେ ବି ସାମିଲ ହେବାକୁ ହେବ
ଏଇ ପଟୁଆର ଭିତରେ ।
କେହି କେବେ କ'ଣ ନିସ୍ତାର ପାଇଛି

ମାଟିର ମୋହରୁ ନା'
ତୁଟେଇ ପାରିଛି ମାଟିର ସଂପର୍କ ! !

ସତକୁ ସତ
ଏଇ ମୁହୂର୍ତ୍ତରେ
ପରମ ଆହ୍ଲାଦରେ
କେତେ ରଂଗର ଡେଣା ଲଗାଇ
ମୋ ଚାରିପାଖରେ ଉଡ଼ିବୁଲଂତି
ମେଞ୍ଚାମେଞ୍ଚା ସ୍ୱପ୍ନର ପ୍ରଜାପତି ।
ଜାତିଜାତିକା ଫୁଲ
ଆପଣାଛାଏଁ ଫୁଟିଯାଆନ୍ତି ସାରା ଦେହ
ଉଛୁଳା ନଈ ପରି
ପାଦରୁ ମଥାଯାଏ ଲହଡ଼ି ଭାଂଗନ୍ତି ଉନ୍ମାଦ ଇନ୍ଦ୍ରିୟ ।

ନାଃ,
ଆହୁରି ଲକ୍ଷେବାର ଜନ୍ମପାଇଁ
କଷ୍ଟ କରୁଚି ଏଇ ମାଟିର ପୃଥିବୀ
ଅନବରତ ଚାଲିଥାଉ ଏ ଖୋଜା
ଜନ୍ମ ପରେ ଜନ୍ମ... ।।

ମାହେନ୍ଦ୍ରବେଳା

ପ୍ରତିଶ୍ରୁତି ପରି ଆଶ୍ୱାସନାକୁ ତ
ଆଜିଯାଏ ସାଇତି ରଖିଛି
କେବେ ନା କେବେ ସତ ହେବ ବୋଲି ।
ସତ ହେଉ ବା ନହେଉ
ଏ ବିଶ୍ୱାସ କିନ୍ତୁ ଅତୁଟ ରହିଥାଉ
ମୋ ଭିତରେ, ଥିବାଯାଏ ।

କେତେ ବିରାଟ ଏ ବିଶ୍ୱ !
ଯାହାର ଆତ୍ମା ପରି
ଗଛଲତା, ନଦନଦୀ, ପାହାଡ଼ସମୁଦ୍ର
ଚଢ଼େଇଙ୍କ ଗୀତ-
ସବୁ ତ ଆକାଶମନସ୍କ ।
ଆଶ୍ଚର୍ଯ୍ୟ ଓ ବିସ୍ମୟରେ
ଚକିତ କରିପକାନ୍ତେ ଏସବୁ ଦୃଶ୍ୟ
ପୋଛି ସଫାକରି
ଦର୍ପଣ ପରି କରିଦିଅନ୍ତି ଉଦ୍‌ଭାସିତ ।।

ଏତିକିବେଳେ ଅଂତରଂଗ ଓ ନିକଟତମମାନେ
ମନେହୁଅନ୍ତି ଯେତିକି ଆପଣାର
ଅଚିହ୍ନା ଓ ଅଜଣାମାନେ ବି
ତା'ଠୁ କମ୍ ମନେହୁଅନ୍ତି ନାହିଁ
କେତେବେଳେ ।
ଜମା ବାଟ ଦେଖିନଥିବା
ଚାଲି ଶିଖିନଥିବା
ଅନୁଭବରେ ବୁଝିନଥିବା
କଥା କହିବାର କୌଶଳ ଜାଣିନଥିବା
ମଣିଷ କେମିତି ଗାଇପାରଂତା
ହୃଦୟକୁ ଜଡ଼ସଡ଼ କରିଦେବା ପରି
ମନଛୁଆଁ ଗୀତ ! !

ଐଶ୍ୱର୍ଯ୍ୟ ଆଟୋପ ଓ ବିଳାସଠାରୁ
ଆଉ କିଛି ମହାର୍ଘ ଅଛି ବୋଲି
ଖୋଜି ଦେଖନ୍ତା ନାହିଁ ମଣିଷ !
ଥରେ କ'ଣ ଚାହିଁ ଦେଖନ୍ତାନି ଉପରକୁ !
ଯେତେଯେତେ ବାଟ ଦୃଷ୍ଟିଯାଉଛି
ଦେଖନ୍ତାନି ତା'ଠୁ ଆହୁରି ଊର୍ଦ୍ଧ୍ୱକୁ !
ହୁଅନ୍ତାନି ଆକାଶମୁଖୀ !
ହୀମ ବରଫ ପରି ଶୀତଳତା କେମିତି
ବିଛେଇ ହୋଇପଡୁଛି ସର୍ବାଙ୍ଗରେ
ସମସ୍ତ ଅଭୀପ୍ସା ଓ ସ୍ୱାର୍ଥ କେମିତି
ସ୍ୱର୍ଗୀୟ ଆହ୍ଲାଦରେ
ପାଲଟିଯାଉଛି ପରମାର୍ଥ !
ସେତେବେଳେ ତ

ଆଉ ନିଜର ହୋଇ ରହେ ନାହିଁ କିଛି
ସବୁ ପାଲଟିଯାଏ ଏ ମାଟିର, ଆଲୋକର,
ପାଣିର, ପବନର, ଆକାଶର ।।

ସେଇଥିପାଇଁ ପ୍ରତ୍ୟେକ ମୁହୂର୍ତ୍ତ
ସାଇତି ରଖିଛି ସମସ୍ତ ପ୍ରତିଶ୍ରୁତି
ଖୋଜିଚାଲଛି ଆଦିରୁ ଅନଂତ
ତନଖି କରି ଚାଲିଛି ସବୁ ବାଟ ।
ଶେଷରେ ସେଇ ଅପହଞ୍ଚ ଛକରେ
ଅପେକ୍ଷା କରିଛି କେବେ ନା' କେବେ
ଦିନେ ନା' ଦିନେ
କେହି ଜଣେ ଏକାନ୍ତ ପ୍ରିୟବୋଲି ମନେପକାଇ
ଯୁଗଯୁଗର ଆଲିଙ୍ଗନରେ
ଆବଦ୍ଧ କରି ରଖିବ ମୋତେ
କେଉଁ ମାହେନ୍ଦ୍ରବେଳାରେ ।।

■

ଠିକଣା

ଯେତେଥର
ଭେଟିବି ବୋଲି ଭାବେ
ସେତେଥର
ଭୁଲି ହୋଇଯାଏ ଠିକଣା ।
ବହିପତ୍ର, ବାକ୍ସ, ଆଲମାରୀ
ଖେଳେଇଖେଳେଇ
ଆଉ କାହା ଠିକଣା ପାଖରେ
ଲଟକିଯାଏ ମନ ।।

ଅନେକ ଦିନ ତଳେ
କଲେଜରେ ପଢ଼ିବାବେଳେ
ତମେ ଦେଇଥିବା ଚିଠି
ସାଇତା ହୋଇ ରହିଛି ଆଜିଯାଏ ।
ଆଉ ଦି'ବର୍ଷ ପରେ
ଚାକିରିରୁ ଅବସର ନେବାକୁ ଥିଲେ ବି
ଦେହ ଆଉ ମନରେ
ଭରିଯାଏ ଉତ୍ତେଜନା ।।

ମାଳମାଳ ସ୍ୱପ୍ନ
ବିବଶ କରିପକାନ୍ତି ଉନ୍ମାଦନାରେ

ସମୟ ଦେଖାଯାଏ
ରଫ୍‌ଖାତା ପରି ଅସଜଡ଼ା !
ପୃଷ୍ଠା ପରେ ପୃଷ୍ଠା
ଓଲଟାଇ ଦେଖୁଥାଏ ବଣ, ପାହାଡ଼
ନଈକୂଳ, ଜହ୍ନ
ପାର୍କ, ସିନେମା ହଲ, ରେଷ୍ଟୋରାଁ
ଆଉ
ଆଜିର ସଂସାରନେଇ ରହୁଥିବା ଭଡ଼ାଘର ।।

ଫି'ବର୍ଷ ଘରବଦଳା
ପାଲଟିଗଲାଣି ଧରାବଂଧା ରୁଟିନ୍ ।
ଭଡ଼ା ବଢୁଥାଏ
ଆଉ ବଦଳୁଥାଏ ଠିକଣା ।
କିଏ କେତେ ଖୋଜଂତା
ଏତେ ବଡ଼ ପୃଥବୀରେ !
ଖୋଜୁଖୋଜୁ
ପୁଣି ତମେ ପଶିଆସ
ମନ ଭିତରକୁ ।
ମୋ' ପରି
ବାରଂବାର ତମ ଠିକଣା ବଦଳୁଥିଲେ ବି
ଶେଷରେ
କେଉଁଠି ନା' କେଉଁଠି
ନିଶ୍ଚେ ଭେଟହେବ ନିଭୃତବେଳାରେ ।।

■

ଆରକୂଳ

ଯେତେଥର
ଉଚ୍ଛୁଳା ନଈକୁ ପହଁରି
ପହଂଚିବାକୁ ଚାହିଁଛି ଆରକୂଳରେ
ସେତେଥର ଫେରିଛି ଅଧାରୁ।
ଆରଅଧକ ପହଁରି ଯିବାକୁ
ପାସୋରିଯାଏ ସାହସ
ବାରଂବାର ହଜିଯାଏ ସବୁଦିନ ପରି
ଅଡୁଆ ଜଂଜାଳ ଭିତରେ।।

ଏଇ ଜଂଜାଳ
ପ୍ରାରବ୍ଧ ଓ ଭବିତବ୍ୟ ବୋଲି
ଜନ୍ମରୁ ଲେଖା ହୋଇଛି କପାଳରେ।
ପାପୁଲି ସାରା ଯେତେ
ଦୁଃଖ ଓ ଅନିଭୋଗର ରେଖା
ନିଦାଘଜର୍ଜର ଭୂମି ପରି
କୁହୁଳୁଥାଏ ନିରଂତର।

ତଥାପି ତମେ ଫୁଟେଇଥିବା
ରଂଗବେରଂଗ ଫୁଲର ମହକ
ଭରିଦେଉଛି ଏମିତି ଉନ୍ମାଦନା ଯେ
ବାଂଧିରଖୁଛି ବଂଚିବାର ସମସ୍ତ ପ୍ରବଣତା
ତା'ରି ଭିତରେ ।।

ଆଉ କେତେକାଳ
ଅପେକ୍ଷା କରିବାକୁ ପଡ଼ିବ ତମକୁ !
ଏ ଅପେକ୍ଷାର
କେଉଁଠି ଅଂତ ଥିବ ନିଶ୍ଚୟ ।
ଖୋଜୁଥିବା ମଣିଷମାନଙ୍କ ଭିତରେ
ଅନବରତ ଶୁଭୁଛି କାରାବଦ୍ଧ ଆତ୍ମାର ବିଳାପ
ଖୋଜିଖୋଜି ତାରାଫୁଲ, ସ୍ୱପ୍ନର ସମୁଦ୍ର
ନଈତୁଠ, ଦିଗହଜା ନଈ ଆରକୂଳ ।।

ଏ ଜନ୍ମର ଦୁଃଖଶୋକ
ବ୍ୟଥା ଓ ଯଂତ୍ରଣା ପରି
ନିଛାଟିଆ ନଈକୂଳ ସବୁଜିମା
ବୁଡ଼େଇ ଦେଇଛି କୁହୁଡ଼ିର ଘନ ଆସ୍ତରଣ ।

ସେପାରିରୁ ଦୋଳି ଚଢ଼ି
ଆଉ ଆସୁନାହାନ୍ତି ସୂର୍ଯ୍ୟଚଂଦ୍ର,
ମେଘ କି ନକ୍ଷତ୍ର ।
ଅଥଚ ପରିଚୟ ଖୋଜୁଥାଏ ଏ ମଣିଷ
ଅଜଗର ଅନଂତ କ୍ଷୁଧାରେ
କେମିତି ବା ପହଁରିଯାଆଂତା

ଏତେ ବଡ଼ ଭରା ନଈ ସଂଜ ନ ହେଉଣୁ !
କେମିତି ବା ବୁଝଂତା ସେ
ଲୁଣର ପାହାଡ଼ ପରି ପରିଚୟ
ମୁହୂର୍ତ୍ତକେ ହୋଇଯାଏ ତୁହାତୁହା ପାଣି !!

ଆମେ ତ ପ୍ରସ୍ତୁତ ନୋହୁଁ ବୁଝିବାକୁ
ଆସିବା ଓ ଫେରିବାର ବାକି ସମୟରେ
କାହାକୁ ଦେଇଛେ କ'ଣ
ଆଉ କ'ଣ ରଖିଅଛେ ନିଜେ ନେବା ପାଇଁ।
ଏଠି ସବୁ ଯେତେ ମିଛ ସତ ଲାଗେ ସବୁବେଳେ
ଏଇ କଥା ବାରଂବାର କିଏ ଦିଏ ଆମକୁ ଭୁଲେଇ।
ଅଥଚ କେବେ ନା' କେବେ

ପହଁରିବାକୁ ତ' ହେବ ସେଇ ଭରାନଈ
ଏତେ ବଡ଼ ଚମତ୍କାର ଏ ସତ୍ୟକୁ
କେହି କେବେ ପାରିବ ଏଡ଼େଇ !!

■

ପ୍ରତିଥର

ଏଥରକ ବି
ପରିତୃପ୍ତ ଜୀବନଟିଏ
ଭୋଗପାଇଁ
ଶତ୍ରୁ ସାଜିଲା ସମୟ ।
ସବୁଥର ପରି
ସେଇ ଅନଟନ
ପାଦରୁ ମଥାଯାଏ ସବୁଥିରେ ।
ଆୟୁଷରୁ ଆହାର
ପରିବାରର ଆବଶ୍ୟକତାଠାରୁ
ଆମୋଦ
ବଂଧୁତ୍ୱର ବିଷାଦଠାରୁ
ଆତ୍ମପ୍ରତ୍ୟୟ
ଖୁବ୍ ଅଭାବ ଲାଗେ ପ୍ରତିଥର ।।

କେହିକେହି କହନ୍ତି
ଦାର୍ଶନିକ ପାଲଟିଗଲେ
ସଂସାରର ସବୁ ବିପରୀତ କଥାମାନେ
ଉଚ୍ଛନ୍ନ କରୁଥାଂତି
ମୁହୂର୍ତ୍ତମୁହୂର୍ତ୍ତ ।

କେବଳ ମଣିଷ ତ ନୁହଁନ୍ତି
ଗଛଲତାଠୁ ପଶୁପକ୍ଷୀଯାଏ
ଲାଗନ୍ତି ଜଣେଜଣେ ଦାର୍ଶନିକ
ନହେଲେ ଗଜା ଫୁଟିବାଠୁ
ଜାଳକାଠ କି ଖଟଚୌକି ହେବାଯାଏ
ଗର୍ଭରୁ ବାହାରିବାଠୁ
ଚଲାବୁଲା କି ଉଡ଼ିବାଯାଏରେ
କେହି କ'ଣ ସନ୍ତୁଷ୍ଟ ହୋଇଛି ? ?

ସବୁ ଅସଂତୁଷ୍ଟ ଭାବକୁ ନେଇ
ତିଆରି ହୋଇଥିବା ମଣିଷଟିଏ
ସ୍ୱପ୍ନଦେଖେ କେତେ, ଭାବେ କେତେ ।
ହେଉ ବା ନ ହେଉ, ପାଉ ବା ନପାଉ
କେହି କ'ଣ କେବେ ଦୂରେଇପାରିଛି
ଦାର୍ଶନିକତାଠାରୁ ! !
କେହି କହିପାରିଛି
ଠିକ୍‌ଠିକ୍‌ ଭୋଗକରିଛି
ଏ ଜନ୍ମର ସମୁଦାୟ ଜୀବନ ! !

ଏ ଶୋଷ କି ଅବସୋସ
ପ୍ରଶ୍ନ କି ପ୍ରଶ୍ନତତ୍ତ୍ୱ
ଆକାଶ ପରି ଅସମାପ୍ତ ହୋଇ ରହିଯାଏ
କାଳକାଳ ॥

ମଣିଷକୁ ଯାହା କଷ୍ଟଦିଏ
ହୋଇପଡ଼େ ତା'ର ଅତି ପ୍ରିୟ ।
ମଲାଯାଏ ସେ ଧାଉଁଥାଏ ତା' ପଛରେ
ଗାଁ' ପୋଖରୀ ତୁଠର ସରଳତା ପରି
ସବୁ ଦିଶୁଥିଲେ ବି
ପାଦ ପକାଇଲେ ହୋଇଯାଏ
ଅସରଂତି ସମୁଦ୍ର
ଦିଗବାଗ ନଥିବା ଜୀବନକୁ ଖୋଜୁଖୋଜୁ,
ବୁଝୁବୁଝୁ
ହଠାତ୍ ନିଜକୁ ହଜେଇଦେବାକୁ ପଡ଼େ
ଆଉ ଗୋଟେ ଜନ୍ମରେ
ପ୍ରତିଥର ॥

■

ସେତେବେଳେ

କେହି କେବେ ଜାଣିଛି
ଜନ୍ମଠାରୁ ମୃତ୍ୟୁଯାଏ
ମଣିଷ ପାଇଁ କ'ଣ ଲୋଡ଼ା ?
କେହି କ'ଣ ବୁଝିଛି
ସେ ଯାହା ଲୋଡ଼େ
ସେସବୁ କେତେ ଯେ ଅଲୋଡ଼ା !!

ଆସିବାବେଳେ
ସାଥୀରେ ଥିଲା କ'ଣ ?
ଯିବାବେଳେ ଥିବ କ'ଣ ??
ଏ ପ୍ରଶ୍ନ ନିଜକୁ ପଚାରିବାକୁ
କେବେ ସମୟ ପାଇଛି
ମଣିଷ !!

କାହିଁକି ବିସ୍ମରଣ ହୋଇଯାଏ
କ୍ଷଣଭଂଗୁର ଜୀବନର ସତ୍ୟକୁ
ଉଦ୍‌ଘାଟନ କରିବାର ଅନ୍ୱେଷା !
ହଜିଯାଏ କେଉଁଠି

ହୃଦୟର ଡାକକୁ
ଶୁଣିବାର ସାମର୍ଥ୍ୟ ! !
ଏ ସାରା ଜୀବନ ଭିତରେ
କେବେ ବି ଥରେ ମନେପଡ଼େନା
ଆସିବାଠାରୁ ଯିବା ବାଟର
ଦୀର୍ଘତାକୁ ସଫଳତାର ସହିତ
ଅତିକ୍ରମି ଯିବାର ସୂତ୍ର !
ସବୁ ମରୀଚିକା ଲାଗେ
ପ୍ରିୟ ବସ୍ତୁ ପରି
ସବୁ ଅଳୀକତା
ନିର୍ମାଣିଥାଏ ଯେଉଁ ଚକମକିଆ ଚାରିପାଖ
ଲାଗେ ନିଜର ପରି ।।

କେହି କେବେ ବୁଝିଛି କି
ଶେଷକୁ
ସେହି ଅବସୋସର ନିଷ୍ପ୍ରାଣ ଦେହ
ଫାଙ୍କା ହାତରେ ଫେରୁଥାଏ
କି ଗୀତ ଗାଇ ! !

■

ଜଗୁଆଳ

ଜନ୍ମ ହେବା ପୂର୍ବରୁ
ସେ ବାଛିଥିଲେ ମୋ ନାଁ !
ତାଙ୍କ ଇଚ୍ଛା ମୁତାବକ
ତିଆରି କରିଥିଲେ ମୋର ମନ,
ଭାବନା ଓ ହୃଦୟ ।।

ମୁଁ ଚାଲୁଥିବା ବାଟ
କହୁଥିବା କଥା
ଆଙ୍କୁଥିବା ଚିତ୍ର
ସେସବୁ ତ କେବେ ବି ନଥିଲା ନିଜସ୍ୱ ।
ମୋ କପାଳ, ଆଖି, ଆଂଗୁଠି, ପାଦ
ବାପା ବୋଉ, ମାମୁଘର କି ଆଉ କାହାର
ଅଣିନେଇ ତିଆରି ହୋଇଛି ବୋଲି
କେମିତି କହିବି ? ?

ନଈକୂଳରେ ଭାବନାମଗ୍ନ ହୋଇ ବୁଲିବାବେଳେ
ନିଛାଟିଆ ରାସ୍ତାରେ ଯିବାବେଳେ
ପାହାନ୍ତି ପହର ନିଦ ଭାଂଗିଯିବା ବେଳେ
ଖୁବ୍ ମନମତାଣିଆ ଗୁଣୁଗୁଣୁ ଗୀତ
କେହି ଜଣେ ଗାଉଥାଏ ମୋର କାନପାଖେ।
ଆଜିଯାଏ ବି
ଶବ୍ଦଟିଏ ବୁଝିପାରିନି ବୋଲି
ଖୋଜିଚାଲିଛି ନିଜକୁ ନିଜେ ॥
ଫାଙ୍କା ଆକାଶ ପରି
ମୋ ଭିତର ଦିଶୁଛି ଖୁବ୍ ଫର୍ଚ୍ଚା।
ସାରା ଦେହରେ ମୋର ଅଗଣିତ ରାସ୍ତା
ସ୍ୱଚ୍ଛ ଦିଶୁଛି ଆଲୋକ ପରି
ଯେଉଁଠି ପହଂଚି ଦେଖେ
ସବୁଠି ପଡ଼ିଛି ମୋର ପାଦଚିହ୍ନ।
ମୋତେ ହିଁ ନିର୍ଣ୍ଣୟ କରିବାକୁ ହେବ
ଖୋଜିବାକୁ ହେବ ମୋର ଯିବାବାଟ ଓ ଭବିଷ୍ୟତ।
ଅଳିନ୍ଦ, ନିଳୟ, ଫୁସ୍‌ଫୁସ୍ ଓ ହୃତପିଣ୍ଡ ଦେଇ
ବହିଚାଲିଚି ଯେଉଁ ପ୍ରାଣପ୍ରବାହ
ମୋତେ ହିଁ ଭେଦ କରିବାକୁ ହେବ
ସେ ରହସ୍ୟ।
ସତସତିକା ମଣିଷ ପରି ଦିଶୁଥିବା ଦେହସବୁ
ପଚା ସେଓ ପରି କେତେ ଦୁର୍ଗଂଧ ଓ
କୃମି, କୀଟଠାରୁ କେତେ ହୀନ
ବୁଝିହେବ ସେତେବେଳେ ॥

ମୋତେ ଜଗିବସିଛି ଯିଏ
ଆଜିଯାଏ ବି ଚିହ୍ନିନି ତାକୁ ।
ଆବେଗ କି ଅନ୍ତର୍ଦାହ
ଆତ୍ମବଡ଼ିମା କି ଅହଂକାର
ସ୍ମୃତି କି ନିବିଡ଼ ସଂପର୍କ
ଏସବୁ ଥିଲେ ତା'ର ବା ଲଗା କ'ଣ !
ସେ ତ ମୋତେ
ସାଥୀରେ ନେଇ ଫେରିବ ଦିନେ ନା ଦିନେ
ନିମିଷକରେ ଭୁଲେଇ ଦେଇ
ମୋର ସମସ୍ତ ପରିଚୟ ॥

ଅକଥନୀୟ

ନାଃ
ସ୍ଥିର କରିଛି
ଆଉ ଭାବନା ଭିତରେ
ମଗ୍ନ ହେବିନି ଜମା।
ଆଜିଯାଏ ବି
କେଉଁ ଗୋଟିଏ କାମରେ
ପୂରା ଲଗାଇପାରିନି ମନ॥

ସବୁ ରହିଛି ଅଧାଅଧା
ପାଠପଢ଼ା, ଚାକିରି, ଚାଷକାମ,
ବଣିଜ, ବହିବେପାର, ଠିକାଦାରୀ, ରାଜନୀତି
ଯେତେ କାମ-
ଏପରିକି
ଘର ସଂସାର ଭିତରେ
ହୋଇଯାଇଛି ନିପାରିଲା। ମଣିଷ ବୋଲି
ମୁଁ ଏକା ଜାଣେ॥

ପୂର୍ଣ୍ଣତାର ଅର୍ଥ କ'ଣ ବୋଲି
ମୁଁ ଖୋଜିବୁଲୁଛି ସାରା ପୃଥିବୀ
ଆଖି ପାଉ ନଥିବା ଆକାଶ, ସମୁଦ୍ର
ଛୁଇଁ ହେଉ ନ ଥିବା ପବନ,
ବୁଝି ପାରୁନଥିବା ବର୍ଷା ଠାରୁ
କେବେ ଛୋଟ ହୋଇନପାରେ ମଣିଷ
ବୋଲି ମୋ ଭିତରେ
କେହି ଜଣେ କହୁଥିବାର ଶୁଣିଛି ବହୁଥର ॥

ଯେତେଥର ବିଶ୍ୱାସ କରିଛି
ସେତେଥର ପରାଜୟର ଗ୍ଲାନି ଭିତରେ
ଦିଗହରା ହୋଇ ଥକି ପଡ଼ିଛି
ଏଥର
ଯେମିତି ଯାହା ଘଟୁଛି ଘଟୁ
ସ୍ଥିର କରିଛି
ଆଉ ଭାବନା ଭିତରେ
ମଗ୍ନ ହେବିନି ଜମା ॥

ଅବଶିଷ୍ଟ ଦିନ

ଅବଶିଷ୍ଟ ଦିନମାନଙ୍କରେ
ଆଉକିଛି ନୂତନତା ନାହିଁ
ସକାଳୁ ସଂଜଯାଏ ଯାହା
ସବୁଦିନେ ସେୟା ।
ରାତିପାଇଁ ଆଉ କ'ଣ କାମଥାଏ ଯେ
ଉତ୍ସୁକତାରେ କେହି ଚାହିଁବସନ୍ତା ! !

ସବୁଥିରୁ ଅବସର ନେଇ
ଚୁପ୍‌ଚାପ ବସିବାକୁ ହେବ ଠା'ରେ
ବୋଲମାନି ପାନ କି ପିକାଟେ
ପାଖକୁ ଖଂଜିଦେବେ ନାହିଁ କେହି ।
ଏଇ ଦେହରୁ ବାହାରିଥିବା ପିଲାମାନେ
କି ତାଙ୍କ ପିଲାମାନେ
ଦଣ୍ଡେ ନିମିଷେ ପାଆନ୍ତି ନାହିଁ
ଆଖି ବୁଲେଇ ନେବାକୁ ଆମଠି ।।

ହଡ଼ା ବଳଦ ମୁହଁରେ
ମୁଠେ ପକାଇବାକୁ ତର ନଥାଏ
କାହାକୁ ।
ସେଇ ଖୁଣ୍ଟମୂଳେ ଅଳିଆ, ଖରା, ବର୍ଷା
ସବୁ ଏକାକାର ପାଲଟନ୍ତି
ଅବଶିଷ୍ଟ ଦିନ ।

ସବୁ ଟାଣପଣ, ମୁହଁ ତୋଡ଼
ବାସି ହୋଇସାରିଥାଏ ବୋଲି
ପାଖଦେଇ ଯିବା ଲୋକ
ଆଉ କାକୁସ୍ଥ ହୁଏନି କି
ଚାହିଁହସ ହସେନି ।।

ସେଇ ଦିନଠୁ ଅପସରି ଯାଇଥାଏ
ସବୁ ସ୍ୱାଧୀନତା
ପ୍ରତି ମୁହୂର୍ତ୍ତରେ ବାଜୁଥାଏ ସତର୍କଘଣ୍ଟି
ବଦଳୁଥାଏ ବିଶ୍ୱାସ
ଭଲ ଲାଗୁଥିବା ଗାଁ, ଘର, ମଣିଷମାନେ
ପୁଣି ଭରିଦିଅନ୍ତି
ନିଃସଂଗତା, ଦୁଃଖ, ସବୁ ଏକ୍‌ଲାପଣିଆ ।।

ଆଉ ମୁହୂର୍ତ୍ତଟିଏ ଲୋଡ଼ା ନାହିଁ
ଅବଶିଷ୍ଟ ଦିନରୁ ।
ଏ ଦିନମାନଙ୍କୁ ଛାଡ଼ିଯାଉଛି ତମରି ପାଇଁ
ଯାହା ପୁରୁଷପୁରୁଷ ଧରି
ଭୋଗ ହୋଇ ସାରିଛି ।
ତମେ ବାକି ଅଭିନୟ ସାରିବା ପରେ
ବୁଝିବ
ସମୟ କେମିତି ଜାଳୁଥାଏ ଚିରନ୍ତନ
ଅବସୋସ ଅଗ୍ନି ଉଦ୍ଲେଇରେ ।।

■

ଲୋଟଣିପାରା

ସମୟ ତ
ନିଜେ ବୁଲୁଥାଏ ତା'ର ଚାରିପାଖ।
ଦିନବାର, ମାସ, ସାଲ, କ୍ୟାଲେଣ୍ଡର
ସ୍ମୃତି ଆଉ ସଂପର୍କର କ୍ଷଣିକ ଦଂଶନ
ସତ ପରି ବାଂଧିରଖେ
ସଂସାରର ଅଚିହ୍ନା ଜଂଜାଳ।।
ତମେ ଆସ
ପୁଣି ଫେରିଯାଅ
ଅଗଣିତ ସମୁଦ୍ର ଲହରୀ ପରି
ଘୋର ମନସ୍ତାପ ଆଉ
ଶେଷହୀନ ଜ୍ୱଳନ ସେପାରେ।
ତମେ ପୁଣି
ଏମିତି ସ୍ୱପ୍ନଟେ ଦିଅ
ଯାହା ନେଇ ବଂଚିବାର ବିଭୋରତା ଛାଇଯାଏ
ଜନ୍ମଜନ୍ମ ପାଇଁ।।

ସବୁ ସରିଯାଏ
ଯେତେ ହାତ ପାଖେ ଥାଏ
ଆଉ
ଯେତେ ଥାଏ ପହଂଚିବା ପାଇଁ।
ତଥାପି
ଉତ୍ତରହୀନ ତମ ମ୍ଳାନ ମୁହଁ

ଆହୁରି ଉଜ୍ଜ୍ୱଳି ଉଠେ
ଦୂରଂତ ଜିଜ୍ଞାସା ଓ
ଭରା ଜହ୍ନ ନିବିଡ଼ ତାତିରେ ।।

ତମର ଏ ଛୋଟ ବଗିଚାରେ
ରୋପିଥିବା ଚାରାସବୁ
ଫୁଲ ଫଳ ସଂଭାରରେ,
ପ୍ରଜାପତି ଚଢ଼େଇଙ୍କ ଖେଳ କୌତୁକରେ
ଉଚ୍ଛୁଳି ପଡୁଛି ସାରାଦିନ ।
ଖାଲି ପଡ଼ିଥିବା ଘରେ
ପିଲାଙ୍କର ଗହଳ ଚହଳ, ରଂଧାବଢ଼ା
ହସ ଖୁସି ନାଟକରେ ଦୃଶ୍ୟ ସବୁ
ନିବିଡ଼ ଅନୁରାଗରେ
ବାଂଧି ରଖେ ଅପୂର୍ବ ମୋହରେ ।।

ଦେଖୁନ,
ତମେ ଫେରିବ ବୋଲି
କେମିତି ମେଲା ରହିଛି ଦାଣ୍ଡ ଦୁଆର
ସଜ ହୋଇଛି
ବାଉଁଶ, ମସିଣା ଆଉ ପାଳଦଉଡ଼ି ।
ମଲ୍ଲୀ କି ତରାଟ ଗଛରେ
ଫୁଟିନି ଗୋଟିଏ ଫୁଲ
ଚହଟି ଉଠୁଥିବା ଅଗଣାରେ
ଭରିଗଲାଣି ଅସନା ଅଳିଆ ।
କେମିତି ପରପର ହୋଇ ଉଠିଲେଣି
ଲୋଭ ତୁଟେଇ ସାରିଲେଣି
ସବୁ ଚିହ୍ନାଜଣା ଘରକରଣା ଜିନିଷ ।।

ପାଞ୍ଜି ଲେଖିଛି
ଚବିକାରୀ ଓ ଶାର୍ବରୀ ସମ୍ବତ୍ସରମାନେ
ପାଳିବେ ଏ ବର୍ଷ।
ଘୋର ଝଡ଼ବାତ୍ୟା ଓ ବର୍ଷାରେ
ଉଜୁଡ଼ି ଯିବ କ୍ଷେତବାରି
ସାରା ଦେଶରେ ଛାଇଯିବ
ଅରାଜକତାର କଳାବାଦଲ
କେବଳ ତମେ ଫେରିବ ବୋଲି ।।

ପୁଣି ଫୁଟି ଦିଶିବ
ଆଉ କେଉଁ ନୂଆ ମୁହଁ
ସକାଳର ସଜ ଆଲୁଅରେ
ବାରି ଦୁଆରେ।
କାହାର ନୂଆ ଡାକରେ
ଉଲୁସି ଉଠିବ ମନ
ସବୁ ଶେଷରୁ ଗଜୁରି ଉଠିବ ଆରମ୍ଭ
ଅଥଚ
ସେଇମିତି ଥିବ କାଂଥ ଘଣ୍ଟା।
ଚୂନ ଧଉଳା ଘରେ
ତମେ ପୁଣି ନୂଆ ହୋଇ
ବାଂଧି ହୋଇଯିବ ସମୟ ଫାଶରେ।।

ସାରା ଘରେ ପହଁରୁଥିବ ପବନ
ଛୁଇଁ ଦେବାକୁ ଟଙ୍ଗା ହୋଇଥିବା
ଫଟୋ ଓ ଫୁଲମାଳ
ଆଉ ଧୂପର ବାସ୍ନା
ତମେ ଫେରିବ ବୋଲି ।।

ସେପାରି

ଏପାରିର ଡାକ
କେମିତି ଶୁଭନ୍ତା ସେପାରିକୁ ।
ତମେ କେମିତି ଅଛ
କେହି ଦେଇପାରୁନାହାନ୍ତି ଖବର ।
ଏଠି
ବେଶ୍ ନାଟକ କରି
ଖୁବ୍ ଚର୍ଚ୍ଚା ହେଲ ଖବର କାଗଜରେ ।
ସବୁ ଫିକ୍ସିଂ ଆଉ ସ୍କାମ୍‌ର
ନାୟକ ତ ତମେ
ସବୁ ରୂପଜୀବୀ ର୍ୟାକେଟ୍‌ର
ନାୟକ ତ ତମେ ।
ପ୍ରତିଦିନର ନିଖୁଣ ଅଭିନୟର
ପର୍ଦ୍ଦାଫାସ୍ ପରେ
ଲେଖା ସରିଲାଣି
କେତେ କବିତା ଆଉ ଗପ ॥

ଏଠାକାର ପାପପୁଣ୍ୟ ପାଇଁ
ଦଣ୍ଡ କି ପୁରସ୍କାର ମିଳେ
ସେପାରିରେ
ଆମକୁ ଜଣା ନାହିଁ ।

ତମେ ବୈକୁଣ୍ଠ ଭୁବନରେ
ଅପ୍ସରୀଙ୍କ ଗହଣରେ

ଜୀବନକୁ ଉପଭୋଗ କରୁଛ କି
ଫୁଟନ୍ତା ତେଲ କଡ଼େଇରେ ପଡ଼ି
ଛଟପଟ ହେଉଛ
ଗବେଷଣା ଚାଲିଛି ଆମ ପୃଥିବୀରେ ।।

ଦାର୍ଶନିକମାନଙ୍କର
ଗବେଷଣାର ଅଂତ ହେଉନି
ଏଯାଏ ।
ପୁରାଣ ଓ ଧର୍ମଶାସ୍ତ୍ରମାନଙ୍କୁ
ତନଖି କରି ଦେଖାଯାଉଛି
ତମର ବର୍ତ୍ତମାନ, ଆସନ୍ତା ଦିନମାନ ।
ତମେ ସେପାରିରେ
ଏପାରିର କାର୍ଯ୍ୟକ୍ରମକୁ
ତ୍ୱରାନ୍ୱିତ କରିବ ବୋଲି
ସୂଚାଉଛନ୍ତି ସବୁ ଶାସ୍ତ୍ର ।।

କେହି ନିଜର ନୁହନ୍ତି ତମର କି
କିଛିରେ ନାହିଁ ତମର ପରିତୃପ୍ତି ।
ପରସ୍ତ ଧୂଳି ଜମିଯାଇଥିବା
ତମ ଆତ୍ମାର ଦର୍ପଣ ପୋଛି
ନିଜ ମୁହଁକୁ ଥରେ ଦେଖ ତ !
ଶେଷରେ ତମେ
ବଳିବର୍ଦ୍ଦ ଅଭିଶାପ ପାଇ
ଥରକୁ ଥର
ଓହ୍ଲାଇ ଆସୁଥିବ ମାଟିକୁ ।।

ଗୋଠବାହୁଡ଼ା

ସବୁ ସଂଜରେ ମାଆ
ଘିଅବତୀଟିଏ ଜାଳିଦିଏ
ଚଉଁରାମୂଳେ ।
ପ୍ରାର୍ଥନା କରେ ବିଧାତାପୁରୁଷଙ୍କୁ
କୋଳରେ ଦେବାପାଇଁ ପୁଅଟିଏ ॥

ତା'ରି ହାତରେ ଯେମିତି ରହିଛି
ମାଆର ଭୂତ ଭବିଷ୍ୟତ
ଇହ-ପରକାଳ ।
ପୁଅର ପିଣ୍ଡଦାନରେ
ଶାନ୍ତି ପାଇବ ମାଆର ଆତ୍ମା
ଆଉ ପୁତ୍ ନରକରୁ
ମିଳିଯିବ ପରିତ୍ରାଣ ॥

ତିରିଶ ବର୍ଷ ପରେ
ଘରକୁ ବୋହୂ ଆସିଲା ।
ନାତିନାତୁଣୀ ଖେଳିଲେ
ଚକାଚକା ଭଉଁରୀ ।

ପିଲାଙ୍କର ପାଠପଢ଼ା
ପୁଅ-ବୋହୂଙ୍କ ଭବିଷ୍ୟତ ଚିନ୍ତାରେ
ମାଆର ବର୍ତ୍ତମାନ ।।

ଦୁର୍ବଳ ଦେହ ଧୀରେଧୀରେ
ଭାଙ୍ଗିଭାଙ୍ଗି ଚାଲିଛି
ଅଥଚ
ତୁଣ୍ଡରୁ କେବେ ବି ବାହାରି ନାହିଁ
ପଥି ପାଇଁ ଫର୍ମାସୀ କି
ଡାକ୍ତରଖାନା ଯିବାପାଇଁ ତାଗିଦ୍ ।।
ଆଜି ଯେମିତି
ସେଇ ତିରିଶ ବର୍ଷର ପୁଅ
କୋଳ ଭିତରେ ଖେଳୁଛି
ଏଯାଏ ବି ସରିନି
ମାଆର ସ୍ୱପ୍ନ ଦେଖା
ନିଜ ପାଇଁ ଯେ ବାଟ ସରିଆସିଲାଣି
ଘର ପାଇଁ ଯେ ସେ
ଅଦରକାରୀ ହୋଇଗଲାଣି
ଜାଣିପାରିନି ସେ ।
ସଂସାରର ବିଷମ ଜଂଜାଳରେ
ଛନ୍ଦି ହୋଇ
ପୁଅ ସଂସାରର ସ୍ୱପ୍ନ ଦେଖୁଥିବା ମାଆ
ଭୁଲିଯାଉଛି ଗୋଠବାହୁଡ଼ାର ଦିନ ।।

ବୋଉ

ଛଅଟା ତିରିଶ୍‌ରେ
ବନ୍ଦ ହୋଇଯାଇଥିଲା କାଂଥଘଂଟା
ବଂଦ ହୋଇଯାଇଥିଲା
ବୋଉର ନିଃଶ୍ୱାସ ।
କାଉ ଉଠିନଥିଲା ବିଛଣାରୁ
ଉଠି ନଥିଲେ ବୋଉର
ଦୁଇ ଅଲିଅଳ ନାତି
ଅଥଚ
ପାହିଯାଇଥିଲା ବୋଉର ରାତି ।।

ବୋଉ ସକାଳୁ ଉଠି
ଦାଣ୍ଡ ଦୁଆରେ ଗୋବର ପାଣି ପକାଇ
ପହଁରିଯାଏ ଅଗଣା
ଚାଙ୍ଗୁଡ଼ି ନେଇ ତୋଳି ଆଣେ ଫୁଲ
ଠାକୁର ପୂଜା ପାଇଁ ।

ଆଜି ରାସ୍ତାଭର୍ତ୍ତି ଅଳିଆ
ଏପାଖ ସେପାଖ ଉଡୁଥିଲେ
ସାଉଁଳା ପବନରେ
ତରାଟ ଗଛରେ ଫୁଲମାନେ
ଚାହିଁଥିଲେ ଜଳଜଳ
ସବୁ ଗୁମସୁମ୍
ପବନ, ଆଲୁଅ, ଦାଣ୍ଡଘର ।।

ଏଣିକି ଆହା ବୋଲି
କହିବେ ନାହିଁ କେହି
ଝୁଣ୍ଟିପଡ଼ିଲେ କି ବେରାମ ହେଲେ ।
ନିଜେ ସହିସମ୍ଭାଳି
ଦେଖିବାକୁ ହେବ ଭାଇଭଗାରି ଘର
ବିଲବାରି, ସାହିପଡ଼ିଶା, ବଂଧୁବାଂଧବ ।
ସବୁ ଖାଁ ଖାଁ ଖତେଇ ହୋଇ
ଗୋଡ଼େଇ ଖାଉଥିବେ ତମାମ୍ ଦିନ
ବୋଉ ନାହିଁ ବୋଲି ।।

ସଜଡ଼ା ସରିଲାଣି
ବାଉଁଶ, ମଶିଣା, ପାଳଦଉଡ଼ି
ହରିନାମ ପାଇଁ ଯୋଗାଡ଼ ସରିଲାଣି
ମୃଦଂଗ, କୁବୁଜି
ବୁହା ସରିଲାଣି ମଶାଣିପଦାକୁ କାଠ
ଏଥର ବୋଉ ପାଲଟି ଯାଇଛି ଶବ ।

ଆଜିଠୁ ଆରଂଭ ହେବ ପ୍ରେତକର୍ମ
ବୋଉ ଶୋଇବା ଘରେ
ଏକୁଟିଆ ରହିବାକୁ
ସମସ୍ତଙ୍କର ଡର ॥

ଦାଣ୍ଡଘରେ
ଫୁଲମାଳ ଓ ଧୂପରେ
ସଜାହୋଇ ପୂଜାହେବ
ବୋଉର ଫଟୋ ।
ଯିବା ଆସିବାକୁ ସେଇଠି ଥାଇ
ଦେଖୁଥାଉ ବୋଉ ।
ଆମ ସମସ୍ତଙ୍କ ହାତରେ
ବଂଧା ହୋଇଛି ଡଉଁରିଆ
ଗଛରେ ମରାହୋଇଛି କଂଟା ।
ସେଇଠି ଥା' ବୋଉ
ସେଇଠି ଭଲରେ ଥା' ॥

ଆସିବାବେଳ

ତଥାପି
ତମେ ଜାଣିଜାଣି
ସଜାଉଥିଲ ଶାଢ଼ି କୁଂଚି
ଘେରାଉଥିଲ ଗଭାରେ ଗଜରା
ଆଖିପତା, କପାଳ, ନଖପାଦ,
ଆଲଣା, ଶେଯ, ଦାଣ୍ଡଦୁଆର ସଜାଇ
ଚାହିଁ ବସିଥିଲ ଆସିବାବେଳ ॥

ଆସିବାର କି ଫେରିବାର
ନିର୍ଦ୍ଦିଷ୍ଟ ବେଳ ନଥାଏ ବୋଲି
ତମେ ତ ଜାଣିଛ କେତେ ଆଗରୁ ।
ସବୁବେଳେ
ତମର ସେ ଭୁଲାପଣ ପାଇଁ
ନିଜକୁ ତାଗିଦ୍ କରିଛ କେତେଥର
ଆଉ କେବେ ବି
ଲୁହ ନଝାରିବା ପାଇଁ
ଆଖିକୁ ବୁଝେଇଛ କେତେଥର
ଆସିବା କଥାକୁ
କେବେ ନ ଭାବିବା ପାଇଁ
ମନକୁ ଗଣ୍ଠି ପକେଇଛ କେତେଥର ॥

କେବେ ବି
ଥୟ ଧରିପାରିନି ଆଖି

କଜଳଗୋଳା ଲୁହ
ଓଦା କରିଛି ଗାଲ ଓ ଚିବୁକ
ଗଳାରେ ଲାଗି ରହିଛି ଛେପ ଅଠାପରି
ଶବ୍ଦଟିଏ ପଇଟିନି ଜିଭରେ
ସେଇମିତି ତମେ
ଚାହିଁ ବସିଛ ଆସିବାବେଳ ।।

ଏଇମିତି
କେତେ ନିଦାଘରେ ଝାଉଁଳି ପଡ଼ିଛି
ତମର ଦର୍ପଣ ପରି ଦେହ
କେତେ ବର୍ଷାରେ ଧୋଇ ହୋଇଯାଇଛି
ଅସରନ୍ତି ସ୍ୱପ୍ନ
କେତେ ଜହ୍ନ ରାତିର ଉନ୍ମାଦନା
ଫିକା ଦିଶିଛି ଶୀତରେ
ଆମ୍ବବଉଳର ବାସ୍ନା
ଦେଇପାରିନି ଶିହରଣ ।।

ଏସବୁ ଘଟିବା
ଜମା ନୂଆ ନୁହେଁ ତମର
ତମେ ସେଇମିତି
ଚାହିଁ ରୁହ ଜନ୍ମଜନ୍ମ
ଆସିବାବେଳ ସ୍ମୃତିର
ମଧୁରତାକୁ ମନେପକାଇ
ଫେରିବାବେଳ ଯାଏ ।।

■

ସେ

ଏଥର ବନ୍ୟା
ତ ଆରଥର ବାତ୍ୟା
ଜୀବନଚକ୍ରକୁ ଘେରି ରହିଛି
ଯେତେ ବିପତ୍ତି ।
ଥଳ ପାଇଲା ଭଳି
ଦିଶୁଥିବା ଘଟଣାର କ୍ରମ
ପୁଣି ଦିଶନ୍ତି ଅଥଳ,
ଭଙ୍ଗା ମନକୁ ଯୋଡ଼ିଯୋଡ଼ି
ପହଞ୍ଚିଲା ବେଳକୁ
ପୁଣି ସବୁ ଭାଙ୍ଗି ଖଣ୍ଡକୁ ଖଣ୍ଡ ।।

ଆଖି ଯେତେବାଟ ପାଉଚି
ଚାରିପାଖ ଫାଙ୍କା ଶୂନ୍ୟତାରେ

ରୁଂଧି ହୋଇ ଦିଶୁଛି ଅକଳନ ।
ମୋର ବୋଲି କହି
ଆଜିଯାଏ ସାଇତିଥିଲି
ଯେତେ ସ୍ଥାବର ଅସ୍ଥାବର
ଏଥର
ସାଥିରେ କେମିତି ବୋହିନେବି
କୁହତ ! !

ମୋ ଚାରପାଖର ଶୂନ୍ୟତା ଭିତରେ
ପଡ଼ିରହିଛି ଯେଉଁ ନିର୍ଜୀବ ଦେହ
ସେ କିଏ ?
ଏ ପ୍ରଶ୍ନକୁ
କାଂଧରେ ବୋହିବୋହି
ପୁଣି ଫେରୁଛି ମୋର ଚିତାଗ୍ନିକୁ ।
ତଥାପି
ଚିହ୍ନିପାରିଲି ନାହିଁ
ସେ କିଏ ? ?

■

ଖୋଜିଖୋଜି

କେହି ନ ଥିଲେ
ମୋର ଆଗରେ କି ପଛରେ
ସାରାଜୀବନ
ଯାହା ଖୋଜୁଥିଲି ମାଟିରେ
ନିମିଷକରେ ତୁଚ୍ଛ ଦିଶୁଥିଲେ ସେମାନେ !
ସବୁ ସୁଖ ସରାଗର ମହମହ ବାସ୍ନା
ମହଲଣ ପଡ଼ି
ପୂତିଗଂଧରେ ପରିଣତ ହୋଇସାରିଥିଲେ ।।

ଏଥରକ ବୁଝିଲି
ଦୁଃଖ ଚିହ୍ନେଇଦିଏ ନିଜପର
ନିବିଡ଼ ଆତ୍ମୀୟତାରେ ଏକାତ୍ମ କରିଦିଏ
ସବୁ ଅବୁଝା ଭିତରେ ଥିବା ଦ୍ୱନ୍ଦ୍ୱ ଅଭିମାନ ।

ସେତେବେଳେ ଝଟକୁଥାଏ ନିଷ୍କଳଙ୍କ ଆତ୍ମା
ମଧ୍ୟାହ୍ନର ସୂର୍ଯ୍ୟପରି
ଅନୁଭବିଛି ଅନେକଥର ॥

ଜୀବନକୁ ବୁଝିନଥିବା
ଅବୋଧ ଶିଶୁମାନଙ୍କ ପରି
ସୁଖଲୋଡ଼େ ପ୍ରାଚୁର୍ଯ୍ୟ ଭିତରେ ମଣିଷ ।
କେହି ପାଇଛି ନା' କାହାକୁ ମିଳିଛି
ଯେଉଁ ଟିକକ ସତ୍ୟ
ମିଞ୍ଜିମିଞ୍ଜି ଜଳୁଥାଏ ନିବିଡ଼ ଅଂଧାରର
ମାଟିଘଟରେ !
ଏଥରକ
ମୁଁ ଯିବି ଏକାଏକା, ଅନେକ ଦୂର
ଖୋଜିଖୋଜି, ଖୋଜିଖୋଜି ॥

■

ଦେହ

ତମେ ଫେରିବା ବେଳକୁ
ଉଚ୍ଛୁର ହୋଇଯାଇଥିଲା
ଖୁବ୍ ବେଶୀ ।
କେତେବେଳୁ
ଜହ୍ନ ବୁଡ଼ିଯାଇଥିଲା ସମୁଦ୍ର ସେପାରିରେ
ଫୁଲ ସବୁ ବୃନ୍ତଚ୍ୟୁତ ହୋଇ
ଲୋଟୁଥିଲେ ଧୂଳିରେ
ଆକାଶରେ ଘୋଟି ଆସିଥିଲା
କଳାଘୁମର ମେଘ
ସତେ ଯେମିତି ଏଇନେ
ଭୂମିକମ୍ପ ପରି
କିଛି ଗୋଟେ ଦୁର୍ଘଟଣା
ଘଟିଯିବା ପରି ସବୁ ଗୁମ୍‌ସୁମ୍
ନିରବନିଥର ।।

ଘମାଘୋଟ ଅଂଧାରରେ
ଦିଶୁନଥିଲା ମୁହଁକୁ ମୁହଁ
ଅଜଗର ପାଟି ଭିତରେ
ସାରା ପୃଥିବୀ ପଶି ଛଟପଟ ହେଲାପରି
ଦୁଲୁକୁଥିଲା ମୋର ଛାତି ।

ଯେଉଁଦିଗକୁ ଚାହିଁଲେ
ଖାଲି ଆଉ ପ୍ରସାରିତ କଳାହାତମାନେ
ଗୋଡ଼େଇଗୋଡ଼େଇ ଧରିବାକୁ ଚାହୁଁଥିଲେ
ପାପ ଭର୍ତ୍ତି ମୋ ଦେହର ଜୀବନ ନାଟିକା ।।

ତମେ ତ ଥିଲେ କହିଥାନ୍ତ
ଯେଉଁଠି ସମର୍ପଣ ପରି
ଦୁର୍ଲ୍ଲଭ ଉପହାର ଯାଚଞ୍ଚାରେ ଥାଏ
ସେଇଠି ଆଉ ଦେହ ଭୋଗରେ ପାପ କ'ଣ ?
ଯେଉଁଠି ପ୍ରଜ୍ୱଳିତ ଅଗ୍ନି ସ୍ଫୁଲିଙ୍ଗର ନିମନ୍ତ୍ରଣରେ
ପତଂଗଟିଏ ଝାସଦିଏ
ସେଇଠି ଅନୁଶୋଚନାର ଅର୍ଥ କ'ଣ ?
ଦେହ ତ ଉତ୍ତରଣ ଓ ଆନନ୍ଦର ଗୋଟେ ମାଧ୍ୟମ
ଯାହା ନିଜେ ନଷ୍ଟ ହେଲାପରେ
ଭାବନାର ଉଜ୍ଜ୍ୱଳ ଆଲୋକରେ
ଅମୃତମୟ କରିଦେଇଥାଏ ସାରା ବ୍ରହ୍ମାଣ୍ଡ ।।

ଏକଥା କେହି ଜାଣିବା ପୂର୍ବରୁ
ଘମାଘୋଟ ଯୁଦ୍ଧ ଓ ନରସଂହାରରେ
ଲୁହଲୁହାଣ ହୋଇ
କର୍କଶ ଦିଶୁଥିଲା ମାଟିର ବିଦୀର୍ଣ୍ଣ ଛାତି ।
ଅନେକ କ୍ଲାନ୍ତି ଓ ଅତୃପ୍ତିର ବିଷାଦିତ ଛାଇ
ଆତଙ୍କ ପରି ଘେରି ରହିଥିଲେ
ମାଟିରୁ ଆକାଶ ଓ
ମୁହୂର୍ତ୍ତକର ଘୂମଂତ ଆଖିରେ
ଜଳମଗ୍ନ ହୋଇଯାଉଥିଲା ସାରା ସଂସାର ।।

■

ଦୁଇପାଖରେ ବଂଧା

ଦୁଇ ପାଖରୁ ଦୁହେଁ
ଟାଣି ଚାଲିଛ
ମାଟିକୁ ଛୁଇଁଲାବେଳୁ ।
କାହା ପାଖକୁ ଯିବି ? ?

ସଂସାର ପାଇଁ
କଷ୍ଟ କରିଥିଲି ଯେତେ ଦିନ
ପୂରିଗଲା ଏଥର ।
ସେ ପାଖର ଚୁକ୍ତିକୁ
ମାନିବି ନାହିଁ କେମିତି ! !

ଇଚ୍ଛାରେ କ'ଣ
କେବେ କିଛି କରେ ମଣିଷ !
କିଏ ବୁଝିଛି ଆଜିଯାଏ
ଘଟିଥିବା ଘଟଣାମାନଙ୍କର ବିଷୟବସ୍ତୁ !
ମାଟିରେ ଯାହା ଘଟେ
ପୁଣି ପାଲଟିଯାଏ ମାଟି
ଉଚ୍ଛନ୍ନ କରୁଥିବା
ଆଉ ସବୁ ଆବେଗମାନେ
ଭୁଲିହୋଇ ଯାଆନ୍ତି କ୍ରମଶଃ
ସମୟର ଉତ୍ତୀର୍ଣ୍ଣ ସକାଳମାନଙ୍କରେ ॥

ଆଜିଯାଏ ତ
ସକାଳଟିଏ ଦେଖି ହେଲାନି ମାଟିରେ
ଆଲୋକଭର୍ତ୍ତି ପୃଥିବୀରେ
ମଣିଷ ପରି ଦିଶୁଥିବା ଦେହ ଭିତରେ
ମୁନିଆଁ ଦାନ୍ତମାନେ ହସିହସି
ଚୋଷି ଚାଲନ୍ତି ଲହୁଲୁହ
ଫିକର କାଢ଼ି ଦେଖାଉଥାନ୍ତି ଆତ୍ମୀୟତା
କେହି ବୁଝେ ଏସବୁ ।
ଜାଣିଥିବା ସବୁ ପାଠ ସେତେବେଳେ
ଅଦରକାରୀ ହୋଇ ଅଂଧାର ଭିତରେ
ମୁହଁମାଡ଼ି ଶୋଇପଡ଼ନ୍ତି
ଅସମର୍ଥ ଶବ୍ଦର ଖୋଳରେ ।।

ଏଥର ଦେଖ ଖୁବ୍ ଗହୀରକୁ
ପାଠ ଆଲୁଅ ନୁହେଁ
କି ଆଗରେ ଠିଆ ହୋଇ ଡାକୁଥିବା
ସମୟର ପ୍ରତିବିମ୍ବ ନୁହେଁ
ଯାହାକୁ ସାରାଜୀବନ ସାଇତି
ଗଢ଼ା ହୋଇଥାନ୍ତା ସଂସାର ।।

ସବୁ ଦେଖି
ପୁଣି ମିଛିମିଛିକା ଖେଳରୁ
ଫେରିହେଉନି ତମ ପାଖକୁ ।
ମୁଁ ଏଇଠି ଅଛି
ତମେ ଯିଏ ପାରୁଛ
ଭିଡ଼ିନିଅ ମୋତେ
କିଛି ଆପତ୍ତି ନାହିଁ ମୋର ।

■

ଫେରିବାବେଳ

ତମର ଅବୁଝା ଅଭିମାନ
ଦିଶେ କେତେ ସୁନ୍ଦର
ନିଜେ କେମିତି ଜାଣନ୍ତ !
ଜହ୍ନ କେମିତି
ନାଲି କଇଁର ପାଖୁଡ଼ା ଖୋଲି
ପହଁରି ଯାଉଥାଏ କୋମଳ ଦେହରେ
ଦେଖିଛ !
ଠିକ୍ ସେଇମିତି
ଭାରି ନିବିଡ଼ପଣରେ ତମେ
ଆକର୍ଷିତ କରୁଥାଅ ସାରାବେଳ ॥

ପ୍ରତି ମୁହୂର୍ତ୍ତରେ ପାଖରେ ଥାଇ ବି
ସ୍ୱପ୍ନରେ ଥିଲା ପରି ଲାଗ ।
ଆଉଁଶି ଦେଉଥାଅ କପାଳ
ଆଂଗୁଳି ସ୍ପର୍ଶରେ
ବିଜୁଳି ପରି ଚମକ
ଖେଳେଇ ଦେଉଥାଅ ସର୍ବାଙ୍ଗରେ
କେତେବେଳେ ଏସବୁ
ଆସେନା ବିଶ୍ୱାସକୁ ! !
ସେତେବେଳେ
ସାରା ଦେହରେ
ଉନ୍ମାଦ ହୋଇ ନାଚ କରନ୍ତି ରକ୍ତମାଂସ ।

ଆହୁରି ଆବେଗରେ
ଅଣନିଃଶ୍ୱାସୀ ପରି ନିର୍ବାକ୍ ଦେହ
ପଡ଼ିଥାଏ କେଉଁଠି ।
ଅଥଚ ତମ କରୁଣାର ହୀମସ୍ତୂପ
ରାଗରୋଷଠାରୁ ପାଲଟିଯାଏ
ବାଡ଼ବାଗ୍ନିର ସମୁଦ୍ର
ଅନନ୍ତ ଆକାଶର ନୀଳିମା ପରି
ରହସ୍ୟମୟ ହୋଇ ତମେ ଭେଦିଯାଅ
ମନରୁ ମନ୍ୱନ୍ତର ।
ପରମ ଆହ୍ଲାଦରେ
ନିଜକୁ ମୁଁ
ବାରମ୍ବାର ଆଲିଙ୍ଗନ କରୁଥାଏ
ନିଜ ଭିତରେ
ଆଉ ଭାବୁଥାଏ
ଏଥର ଅତିକ୍ରମି ପାରିଛି କି ନାହିଁ
ତମର ସମସ୍ତ ପରୀକ୍ଷା ।।

କେବେବି ଶେଷ ନହେଉ ଏ ଖେଳ
ଜନ୍ମ ଆଉ ମରଣର ଗୋଲୋକରେ
ବରଂ ମୁଁ ଘୂରୁଥାଏ କୋଟିଏ ବର୍ଷ
କ'ଣ ବା ଲୋଡ଼ା ଆଉ !
ତମର ସବୁ ସୁଖ ପାଇଁ
ମୋ ଦେହ ପୃଥିବୀ ପରି
ଦିଶୁଥାଉ ଖୁବ୍ ସୁନ୍ଦର
ଆଉ ତମେ
ଥରକୁ ଥର ଓହ୍ଲାଇ ଆସୁଥାଅ
ମୋର ଏ ମାଟି ଦେହକୁ
ବାରଂବାର ପରୀକ୍ଷା ନେବାକୁ ।।

■

ଖୋଜା

ଅୟୁତଯୁଗରୁ
ଖୋଜିଚାଲିଛି ଯେ :
କେଉଁ ଶବ୍ଦମାନଙ୍କରେ
ବାଂଧି ରଖିପାରିନି ତମକୁ।
ସବୁ ଶବ୍ଦ ତ
ଅପୂର୍ଣ୍ଣ ଓ ଅପହଂଚ ହୋଇ
ରହିଛନ୍ତି ଆଜିଯାଏ।
ଶବ୍ଦର ଦୋଳିଖେଳରେ
ଛୁଉଁଛି ମାଟିରୁ ଆକାଶ
ଅବସୋସର ପ୍ରଥମ ପାହାଚରୁ
ଚଢ଼ିଚଢ଼ି ଚାଲିଛି ଅସରଂତି ବାଟ॥

ଅଂତହୀନ ଏ ଯାତ୍ରା
ଶେଷ ହେବ କେଉଁ ଜନ୍ମରେ
ଭାବନାକୁ ଆସିନି
ଥରେ ହେଲେ ଏ କଥା।

ପ୍ରାପ୍ତିଠାରୁ ଅନ୍ବେଷାର ଉତ୍କଣ୍ଠା
ଅନୁଭବର ତୃପ୍ତି
ଆତ୍ମହରା ମୁହୂର୍ତ୍ତର ସ୍ପର୍ଶ
ଲାଗି ରହିଥାଉ ମୋ ସର୍ବାଙ୍ଗରେ
ମୋତେ
ଆହୁରି ଅବୁଝା କରିଦିଅ
ମୋ ଭିତର
ଶୁଦ୍ଧ ସୁବର୍ଣ୍ଣ ପରି ଝଟକିବାଯାଏ
ଆହୁରି ଜଳାଅ ।
ମୋ ପାଇଁ
ସବୁ ସ୍ଥାନକୁ ଅପହଞ୍ଚ କରିଦେଇ
ଆହୁରି ପରୀକ୍ଷା ନିଅ ।
ମୁଁ ଖୋଜେ
ଏଇମିତି ଖୋଜୁଥାଏ
ଅଯୁତ ଯୁଗ ।।

■

ଡର

ମରିଯିବା ପରି ଶବ୍ଦଟେ
କେମିତି ଅବାଂତର ଲାଗେ
ସବୁବେଳେ ।
ସେପରି କଥା
ଜମା ନ ଆସଂତା କି ମନକୁ ! !

ହଠାତ୍
ମୃତ୍ୟୁ ମନ ଭିତରକୁ ଆସିଗଲେ
ସଂସାର କେମିତି ବେଶୀବେଶୀ
ନିଜର ହୋଇଉଠେ ।
ଅଜଣା ଭୟ ମାଡ଼ି ବସେ
ଗୋଡ଼ରୁ ମୁଂଡଯାଏ
ମନ ଭିତରେ ପ୍ରଶ୍ନଟିଏ
ଗୁଡ଼େଇ ତୁଡ଼େଇ ଓଟାରୁଥାଏ
ମୋତେ ଛାଡ଼ିଦେଇ ଯାଆନ୍ତା ନାହିଁ ମୃତ୍ୟୁ ! !

ମୃତ୍ୟୁଠାରୁ
ଆହୁରି ଭୟଙ୍କର ଦିଶୁଥାଏ
ଭାବନା ଭିତରେ ମୃତ୍ୟୁର ଛବି ।

ବିଭିନ୍ନ ରୋଗର ଉପସର୍ଗମାନେ ଦେଖାଯା'ନ୍ତି
ହୃତ୍‌ପିଣ୍ଡରେ, ପାକସ୍ଥଳୀରେ
ଯକୃତରେ, ଗଳାରେ
ସବୁସବୁ ବିକଳ୍ପନଥିବା ଅଂଗରେ।
ପିଲାବେଳଠୁ ଆଜିଯାଏ
ଯେତେଯେତେ ଲୁଚାଛପା କାମ ଭିତରେ
ପାପମାନେ ଉଙ୍କିମାରି
ଦେଖାଉଥାନ୍ତି ନରକର ବିଭତ୍ସ ଦୃଶ୍ୟ ।।

ସବୁ ସମ୍ପତ୍ତି ମୋର
ନେଇଯା'ରେ ମୃତ୍ୟୁ
ନେଇଯା' ଯାହା ଇଚ୍ଛା ମୋ'ଠାରୁ
ଛାଡ଼ି ଦେ' ମୋର ଏ ନିଃଶ୍ୱାସ ଟିକକ
ଛାଡ଼ିଦେ' ଟିକେ ଆରାମରେ ଶୋଇ
ସ୍ୱପ୍ନରେ ଦେଖିନେବାକୁ
ମୋର ପ୍ରିୟ ସବୁଜ ପୃଥିବୀ ।।

ପୁଣି
କୋଳାହଳ ଭିତରେ
ହଜିଯାଏ ସମୟ
ହଜିଯାଏ ନିଜେ।
ସବୁଦିନ ପରି ଚାଲେ
ବନ୍ଦ ହୋଇଯାଇଥିବା କାଂଥ ଘଂଟା।
ମୃତ୍ୟୁ ଛପିଛପି ଖୋଜୁଥାଏ
ମୋର ଭୁଲାମନ
ଚରିଯିବାକୁ ମୁହୂର୍ତ୍ତକରେ ସାରା ଦେହ ।।

■

ଗଛ

ଘାସମାନେ ହସୁଥିଲେ
ତଥାପି
କ୍ଷୋଭ ନଥିଲା ଗଛର ।।

ଅଣଚାଶ ପବନ ତ
ଧରାଶାୟୀ କରିପାରେ
ବୃକ୍ଷମାନଙ୍କୁ
ଘାସ ବୁଝିଛି କ'ଣ ଜୀବନ ?
ହସୁଛି ତ ହସୁ ।।

ଡାଳରେ ଚଢ଼େଇମାନଙ୍କର ବସା
ଦୋହଲୁଛି ସକାଳ ପବନରେ ।
ସୂର୍ଯ୍ୟର ପ୍ରଥମ କିରଣ
ଛୁଉଁଛି ପତ୍ରମାନଙ୍କୁ
ଭାଙ୍ଗିପଡ଼ିଥିବା ଡାହିମାନଙ୍କୁ
ଗୋଟେଇ ନେଉଛନ୍ତି ଜାଳସାଉଣ୍ଟା ପିଲାମାନେ ।।

ଯାହାର ଦରଦ ନାହିଁ
ସେ କେମିତି ଅନୁଭବ କରି ପାରଂତା
ଦରଜ କେମିତି ଅଂତରକୁ ଛୁଇଁ
କଷ୍ଟ ଦିଏ ବୋଲି ! !

ଆନନ୍ଦ
ପାଇବାରେ ଥାଏ ବୋଲି
ବୁଝେ ଘାସ
ମୋତେ ଦିଅ, ମୋତେ ଦିଅ ବୋଲି
ସାରାଜୀବନ
କରୁଣ ନିବେଦନରେ
ମୁଣ୍ଡନୋଇଁ ମାଗୁଥାଏ ଘାସ
କେମିତି ଅନୁଭବନ୍ତା ସେ
ଦେବାର ଆନଂଦ!!

ଜୀବନର ଅର୍ଥ ଖୋଜୁଥିବା ମଣିଷ
ଝୁଣ୍ଟୁଥାଏ ସାରକାଳ।
ଦେବାନେବାର ତରାଜୁ ଧରି
ବାରଂବାର ହିସାବ ତନଖୁଥାଏ
ଶେଷରେ
ପଡ଼ି ରହେ ବାକିଖାତା ପରି।।

ଏଥର ନିର୍ମୂଳି ଲଟାମାନଙ୍କୁ
ପୋତିଦେବାକୁ ଉଦ୍ୟମ ହେଉ
ମାଟିରେ
ଆଉ
ସବୁ ମଣିଷ ପାଲଟିଯାଆନ୍ତୁ
ଭବିଷ୍ୟତ ପାଇଁ
ଗୋଟେଗୋଟେ ଗଛ।।

■

ଅଂତରଂଗ

ସବୁ
ଦୃଶ୍ୟ ଅଦୃଶ୍ୟ
ରତ ଅରତ
ଶେଷରେ ପାଲଟିଯାଏ
ମାଟି ।
ମାଟି
ଛୁଇଁବା ଦିନଠୁ
ସବୁବେଳେ ନୂଆନୂଆ
ଅଚିହ୍ନାଅଚିହ୍ନା ।।

ବଶମ୍ବଦ-
ଅର୍ଥହୀନ ଶବ୍ଦବୋଲି
କହେ ସମୟ ।
ସଂଜ୍ଞା କେବଳ
ନିଜକୁ ଉପସ୍ଥାପନ କରିବାର
କୌଶଳ ଛଡ଼ା
ଆଉ କିଛି ନୁହେଁ ।।

କିଛି
ପ୍ରଶ୍ନ ପଚାରନା
ବର୍ତ୍ତମାନକୁ ।

ବର୍ତ୍ତମାନ ତ ଅସ୍ଥିର
ଅସ୍ତିତ୍ୱହୀନ ଉଦ୍‌ବେଗ ।
ମନେପଡୁନଥିବା
କେଉଁ ପୁରୁଣାଗୀତର ସ୍ୱର ପରି
ବାରଂବାର ଉଖାରୁଥାଏ
ସ୍ମୃତିର ଜ୍ୱଳନ ।।

ବୁଝିଲାପରେ
ଉଲ୍ଲାସରେ
ମନଖୋଲା ହସ ହସିବାରେ
ବାଧା କେଉଁଠି ?
ଆଜିଯାଏ
ଭେଟୁଥିବା ତତ୍ତ୍ୱ ଓ ତର୍କ
ଚତୁରପଣ ଓ ଛଦ୍ମବେଶ
କେବେ
ଅଂତରଂଗ କରି ପାରିନାହାନ୍ତି
ମାଟି ।।

■

ହୃଦୟହୀନ

ଅନୁରାଗ, ଆସକ୍ତି ଓ ସ୍ୱପ୍ନମାନଙ୍କୁ
ଲୋଡ଼ାନାହିଁ ଆଉ ହୃଦୟ
ଆଖିକୁ ଲୋଡ଼ାନାହିଁ ସୌନ୍ଦର୍ଯ୍ୟ
କାନକୁ ଲୋଡ଼ାନାହିଁ ମଧୁର ଶବ୍ଦ
ଦେହକୁ ଲୋଡ଼ାନାହିଁ ରୋମାଞ୍ଚ
ଟିଭି, ଫ୍ରିଜ୍, ଟଂକା, ମୋଟରଗାଡ଼ି ଭିତରେ
ବଂଧାପଡ଼ିଚି ସଂପର୍କ
ପ୍ରାଚ୍ୟରୁ ସାଇବେରିଆ ପର୍ଯ୍ୟନ୍ତ
ମାଟିରୁ ଆକାଶ, ଜହ୍ନ, ତାରା ପର୍ଯ୍ୟନ୍ତ
ପାଲଟିଯାଇଛି ହୃଦୟହୀନଙ୍କ ଦୀର୍ଘଶ୍ୱାସ ।।।

ଲୁହଝାରିବା କି ଶୋକପାଳିବା
ଅନ୍ୟଦିନମାନଙ୍କ ପରି
ଏତେ ଆତ୍ମୀୟତାରେ
ଭରି ଦେଇପାରୁନାହାନ୍ତି
ଅନ୍ୟମନସ୍କତା ।
ନିତ୍ୟକର୍ମ ପରି ଏମାନେ

ଆସଂତି ଓ ଫେରିଯାଆଂତି କେତେବେଳେ
ଜାଣିପାରଂତି ନାହିଁ କେହି
ସବୁ ଯେମିତି
ଘଟଣାଚକ୍ରରେ ଘଟୁଥିବା ଗୋଟେଗୋଟେ ଦୃଶ୍ୟ
ବଦଳିଯାଆନ୍ତି ପରକୁ ପର ॥

ଏ ଅନବରତ ଅନ୍ୱେଷଣର ଶୋଷ
ଆଉ ଏକ ନିଜସ୍ୱ ପୃଥିବୀ ତିଆରି କରି
ମଣିଷ, ପଶୁପକ୍ଷୀଠାରୁ
ନଦନଦୀ, ପର୍ବତ, ଅରଣ୍ୟଯାଏ ଗଢ଼ିବା
ନିଜେ ଈଶ୍ୱର ହୋଇ
ସୁଖ ବାଂଟିବାର ଅଭିପ୍ରାୟ
ହୁଏତ ସହଜ ହୋଇପାରେ।
କିନ୍ତୁ ସ୍ୱପ୍ନର ଇତିହାସରେ
ଲେଖାଅଛି ଯେଉଁ ହୃଦୟର କଥା
ଥରେ କେମିତି ଛୁଅଂତ
ଥରେ କେମିତି ଛୁଏଇଁ ଦିଅଂତ ତ
ଆମେ ସ୍ୱୀକାର କରଂତୁ
ତମର ବଡ଼ପଣିଆ।

ଅସମାହିତ

ଯେଉଁ ଅପାଙ୍ଗପାତ
ଚୋରେଇନିଏ ମନ
ସେଇ ଆଖିର ହୁତୁହୁତୁ ନିଆଁ
ଜଳେଇଦିଏ ହୃଦୟ,
କେମିତି କିଏ କଳିପାରଂତା
କେତେବେଳେ ବସଂତ କି
କେତେବେଳେ ନିଦାଘ
କେତେବେଳେ ତୋଫା ଜହ୍ନରାତି କି
କେତେବେଳେ ଧୂଧୂ ଖରାବେଳ।
ସୁଖମାନେ ଦିକ୍‌ଦିକ୍ ତାରାପରି
ଫିକା କରୁଣ ମୁହଁର ନିଲଠା ଆକାଶରେ
ଉଭେଇଯାଆନ୍ତି ନିମିଷକେ ॥

ଈଶ୍ୱର ସତରେ କେଡ଼େ ନିର୍ଦ୍ଦୟ !
ମିଳନ ମଝିରେ କେମିତି
ହଠାତ୍ ଛିଡ଼ା ହୋଇଯାଏ
ଅଂତରଂଗହୀନ ଅବୁଝା ପାଚେରି !
କେମିତି ଘଟିଯାଏ ଏମିତି ଅଘଟଣ
ସେ ଉତ୍ତର ମିଳେନା କାଳକାଳ।
ଘଟିଯାଇଥିବା ଘଟଣାସବୁ
ଥାକଥାକ ହୋଇ ରହିଥାଂତି

ଆଖିର ଆଲବମ୍‌ରେ
ସବୁ ଜଳି ପାଉଁଶ ହୋଇଗଲାପରେ ବି
ସମ୍ବଳ ହୋଇଥାଏ ସେଇ ଆଖି
ଯେଉଁଠି ଭର୍ତ୍ତି ହୋଇଥାଏ
ସାରା ସଂସାରର ସଂଭାବନା ।।

ସବୁ ସଂଭାବନାମାନେ ସ୍ୱପ୍ନର ପାଲିଙ୍କି ଚଢ଼ି
ଦେଖାଉଥାନ୍ତି ସୁନା ସଂସାରର ବୈକୁଣ୍ଠ ଭୁବନ
କେମିତି ମାତୃତ୍ୱର ବିଭୋରତାରେ
ଛାଇଯାଏ ସାରାମନ
ଚାହିଁଲାବେଳକୁ କେଉଁ ଦୁଷ୍ଟ ବାଜିକରର
ହାତ ସଫେଇରେ
ଆପଣାଛାଏଁ ଭାଙ୍ଗିରୁଜି ଧୂଳିଧୂସର ହୋଇ
ପଡ଼ିଥାଏ ଜୀବନତମାମ୍ ତିଆରିଥିବା ନୀଡ଼ ।।

ସବୁ ନିବିଡ଼ପଣ
ମୁହୂର୍ତ୍ତକରେ ଉଭେଇଯାଏ କୁହୁଡ଼ି ପରି
ଆସନ୍ନ ସଂଜର ମଉଳାମୁହଁରେ
ଆଂକି ହୋଇଯାଏ ବିଷର୍ଣ୍ଣ ଦୀର୍ଘଶ୍ୱାସ ।
ନିଜକୁ ଖୁବ୍ ଅଚିହ୍ନା କରି
ଅସମାହିତ ପ୍ରଶ୍ନମାନେ
ନାଗସାପ ପରି ଦଂଶନ କରି ଚାଲିଥାନ୍ତି
ବୁଝିବାକୁ ରକ୍ତମାଂସର ହୃଦୟଠୁ
ନିବିଡ଼ପଣର ହୃଦୟ
କେମିତି ବାଂଧିରଖେ ଜୀବନର ସମସ୍ତ ଦୂରତ୍ୱ
ପ୍ରହେଳିକା ପରି ! !

■

ମୋହ

ଡାଲ୍ ହ୍ରଦର ସ୍ୱପ୍ନ
କାହୁଁ ଆସିବ ଏ ବେଣାପାଟରେ ?
ମା' ପେଟରୁ ବାହାରୁବାହାରୁ
ସାରା ସଂସାରକୁ ଜାବୋଡ଼ି ଧରି
ମୋର କହିବାକୁ ମନ ।
ଠେଙ୍ଗା କଚାଡ଼ି ନିଜ ଖାତାରେ
ସବୁ ଦରଜ କରିଦେବାକୁ ପଣ ।।

ଥରେ
ନିରୋଳାରେ ପଚାର ନିଜ ମନକୁ ।
ଜନ୍ମ ବେଳେ ନେଇ ଆସିଥିଲ କ'ଣ
ଆଉ ଗଲାବେଳେ
ନେବ କ'ଣ ?
ମନବୋଧ ଚଉତିଶାରୁ
ଚଉଠେ ବୁଝିଲେ
ମାଟିରୁ ସ୍ୱର୍ଗଯାଏ
କେଉଁଠି ରହଂତା ନାହିଁ ମୋହ ।।

ନିଅ-
ପାଦ ଯେଉଁଠି ପଡ଼ିବ
ସବୁ ତମର
ହାତ ଯାହାକୁ ଛୁଇଁବ
ସବୁ ତମର ।
ଆଖି ପାଉଛି ଯୁଆଡ଼େଯୁଆଡ଼େ
ସବୁ ତମର ।
କୁହ
ଏଥର କେମିତି ଅଛ ! !

ଘୂରିଲ ସାରା ବ୍ରହ୍ମାଂଡ
ଆରଂଭ ହେଲା ଯେଉଁଠୁ
ଶେଷ ହେଲା ସେଇଠି ।
ଶ' ।
ଜୀବନକୁ ଶୁଖିଲା ଗଛ ଭାବି
ଡାହି ହାଣି ଚାଲିଛି ତ
କେମିତି ଆଉ ବସାବାଂଧି ପକ୍ଷୀଟିଏ
ସ୍ୱପ୍ନଦେଖଂତା
ତାରା ଭରା ଜହ୍ନରାତିର ଆକାଶ ।
ଅନୁଭବଂତା
ଅଂତରଂଗ ମାଟିର ଆକର୍ଷଣ ! !

■

ମାୟା

ଆଖି ଖୋଲିଲି
ସବୁଠି ଦେଖିଲି ନା, ନା
ଚାରିପାଖରେ ମୋତେ ଘେରିଛନ୍ତି
ପ୍ରକାଣ୍ଡ ମହଶୂନ୍ୟ ।
ଆଖି ବୁଜିଲି
ଉଛୁଳି ଉଠୁଛି ମନ
ସମସ୍ତ ପ୍ରାପ୍ତିର ମହାଆନନ୍ଦରେ
ଏ କ'ଣ ?
ଏ କ'ଣ ? ?

ମୋ କାନ ଭିତରେ
ଗୋଟିଏଗୋଟିଏ ଶବ୍ଦ ପଶି
ମୋତେ ବୁଝାଉଥିଲେ
ଏ ପୃଥିବୀ ତ ଖୁବ୍ ଛୋଟ
କିନ୍ତୁ
କୋଟିକୋଟି ବ୍ରହ୍ମାଣ୍ଡଠାରୁ
ଆହୁରି ବିରାଟ

ଏ ହୃଦୟ
ଥରେ ବୁଝ।
ଥରେ ବୁଝ।।

କେହି ବୁଝିଛି
ନା' ମୁଁ ବୁଝିବି
ଯୁଗଯୁଗ ଧରି ପଡ଼ିଛି
ଅଧାଗଢ଼ା ଦିଅଁ,
ତଥାପି ଏତେ କରୁଣା
ଏତେ ତିତିକ୍ଷା
ଉନ୍ମାଦ ପରି ଆକର୍ଷିତ ହୋଇଯାଏ
ମଣିଷ ଆପଣାଛାଏଁ।
କାହିଁକି ଘଟେ ଏ ସବୁ
ଜଣାନାହିଁ କାହାକୁ।
ସେଇଥିପାଇଁ
ମୋ ଚାଲିବାକୁ
ବାକି ରହିଛି କେତେବାଟ
ଖୋଜୁଛି, ଖୋଜିଚାଲିଛି।।

ମାନସାଂକ ପରି
ଲାଗୁଥିବା ସଂସାରର ସବୁ ଜଂଜାଳ
ବେଳେବେଳେ
ଆଗରେ ଠିଆ ହୋଇ
ନିର୍ବୋଧ କରିପକାନ୍ତି ମୋତେ
କହନ୍ତି

"ଆ, ବଳ କଷିବୁ ଆ
ଦେଖେତ କେମିତି ଆଗେଇଯିବୁ
ଆଡ଼େଇଦେଇ ମୋତେ"
ସତ କହିଲେ
ଏସବୁ ପାଲଟିଯାଆନ୍ତି ଅଭେଦ୍ୟ ଦୁର୍ଗ
ଅସହାୟତାରେ ପରିପୂର୍ଣ୍ଣ କରି ଦିଅନ୍ତି
ମୋର ବର୍ତ୍ତମାନ
ଓ
ଭବିଷ୍ୟତ ଦେଖାଯାଆନ୍ତି କିଟିମିଟି ଅଂଧାର ॥

ତା' ଭିତରେ ତ ଅନେକବାର
ଉଣ୍ଡାଳିଉଣ୍ଡାଳି ବାଟ ଖୋଜିଛି ମୁଁ
ସବୁ କଷ୍ଟ, ଯଂତ୍ରଣା, ଶୋକ, ସନ୍ତାପ ପରେ
କେଉଁଠି ନା କେଉଁଠି
ଖିଏ ସୁଖଥିବ ବୋଲି
ଆଜିଯାଏ ବିଶ୍ୱାସ ରଖିଚାଲିଛି ମୁଁ ॥

ତଥାପି ଅନେକବାର
ପାଲଟିଯାଇଛି ମିଛ ମଣିଷ ।
ଖୁବ୍ ଆନଂଦରେ ଚରିତାର୍ଥ କରିବାକୁ ଚାହିଁଛି
ଯେତେସବୁ ସୁଖ
ଯେଉଁମାନେ ହିସାବ ହୁଅଂତି
ଜାଗତିକ ବସ୍ତୁ ଆଉ ଭୋଗବିଳାସରେ
କିନ୍ତୁ ମୋର ବିମର୍ଷ ଭାଗ୍ୟ
ସମୟର ମାୟାଜାଲରେ ଛନ୍ଦି ହୋଇ

ବାରଂବାର ଡରାଉଥାଏ ମୋତେ
ଆଉ କହେ
"ତୁ ବୁଡ଼ିଯାଇଛୁ ଅଂଧାରର ଖୁବ୍ ଗହୀରରେ
ଦେଖ୍ ଆଗରେ କେତେ ଉଜ୍ଜ୍ୱଳ ଆଲୋକ
ଯା' ସେଠିକି ଯା'।"

ଦେଖେ
ସଂସାରର ସବୁ ସତ
ଟିଙ୍କ ପରି ଓହଳିଛନ୍ତି ସାରା ଦେହ
ନା'
ମୁଁ କେମିତି ହୋଇପାରଂତି
ମିଛ ମଣିଷ !
ଅନେକ ପ୍ରଶ୍ନ ଭିତରେ
ଧୀରେଧୀରେ ସଂଜର ପର୍ଦ୍ଦା ଆଢୁଆଳରେ
ମୁଁ ଲୁଚିଯାଏ ମଗ୍ନ ଚୈତନ୍ୟରେ ।।

■

ନିତ୍ୟରାସ

ଚାଲିଲି ତମାମ୍ ଜୀବନ
ପାର ହେଲି ପୃଥିବୀର
ମାଟି, ପାଣି, ପବନ,
ଗ୍ରହ, ନକ୍ଷତ୍ର।
ପାର ହେଲି ସଂପର୍କ, ଭାବ
ମାୟା, ବଂଧନ ସବୁକିଛି।
ଅଥଚ
କେଉଁଠି ବି ପାଇଲିନି
ଅଶାନ୍ତ ମନକୁ
ବୁଝେଇ ପାରିବାର ଶବ୍ଦଟିଏ।।

ମନ
ପାଖରେ ଥାଇ ନ ଥିଲା ପରି
ଦେଖି, ଦେଖି ନଥିଲା ପରି
ବୁଝି, ବୁଝି ନପାରିଲା ପରି
ଗଭୀର, ଅସ୍ଥିର, ବିସ୍ତୀର୍ଣ୍ଣ।
ପୁଣି

ଧ୍ୟାନସ୍ଥ ଋଷି ପରି
ଆହୁରି ବୁଝିଲି ଯେତେ ତତ୍ତ୍ୱ
ଜଟିଳତା, ଗ୍ରନ୍ଥିମୋଚନ କରି
ଦେଖିଲି
ମନ ପାଲଟି ଯାଇଛି
ସ୍ୱଚ୍ଛ କାଚ ।।

ଆସ
ଶବ୍ଦଟିଏ ଆସ
ହୃଦୟର ନିତ୍ୟ ଗୋଲୋକରୁ
ନାଦବ୍ରହ୍ମରେ
ସାରା ନିର୍ବେଦ ଦେହ
ପୁଲକିତ ହୋଇ, ବିଶ୍ୱବ୍ରହ୍ମାଣ୍ଡ ବିସ୍ତାରୀ ଯାଇ
ପ୍ରସରି ଯାଇ ଆଲୋକିତ କରିଦେଉ
ସମସ୍ତ ଅଳିନ୍ଦ, ବୋଧ-ଭାବନା
ଓ ଶବ୍ଦର ନିତ୍ୟରାସରେ
ଉଲ୍ଲସିତ ହୋଇ
ମଗ୍ନ ହୋଇଯାଉ ଦେହ, ପ୍ରାଣ ।।

ଚିତ୍ର

ଚିହ୍ନିବାଠାରୁ
ଏଣିକି
ସବୁବେଳେ ନୂଆଲାଗେ
ରହସ୍ୟମୟ ଦିଶେ ।
ସବୁ ସମୟ ପାଖରେ ଥାଇ
ଚିତ୍ରପ୍ରାୟ ବିସ୍ମୟରେ ଭରିଦିଏ
ଭାବନା ।
ପୁଲକି ଉଠନ୍ତି ଶବ୍ଦମାନେ
ଛୁଉଁଛୁଉଁ ଭୂମି
ଧୂଳିଧୂସର ଶବ୍ଦମାନେ ଗଢ଼ିଦିଅନ୍ତି
ତାଜମହଲ ପରି ଇମାରତ ॥

ଭାବେ
ଯେଉଁ ବିଧାତା
ସୃଜିଛି ଏମିତି କମନୀୟତା
ସେ କି ମାୟାଛଡ଼ା ହୋଇ
ରହିପାରିଛି କେଉଁଠି !

ଏ ମାଟିର ମୋହ
ଜନ୍ମଜନ୍ମ
ବାଂଧି ରଖିପାରଂତା କି
ପରକାଳ ସମସ୍ତ ସ୍ମୃତିରେ ।।

ଚିତ୍ରରେ
କି ଅପୂର୍ବ ମୋହ !
ଭୁଲି ହୋଇଯାଏ ନିଜର ପରିଚୟ
ଭୁଲି ହୋଇଯାଏ
ନାଗଫାଶରେ ବଂଧା
ନୂଆନୂଆ ଦୁଃଖଙ୍କର ବିଷଜ୍ୱାଳା ।
ଆପେଆପେ ସଂସାର ସଜେଇ ହୋଇଯାଏ
ଗୋପନ ଅନୁରାଗରେ,
ରୋମାଂଚରେ, ନିବିଡ଼ତାରେ ।।

ଚିତ୍ର କହିଲେ
ସେହି ଚିତ୍ରକୁ ଛାଡ଼ି
ଆଉ କେହି ଚିତ୍ରକର
କ'ଣ ଆଂକିପାରିବ
କିଛି ଚିତ୍ର !!

ପିଲାବେଳ

ପିଲାବେଳର ସ୍ମୃତି
ଅବଶିଷ୍ଟ ଜୀବନକୁ
ବଂଚେଇ ରଖେ
ଦେଖିବା ପାଇଁ କିଛି ସ୍ୱପ୍ନ ।
ଆସକ୍ତି ଓ ସ୍ୱାର୍ଥର ପିଞ୍ଜରାବଦ୍ଧ
ଲହୁଲୁହାଣ ଉତ୍ତୀର୍ଣ୍ଣ ଯୌବନ
ଅପେକ୍ଷା କରିଥାଏ ଜରାମୃତ୍ୟୁ ॥

ଗାଁ ଦାଣ୍ଡ, ଠାକୁରଘର
ତୋଟାବଣ, ବାଗୁଡ଼ିଖେଳ
ମାଛଧରା, ଗୁଡ଼ି ଉଡ଼ା
ରଜଦୋଳି, ରଂଗପିଚକାରୀ
ମେଳଣ, ଝୁଲଣ, ପୂନେଇପର୍ବ ଭିତରେ
ଲୁଚିଲୁଚି ଉଂକିମାରେ ପିଲାବେଳ ।
ଆହୁରି ନିବିଡ଼ ଭାବରେ
ଜୀବନକୁ ଭଲପାଇବାର ଖିଆଲଟିଏ
ସୃଷ୍ଟିକରେ ଭଂଗାମନରେ ॥

ବର୍ଷାରେ
ପାଣିକାଦୁଅ ସରସର ଗାଁ ଦାଣ୍ଡରେ
ପିଲାବେଳ
ବାଗଲା ଘୋଡ଼ାପରି କୁଦୁଥାଏ
ସମୟ ଛାତିରେ ।
ତିଆରୁଥାଏ ଇଂଦ୍ରଧନୁ
ଆହ୍ୱାନ ଦେଉଥାଏ ମାଟି ଓ ଆକାଶ
ଛୁଇଁବାକୁ ସତ୍ୟର ନାଭିକେନ୍ଦ୍ର ।।

ଅଥଚ
ବଂଚିବାର ରାହା ଖୋଜି
ସରିସରି ଆସେ ସମୟ
ସବୁ ଅଭାବ ଏକାଦିକ୍ରମେ
ଅଣନିଃଶ୍ୱାସୀ କରିପକାନ୍ତି
ଆବେଗ ଓ ଅନୁଭୂତି ।।

ପିଲାବେଳକୁ
କେହି କ'ଣ ବୁଝିପାରେ
କେତେବେଳେ !
ସେ ସ୍ମୃତି ଘାଂଟୁଥାଏ
ନିରଂତର ଅଂତର
ଉତ୍ତାଳ କରୁଥାଏ ଅହର୍ନିଶ
ଭୁଲେଇ ଦେଉଥାଏ ଜଟିଳ ସଂସାରର ଜଂଜାଳ
ପୁଣି ଇଚ୍ଛା ହୁଏ
ପିଲାଟିଏ ହୋଇ ଭେଟିବାକୁ ଗାଁ... ।।

ବନ୍ୟା

ଏଥର ପ୍ରଚଣ୍ଡ ବନ୍ୟା ।
ଆଉ ନଥିଲା କୂଳକିନାରା
ନଥିଲା ବଂଧବାଡ଼ ।
ଯେଉଁମାନେ ସାରାଜୀବନ
ଦୁହିଁଦୁହିଁ ବଂଚିଥିଲେ
କେହି ଆହା ବୋଲି କହି
ଆସୁନଥିଲେ ପ୍ରବୋଧିବାକୁ ଦଣ୍ଡେ ।

ନାଇଁ ।
ଏଥର ସବୁ ଭାଂଗିଯାଉ
ଘରଦ୍ୱାର ।
ଭୁଶୁଡ଼ି ପଡୁ ପଥର ପାଚେରି
ଉପୁଡ଼ି ପଡୁ ଗଛ ବୃଛ
ଆଉ କେହି କାମରେ ଆସିବେ ନାହିଁ
ସବୁ ଦଗାବାଜ, ସବୁ ବିଶ୍ୱାସହୀନ
ପରମ ସ୍ୱାର୍ଥପର
ଲାତମାରି ଯିବାକୁ ହେବ ଆଗକୁ
ଯିବାକୁ ହେବ ଏକାଏକା ।।

ପାପରେ ଭାଗୀଦାର ହେବେ ନାହିଁ କେହି
ଝୁଣିବେ ସମସ୍ତେ, ଖାଇବେ ସମସ୍ତେ
ଯେଝା ମନ ମୁତାବକ ଚଳିବେ ସମସ୍ତେ ।
ଦେବା ମୋର କର୍ତ୍ତବ୍ୟ
ନେବା ତାଙ୍କର କର୍ତ୍ତବ୍ୟ

ଅଥଚ
ଏକ୍‌ଲା ମୁଂଡେଇବାକୁ ପଡ଼ିବ
ପାପର ପାହାଡ଼ ।।

ନାଇଁ ।
ଆଉ ଦର୍କାର ନାହିଁ ଘରଦ୍ୱାର
ଦର୍କାର ନାହିଁ ସୋହାଗ ସଂପର୍କ
ଏ ମାଟିରେ ପଡୁପଡୁ ପାଦ
ମାଡ଼ିବସେ କି ଆକର୍ଷଣ ଯେ
ସବୁ ପ୍ରତେ ହୁଅନ୍ତି ନିଜର ବୋଲି
ସବୁକୁ ନିଜର କରିନେବାକୁ
ଘୋଟିଆସେ ଆକାଂକ୍ଷା ।।

ସବୁ ମିଛ
ଚିହ୍ନିତ ଦିଗମାନେ ମିଛ
ଦିନବାର ମିଛ, ସମୟ ମିଛ ।
ଏତେ ପ୍ରହେଳିକା, ଏତେ ମାୟା
ସବୁ ଭାସିଯାଉ
ଧୋଇ ହୋଇଯାଉ ଘୋର ବନ୍ୟାରେ
ଶୁଦ୍ଧ ସୁବର୍ଣ୍ଣ ପରି ଏ ମାଟି
ପୁଣି ନୂଆ ସକାଳର ସ୍ୱପ୍ନରେ
ବିଭୋର ହେଉ ।
ଆଉ ଦର୍କାର ନାଇଁ କୂଳକିନାରା
ଦର୍କାର ନାଇଁ ବଂଧବାଡ଼
ଚତୁର୍ଦ୍ଦିଗରେ ମାଡ଼ିଯାଉ ମହାପ୍ଲାବନ ।।

■

ଅବସର

ଖୁବ୍ ନିରୋଳାରେ
ଅଜଣା ଭାବନା ଭିତରେ
ହଜିଯାଏ ମନ।
ପୁରୁଣା ସ୍ମୃତିମାନଙ୍କ ଭିତରୁ
ଝାପ୍‌ସା ଦିଶଂତି ବାପାବୋଉଙ୍କ ଚିତ୍ର
ଯେଉଁମାନେ ଜୀବନଠୁ
ଅଧିକ ଭଲ ପାଉଥିଲେ ମୋତେ।
ଯେମିତି
ମୁଁ ଆଜି ବୁଡ଼ିଯାଇଛି
ପିଲାଂକ ଭବିଷ୍ୟତର ସ୍ୱପ୍ନରେ॥

ମୁଁ ସେମିତି ଚାହିଁଥାଏ
ଛାତ, କାନ୍ଥ କି ଆକାଶ ଘଣ୍ଟାଘଣ୍ଟା।
ଗାଆଁର ଚାଳଘର
ଧୂଳିଧୂସର ଦାଣ୍ଡ
କାଗଜ ଡଂଗା
ପୂଜାପାର୍ବଣ ଭିତରେ

ଚେଇଁଉଠେ ମୋର ଶୈଶବ।
ଏ ଦୁହେଁ ପରସ୍ପର
ଏତେ ନିବିଡ଼ ଓ ଏକାତ୍ମ ଯେ
ବିବଶ କରିପକାନ୍ତି ମୋର
ଅବସର ସମୟ।।

ଖୁବ୍ ଚମତ୍କାର
ସ୍ମୃତି ଓ ମୁଗ୍ଧ ଅନୁଭୂତି
ମୋତେ କେଉଁଠି ନା କେଉଁଠି ହଜେଇଦିଏ ଯେ
ଗୋଟେଗୋଟେ ଅଭୁଲା ଦୃଶ୍ୟ ହୋଇ
ଏମାନେ ଲେଖି ହୋଇ ଯାଆଂତି
ମଥାରୁ ପାଦଯାଏ
ଲାଗେ : ଏସବୁ ତ ଅସରଂତି
ଓ ସଦାକାଳ ଏଇମିତି
ଉଚ୍ଛନ୍ନ କରୁଥାଂତି କାଳେସୀ ପରି।।

ମାଟିର ଏତେ ନିବିଡ଼ପଣ
ନ ଝୁରଂତା କିଏ !
ତୋଫା ଜହ୍ନ ରାତି
ନଈର ନୀରବ ଗୀତ
ନିଦେଇ ଯାଉଥିବା ଗଛଲତା, ବଣପାହାଡ଼
ପ୍ରଜାପତି, ମହୁମାଛି, ଜହ୍ନିଫୁଲ-
ଖୁବ୍ ଆନଂଦ ଭରିଦିଅଂତି
ଭୁଲେଇ ଦେଇ ଜଂଜାଳ, ଶୋକସନ୍ତାପ
ବାରଂବାର ହାରିଯାଉଥିବା ଦୁଃଖ।।

ଏଣିକି
ଆକାଶଛୁଆଁ ବଜାରଦର
ଅଭାବଜନିତ ଅସହାୟତା
ଘାରିବ ତ ସାରାଜୀବନ !
କେତେଦିନ ହିସାବନିକାଶ ଭିତରେ
ଚାଲିବ କଳଟିଏ ପରି ଅବିଶ୍ରାନ୍ତ ଖଟଣି ।
ଆଜି ମଣିଷ
ଖୁବ୍ କ୍ଳାଂତି ଓ ଥକ୍କା ଭିତରେ
ଖୋଜୁଛି ନିଜ ପାଇଁ ଟିକେ ସମୟ
ଶେଷଥର ପାଇଁ
ଅନୁଭବିବାକୁ ଶୈଶବର ପୁଲକ ॥

■

ଶବ୍ଦରାଗ

ନିଜ ଭିତରେ
ସନ୍ତୁଳି ହେଉଥିବା ଭାବନାମାନଙ୍କୁ
କହିପକାଇବା ପାଇଁ
ଖୋଜି ଚାଲିଛି ଶବ୍ଦ ।
ଆପଣାର ଲାଗୁଥିବା ଶବ୍ଦମାନେ
ଲାଗନ୍ତି ଅସମର୍ଥ
ବୁଝେଇଦେବାକୁ ମନର ଭାଷା ।।

ସେତିକିବେଳେ
ସାରାଦେହ ପାଲଟିଯାଏ
ଅଥଳ ସମୁଦ୍ରର ଦିଗହରା ନୌକା
ଅନବରତ ଖଂଡଖଂଡ ଭାଂଗିପଡୁଥିବା
ଆକାଶର ସଂଶୟରେ
ମ୍ରିୟମାଣ ଏକେଲା ଚଢ଼େଇ ।
ପାଦରୁ ମଥାଯାଏ
ପିଚକାରୀ ପରି ବହିଚାଲେ
ପିଚ୍‌ପିଚ୍ ରକ୍ତର ସୁଅ
ଗମ୍‌ଗମ୍ ଝାଳରେ
ବୁଡ଼ିଯାଏ ଅଂଗବସ୍ତ୍ର ।
ମାସ୍ତୁଲରେ ପିଟିଲା ପରି
ଦୋହଲି ଉଠେ ମାଂସପେଶୀ

ଘନଘନ ଟାଂକୁରି ଉଠେ ଲୋମକୂପ
ବିସ୍ମୟ ବିଭୋର ହୋଇଉଠେ
ବିସ୍ଫାରିତ ଆଖି
ଦୌଡ଼ିଲା ପ୍ରାୟ ଦିଶଂତି
ଆଖପାଖର ପ୍ରତ୍ୟେକ ଦୃଶ୍ୟ ।

ଏପରି ମୁହୂର୍ତ୍ତମାନେ
ଫାଶୀ ପାଇଲା ପରି ଲଟକିଥାନ୍ତି
ମୋର ଉଚ୍ଛନ୍ନ ମନରେ ଓ
ବ୍ୟସ୍ତବିବ୍ରତ କରି ଉସୁକାଉଥାଂତି
ଯେତେ ସବୁ ନିପାରିଲାପଣ ।।

ଏଇ ଶବ୍ଦମାନେ କେତେବେଳେ
ମନ୍ତ୍ର ପରି କରିପକାଂତି ନିର୍ବାକ ନିଶ୍ଚଳ ଓ
କେତେବେଳେ ଉନ୍ମାଦ ପରି
କରିପକାଂତି ବାଚାଳ ବିଭୋର
କେତେବେଳେ ମଗ୍ନ ଚୈତନ୍ୟରେ
ଆତ୍ମବିସ୍ମୃତ କରି ଘୂରାଉଥାଂତି ସାରା ବ୍ରହ୍ମାଂଡ ତ
ପୁଣି ଜାଗତିକ ମୋହରୁ
ନେଇଚାଲନ୍ତି ଦେଖାଇବାକୁ
ଶାଶ୍ୱତର ସତ୍ତା ।
ଅନେକ ରୂପ ଭିତରେ
ଶବ୍ଦ ଦିଶେ ଠିକଣାହୀନ କେଉଁ ଦୂରଂତ ଯାତ୍ରାପଥ
ଯେଉଁଠି ପହଂଚିବାର ଅଭିଳାଷ ନେଇ
ଚାଲିବାକୁ ହୁଏ ଜୀବନତମାମ୍
ଅଥଚ
କେତେବେଳେ ବି ଭେଦି ହୁଏନି
ଶବ୍ଦର ରହସ୍ୟ ।।

ପଚାରିହୁଏନି ନିଜକୁ

ପ୍ରଶସ୍ତ ଆକାଶ ପରି
ତମେ ଆବୋରି ବସିଛ ସମୁଦ୍ର, ବଣ, ପାହାଡ଼,
ମରୁଭୂମି, ସାରା ମାଟି ।
ଯେତେବେଳେ ଯେଉଁଠି ଦେଖିଲେ
ତମେ ସେଇମିତି ନିର୍ବିକାର ଓ ମଗ୍ନ ହୋଇ
କାହାପାଇଁ ଅପେକ୍ଷାରେ ଥାଅ ଜାଣଂତି କେମିତି ! !

ସଂପର୍କ ସବୁ ଯୋଡ଼ି ହୋଇ
ଠିଆ ହୋଇଥାଏ ଯେଉଁ ଅଭେଦ୍ୟ ପାଚେରି
ନିମିଷକେ ଉଭେଇଯାଏ କୁହୁଡ଼ି ପରି
ଯେତେ ସ୍ୱପ୍ନ, ଅଭିଳାଷ ସମୟର ଲହରୀରେ
ସମତୁଲ ହୋଇଯାଏ ବାଲିଘର ପରି
ତୁଚ୍ଛା ଆଖିରେ ଏ ସବୁ
କେହି କେବେ ନା' କଳିଛି, ଦେଖିଛି ! !

ଆଜିଯାଏ
ଆଖି ଭିତରେ ଭରି ରହିଥିବା ଦୃଶ୍ୟସବୁ
ଅଂତରଂଗ ପରି ନିର୍ମାଣି ଥିଲେ ଯେଉଁ ସମ୍ପର୍କ
ସେସବୁ କେମିତି ଠିକଣାହୀନ

କେତେ ଯେ ଅଚିହ୍ନା
କେଉଁ ଅଭାଗା ବୁଝିପାରଂତା ଏତେ ଛଂଦକପଟ
ଭେଦି ପାରଂତା ମରୀଚିକାର ମୋହ
ଯେଉଁଠି ଜୀବନ ମୁହୂର୍ତ୍ତକର ନିଃଶ୍ୱାସରେ
ହଜିଯାଏ ଗୋଟିଏ ଜନ୍ମ ପାଇଁ!!

ପୁଣି ସୁଖର ହାତ ତିଆରି ଆପଣାର ବସ୍ତୁମାନେ
ପର ହୋଇ ହସୁଥା'ନ୍ତି ଓ
ନୂଆ କରି ସଜା ହେଉଥାଏ ତୋରଣ
ଆଉ କେଉଁ ଆଗନ୍ତୁକ ପାଇଁ
ନାଲି ନେଳି ରଂଗ ଆଲୁଅରେ।
ଏ ଘଟଣାମାନଙ୍କୁ ବୁଝିଲାବେଳକୁ
ଆରମ୍ଭ ହୋଇସାରିଥାଏ
ଫେରିବା ପାଇଁ ପ୍ରସ୍ତୁତି ପର୍ବ
ସବୁଥର ପରି ସେଇମିତି
ଅପେକ୍ଷାର ଦଂଶନରେ କ୍ଷଣେ ସୁଖପାଇଁ
ତମେ ଚାହିଁ ବସିଥାଅ କୋଳେଇନେବାକୁ
ଆପଣାର ମହାମହିମାରେ॥

ଅଥଚ
କାହିଁକି ଏମିତି ବାରଂବାର ଭୁଲ୍ ହୋଇଯାଉଥାଏ
ଭୁଲି ହୋଇଯାଉଥାଏ ଫେରିବା କଥା
ଏ ମାଟିରେ ଥିବାଯାଏ କେବେ ବି
ପଚାରି ହୁଏନି ନିଜକୁ
କେତେବେଳେ॥

■

ଏଥର ଖୋଲାଅଛି

କୁହୁଡ଼ିଘେରା ଆକାଶ ପରି
ତମେ କେମିତି ବିସ୍ତାରିଚ
ତମର ମାୟାଜାଲ
କେମିତି ବୁଝିବି !
ଆପଣେଇ ନେବାର ଇଚ୍ଛାରେ
ଏତେ ଉଚ୍ଚକୁ
ବଢ଼ାଇଚ ଯେଉଁ ବଂଧୁତ୍ୱର ହାତ
କେମିତି ଛୁଇଁବି ! !

ଏଥର
ସ୍ୱର୍ଗେ ଲାଗୁ ଡାଳ
କି ମଂଚେ ଲାଗୁ ଡାଳ
ଆମର ସଂପର୍କ ସେଇମିତି
ରହିଥାଉ ଅବୁଝା ଅଛୁଆଁ ।
ବୁଝାଅବୁଝାର ଦ୍ୱନ୍ଦ୍ୱ
ପାଇବା ନପାଇବାର ଅମୀମାଂଶୀତ ତର୍କ
ସେଇମିତି
ଯୁଗଯୁଗକୁ ରହିଥାଉ
କେବଳ ପ୍ରଶ୍ନ ପରି ।।

ଏତେ ବୁଝିଲା ପରେ ବି
ପଚାରୁଚି ନିଜକୁ ଆଉଥରେ
ସ୍ୱପ୍ନ କ'ଣ ଦୁର୍ବଳ ମାନସିକତାର ପ୍ରତିରୂପ !
ଯାହା ବାରଂବାର
ଦୂରେଇ ଦେଉଥାଏ ସବୁ ସତ୍ୟ ମୋ ଭିତରୁ
ଯାହା ବାରଂବାର
ପ୍ରଲୋଭିତ କରୁଥାଏ ଇନ୍ଦ୍ରିୟଙ୍କ ସୁପ୍ତକାମନାଂକୁ ! !

ନାଃ,
ଆଉ ଭଲଲାଗୁନି ଏତେ ଛଂଦକପଟ
ଭଲ ଲାଗୁନି ଜମା ଛକାପନ୍ଝା
ଏଥର ଖୋଲାଅଛି
ମୋ ଘରର ସବୁ ଝର୍କାକବାଟ
ଖୋଲାଅଛି
ମୋ ନିଷ୍କପଟ ହୃଦୟର ସମସ୍ତ ଦ୍ୱାର
ତମେ ଆସ
ଭିତରକୁ, ଆହୁରି ଭିତରକୁ
ଦେଖ
ସବୁଠି ଲେଖାଯାଇଛି ତମରି ନାଆଁ
ଆଉ କେଉଁଠି ବି ତଫାତ୍ ନାହିଁ
ତମ ଆଉ ମୋ ଭିତରେ ।।

■

କେବେ ଘଟେନା କିଛି

ଆକାଶରେ ତାରା
ମାଟିରେ ଫୁଲ
ପବନରେ ପୁଲକ
ମନରେ, ହୃଦୟରେ
ସାରା ଦେହରେ
ଉଲ୍ଲସିତ ଉତ୍ତେଜନା !

ଦିଶିଯାଉଛନ୍ତି ଅନୁଭବମାନେ ଗୋଟିକୁଗୋଟି
ପ୍ରଥମ ଚାହାଁର ଆକର୍ଷଣ
ପ୍ରଥମ ଛୁଆଁର ଶିହରଣ
ପ୍ରଥମ ସମ୍ବୋଧନର ସ୍ପନ୍ଦନ
ବିଜୁଳି ପରି ଖେଳେଇ ଦେଉଛି
କେମିତି ଗୋଟେ ଅଳୁହା ଚମକ
କ୍ରମଶଃ ନିସ୍ତେଜ ଦେହ
ଘୂରିବୁଲୁଛି
ଖିଏ କୁଟାପରି ଏଣେତେଣେ ।।

ଅୟୁତ ଯୁଗର ସ୍ୱପ୍ନଭର୍ତ୍ତି ରାତି
ଧୂଳିକଣାପାଲଟି
ଲାଖିଯାଇଛି ଆଖିରେ
କାହାର କୁହୁକ ମଂତ୍ରରେ
ତନ୍ମୟ ହେଲା ପରି
ଅଥୟ ହୋଇଉଠୁଛନ୍ତି ପ୍ରତିଟି ଅବୟବ
ସବୁ ଭାବ, ସଂପର୍କ ଓ ଆତ୍ମୀୟତା
ଘୂର୍ଣ୍ଣି ଝଡ଼ର ଆହାତ ପକ୍ଷୀପରି
ବିଳାପ କରିଚାଲିଛନ୍ତି
ଖୋଜିଖୋଜି ସାତ ସମୁଦ୍ରର ତେରଦ୍ୱୀପ ।।

ଏତେ ସନ୍ତାପ ଓ ଅଶ୍ରୁ ଭିତରେ
ତଥାପି ଗୋଟେ ମଧୁରପଣକୁ
ଚାହିଁରହିଥାଏ ଆତ୍ମପ୍ରତ୍ୟୟ
କେଉଁ ଦୂରଦିଗଂତରେ ସ୍ୱପ୍ନସବୁ ଚିତ୍ରପରି
ପୁଣି ଦିଶିଯାଆନ୍ତି ଗୋଧୂଳି ବେଳାରେ ।
ଧୀରେଧୀରେ ଚିତ୍ରର ନିଃଶ୍ୱାସ ଶୁଭେ
ଛାତିର ଘମାଘୋଟ ଅଂଧାର ଭିତରେ
ଯେଉଁଠି ନିଜକୁ ଚିହ୍ନିବା କଷ୍ଟକର ମନେହୁଏ
ତମାମ୍ ଜୀବନ ।।

ପିଲାବେଳଠୁ ଆଜିଯାଏ
ଯେତେ ପ୍ରେମ, ବିରହ ଓ ସ୍ମୃତିକୁ
ନ ଭୁଲିବା ପାଇଁ
କେହି ଦିଅଂତାନାହିଁ ଅଭିଶାପ !

ପ୍ରଗଲ୍‌ଭ ଇଚ୍ଛାମାନେ
ଆସଂତେ ନାହିଁ ବୋଲି
କେହି ଦିଅଂତା ନାହିଁ ଅଭିଶାପ !
ଗୋଟିଏ ଜନ୍ମ କେତେବେଳେ
ଯଥେଷ୍ଟ ମନେହୁଏ ନାହିଁ
ବୁଝିଯିବା ପାଇଁ ସବୁ ଅନୁଭବ
ଏତେ ଅଧୀରତା
ଏତେ ଉନ୍ମାଦନା
ଏତେ ଜ୍ୱଳନ
ଏତେ ଅନ୍ତର୍ଦାହ
କାଣିଚାଏ ଲାଗେ ବୋଲି
ଝୁରିବାକୁ ହୁଏ ମୁହୂର୍ତ୍ତମୁହୂର୍ତ୍ତ ।।

ଶେଷକୁ
ସ୍ୱୀକାର କରିବାକୁ ପଡ଼େ
ମନ ଚାହିଁବା ମୁତାବକ
କେବେ ଘଟେନା କିଛି କି
ମିଳେନା କିଛି ।
ହସ ଖୋଜୁଖୋଜୁ
ଲୁହ ମିଳୁଛି ତ ସେଇ ନିଜର ହେଉ
ଅଂତରଂଗ ହେଉ
ଓ କାଳକାଳକୁ ସେହି ଲୁହ ଭିତରେ
ଉଜ୍ଜ୍ୱଳ ଦିଶୁଥାଉ ସବୁ ସ୍ୱପ୍ନ ।।

■

ବିଶ୍ୱାସ

ତୁମେ
ବହୁତବହୁତ ଭଲପାଉଛ ନା' !

ଚାରିପାଖେ
ଅନବରତ ଶୁଭୁଛି
ବଂଶୀର କଇଁକଇଁ ସ୍ୱର
ଥରି ଉଠୁଛି ଆକାଶ, ପୃଥିବୀ
ପର୍ବତ ପରି ଲହରୀମାନ
ଅଥୟ ହୋଇଉଠୁଛନ୍ତି
ଲଂଘି ଆସିବାକୁ ବେଳାଭୂମି
ସ୍ତବ୍ଧ ହୋଇଯାଇଛନ୍ତି ପଶୁପକ୍ଷୀ
ସବୁଆଡ଼େ
କେମିତି ଏକ ନିଦା କରୁଣ ଭାବ
ସଂଚରିଯାଉଛି ନାଡ଼ି ନକ୍ଷତ୍ର ।।

ଆଉ କି ଭାଷାରେ
ବର୍ଣ୍ଣନା କରିହେବ ଦଶଦଶା
ଆଉ କି ପ୍ରକାରେ
ବୁଝେଇହେବ ବିପ୍ରଲମ୍ଭ ବେଦନା !
ସବୁଠି ତମରି ଛାଇମାନେ

ଭୂତ ପରି ଗ୍ରାସ କରିଦିଅଂତି
ସାରାଦେହ, ସାରାମନ।
ଅଯତ୍ନ କେଶରାଶି
ପବନରେ ଉଡୁଥାନ୍ତି ଫରଫର
ଆଖିରୁ
କେବେ ବି ଶୁଖୁନଥାଏ ଲୁହଧାର
ଶୁଖିଲା ଓଠରୁ ମରିଯାଇଥାନ୍ତି
କାଣିଚାଏ ସ୍ମିତ ହସ
ଗ୍ରୀଷ୍ମ ମଧ୍ୟାହ୍ନର ମାଟି ପିଣ୍ଡୁଳା ପରି
ଦିଶୁଥାଏ ଗୋରା ତକତକ ମୁହଁ
ବିବଶ ହାତପାଦ
ଚଳୁନଥାନ୍ତି ମହାମେରୁ ପରି।

ସମୟର ବୋଝ ବୋହି
କ୍ଳାଂତଶ୍ରାନ୍ତ ଲୋକପରି
ଘୁମେଇଁ ପଡ଼ିଥିବା ସ୍ୱପ୍ନସବୁ
ବିଛେଇ ହୋଇଯାଆନ୍ତି ମାଟିରୁ ଆକାଶଯାଏ
ସବୁଠି ଲାଗୁଥାଏ ଚିହ୍ନାମୁହଁର ଆକର୍ଷଣ
ଏଇ ସ୍ମୃତି ଭିତରେ ହଜିଯାଉଥାଏ
କାଳକାଳର ଅପାଶୋରା ଅଭିମାନ।
ସତରେ ଏ
ସ୍ମୃତି ନୁହେଁ ତ
ସର୍ପମାନେ ଦଂଶିଚାଲିଥାଂତି ସାରା ଶରୀର
ନାଗଫେଣୀ କଂଟା ପରି
ଅନବରତ ଫୋଡ଼ିହୋଇ
ହୃଦୟକୁ କାଟିପକାଉଥାଂତି
ସବୁ ଅନୁଭବ॥

ନିଜେ ଦେଖି ହୁଏ, ନାଁ'
କାହାକୁ ଦେଖାଇ ହୁଏ ଏତେ ଅନିଭୋଗ !
ନିଜେ ବିଶ୍ୱାସ କରିହୁଏ, ନା'
କେହି କେବେ ବିଶ୍ୱାସକରଂତା ଏତେ ଆତ୍ମୀୟତା !
ଖାଲି ନିଜ ଭିତରେ ଜଳିଜଳି
ନିଆଁର ବିଶାଳ ପୃଥିବୀ ଭିତରେ
ବାରଂବାର ନୂଆହୋଇ ଜନ୍ମ ନେଉଥାଏ
ପ୍ରତି ମୁହୂର୍ତ୍ତରେ ।
ଯେଉଁଠି ଅପାର କରୁଣାର ମହାସ୍ରୋତରେ
ଧୋଇ ହୋଇ ଏକ ଶୁଦ୍ଧ ଦେହ
ଅପେକ୍ଷା କରୁଥାଏ ଶୁଣିବାକୁ
ବଂଶୀର କଇଁକଇଁ ସ୍ୱର ।।

ପ୍ରତି ଜନ୍ମରେ
ଏଇମିତି ବିରହରେ ଉଚ୍ଛୁଳି ଉଠୁଥାଉ ଏ ଦେହ
ପ୍ରତି ଜନ୍ମରେ
ଏଇମିତି ଶୁଦ୍ଧପୂତ ହୋଇ
ତମରି କରୁଣାକୁ ଅପେକ୍ଷା କରୁଥାଉ ଏ ଦେହ
ଏଇ ପୁନରୁକ୍ତିର ସଂଦେହ
ପାଲଟି ଯାଉ ଗୋଟେ ସିଦ୍ଧସତ୍ୟ
ପାଇବା ହରାଇବା ଓ ଖୋଜିବାପଣରେ ।।

ସଂଭାବନା

ତମ ଆଖିରେ
କାହିଁ କେତେ ଯୁଗରୁ
ଜଳୁଛି ସାରା ବିଶ୍ୱ
ବିଶାଳ ଅଗ୍ନିପିଣ୍ଡୁଳା ପରି ।
ଯେତେ ଈର୍ଷା, ଅହଂକାର, ଇନ୍ଦ୍ରିୟ, ପ୍ରବୃତ୍ତି
ବାରୁଦ ପରି ବର୍ଷୁଥିଲେ ଅହରହ
ପୂଜରକ୍ତର ପୂତିଗଂଧରେ
କ୍ଷମତାଧର ବୋଲାଉଥିବା ମଣିଷମାନେ
କୃମି କି ଲାଙ୍ଗୁଡ଼ାପୋକଠାରୁ
ଦିଶୁଥିଲେ ହୀନ ଓ ଘୃଣ୍ୟ ।
ତଥାପି ତମେ ନିର୍ବିକାର ଓ ସ୍ଥିତପ୍ରଜ୍ଞ ପରି
ଅପେକ୍ଷା କରିଚାଲିଛ
ଦୁର୍ବିନୀତ ସମୟର ଆହ୍ୱାନ ।।

ସଂସାରର ପିଞ୍ଜରାରେ ବଂଦୀ ହୋଇଥିବା ମଣିଷ
କାହିଁକି ବା ଖୋଜଂତା
ସମୟର ଆରଂଭ ଓ ଶେଷ !

ସବୁ ଭୁଲ୍‌କୁ ଠିକ୍ ବୋଲି ଭାବିନେଇ
ସେ ଭାବୁଛି
ତମେ ଆଉ କେବେ ବି ଓହ୍ଲାଇପାରିବନି
ରତ୍ନ ସିଂହାସନ
ହାତ ବଢ଼ାଇ କେବେ ବି
ଆକଟ କରିପାରିବନି କିଛି ଦ୍ରୋହ
କେବଳ ରାଜସାକ୍ଷୀ ହୋଇ
ବସି ରହିବ
ସେଇମିତି ମାଦଳ ପରି ।
ପଲକହୀନ ଆଖି
ଗଡ଼ାଇପାରିବନି ଟୋପେ ଲୁହ
କି କେବେ ବି ଫିକା ପଡ଼ିବନି
ଝୁଲୁଥିବା ବାଙ୍କ ହସ ।।

ଭଲପାଇବା ପରି ମହାର୍ଘ ଭାବଟିଏ
ଆଉ କେଉଁଠି ଅଛି ଯେ
କେହି ଆଶା କରଂତା କାହାପାଖରୁ !
ଦେହସର୍ବସ୍ୱ ଏ ପୃଥିବୀର ଅଜଗର ଆଁ'
ବୁଢ଼ାବାଘ ପରି ବୈଷ୍ଣବ ସାଜି
ତକେଇଛି ସୁଯୋଗ ।
ନିପାରିଲା ମଣିଷ
ସବୁ ଦେଖି ଚୁପ୍ ରହେ ସିନା
ତମେ ବି ନୀରବରେ ଉଦରସ୍ଥ କରି
ହଜମ କରିଦେଉଥାଅ ସବୁ କିଛି ।।

ଜଳୁଥାଉ ସେମିତି ହୁତୁହୁତୁ ଏମାଟି
ଜଳୁଥାଆଂତୁ ପ୍ରେମ, ବିରହ, ଭାବଭାବନା
ପୋଡ଼ି ହୋଇ ଅଂଗାର ହୋଇଯାଆଂତୁ
ଈର୍ଷା, ଅହଂକାର, ଇଂଦ୍ରିୟ ।
ସେହି ଶୁଦ୍ଧ ଅଂଗାରରେ
ପୁନଶ୍ଚ ବୃତ୍ତଟିଏ ଅଂକନ ହୋଇ
ଗଢ଼ାଯିବ ଆଉ ଗୋଟିଏ ପୃଥିବୀ
ତମରି ଇଚ୍ଛା ଭିତରୁ ଜନ୍ମ ନେବ
ବାରଂବାର ଯୁଗଯୁଗର ପ୍ରେମରେ
ତମକୁ ପ୍ରଲୁବ୍ଧ କରିପାରୁଥିବା
ମହାମହିମ ହୀରଣ୍ମୟ ନାରୀ ।।

କେଉଁଠି ଶେଷହେବ ଏ ଅନନ୍ତ ଅପେକ୍ଷା
କେତେବେଳେ ଜୀବନ୍ୟାସ ପାଇବ
ଆଜିଯାଏ ମୃତବତ୍ ଶୋଇଥିବା ସ୍ୱପ୍ନସବୁ
ଆଉ କେତେବେଳେ ଆରଂଭ ହେବ
ହଜିଯାଇଥିବା ଗୀତର ସ୍ୱରକୁ
ଖୋଜିଖୋଜି ଗାଇବାର ସଂଭାବନା !
ସବୁଥର ପରି
ଏଥରକ ହାରିଯିବା କିଛି ନୂଆ ନୁହେଁ
ବରଂ
ତମେ ଆସିବାର ବିଶ୍ୱାସ ଭିତରେ
ମିଞ୍ଜିମିଞ୍ଜି ତାରା ପରି ଆଶାଟିଏ
ଚକଚକ କରୁଥାଉ ।
ମୋ' ଭିତରେ ସାରା ଅଂଧାରରେ ।।

■

ଥାଏଥାଏ

ଥାଏଥାଏ
କ'ଣ ଘଟିଯାଏ ମନ ଭିତରେ ଯେ
ଖୋଜିଲେ ମିଳେନା କିଛି
ବୁଝି ହୁଏନା କିଛି ।
ଲାଗେ
କେଉଁଠି କିଛି ଶୂନ୍ୟ ରହିଯାଇଛି
କେଉଁଠି କିଛି
ଗୋଟେ ଅଭାବର ଭାବ ଘାରୁଛି
ମନ ରହେନି ପାଖରେ
କି ଯାଏ କେଉଁଆଡ଼େ
ଜାଣିହୁଏନି କିଛି ॥

ଥାଏଥାଏ
ଭୟଙ୍କର ଭୂମିକଂପ ପରି
ଥରି ଉଠେ ଛାତି
ଭିତରୁ ଖସୁଥାଏ ଅତଡ଼ା ପରେ ଅତଡ଼ା
ସାରା ଦେହକୁ ଗ୍ରାସ କରିଯାଏ
ଗୋଟେ ଅଜଣା ଆତଂକ
ଗହଗହ ଲୋକଙ୍କ ଭିତରେ ଥାଇ
ଶୁଭୁନଥାଏ କିଛି
ଦିଶୁନଥାଏ କିଛି
ସବୁ ଯେମିତି ନୂଆନୂଆ ଲାଗି
ଆତଂକିତ କରିପକାଉଥାଂତି
ମୋହିତ କରି
ହତଭମ୍ବ କରି ଦେଉଥାଂତି ।।

ଥାଏଥାଏ
ଏମିତି କିଛି ଅସଂଗତ ଭାବନା ଭିତରେ
ବୁଡ଼ିଯାଏ ଗୋଟାପଣେ ।
କେହି ଯେମିତି ବାରଂବାର ଗୋଡ଼ାଉଥାଏ
ଧରିନେଇଯିବାକୁ ପ୍ରାଣବାୟୁ
କ୍ଷୀପ୍ର ନିଃଶ୍ୱାସରେ
ନିଜେ ବଂଚିଛି ବୋଲି
ଥରକୁ ଥର
ହାତଗୋଡ଼ ହଲାଇ
ଜୋର୍‌ରେ ଚିତ୍କାର କରି

ଦୂରର ଦୃଶ୍ୟମାନଙ୍କୁ ଚାହିଁ
ଦୌଡ଼ିଦୌଡ଼ି ପ୍ରମାଣ କରୁଥାଏ ॥

ଥାଏଥାଏ
ଏତେ ଘଟଣାମାନଂକୁ
ଅଛଟକରେ ଭୁଲିଯାଇ
ମଗ୍ନ ହୋଇଯାଏ
ପରିବାରର ଜଂଜାଳ ଭିତରେ
ପୃଥିବୀର ସବୁ ସଂପତ୍ତିକୁ ଆବୋରି
ଆପଣାର କରିନେବାର ସ୍ୱାର୍ଥରେ ।
ଏତିକିବେଳେ
ପାପମାନେ ଲାଗଂତି
ମହାପ୍ରସାଦ ପରି ଉଦାର ଓ ଅଂତରଂଗ
ଯେତେସବୁ ମଣିଷପଣିଆ ଲାଗଂତି
ଅର୍ଥହୀନ କାପୁରୁଷ ଭାବ ॥

ଥାଏଥାଏ
ମୋ ଭିତର ଜଳୁଥାଏ
ମଧ୍ୟାହ୍ନର ସୂର୍ଯ୍ୟ ପରି
ଆପାଦ ମସ୍ତକ
ତା' ଭିତରେ ରଡ଼ରଡ଼ ଜଳୁଥାନ୍ତି
ପାପ, ସ୍ୱାର୍ଥ, ମୋହ ଆଉ
ଏହିପରି ଯେତେ ।

କ୍ରମଶଃ ନିସ୍ତେଜ ଦେହ
ପୁଲକିକ ହୋଇଉଠେ ତମରି ସ୍ପର୍ଶରେ
ବିସ୍ଫାରିତ ଆଖି ମୋର
ତମକୁ ଇ ଦେଖୁଥାଏ
ପ୍ରତିଟି ଦୃଷ୍ଟିରେ ।।

ଏମିତି ପରୀକ୍ଷା ଆଉ
କେତେ ଦିନ କେତେ ଜନ୍ମ !
କେବେ ତୁମ ଆଶୀର୍ବାଦ ତୁଟେଇବ
ଏ ଦେହର ଯାବତୀୟ ଭ୍ରମ
ଏରାତି ପାହିବା ପରେ
ଅଂଧାର ନଆସୁ କେବେ
ଦେହର ଦେହଳୀ ଡେଇଁ
ଖୋଜିବାକୁ ପାର୍ଥିବ ସପନ ! !

■

କପଟ ଯାତ୍ରା

ଆଜି କେମିତି
ଝାଉଁଳି ପଡ଼ିଛନ୍ତି ଗଛ
ମଉଳି ଯାଇଛନ୍ତି ଫୁଲ
ବଂଦ୍ ହୋଇଯାଇଛି
ନୀଡ଼ ଫେରନ୍ତା ଚଢ଼େଇଙ୍କ କିଚିରିମିଚିରି ଗୀତ
ଥମ୍ ମାରିଯାଇଛି
ଶୀତୁଆ ପବନ
ପ୍ରତୀଚୀରୁ ଲିଭି ଯାଇଛି
ଅସ୍ତସୂର୍ଯ୍ୟର ଆଭା
ସନ୍ତର୍ପଣରେ ସଂଜ ଛୁଉଁଛି ମାଟି
ସବୁ ଚୁପ୍‌ଚାପ୍, ଗୁମ୍‌ସୁମ୍
ନୀରବନୀରବ ।।

ତମକୁ ଖୋଜିଲା ବେଳକୁ
ଏତେବେଳକୁ ପାର ହୋଇସାରିଥିଲ ପୃଥିବୀ
ଛିଡ଼େଇ ସାରିଥିଲ ସବୁ ମାୟା ମମତା
ପରିବାର ଠୁ ପ୍ରିୟଜନଯାଏ
ଭାବଭାବନା ଠୁ କବିତାଯାଏ ।

ଏଇ ବେଳା କ'ଣ
ଧୀର୍ଯ୍ୟ ହୋଇଥିଲା ତମର
ଫେରିବା ପାଇଁ!!

ଆଖି ଆଗରେ ନାଚୁଛି
ତମର ସୁବର୍ଣ୍ଣ ଛାଉଣୀ ପରି ମଥା
ଚକଚକ ନାସ୍‌ପାତି ଗାଲ ଓ ଚିବୁକ
ସ୍ୱପ୍ନ ଭର୍ତ୍ତି ଆଖି
ଆଉ ଶୁଭୁଛି
ବିଶାଳ ହୃଦୟର ସମୁଦ୍ରରେ
ଧୂଳିକଣା ପରି ନିଶ୍ଚିହ୍ନ କରିଦେବାର
ନିଷ୍କପଟ ଆବେଗ ବିଧୂର ଶବ୍ଦ
ପୁଣି ଝାପ୍‌ସା ଦିଶୁଛି
ସାମ୍ରାଜ୍ୟର ଗାରିମାରେ ଉତ୍‌ଫୁଲ୍ଲିତ
ଇସ୍ତ୍ରୀକରା ଜାମାପ୍ୟାଣ୍ଟ, ଟାଇବଂଧା ବେକ ।।

କେହି କ'ଣ ବିଶ୍ୱାସ କରଂତା
ତମ ପରି ଦାମ୍ଭିକ ମଣିଷ କେବେ
ଚାଲିଯିବ ଏଇମିତି ବିନା ଖବରରେ !
ଏକଥା କି ମନେନାଇଁ
ଅରଣା ମଇଁଷି କାଳେ କେଉଁଠାରେ
ଲୁଚିଥାଇପାରେ !
ଭାଂଗିଦେଇ ସବୁ ମନ
ଆଖିରେ ଜଳେଇ ଦେଇ ଲୁହରବଳିତା
କେମିତି ପଢୁଚ ତମେ
ଆନଂଦେ ବିଭୋର ହୋଇ ସୁଖର ସଂହିତା !!

ହେ ସାରଥୀ ! ସରିନିସରିନି କାମ
ବାକିଅଛି ଚିଠି ଲେଖା କଥାଭାଷା
ବାକିଅଛି ଆଉ କେତେ କାମ
ଆଉ କ'ଣ ଉଠିବନି
କେବେ ଆଉ ଆସିବନି
କରିଛ କି ରାଗ ଅଭିମାନ !
ଅନଂତ ପଥର ଯାତ୍ରୀ ତମେ ଆଜି
ଫେରିବନି ବୋଲି କେବେ
ଜାଣିସୁଦ୍ଧା
ଅପେକ୍ଷାରେ ମନ ଖାଲି ହୁଏ ଛଟପଟ
ହେ ତପସ୍ୱୀ, ମୃତ୍ୟୁଞ୍ଜୟ
ମହାକାଳ ବକ୍ଷେ ତୁମେ
ଯଶୋଦେହେ ଥିବ ସଦା
ମହାନ, ବିରାଟ ।।

■

(ପ୍ରଖ୍ୟାତ କବି ଦୀପକ ମିଶ୍ରଙ୍କ ମହାପ୍ରୟାଣରେ ଲିଖିତ)

BLACK EAGLE BOOKS

www.blackeaglebooks.org
info@blackeaglebooks.org

Black Eagle Books, an independent publisher, was founded as a nonprofit organization in April, 2019. It is our mission to connect and engage the Indian diaspora and the world at large with the best of works of world literature published on a collaborative platform, with special emphasis on foregrounding Contemporary Classics and New Writing.

www.ingramcontent.com/pod-product-compliance
Lightning Source LLC
Chambersburg PA
CBHW060545080526
44585CB00013B/449
9781645607557